उत्तर प्रदेश का स्वतंत्रता संग्राम

अमेठी

संरक्षण

योगी आदित्यनाथ

माननीय मुख्यमंत्री, उत्तर प्रदेश

मार्गदर्शन

श्री जयवीर सिंह

माननीय मंत्री, संस्कृति एवं पर्यटन विभाग, उत्तर प्रदेश

निर्देशन

श्री मुकेश कुमार मेश्राम

प्रमुख सचिव, संस्कृति एवं पर्यटन विभाग, उत्तर प्रदेश
अध्यक्ष-संस्थान

श्री शिशिर

निदेशक, संस्कृति निदेशालय, उत्तर प्रदेश
उपाध्यक्ष-संस्थान

उत्तर प्रदेश का स्वतंत्रता संग्राम

अमेठी

डॉ. राकेश पाण्डेय

वाणी प्रकाशन

प्रकाशन के उत्कृष्टतम 62 वर्ष

उत्तर प्रदेश संगीत नाटक अकादमी

लखनऊ

vaniprakashan.com

सजिल्द पहला संस्करण : 2023
सजिल्द दूसरा संस्करण : 2025

वाणी प्रकाशन

4695, 21-ए, दरियागंज, नयी दिल्ली-110 002

फ़ोन : + 91 11 23273167, 23275710

शाखाएँ

अशोक राजपथ, पटना-800 004, बिहार
कॉफ़ी हाउस कैम्पस, महात्मा गांधी मार्ग, प्रयागराज-211 001, उत्तर प्रदेश
महात्मा गांधी अन्तरराष्ट्रीय हिन्दी विश्वविद्यालय, वर्धा-442 001, महाराष्ट्र
sales@vaniprakashan.in
vaniprakashan@gmail.com

In Association with

उत्तर प्रदेश संगीत नाटक अकादमी
लखनऊ

Uttar Pradesh Sangeet Natak Akademi, Lucknow
presents

Uttar Pradesh Ka Swatantrata Sangram : Amethi
by Dr. Rakesh Pandey

ISBN : 978-81-905386-9-5
History

मूल्य : ₹ 699

आर. टेक ऑफ़सेट प्रिंटर्स, दिल्ली-110 032 में मुद्रित

वाणी प्रकाशन का लोगो मक़बूल फ़िदा हुसैन की कूची से

स्वराज के सभी सेनानियों को

दिल तड़पता है,
कि स्वराज का पैगाम मिले।
कल मिले, आज मिले,
सुबह मिले, शाम मिले।।

(क्रांतिकारियों द्वारा प्रकाशित पर्चे में उद्धृत पंक्तियाँ)

भूमिका

स्वतंत्रता आधुनिक काल का प्रमुख राजनीतिक दर्शन है। स्वतंत्र राष्ट्र स्वशासन से शासित होते हैं, इसीलिए गाँधीजी ने स्वराज का उद्घोष किया था और बाल गंगाधर तिलक ने कहा था कि–'स्वराज मेरा जन्मसिद्ध अधिकार है।' सम्पूर्ण स्वतंत्रता आंदोलन स्वराज के लिए ही था। स्वतंत्रता एक महत्वपूर्ण अवधारणा है, इतिहास के हर काल में मनुष्य ने स्वतंत्रता की कामना की है। हमारे स्वतंत्रता संग्राम सेनानियों ने अपनी जान कुरबान की और पराधीन भारत में स्वराज के लिए कई तरह के आंदोलन किए। भारतीय जनता का उद्देश्य भी समग्र राजनीतिक स्वतंत्रता की प्राप्ति का था। हमने विदेशी सत्ता को हटाकर अपना शासन स्थापित किया। अपनी आज़ादी की 75 वीं वर्षगाँठ पर गर्व करते हुए, आज पूरा राष्ट्र स्वाधीनता का 'अमृत महोत्सव' मना रहा है।

अमेठी जनपद के इतिहास की पड़ताल करना, पौराणिक भारत की तीर्थयात्रा करने जैसा है। इस पूरे जनपद में हर ओर देवी देवताओं, साधु-संतों और पीर-फ़क़ीरों के पुण्य स्थल हैं। अनेक किंवदंतियाँ हैं, जनश्रुतियाँ हैं और चमत्कारों के किस्से हैं। स्वतंत्रता संग्राम में भी अमेठी जनपद की भूमिका गौरवान्वित करती है। अमेठी जनपद ने अपने स्वाभिमान एवं बलिदान की परम्पराओं को आने वाली पीढ़ियों में संस्कारित किया है, इसका प्रमाण यह है कि देश की स्वाधीनता के बाद भी अमेठी के अनेक सपूतों ने देश की सीमा पर अपने प्राण न्यौछावर किए हैं। यह भी रेखाँकित करना आवश्यक है कि अमेठी जनपद का पौराणिक और ऐतिहासिक महत्त्व इतना अधिक होते हुए भी कालांतर में उसे सहेजा नहीं गया है। उत्तर प्रदेश सरकार के इस प्रयास की सराहना होनी चाहिए कि जनपदों के इतिहास को सहेजने के लिए जो क़दम उठाये गये हैं, उनसे आने वाली पीढ़ियाँ लाभान्वित होंगी। आज अनेक महत्वपूर्ण स्थान बेहद जर्जर अवस्था में हैं, उनकी ऐतिहासिक व पौराणिक मान्यता को स्थापित करने के लिए एक अकेले मौखिक इतिहास का ही सहारा है। कई महत्वपूर्ण स्थान हैं कि उन्हें देखकर विश्वास ही नहीं होता कि ये इतने प्राचीन काल के बौद्ध कालीन पुण्य स्थल हैं अथवा अमुक विश्वविख्यात मलिक मोहम्मद जायसी की रहनवारी रहा है। समाज में अपने पूर्वजों की थाती को सहेजने की जागरूकता न होने के कारण यह इतिहास साक्ष्यों की बजाय जनश्रुतियों में ज़िंदा है। यह सर्वविदित है कि अमेठी राजनीतिक रूप से एक चर्चित क्षेत्र है, इसके विकास और

बदहालियों की निरंतर चर्चा होती रहती है। अब इस पुस्तक के माध्यम से अमेठी जनपद के इतिहास पर चर्चा होगी, इसके लिए उत्तर प्रदेश सरकार का यह प्रयास उल्लेखनीय है। पूर्व में राजीव गांधीजी ने जायस स्थित मलिक मोहम्मद जायसी के जन्मस्थान का सौंदर्यीकरण करवाया था, लेकिन वह मात्र एक सरकारी प्रयास बनकर रह गया। स्थानीय समाज में जागरूकता के अभाव में उस स्थल को सहेजा नहीं गया, जिसके कारण इतना महत्त्वपूर्ण स्मारक आज खंडहर होने के कगार पर है।

दुनिया की ऐतिहासिक क्रांतियों से लेकर भारत की स्वतंत्रता संग्राम की घटनाओं का क्रम सदियों से मानवता को झकझोरता रहा है। चाहे वह सन् 1688 की इंग्लैंड क्रांति हो या फिर अमेरिकी क्रांति, जो सन् 1775 से सन् 1783 ई. तक व्याप्त रही। सन् 1789 की फ्रांसीसी क्रांति या फिर रूसी क्रांति जो सन् 1917 में घटित हुई। चाहे सन् 1949 में हुई चीन की लाल क्रांति हो या फिर मानवीय अधिकारों का चार्टर-1948 में ये सभी महत्त्वपूर्ण घटनाएँ मानवता के इतिहास के अहम पड़ाव हैं। गुलामी के उस दौर की कल्पना भर करने मात्र से ही हम सिहर उठते हैं। इस आज़ादी के लिए विश्वभर में कितने करोड़ों लोगों ने सदियों तक संघर्ष किया, आज़ादी को पाने के लिए कितने बलिदान दिए। स्वतंत्रता के लिए लोगों ने जितनी कुर्बानियाँ दीं, उतनी किसी भी अन्य मूल्य के लिए नहीं दी हैं।

भारतीय स्वतंत्रता आंदोलन, राष्ट्रीय व क्षेत्रीय आह्वानों से प्रेरित था। इसके साथ ही भारतीय राजनीतिक संगठनों द्वारा संचालित अहिंसावादी आंदोलन था। जिसका एक समान उद्देश्य, अंग्रेजी शासन से भारतीय उपमहाद्वीप को मुक्त करना था। इस आंदोलन का आरंभ 1857 के सिपाही विद्रोह से माना जाता है। यद्यपि अब आदिवासी जनों द्वारा किए गए विद्रोह से स्वतंत्रता संग्राम की शुरुआत स्वीकार कर ली गई है। जिसमें स्वाधीनता के लिए हजारों लोगों की जान गई। भारतीय राष्ट्रीय कांग्रेस ने सन् 1929 के लाहौर अधिवेशन में अंग्रेजों से पूर्ण स्वराज की माँग की। ब्रिटिश शासन से निजात पाने के लिए भारत में मुख्यतः 16 ऐसे आंदोलन हुए जो राष्ट्रीय आंदोलन थे, जिनका नेतृत्व बड़े स्तर पर राजनेताओं, क्रांतिकारियों तथा समाजसेवकों द्वारा किया गया। भारत का ब्रिटिशर्स के खिलाफ प्रमुख आंदोलन स्वतंत्रता आंदोलन से शुरू होकर ऐसे ही भारत छोड़ो आंदोलन करके समाप्त हुआ और अंततः भारत को स्वतंत्र राष्ट्र का श्रेय हासिल हुआ। भारतीय स्वतंत्रता आंदोलन भारत में ब्रिटिश शासन को समाप्त करने के एकमात्र उद्देश्य के साथ ऐतिहासिक घटनाओं की एक शृंखला है, यह दौर 1857 से 1947 तक चला।

भारतीय स्वतंत्रता के लिए पहला राष्ट्रवादी क्रांतिकारी आंदोलन बंगाल से उभरा, ऐसा माना जाता है। बाद में इसने नवगठित भारतीय राष्ट्रीय कांग्रेस में जड़ें जमा लीं, जिसमें प्रमुख उदारवादी नेता ब्रिटिश भारत में भारतीय सिविल सेवा परीक्षाओं में बैठने के अधिकार के साथ-साथ मूल निवासियों के लिए अधिक आर्थिक अधिकारों की माँग

कर रहे थे। 20वीं शताब्दी के पूर्वार्द्ध में लाल-बाल-पाल की तिकड़ी, अरबिंदो घोष और वी. ओ. चिदंबरम पिल्लै द्वारा स्व-शासन के प्रति अधिक क्रांतिकारी दृष्टिकोण देखा गया।

सन् 1920 के दशक से स्व-शासन संघर्ष के अंतिम चरण में कांग्रेस द्वारा गांधीजी की अहिंसा और सविनय अवज्ञा की नीति को अपनाने पर विशेष बल था। रवींद्रनाथ टैगोर, सुब्रमण्यम भारती और बंकिम चंद्र चट्टोपाध्याय जैसे साहित्यकारों ने देशभक्ति की जागरूकता फैलाई। सरोजिनी नायडू, प्रीतिलता वद्देदार और कस्तूरबा गांधी जैसी महिला नेताओं ने भी भारतीय महिलाओं की बाड़े मुक्ति और स्वतंत्रता संग्राम में उनकी भागीदारी को बढ़ावा दिया। डॉ. बी.आर. अंबेडकर ने भारतीय समाज के वंचित वर्गों के लिए काम किया।

कुछ नेताओं ने अधिक उग्र रूप धारण किया, रॉलेट एक्ट के बाद ऐसा विरोध विशेष रूप से लोकप्रिय हो गया। जिससे अनिश्चितकालीन नज़रबंदी की अनुमति मिल गई। कांग्रेस की कथित निष्क्रियता से निराश होकर, भगत सिंह, शिवराम राजगुरु, सुखदेव थापर, चंद्र शेखर आज़ाद और सुभाष चंद्र बोस जैसे क्रांतिकारियों ने हिंसक साधनों का सहारा लिया। सुभाष चंद्र बोस खुद खुलेआम को केंद्रीय शक्तियों के साथ संबद्ध हुए और आज़ाद हिंद फ़ौज का गठन किया। इस बीच, भगत सिंह, राजगुरु, सुखदेव थापर और आजाद ने प्रमुख ब्रिटिश अधिकारियों की हत्या कर दी और सरकारी भवनों पर बमबारी की। ऐसी अनेक ऐतिहासिक घटनाओं के बावजूद भारतीय स्वतंत्रता आंदोलन निरंतर वैचारिक विकास में था। अनिवार्य रूप से उपनिवेश विरोधी, यह एक धर्मनिरपेक्ष, लोकतांत्रिक, गणतंत्रात्मक और नागरिक-स्वतंत्रतावादी राजनीतिक संरचना के साथ स्वतंत्र, आर्थिक विकास के दृष्टिकोण से पूरक था। 1930 के दशक के बाद, आंदोलन ने एक मजबूत समाजवादी अभिविन्यास प्राप्त किया। इसकी परिणति भारतीय स्वतंत्रता अधिनियम 1947 में हुई, जिसने भारत में आधिपत्य को समाप्त किया और भारत विभाजन के बाद पाकिस्तान का निर्माण किया।

आजादी के बाद भारत सरकार के प्रकाशन विभाग ने स्वाधीनता संग्राम और सेनानियों पर पुस्तकों का प्रकाशन शुरू किया और उनमें ज्यादातर पुस्तकें बड़े नेताओं पर केंद्रित रहीं। प्रकाशन विभाग ने देशभर के स्वाधीनता सेनानियों पर भी पुस्तकें प्रकाशित करने की योजना बनाई थी, लेकिन वह पूरी नहीं हो सकी। उत्तर प्रदेश सरकार की यह जनपद के इतिहास लेखन की योजना आज़ादी के बाद स्वाधीनता संग्राम सेनानियों को सर्वश्रेष्ठ श्रद्धांजलि है। विभिन्न राज्यों, में चाहे वह 1857 हो या उसके बाद से 1947 तक होने वाले विभिन्न आंदोलनों और विद्रोह में शामिल होने वाले सेनानियों की दास्तानों को पुस्तकों और ग्रंथों में दर्ज होना ज़रूरी है, क्योंकि केवल हम ही नहीं, बल्कि संसार के इतिहासकारों और नेताओं का कहना है कि संसार के इतिहास में जो सबसे न्यायपूर्ण और बड़े विद्रोह हुए, उनमें भारत के विद्रोह शामिल हैं। जिस राज में सूरज नहीं डूबता था

उस पर भारतीयों के प्रहारों की वजह से अंग्रेज सदा के लिए भारत छोड़ कर चले जाने को विवश हुए।

इस पुस्तक पर काम करते हुए पता चला कि ब्रिटिशकाल में गोमती नदी से कलकत्ता तक का जलमार्ग भी था, जिसे स्थानीय लोग आज भी नहीं जानते हैं। आज केंद्र सरकार जलमार्गों को बहुत महत्व दे रही है, सरकार का इन भूले-बिसरे जलमार्गों पर भी ध्यान जाएगा तो यह इस पुस्तक की उपलब्धि होगी। इसी प्रकार राजकीय अभिलेखागार में अभिलेखों की पड़ताल करते समय एक क्रांतिकारी सीताराम के भाषण को लेकर पुलिस की कार्रवाई के कागजात मिले, पुलिस ने उन्हें यायावर कहा है। इससे यह सिद्ध होता है कि ये क्रांतिकारी लोग एक स्थान से दूसरे स्थान तक यात्रा कर पहुँचते थे और अपनी बात जनता तक पहुँचाते थे। उनके भाषण का विवरण उनके अध्याय में है। एक दूसरे सूबेदार सीताराम पांडेय की कहानी तो अद्भुत है, इन्हें भी स्थानीय लोग नहीं जानते हैं। इनकी आत्मकथा अवधी भाषा की निधि है, शायद हिंदी में भी 18 वीं शताब्दी में कोई आत्मकथा नहीं लिखी गई है।

इस पुस्तक के माध्यम से उन क्षेत्रों की भी पहचान करने का प्रयास किया गया है, जहाँ पर क्रांतिकारी एकत्रित हुआ करते थे। वर्तमान में यह कार्य बहुत मुश्किल है, क्योंकि आज इन स्थलों का स्वरूप बदल गया है। कहीं भूमि पर क़ब्ज़े हो गए हैं, तो कहीं भवन खड़े हैं। आज़ादी की लड़ाई में सभी नगरों के रामलीला मैदानों की एक अहम भूमिका रही है, जहाँ पर कई बड़े आजादी के नायकों ने सभाएँ कीं। अमेठी जनपद के जिला मुख्यालय गौरीगंज के बारे में बात करने पर लोगों से पता चलता है कि जिसे आज 'चौहान की बगिया' कहा जाता है, वहाँ पर क्रांतिकारी लोग एकत्रित हो कर सभा करते थे। आज भी कई बड़ी राजनीतिक सभाएं वहाँ होती हैं। इसी प्रकार जगदीशपुर के रामलीला ग्राउंड में कभी महात्मा गाँधी और नेहरू जी ने सभाएँ की थीं। इन साधारण से दिख रहे असाधारण ऐतिहासिक स्थलों का भी महत्त्व है। देश में आज़ादी का वातावरण बनाने के लिए इन स्थलों की महत्वपूर्ण भूमिका रही है।

हमारी नई पीढ़ी अपने देश के स्वाधीनता संग्राम की गौरवशाली दास्तानों से पूरी तरह अनजान है। जिस देश की कौमों को अपने अतीत की जानकारी ठीक से नहीं होती है, उन्हें अपने भविष्य का भी कोई अता-पता नहीं होता। इतिहासकारों, विद्वानों और साहित्यकारों ने 1857 के संग्राम पर खूब लिखा है, लेकिन उसके बाद के आंदोलनों और विद्रोहों के समग्र इतिहास का लेखन नहीं हो पाया है। अलग-अलग जनपदों में 1857 से लेकर 1947 के दौरान स्वाधीनता आंदोलनों में भाग लेने वाले सामान्य से सामान्य जनों की हिम्मत और कुर्बानी के साथ उनकी देशभक्ति की बेमिसाल कहानियाँ अभी भी लोकमानस की स्मृतियों तक सीमित हैं और अब इसका भी क्षरण हो रहा है, उत्तर प्रदेश सरकार के इस प्रयास से उनका दस्तावेजीकरण हो जाएगा। बहुत से गुमनाम हो गए सेनानियों की कहानियाँ सभी के सामने आ सकेंगी। अमेठी जनपद का गठन सुलतानपुर

और रायबरेली जनपद के क्षेत्र को मिलाकर हुआ है, इसलिए इनका भौगोलिक रूप भले ही अलग हो गया है। लेकिन स्वतन्त्रता संग्राम का संघर्ष साझा ही है। स्वाधीनता के तमाम आंदोलनों में वर्तमान अमेठी जनपद के लोग शामिल हुए, लेकिन तत्कालीन जिला मुख्यालय होने के कारण तमाम घटनाएं सुलतानपुर व रायबरेली के नाम पर दर्ज हैं।

अमेठी जनपद में स्वाधीनता आंदोलन और सेनानियों के बारे में तैयार की गई इस पुस्तक में स्वाधीनता आंदोलन के सभी पहलुओं को समेटने की कोशिश की गई है। इस पुस्तक में सभी आंदोलनों और विद्रोहों के राष्ट्रीय-अंतर्राष्ट्रीय महत्त्व के साथ अमेठी जनपद के लोगों की भागीदारी और उनकी कुर्बानियों के इतिहास को विभिन्न स्रोतों से जानकारी इकट्ठा कर लिखा गया है। पहले अध्याय में जनपद के महत्व और उसकी भौगोलिक स्थितियों को प्रस्तुत किया गया है। 1857 के स्वतंत्रता संघर्ष के प्रथम उद्घोष और उसके साथ-साथ अमेठी जनपद के निवासियों की भूमिका को उजागर करने की कोशिश की गई है। इसी के साथ 1857 के स्वतंत्रता संघर्ष को लेकर दुनिया भर के इतिहासकारों के विभिन्न नजरियों का विश्लेषण भी किया गया है। पुस्तक में 1857 के बाद और 1947 तक विभिन्न स्वतंत्रता आंदोलनों और विद्रोहों में अमेठी जनपद के योगदान की चर्चा के साथ उनकी विभिन्न गतिविधियों को सामने लाने की कोशिश की गई है। उसके बाद 'खिलाफत आंदोलन', 'जलियांवाला बाग कांड', 'असहयोग आंदोलन', भारत छोड़ो आंदोलन के महत्व को उजागर करते हुए अमेठी जनपद में इन आंदोलनों में वहाँ के निवासियों की भूमिका को सामने लाने की कोशिश की गई है। स्वतंत्रता की रक्षा करने वाले विशिष्ट जनों की भूमिका के साथ कारगिल सहित विभिन्न युद्धों में उनके त्याग और हिम्मत की कहानियों को सामने लाया गया है। पुस्तक को अधिक प्रामाणिक बनाने के लिए चित्रों को भी इसमें संकलित किया गया है। यह पुस्तक भले ही एक सरकारी प्रयास हो, किंतु जनसहयोग के बिना इस कार्य का पूरा होना संभव नहीं था। हम यह दावा नहीं करते कि जनपद की समग्र सूचनाएं अल्प समय में एकत्रित हो गई हैं। हमने प्रयास किया है, यदि किसी पाठक को लगे कि कुछ छूट गया है, तो नीचे मैंने अपना ई-मेल दिया है। कृपया ई-मेल कर दें, ताकि उस तथ्य को अगले संस्करण में सम्मिलित किया जा सके। अमेठी जनपद गठित होने के बाद संभवतः इस तरह का यह पहला प्रयास है, जो मूर्तरूप ले रहा है।

इस पुस्तक में स्वतंत्रता संग्राम सेनानियों संबंधी सूचनाएँ स्वतंत्रता संग्राम सेनानी श्री गुरु प्रसाद सिंह के पुत्र श्री वीरेन्द्र सिंह, पौत्र श्री राजेश सिंह व स्वतंत्रता संग्राम सेनानी श्री रामस्वरूप मिश्र के पुत्र श्री परमानंद मिश्र ने साझा की है, उनके सहित सभी सेनानी परिवारों के प्रति विशेष आभार है। सैनिक कल्याण बोर्ड के श्री रवीन्द्र कुमार शुक्ला जी का विशेष आभार, जिन्होंने व्यक्तिगत प्रयास कर जनपद के शहीदों की सूचनाओं को एकत्रित किया, क्योंकि अनेक शहीद परिवारों का अब सैनिक कल्याण बोर्ड से कोई नाता नहीं है।

जब क्षेत्र के पौराणिक व ऐतिहासिक स्थलों के भ्रमण की बात आई तो साथ में तिलोई के श्री शिवबजरंग सिंह ने अहम भूमिका निभाई और कई दिन तक साथ गाड़ी में घूमते रहे, उनका भी आभार है। इन सबके साथ वरिष्ठ पत्रकार श्री अरविंद कुमार सिंह, श्री प्रसून लतांत व श्री मिलिंद द्विवेदी ने शोध संदर्भ प्रदान करने में सहयोग किया, उनका भी आभार। यह कार्य अनुवाद के बिना भी पूरा नहीं हो सकता था, क्योंकि कुछ कागजात फारसी में थे, उन्हें राष्ट्रीय अभिलेखागार के पूर्व निदेशक और हमारे मित्र श्री राजमणि ने फारसी के जानकार श्री जावेद से कराया, इनका भी धन्यवाद है। ब्रिटिशकालीन अंग्रेजी दस्तावेज़ों का अनुवाद श्री शिवकुमार बिलग्रामी के माध्यम से हो पाया, उनका भी धन्यवाद है।

जनपद के तत्कालीन जिलाधिकारी श्री राकेश कुमार मिश्र का आभार प्रकट करता हूँ कि उन्होंने सभी विभागों को सहयोग हेतु पत्र लिखा। जिला सूचना अधिकारी श्री सुदर्शन यादव का भी सहयोग के लिए आभारी हूँ।

इस कार्य में मेरे शोध सहयोगी प्रोफेसर (डॉ.) राधेश्याम तिवारी, मध्यकालीन एवं आधुनिक इतिहास विभाग, आर.आर.पी.जी. कॉलेज, अमेठी रहे। उन्होंने समय-समय पर शोध सामग्री के संचयन में सहयोग किया है। उनका विशेष आभार है।

इस पूरे कार्य में अयोध्या शोध संस्थान के तत्कालीन निदेशक श्री लवकुश द्विवेदी, समन्वयक श्री आलोक पराड़कर एवं वाणी प्रकाशन के स्वामी श्री अरुण माहेश्वरी का भी आभारी हूँ, जिन्होंने इस कार्य के लिए प्रेरित किया। साथ ही उन सभी मित्रों का आभार, जिन्होंने तमाम सूचनाएँ देने के लिए अपना योगदान दिया। देश के वीरों को शत्-शत् नमन।

आजादी के अमृत महोत्सव पर हार्दिक शुभकामनाएँ।

सादर

डॉ. राकेश पाण्डेय

pravasisansar@gmail.com

अनुक्रम

अमेठी

अमेठी की सांस्कृतिक व राजनीतिक पृष्ठभूमि विश्वविख्यात है। अमेठी सूफी-संतों के साथ-साथ क्रांतिवीरों की धरती भी है। अमेठी में जहाँ एक ओर संतों की समाधियाँ, पीरों की मजारें दिखाई देती हैं, उसी के साथ ही देश पर बलिदान होने वाले अनेक वीरों के स्मारक भी हैं। अमेठी जनपद भारतीय लोकसंस्कृति और लोकसाहित्य में अपना विशेष स्थान रखता है।

अमेठी का नाम कैसे पड़ा? इस पर यह मान्यता है कि यह देवी अंबा के नाम से बना है। पहले संस्कृत काल में इसे 'आम्बेस्टी' पुकारा जाता था, अर्थात जहाँ पर अंबा इष्ट हों। कालांतर में यह नाम अमेठी हो गया। संस्कृत में अंबा शब्द से अभिप्राय भगवती अथवा देवी जी होता है, अमेठी में भी देवी जी के अनेक मंदिर विद्यमान हैं। वास्तव में यह क्षेत्र देवीमय है, जैसे जनपद के मुख्यालय का नाम भी गौरीगंज है जो कि देवी पार्वती जी का नाम है। इस क्षेत्र में देवीपाटन, कालिकन भवानी, शीतलन भवानी, हिंगलाज देवी, मृत्युहरण देवी, कालपी भवानी, अहोरवन भवानी, पाटेश्वरी देवी आदि अनेक देवियों के स्थान हैं, जिनका हम विस्तार से बाद में भी वर्णन करेंगे। यहाँ पर मुगल शासकों का काफी प्रभाव रहा है। आईने अकबरी में भी इस बात का उल्लेख मिलता है कि अमेठी में अनेक सूफी-संत रहते थे।

जनपद का गठन

अमेठी लम्बे राजनीतिक संघर्ष के बाद दिनांक 1 जुलाई, 2010 में उत्तर प्रदेश का 72 वां जिला घोषित हुआ। अमेठी पहले केवल संसदीय क्षेत्र था। जब अमेठी से राजीव गाँधी सांसद निर्वाचित किए गए और देश के प्रधानमंत्री बनें तभी से अमेठी को जिला बनाने की मांग उठने लगी थी, लेकिन तत्कालीन राजनीतिक कारणों से अमेठी जिला नहीं बन पा रहा था। इस क्षेत्र में अनेक राजनीतिक घटनाक्रम घटित हो रहे थे, इसी बीच सन् 2002 में तत्कालीन मुख्यमंत्री सुश्री मायावती ने एक जनसभा में अमेठी को जिला घोषित कर दिया। ज़िला तो घोषित हुआ लेकिन साथ ही इसका नाम भी बदल कर छत्रपति शाहूजी महाराज नगर कर दिया गया। इसके बाद चुनाव हुए और सरकार बदल गई

और साथ ही जिला भी रद्द हो गया। जिला रद्द होने पर जनता में आक्रोश था। इस मुद्दे को लेकर 'जिला बचाओ समिति' का गठन हुआ। इस समिति के संयोजक वरिष्ठ अधिवक्ता श्री उमाशंकर पांडेय ने जिला बचाने के लिए न्यायालय में लम्बा संघर्ष किया। इस काल खंड का तिथि अनुसार निम्नलिखित वर्णन है–

11 दिसंबर, 2002- तत्कालीन मुख्यमंत्री सुश्री मायावती ने एक रैली में अमेठी को जनपद बनाने की घोषणा की। इस नए जिले का नाम छत्रपति शाहूजी महाराज नगर रखा गया।

31 दिसंबर, 2002- कांग्रेस नेता दीपक सिंह ने जिले के नामकरण के विरोध में एक पदयात्रा निकाली।

05 जनवरी, 2003- कांग्रेस के प्रतिनिधिमंडल ने राज्यपाल को ज्ञापन सौंपा।

22 मई, 2003- उत्तर प्रदेश सरकार के मंत्रिमंडल ने छत्रपति शाहूजी महाराज नगर जिले के गठन की घोषणा कर दी।

25 मई, 2003- जनपद के प्रथम जिलाधिकारी श्री एम. पी. अग्रवाल ने नवगठित जिले में आकर कार्यभार संभाला।

27 मई, 2003- जनपद के प्रथम पुलिस अधीक्षक श्री पीयूष आनंद ने कार्यभार संभाला।

01 अक्तूबर, 2003- सरकार बदल चुकी थी। सपा सरकार द्वारा जिले को रद्द करने की बातें हवा में तैर रहीं थीं। वरिष्ठ अधिवक्ता एवं भाजपा नेता श्री उमा शंकर पांडेय व तत्कालीन शाहगढ़ ब्लॉक प्रमुख श्री दीपक सिंह ने 'जिला बचाओ संघर्ष समिति' की घोषणा की।

07 अक्तूबर, 2003- तत्कालीन उत्तर प्रदेश सरकार ने जिले को समाप्त करने की घोषणा कर दी।

09 अक्तूबर, 2003- सरकार द्वारा रद्द किए गए जिले के विरोध में हजारों लोग सड़कों पर उतरे। स्थानीय जनता ने विरोध स्वरूप रेल रोकी और सड़कें जाम कीं।

01 नवंबर, 2003- 'जिला बचाओ संघर्ष समिति' ने प्रभारी जिलाधिकारी श्री सियाराम चौधरी को ज्ञापन सौंपा।

08 दिसंबर, 2003- जिले को समाप्त करने के विरोध में अधिवक्ता श्री उमा शंकर पांडेय ने उच्च न्यायालय में याचिका दायर की।

26 मार्च, 2010- उच्च न्यायालय की लखनऊ पीठ ने तीन माह में जिला बहाली के निर्देश दिए।

1 जुलाई, 2010- उत्तर प्रदेश सरकार कैबिनेट ने जिला को बहाल करने का निर्णय लिया। जिलाधिकारी एवं पुलिस अधीक्षक की नियुक्ति हुई।

जनपद अमेठी और संसदीय क्षेत्र अमेठी में अंतर

यह आम धारणा है कि अमेठी जनपद और संसदीय क्षेत्र अमेठी एक ही बात है, किंतु दोनों में भौगोलिक रूप से अंतर है। अमेठी संसदीय क्षेत्र सन् 1967 में बना था, जबकि अमेठी जनपद 1 जुलाई 2010 को अस्तित्व में आया। पहले यह सुलतानपुर लोकसभा क्षेत्र था। वर्तमान में अमेठी संसदीय क्षेत्र हलियापुर के 29 गाँव बल्दीराय तहसील के हैं, जबकि इनका जनपद सुलतानपुर है। इसी प्रकार सलोन तहसील विधानसभा क्षेत्र भी है, इसमें तीन ब्लॉक सलोन, डीह और छतोह है। ये तीनों ब्लॉक अर्थात् पूरी सलोन तहसील रायबरेली जनपद का हिस्सा है, लेकिन इनका संसदीय क्षेत्र अमेठी है। स्वतंत्र भारत में पहली बार 1952 में लोकसभा सीट का निर्धारण हुआ। उस समय यह क्षेत्र सुलतानपुर दक्षिण लोकसभा संसदीय क्षेत्र का हिस्सा था, इस सीट से श्री वी.वी. केसकर सांसद चुने गए थे। सन् 1957 में यह मुसाफ़िरखाना संसदीय क्षेत्र का अंग बना, पहले श्री वी. वी. केसकर और बाद में श्री राजा रणंजय सिंह इसी सीट से सांसद चुने गए थे। संसदीय क्षेत्र से निर्वाचित होने वाले सांसदों की सूची निम्न है–

सांसद	राजनीतिक दल	वर्ष
1. श्री वी.वी. केसकर	कांग्रेस	1952 (आम चुनाव)
2. श्री वी.वी. केसकर	कांग्रेस	1957 (आम चुनाव)
3. श्री राजा रणंजय सिंह	कांग्रेस	1962 (आम चुनाव)
4. श्री विद्याधर वाजपेयी	कांग्रेस	1967 (आम चुनाव)
5. श्री विद्याधर वाजपेयी	कांग्रेस	1971 (आम चुनाव)
6. श्री रविन्द्र प्रताप सिंह	जनता पार्टी	1977 (आम चुनाव)
7. श्री संजय गाँधी	कांग्रेस	1980 (मध्यावधि चुनाव)
8. श्री राजीव गाँधी	कांग्रेस	1981 (उप चुनाव)
9. श्री राजीव गाँधी	कांग्रेस	1984 (आम चुनाव)
10. श्री राजीव गाँधी	कांग्रेस	1989 (आम चुनाव)
11. श्री राजीव गाँधी	कांग्रेस	1991 (मध्यावधि चुनाव)
12. श्री सतीश शर्मा	कांग्रेस	1991 (उप चुनाव)
13. श्री सतीश शर्मा	कांग्रेस	1996 (आम चुनाव)
14. डॉ. संजय सिंह	भाजपा	1998 (मध्यावधि चुनाव)
15. श्रीमती सोनिया गाँधी	कांग्रेस	1999 (मध्यावधि चुनाव)

16. श्री राहुल गाँधी	कांग्रेस	2004 (आम चुनाव) 2009 (आम चुनाव) 2014 (आम चुनाव)
17. श्रीमती स्मृति ईरानी	भाजपा	2019 (आम चुनाव)
18. श्री किशोरी लाल शर्मा	कांग्रेस	2024 (आम चुनाव)

एक नज़र में जनपद अमेठी

जनपद अमेठी का सृजन 1 जुलाई, 2010 को छत्रपति शाहू जी महाराज नगर के नाम से हुआ था। जिसमें जनपद रायबरेली की दो तहसील-सलोन व तिलोई एवं सुलतानपुर की तीन तहसील-अमेठी, गौरीगंज, मुसाफिरखाना को मिलाकर बना था। जिसका भौगोलिक क्षेत्रफल 307010 हेक्टेयर था, जिसमें 16 विकास खंड समाहित थे। जिसे 30 जुलाई, 2012 को राज्यपाल द्वारा जनपद की अधिसूचना निरस्त करते हुए अमेठी जिले का सृजन हुआ, जिसका मुख्यालय गौरीगंज निर्धारित हुआ। जिसमें जनपद सुलतानपुर की वर्तमान तहसील-गौरीगंज, मुसाफिरखाना, अमेठी में सम्मिलित समस्त क्षेत्र और जिला रायबरेली में समाहित तहसील तिलोई (तीन राजस्व ग्रामों–बारिगोहन्ना, कदरिया व गंगापुर को छोड़ कर) के क्षेत्र और तहसील महाराजगंज के नौ राजस्व ग्राम–महेशपुर, रामपुर, पवारा, सेमरौता, सत्वा, ठोकरपुर, अकबरपुर फरसी, पुरेलक्षिनदेई, बसंतपुर एवं राजपुरहलिम के क्षेत्र समाविष्ट होंगे और जिला सुलतानपुर और जिला रायबरेली की सीमाओं को नवसृजित जिला अमेठी में सम्मिलित उनके क्षेत्रों को अपवर्जित करके परिवर्तित करते हैं।

(संदर्भ : उत्तर प्रदेश सरकार वेब साइट, अमेठी समाचार।)

भूगोल एवं जनसंख्या

जिला मुख्यालय गौरीगंज 26°12’ उत्तरी अक्षांश और 81°42’ पूर्वी देशांतर पर स्थित है। जनपद अमेठी का भौगोलिक क्षेत्रफल 2362 वर्ग कि.मी. एवं जनसंख्या (जनगणना 2011) एवं अन्य विवरण निम्नलिखित हैं–

जनपद की कुल जनसँख्या	1867678
ग्रामीण जनसँख्या	1818940
नगरीय जनसँख्या	48738
पुरुष जनसँख्या	945235
महिला जनसँख्या	922443
तहसीलें	अमेठी, गौरीगंज, जगदीशपुर व तिलोई

विकास खण्ड	13 (अमेठी, भेटुआ, भादर, संग्रामपुर, गौरीगंज, मुंशीगंज, जामो, मुसाफिरखाना, जगदीशपुर, शुकुल बाज़ार, कमरौली, मोहनगंज, शिवरतनगंज, जायस, फुर्सतगंज)
नगर पालिका	2 (गौरीगंज, जायस)
नगर पंचायत	2 (अमेठी, मुसाफिरखाना)
न्याय पंचायत	98
ग्राम पंचायत	584
राजस्व ग्राम	995

राष्ट्रीय राजमार्ग

सड़कों की लम्बाई पूरे जनपद में 2700 कि.मी. है। जनपद राष्ट्रीय राजमार्ग 28 से जुड़ा हुआ है। बाढ़ से क्षति होने वाली संभावित सड़कें जगदीशपुर व शुकुल बाज़ार विकास खंडों की हैं।

रेलवे स्टेशन

जनपद मुख्यालय में शहर का एकमात्र रेलवे स्टेशन गौरीगंज है, जो लखनऊ गौरीगंज-प्रतापगढ़-वाराणसी मार्ग पर स्थित है। इस लाइन पर अमेठी, जायस, फुरसतगंज, बनी और मिश्रौली आदि रेलवे स्टेशन स्थित हैं। अन्य लखनऊ-सुलतानपुर लाइन पर निहालगढ़ स्टेशन स्थित है।

हवाई अड्डा

निकटतम मुख्य हवाई अड्डा चौधरी चरण सिंह एयरपोर्ट, लखनऊ है। इसकी जिला मुख्यालय गौरीगंज से दूरी लगभग 128 किलोमीटर है। प्रयागराज हवाई अड्डा की जिला मुख्यालय गौरीगंज से दूरी लगभग 125 किलोमीटर है। जनपद मुख्यालय से 35 कि.मी. की दूरी पर इंदिरा गाँधी राष्ट्रीय उड़ान अकादमी पर स्थित है, जो फुरसतगंज तहसील तिलोई में है।

भाषा

यहाँ पर स्थानीय अवधी/हिंदी भाषा बोली जाती है।

उद्योग

जनपद में मुख्यतः एच.ए.एल. मुंशीगंज में, बी.एच.ए.एल. व इंडोगल्फ जगदीशपुर में व एसीसी सीमेंट की फैक्ट्रियाँ गौरीगंज में स्थित हैं।

मीडिया– जनपद अमेठी एक महत्वपूर्ण मीडिया केंद्र बनता जा रहा है। उत्तर प्रदेश और अन्य राज्यों के पत्रकार जनपद अमेठी में कार्य कर रहे हैं। एफ.एम. रेडियो गौरीगंज मुख्यालय में स्थित है।

तहसील/ब्लॉक– 4 (अमेठी, गौरीगंज, मुसाफिरखाना, तिलोई)

अमेठी में प्राकृतिक आपदाओं की आशंका के मद्देनजर–भूकंप

जनपद अमेठी में भूकंप की तीव्रता कम रहती है।

आग– वायुमंडलीय तापमान और जलवायु में वृद्धि के कारण गर्मियों के महीनों में मौसम शुष्क रहने के कारण आग लगने की आशंका अधिक रहती है।

औद्योगिक क्षेत्र– अमेठी जनपद में औद्योगिक क्षेत्र मुख्यतः टिकरिया, त्रिशुडी व जगदीशपुर हैं।

'एक जनपद-एक उत्पाद' योजना

प्रदेश सरकार ने लघु उद्योग और हस्तशिल्प कला को बढ़ावा देने के लिए 'एक जनपद एक उत्पाद' योजना को लागू किया हुआ है। जिसके अंतर्गत प्रत्येक जनपद में एक उत्पाद को बढ़ावा देने का कार्य किया जाता है। यह उत्पाद इस क्षेत्र में होने वाले प्राकृतिक संसाधनों पर निर्भर होता है। जैसा कि अमेठी को मूँज के लिए चुना गया है। मूँज, प्राकृतिक रूप से पूरे वर्ष उगने वाली एक प्रकार की घास है, जिसे स्थानीय भाषा में 'सरपत' के नाम से भी जाना जाता है। यह घास जनपद के निचले भूभागों में पाई जाती है। यहाँ के स्थानीय लोग मूँज का प्रयोग विभिन्न घरेलू उत्पादों यथा पायदान, थैले, स्टूल, रस्सी, पेन स्टैंड, कुर्सियाँ, मेज इत्यादि बनाने में करते हैं।

ऐतिहासिक पृष्ठभूमि

अमेठी जनपद का पौराणिक एवं स्वतंत्रता संग्राम का इतिहास बहुत गौरवपूर्ण व अद्भुत है। यहाँ अनेक प्राचीन स्थल हैं। अमेठी जनपद, सुलतानपुर व रायबरेली जनपदों के मध्य भाग को मिला कर बना है, इसलिए ऐतिहासिक व सांस्कृतिक विरासत भी सांझी है। इस पूरे क्षेत्र को भगवान राम के पुत्र कुश के इलाके के रूप में जाना जाता है। इस क्षेत्र के पुराने शहर सुलतानपुर को तब तक कुशपुर या कुशभवनपुर कहा जाता था, जब तक कि मुगलों द्वारा इस पर विजय प्राप्त नहीं की गई थी। स्थानीय लोग यह मानते हैं कि इसकी स्थापना कुश ने की थी। गज़ेटियर सुलतानपुर में उल्लेख है, काशीपुर होने का विमर्श भी है। सर ए. कनिंघम ने इस स्थल की पहचान ह्वेन थियांग के किआ-शि-पो-लो से की है, लेकिन चीनी तीर्थयात्रियों द्वारा वर्णित कोई अवशेष नहीं मिले हैं, और उन्होंने कहा कि वे सुलतानपुर से लगभग पाँच मील उत्तर-पश्चिम में स्थित गाँव महमूदपुर में पाए गए होंगे, जहाँ एक प्राचीन टीला है। इस पहचान की पुष्टि के लिए महमूदपुर या सुलतानपुर के प्राचीन स्थल पर कुछ भी नहीं पाया गया है, इस तथ्य के अलावा इसके बारे में अनेक सकारात्मक आपत्तियां भी हैं। ह्वेनसांग द्वारा दिए गए नाम के लिप्यांतरण का पहला अक्षर किआ है, जो आम तौर पर मूल शब्द 'का' को दर्शाता है, कभी-कभी 'क' को दर्शाता है और 'कु' को कभी नहीं दर्शाता है। दूसरा अक्षर 'शि' आम तौर पर 'शी' को दर्शाता है और पूरा नाम स्पष्ट रूप से काशीपुर के लिए प्रयोग किया गया है। सर ए. कनिंघम ने भी कौशांबी से दी गई दूरी को आधार माना है। कौशांबी वह अंतिम स्थान था जिसकी तीर्थयात्री ने यात्रा की थी। हालाँकि, 700 मील की यह दूरी उतनी ही है जितनी कि 'द लाइफ ऑफ ह्वेनसांग' में प्रयाग (इलाहाबाद) और कौशांबी शहर (राज्य नहीं) के बीच की दूरी के रूप में उल्लिखित है, और कौशांबी प्रयाग और काशीपुर दोनों से दक्षिण-पश्चिम में स्थित है। इस प्रकार यह स्पष्ट है कि सुलतानपुर, काशीपुर नहीं हो सकता है। कनिंघम ने इलाहाबाद के सामने गंगा के उत्तरी तट से सुलतानपुर की दूरी 66 मील बताई है, जबकि वास्तव में यह केवल 54 या 55 है। इसमें कोई संदेह नहीं है कि उदाहरण के लिए ऊपर वर्णित महमूदपुर, रायपुर, टीकरी, शाहगढ़ और अमेठी परगना के बीठा में बौद्ध काल के अवशेष मौजूद हैं, जिसे स्थानीय परंपरा में भरों के काल का

बताया जाता है। एक अन्य कहानी के अनुसार धोपाप के निकट बिखार की स्थापना उज्जैन के विक्रमादित्य ने की थी। सुलतानपुर के पश्चिम में दस मील की दूरी पर भांटी, नरहाई, धामौर, सांभर और सनिचरा गाँवों का एक समूह है, जहाँ ब्राह्मणवादी और जैन मूर्तियों के भग्नावशेष प्रचुर मात्रा में हैं, जबकि मुसाफिरखाना में ईंट निर्मित मंदिरों का एक आकर्षक समूह है। इन मंदिरों की निर्माण शैली के आधार पर इन्हें अंतिम रूप से दसवीं शताब्दी का बताया गया है।

भर

मुगलों के आगमन के समय इस क्षेत्र पर संभवतः भरों का कब्जा था, जो कन्नौज के राजा के नियंत्रण में थे। कन्नौज के राजा का प्रभाव आंतरिक भागों पर कुछ समय के लिए ही था, और संभवतः उस समय सुलतानपुर जिले में कई अर्ध-स्वतंत्र भर रियासतें शामिल थीं। सभी घटनाओं से ऐसा प्रतीत होता है कि 1192 ई. में कन्नौज के जय चंद्र के पतन के बाद इस जिले पर भरों का निर्विवाद नियंत्रण हो गया था। इस मूल निवासी जाति के कुछ निशान बचे हैं, यदि उन लोगों की आम धारणा से सहमत नहीं होते हैं, जो हर प्राचीन टीले और किले एवं ईंट के हर खंडहर को भरों से जोड़कर देखते हैं। इस पर संदेह नहीं किया जा सकता है कि वे शक्तिशाली थे; राजपूत और मुसलमान दोनों उनसे लड़ा करते थे। उनकी शक्ति का प्रमाण उन कहानियों में मिलता है जिनमें यह उल्लेख है कि राजपूत नेता भर सरदारों के अधीन सेवा करते थे, खिलजी सुलतान लंबे समय तक प्रयास करने के बाबजूद कुशपुर शहर पर कब्जा करने में विफल रहा, अंत में यह कार्य केवल छल से ही पूरा किया जा सका। इस जिले में शायद अवध के किसी अन्य भाग की तुलना में राजपूत परिवारों के अलग-थलग संस्थापकों द्वारा भरों के विस्थापन के कई उदाहरण मिलते हैं। इन कहानियों में आपस में इतनी समानता है कि कई मामलों में इस तथ्य के कारण ही उन पर संदेह होने लगता है। इस क्षेत्र का इतिहास कई वंशों का इतिहास है। भरों के समय में ही जब अलाउद्दीन खिलजी का जनपद में प्रवेश हुआ तो उसने ग्राम जूड़ा पट्टी परगना मीरानपुर में एक कोट भी बनवाया जिसे कोटउत कहते थे। बाद के वर्षों में वह कोटउत से कठौत कहा जाने लगा जो मानिकपुर सरकार का प्रमुख शासन केंद्र था। गढ़ी अबडीड व टीले के रूप में मौजूद है। पहले यहाँ सेना रहती थी। अबुल फजल ने 'आइने अकबरी' में जिन 55 मोहलों का अकबर के शासनकाल में उल्लेख किया है, उसमें कठौत भी एक मोहाल था। जहाँ से उसके अंतर्गत आने वाले भूभागों की समस्त व्यवस्था होती थी। अभी भी बड़ी और चौड़ी ईंटों से युक्त बड़े-बड़े भर कालीन टीले संपूर्ण जनपद अमेठी एवं सुलतानपुर में देखे जा सकते हैं। उदाहरण के लिए अल्देमऊ में 49 टीले, सदर में भिदूरा, राजापुर, रामनाथपुर, देवरार भटमई, भूंगर,

सरवन सेवतरी, फुलवारी के टीले, मुसाफिरखाना में इसौली, धरौली, साजनपुर पलिया के टीले एवं तेलिया बुर्ज, अमेठी में टिकरी, सोनारी विहटा के टीले प्रमुख हैं। जिनके नीचे बहुमूल्य संपदा पड़ी हुई है। आज इस प्राचीन इतिहास के विद्वानों तथा पुरातत्व विभाग को इस ओर ध्यान देने की आवश्यकता है।

अलाउद्दीन खिलजी

सैयद सालार और उसके युद्ध अभियानों की कहानी में इस क्षेत्र या इस जिले के किसी भी स्थान का कोई उल्लेख नहीं है। ऐसा प्रतीत होता है कि यह क्षेत्र कई पड़ोसी जिलों की तुलना में अधिक लंबे समय तक भरों के सुरक्षित कब्जे में रहा था। यदि भर सरदार किसी के अधीन थे, तो वह मानिकपुर के हिंदू शासकों के अधीन थे, और ऐसा प्रतीत होता है कि बाद में उनके तख्ता पलट के बाद वे पूरी तरह से स्वतंत्र हो गए थे। दिल्ली के मुसलमान सुलतानों ने मानिकपुर और अवध सूबों की बहुत पहले स्थापना की थी, लेकिन हमें मुस्लिम इतिहासकारों द्वारा इस क्षेत्र का कोई संदर्भ नहीं मिलता है। मिस्टर मिलेट- एक स्थानीय परंपरा का हवाला देते हैं कि यह शहर, भरों का अंतिम गढ़ था, जिस पर छलपूर्वक कब्जा किया गया था, जैसा कि रोहतास में शेरशाह द्वारा और अलाउद्दीन गौरी द्वारा किया गया था। वह इस बादशाह को महान अलाउद्दीन खिलजी मानते हैं, इस प्रकार चौदहवीं शताब्दी के प्रारम्भ तक सुलतानपुर पर विजय नहीं पायी जा सकी थी। खिलजी सुलतान निस्संदेह एक समय अवध का सूबेदार था, लेकिन पूरी कहानी पुराने अभिलेखों में खो गई है। यह दुर्भाग्यपूर्ण है कि पुराने शहर सुलतानपुर की मस्जिद, जो गोमती के उत्तर की ओर स्थित है, में कोई शिलालेख नहीं है, क्योंकि इसके निर्माण को आमतौर पर शहर की स्थापना के समकालीन माना जाता है। अलाउद्दीन खिलजी को विजेता के रूप में स्वीकार करने में काफी कठिनाइयां हैं। सबसे पहली बात यह है कि मुहम्मद-बिन-सैम, जिसे आमतौर पर शहाबुद्दीन के नाम से जाना जाता है, ने केवल कन्नौज, बल्कि बनारस और अयोध्या को अपने अधीन कर लिया था। जौनपुर पर भी उसने कब्जा कर लिया था, इसलिए यह संभावना नहीं है कि सुलतानपुर का मजबूत किला इतने लंबे समय तक अछूता रहा होगा। दूसरे, कहानी यह है कि सुलतान का ध्यान सबसे पहले दो सैयदों, महमूद और अलाउद्दीन की हत्या के कारण कुशपुर की ओर गया था, ये दोनों किरमान के घोड़ों के सौदागर थे, और यह सुलतान कोई और नहीं, बल्कि मुहम्मद-बिन-सैम था। इसके अलावा, सुलतानपुर के काजियों के पुराने परिवार के पास एक फरमान है जिस पर तारीख 626 हिजरी लिखी है, इसके फलस्वरूप यह अल्तमश के शासनकाल का है। एक अन्य परंपरा में गुलाम बादशाहों के अधीन कार्यरत सूबेदार अर्सलन खान द्वारा गोमती के तट पर एक बड़े कुएँ के निर्माण के बारे में बताया गया है। यदि तबक़ात-ए-नासिरी का लेखक अलाउद्दीन मसूद के शासनकाल

में अयोध्या से कर्रा तक सेना लेकर जा सकता था, तो यह मान लेना लगभग असंभव है कि सुलतानपुर अभी भी भर रियासत की राजधानी थी। इन सभी सूबों में प्राचीन किंवदंतियों में मुहम्मद गौरी को लगातार अलाउद्‌दीन गौरी कहा गया है। यह गलती बाद में अलाउद्‌दीन खिलजी के अधिक प्रभाव के कारण हो सकती है, या संभवतः मुहम्मद के चाचा, गजनी के अलाउद्‌दीन जहाँ सोज के साथ भ्रम के कारण हो सकती है, जिनके नाम पर सब से पहले हिंदुस्तान पर विजय प्राप्त की गई थी।

अंत में, यह कहा जाता है कि मुसलमानों के प्रभाव के कारण बछगोतियों का आगमन हुआ, और इस पर शहाबुद्‌दीन का प्रभाव था। यह बताया गया है कि मुसलमानों ने अपनी प्रारंभिक विजयों में दोआब के अन्य अधिक सुगम भू-भागों के समान अवध को कभी भी अपने में नहीं मिलाया था। अवध के कई जिलों के मामले में निश्चित रूप से यही बात थी, और सुलतानपुर में भरों के लंबे समय से जारी वर्चस्व को इस सिद्ध ांत का एक और उदाहरण माना जा सकता है। हालांकि, काजियों की परंपरा में कहा गया है कि हसन महमूद वस्तुतः अल्तमश के शासनकाल में इस क्षेत्र का सूबेदार था, और उसका अधिकार क्षेत्र 1,400 गाँवों तक फैला हुआ था और यह जौनपुर तक पहुँच गया था। मुसलमानों के विजय के बाद जिले का इतिहास अलग-अलग वर्णनों की एक शृंखला में पाया जाता है। सबसे पहले पूरे जिले के मुस्लिम शासन का इतिहास है और तीन महान वंशों–बछगोतियों, बंधलगोतियों और भाले सुलतानों की कहानियाँ हैं। ये वंश प्रारंभ में कई परिवारों में विभाजित थे। इस क्षेत्र के सामान्य इतिहास के बारे में जो कुछ भी हम जानते हैं, दिया है। यह पुस्तक स्वतंत्रता संग्राम पर केंद्रित है, इसलिए हम वंशों के इतिहास पर अधिक चर्चा नहीं करेंगे।

प्रारंभिक

अमेठी के तत्कालीन जनपद सुलतानपुर पर मुगलों का शासन होने के बाद हमें सुलतानपुर के इतिहास में लगभग तीन शताब्दियों का अंतराल मिलता है। हालाँकि, यह अवधि जिले के लिए बहुत महत्वपूर्ण थी, क्योंकि इस समय महान राजपूत वंशों की शक्ति की नींव पड़ी थी जिन्होंने देश को आपस में बांट लिया था। सुलतानपुर जिले को भी अवध और मानिकपुर की रियासतों के बीच विभाजित किया गया था, और चूंकि यह मुख्य मार्गों से हट कर था, इसलिए यह स्वाभाविक है कि इस पर प्रारंभिक इतिहासकारों का ध्यान न गया हो।

जौनपुर

1394 ईस्वी में मुहम्मद-बिन-फ़िरोज़ ने जौनपुर राज्य में अपना एक वज़ीर, ख्वाजा जहाँ नियुक्त किया, और उसे मलिक-उस-शर्क की उपाधि प्रदान की, साथ ही साथ निचले

दोआब और गंगा के बाएं किनारे के सूबों को अपने अधिकार क्षेत्र में शामिल कर लिया। उसी वर्ष वज़ीर ने दिल्ली के प्रति अपनी वफादारी को त्याग दिया और शाही प्रतीक ग्रहण कर लिए। इस प्रकार यह क्षेत्र जौनपुर साम्राज्य का एक हिस्सा बन गया, और सिकंदर लोदी द्वारा बाबर को पराजित किए जाने तक बना रहा। ऐसा लगता है कि आधिपत्य के इस परिवर्तन का जिले के आंतरिक इतिहास पर कोई उल्लेखनीय प्रभाव नहीं पड़ा; और स्थानीय परंपराओं में शर्की वंश के अकेले इब्राहिम शाह का वर्णन मिलता है। यह बादशाह इस्लाम धर्म के सबसे उत्साही प्रचारकों में से एक रहा है, और कहा जाता है कि इसने बड़ी संख्या में राजपूतों का धर्म परिवर्तन कराया था, जिनके मुसलमान वंशज अब भी इस क्षेत्र में मिलते हैं। यह संभव है कि इब्राहिम अपने कई विजय अभियानों के दौरान एक से अधिक बार इस जिले से गुजरा हो। उसके और उसके उत्तराधिकारियों के अनेक सिक्के गोमती के तट पर बसे धोपाप के निकट उस स्थान पर मिले हैं, जहाँ शाहगढ़ का पुराना किला था।

बाबर

अवध के इस भाग में जौनपुर साम्राज्य के पतन को, उसके उत्थान से अधिक सक्रिय रूप से महसूस नहीं किया गया है; न ही लोदी शासन के दौरान कुछ भी उल्लेखनीय हुआ। ऐसा लगता है कि मुगलों ने भी अपने पहले आक्रमण में इस क्षेत्र को परेशान नहीं किया था, हालांकि कहानी यह है कि बाबर ने हसनपुर के तिलोक चंद का धर्म परिवर्तन करवाया था। हालांकि, यह कहा जाता है कि यह धर्म परिवर्तन इलाहाबाद में हुआ था। यह संभव है कि यह पूरी कहानी एक मिथक है, जैसा कि हम मुगल शासन की स्थापना से पहले मुसलमान नामों से मिलते-जुलते नाम वाले बछगोतियों के बारे में पढ़ते हैं।

शेरशाह

शेरशाह द्वारा हुमायूँ को अस्थायी रूप से अपदस्थ किए जाने का अधिक महत्व है। हसनपुर के हसन खान निस्संदेह शेरशाह की प्रशंसा प्राप्त करने में सफल रहे, और यह तथ्य उनके परिवार की पदवी बढ़ाने के लिए काफी हद तक जिम्मेदार है। सूरी बादशाह ने भी जिले पर अपनी छाप छोड़ी थी, इसमें कोई संदेह नहीं है कि शेरशाह ने कई प्रशासनिक उपाय और सुधार किए, जिनका श्रेय मुगल शासकों ने लिया था, जिन्होंने शेरशाह द्वारा शुरू की गई योजना को केवल जारी रखा था।

अकबर

अकबर के शासनकाल में यह क्षेत्र एक महाल या सरकार के परगना और अवध के सूबे का हिस्सा था। हालांकि उस समय में सुलतानपुर के नाम से जाना जाने वाला पूरा

इलाका न तो सुलतानपुर महाल, न ही सरकार, और न ही अवध के सूबे में शामिल था। वर्तमान जिले का पूरा पूर्वी और अधिकांश दक्षिणी एवं पश्चिमी भाग अवध का नहीं, बल्कि इलाहाबाद के सूबे के जौनपुर और मानिकपुर का हिस्सा था। कई अकबरी महाल वर्तमान समय के परगनाओं के साथ तत्काल और निश्चित पहचान को स्वीकार करते हैं, लेकिन दूसरों के संबंध में संदेह के लिए पर्याप्त जगह है। मिस्टर मिलेट ने इस विषय की सावधानीपूर्वक जांच की, और उनके निष्कर्ष काफी महत्वपूर्ण हैं, हालांकि जानकारी कई मायनों में अधूरी है। अकबर के समय में जगदीशपुर परगना मोहाल किशनी और सातनपुर (सत्थिन) के नाम से जाना जाता था। अमेठी परगना का कृषि क्षेत्रफल 1,17,381 बीघा, भू राजस्व 30,76,480 था। यहाँ के किले में 300 अश्वरोही 2000 सिपाही और 20 हाथी भी रहते थे। गौरा जामों अकबरी महाल जायज के अंग थे।

पृथ्वीराज चौहान के वंशज

अमेठी जनपद में पृथ्वीराज चौहान के वंशजों की उपस्थिति भी गौवान्वित करती है। पृथ्वीराज चौहान वंशीय राजा थे। मिन्हाजुस सिराज के लेखक ने तो यह कहा है कि सन् 1911 ई. में गोरी तराइन के प्रथम युद्ध में 2 लाख सैनिक तथा तीन हजार हाथियों के साथ पृथ्वीराज से लड़ने आया था। पृथ्वीराज ने तराइन के प्रथम युद्ध में गोरी को पराजित कर दिया। लेकिन वह दूसरे युद्ध में एक लाख बीस हजार सेना लेकर पुनः चढ़ आया, जिसमें पृथ्वीराज मार डाले गए। पृथ्वीराज की इस पराजय ने देश का चित्र ही बदल दिया और चौहान वंशीय क्षत्रियों के लिए दिल्ली दूर हो गई। परंतु सांभर पर उनके भाई चाहिरदेव का आधिपत्य कायम रहा। गजेटियर ऑफ अवध के लेखक एवं एच. आर. नेविल्स और इतिहासकार सर हेनरी इलियट ने लिखा है कि पृथ्वीराज के चचेरे प्रपौत्र संगतराय के 22 पुत्र थे, जिनमें से छोटी रानी की एक वचनबद्धता के कारण उनकी आने वाली संतान को सांभर का सिंहासन पाना था। जिस कारण सभी भाई सांभर छोड़कर विभिन्न दिशाओं में चल पड़े। जिनमें से वरियारशाह चौहान अवध क्षेत्र की ओर आए। उन्होंने वर्तमान सुलतानपुर के दक्षिण में 15 किलोमीटर दूर स्थित ग्राम जमुवांवा में अपनी गढ़ी स्थापित की। वरियारशाह का यहाँ पर आगमन सन् 1248 के निकट माना जाता है। एक अन्य धारणा है कि वे सुलतान की सेना के साथ भरों को पराजित करने के लिए चल पड़े। एक सेनाधिकारी के रूप में उन्होंने भर राजा भीमसेन को यहाँ पराजित किया और बदले में खुश होकर बादशाह ने उन्हें विजित भू-भाग सौंप दिया। सुलतानपुर के वत्स गौत्री पृथ्वीराज के भाई कंधाराय से अपना सीधा संबंध बताते हैं, हो सकता है चाहिरदेव को कंधराय भी कहते रहे हों। वरियारशाह चौहान के चार पुत्र–आसल, घूंघे, घाटम और राज हुए।

गोपाल कविकृत चौहान वंश का वर्णन इस प्रकार कविता में दोहा किया गया है–

बहु नजीक पृथिराज के, जैसे हैं ये वीर।
तैसे सदगुन सो भरे, सागर सम गम्भीर।।
इत पूछ्यो बुधजनन सो, नृपति शाह बरियार।
बेल खरिया क्षत्री भये, कैसे जाति शुमार।।

इस बात के साक्ष्य उपलब्ध हैं कि लगभग 250 वर्षों में वरियारशाह का परिवार इतना बढ़ गया कि गोमती नदी के दक्षिण की तरफ विस्तार की गुंजाइश नहीं रह गई। उल्लेखनीय है कि जमुवांवा के बाद इन चौहानवंशी क्षत्रियों ने भदैयां को अपने शासन का केंद्र बनाया। वैसे एक शाखा दिखौली, दूसरी अभियाकला, पूरे वाधराय को प्रस्थान कर गई। दिखौली के जोगाजीत सिंह के शौर्य व पराक्रम की अनेक गाथाएं हैं। अमेठी जनपद में आसल क्षेत्र वरियारशाह के पुत्र आसल राय के नाम पर है, जिनका उल्लेख गज़ेटियर में भी है।

सांस्कृतिक पृष्ठभूमि

अमेठी जनपद अपनी ऐतिहासिक परंपरा के साथ-साथ अपनी सामाजिक और सांस्कृतिक विशेषताओं के कारण भी गौरवान्वित है। भारतीय संस्कृति के जो मूल आधार हैं वे सब यहाँ की सांस्कृतिक उर्वरा धरती में व्याप्त हैं। जहाँ एक ओर अनेक धर्मपरायण विभूतियों ने यहाँ जन्म लिया, वहीं दूसरी ओर यहाँ के अनेक कालजयी साहित्यकारों और सुकवियों को इस माटी में जन्म लेने का गौरव प्राप्त है। संस्कृति मानव जीवन के आंतरिक विकास और उसके आचरण का प्रतीक हुआ करती है। संस्कृति जीवन की लय है, मनुष्य संस्कृति में लयबद्ध होकर उस समाज से सदा जुड़ा रहता है, जिसमें वह जन्म लेता है। हमें बहुत सी जनश्रुतियाँ जायस के रहने वाले श्री भरत लाल सोनकर जी ने बताई हैं और उपलब्ध कराई हैं। कोविड काल के पहले वह मुझे नानकमता ले गए थे और गुरु गोरखनाथ जी के जन्मस्थल के बारे में बताया और वहाँ साधुओं की पिंडियाँ आज भी विद्यमान हैं। इसी प्रकार टीकरमाफी आश्रम के परम संत श्री श्री 1008 श्री हरि चैतन्य ब्रह्मचारी जी महाराज ने आश्रम के विषय में जानकारी प्रदान की, मैं सभी का आभारी हूँ।

अमेठी जनपद के उल्लेखनीय महापुरुष एवं पौराणिक स्थल

अमेठी जनपद में अनेक महापुरुषों ने जन्म लिया है और साथ ही अनेक पौराणिक स्थल विद्यमान हैं। हम संक्षेप में इनका विवरण देने का प्रयास कर रहे हैं, जबकि इनका व्यक्तित्व व स्वरूप बहुत विराट है।

बाबा गोरखनाथ जी–नाथ सम्प्रदाय के अनुसार बाबा गोरखनाथ ने विक्रमादित्य के भाई भर्तृहरि को दीक्षा दी थी। परम्परानुसार भर्तृहरि विक्रम संवत् के प्रवर्तक के अग्रज माने जाते हैं। विक्रम संवत् ईस्वी सन् से 56 वर्ष पूर्व प्रारम्भ होता है, जो विक्रमादित्य के प्रौढ़ावस्था का समय रहा होगा। भर्तृहरि विक्रमादित्य के अग्रज थे, अतः इनका समय कुछ और पूर्व रहा होगा। देश के महान सन्त गुरु गोरखनाथ जी का नाम आते ही गोरखपुर का ध्यान हो उठता है, जहाँ उनका विशाल मंदिर और समाधि विद्यमान है। भारत में उनके बड़ी संख्या में अनुयायी हैं। गुरु गोरखनाथ जी का जन्म अमेठी जनपद

के जायस क़स्बे में हुआ, इसका उल्लेख गोरखपुर मठ द्वारा प्रकाशित पुस्तिका में भी किया हुआ है। यह विडम्बना ही है कि गुरु गोरखनाथ जी के समाधि स्थल पर तो भव्य मंदिर बना है, लेकिन उनका जन्म स्थान उपेक्षित रह गया है। उनके जन्म की गाथा इस प्रकार बताते हैं कि नाथ सम्प्रदाय के संत मत्स्येन्द्रनाथ भिक्षाटन करते हुए अवध क्षेत्र के उद्यानगर, वर्तमान जायस नगर पहुँचे। यहाँ एक विधवा साध्वी निःसंतान रहती थी। साध्वी ने संत मत्स्येन्द्रनाथ की यथा-योग्य सेवा की, उन्होंने जाते समय अपनी झोली से थोड़ी सी भभूति निकाल कर दी और कहा इसे खा लेने से तुम्हें पुत्र रत्न की प्राप्ति होगी। वह महिला संकोच में उस समय कुछ नहीं बोली, लोकलाज के भय से वह ऐसा नहीं कर सकी। उस भभूति को घर के बाहर गाय के गोबर के ढेर में फेंक दिया। बारह वर्ष के पश्चात् मत्स्येन्द्र नाथ पुनः उद्यानगर जायस आये और फिर उस विधवा के घर पहुँचे। बच्चे को दिखाने का आग्रह करने लगे तो, उस साध्वी ने सच बात बता दी कि वह अकेली है, इसलिए उसने वह भभूति जहाँ वह गाय का गोबर एकत्रित करती थी वहाँ फेंक दी थी। संत मत्स्येन्द्रनाथ ने कहा, ''मुझे वहाँ ले चलो,'' वे गोबर के ढेर के पास पहुँचे और तनिक तेज स्वर में गोरक्ष-गोरक्ष बच्चे को पुकारा। एक बारह वर्ष का तेजस्वी बालक भागता हुआ चला आया। संत मत्स्येन्द्रनाथ उसे अपने साथ ले गये। बाद में यही बालक गोरखनाथ के नाम से प्रसिद्ध हुआ। आज भी वह स्थान विद्यमान है, वहाँ सदा साधु-संत रुकते रहे हैं। लगभग तीन वर्ष पूर्व श्री भरत लाल सोनकर हमें उस स्थान पर ले गये थे। आज भी वह पवित्र स्थान है, अनेक साधुओं की पिंडियाँ हैं। मैंने सोशल मीडिया पर उत्तर प्रदेश सरकार को लिखा था, उस समय इस स्थान की नपाई हुई थी, फिर कोरोना आ गया। इसके बारे में कुछ पत्रकार मित्रों ने भी सरकार का ध्यान इस स्थान की ओर आकृष्ट किया था। अब सूचना मिल रही है कि वहाँ सरकार कुछ करने जा रही है। अमेठी जनपद को इतने बड़े सिद्ध संत की जन्मभूमि होने का गौरव प्राप्त है। इसी स्थान पर नानक देव जी के अनुयायियों के पधारने का प्रसंग भी जनश्रुतियों में है, जिसके कारण यह स्थान गोरखमता से नानकमता भी कहलाया।

बाबा पुरुषोत्तम दास–भक्त कवि श्री पुरुषोत्तम दास का जन्म अमेठी जनपद के मुसाफिरखाना तहसील के अन्तर्गत दादर ग्राम में हुआ था। इनके पिता श्री क्षेमानन्त तथा पितामह देवकी नन्दन थे। इनके तीन पुत्र–रधुनन्दन, आशानन्दन तथा विमलानन्द थे। बनारस से पं. रघुनाथ द्वारा व्याकरण एवं विधण्टु का अध्ययन किया। व्यास के शिष्य जैमिनी-अश्वमेध-पूर्व नामक संस्कृत ग्रन्थ की रचना की, जिसकी अवधी भाषा में छन्दोबद्ध रचना पुरुषोत्तम दास ने की। इसका नाम जैमिनी अश्वमेध भाषा छन्दोबद्ध है। इनकी रचना को लोग 'जैमिनी अश्वमेध' और 'जैमिनी-पुराण' नाम से बताते हैं। बाबा पुरुषोत्तम दास ने 'लवकुश उपाख्यान' की भी रचना संवत् 1620 में की। पुरुषोत्तम दास तुलसी पूर्व के अवधी कवि हैं। मुसाफिरखाना से मात्र 6 कि.मी. पश्चिम दिशा में उनके

बड़े पुत्र रधुनाथ के गाँव चकरधुनन्दन में कवि के नाम का एक चौरा बना हुआ है। बाबा पुरुषोत्तम दास अमेठी के साहित्य-गौरव हैं।

मलिक मुहम्मद जायसी- भारतीय संस्कृति को रेखाँकित करने के लिए दो नाम प्रमुखता से लिए जाते हैं। एक तुलसी का, दूसरे जायसी का, दोनों अवधी के श्रेष्ठ कवि हैं। अमेठी जनपद को मलिक मोहम्मद जायसी की जन्म स्थली होने का गौरव प्राप्त है। वे जायस का परिचय इस प्रकार वर्णित करते हैं–

जायस नगर मोर अस्थानु, नगर के नाँव आदि उद्यानू।
तहाँ दिवय दस पंहुने आएऊँ, भा वैराग बहुत सुख पाएऊँ।।

भारतीय संस्कृति में सूफ़ी साहित्य ने भी एक बड़े जन समुदाय को प्रभावित किया है। साहित्य में प्रेमपंथ के प्रवर्तक मलिक मोहम्मद जायसी की रचना 'पद्मावत' हिन्दी साहित्य की एक सर्वश्रेष्ठ कृति है। यह हिन्दी साहित्य परम्परा का सबसे प्रसिद्ध ग्रन्थ है। जायसी की 'पदमावत' की भाषा अवधी है। 'पद्मावत' में राजा रत्नसेन की पत्नी नागमती का विरह हिन्दी साहित्य में अप्रतिम है। इस पर आचार्य शुक्ल ने लिखा है कि–'जायसी' के भावुक हृदय ने स्वीकार्य के पुनीत प्रेम के सौन्दर्य को पहचाना। नागमती का वियोग हिन्दी साहित्य में विप्रलम्भ शृंगार का उत्कृष्ट निरूपण है। जायसी के सभी ग्रंथों में पद्मावत, अखरावट, आखिरी-कलाम में वेदांत एवं योग का सुन्दर समन्वय हुआ है। ठेठ अवधी का माधुर्य जायसी में बड़ा आकर्षण है। अवध के ग्राम्य जीवन के मुहावरे, बीच-बीच में अरबी-फारसी का प्रयोग कथारस को और पुष्ट करता है। पद्मावत के अतिरिक्त जायसी द्वारा रचित और भी अनेक काव्य उपलब्ध हैं। जिनमें चित्ररेखा, कहरानामा, और मसलानामा आदि उल्लेखनीय हैं। इसमें चित्ररेखा एक लघु प्रेमाख्यान है। इसके अतिरिक्त सभी अत्यन्त छोटी-छोटी रचनाएं हैं जो कवि की विचारधारा के विभिन्न पक्षों तथा नए-नए प्रयोगों के अध्ययन की दृष्टि से महत्वपूर्ण हैं। अमेठी नरेश राम सिंह, जायसी का बहुत सम्मान रखते थे। वे जायसी को अपना गुरु मानते थे। कहा जाता है कि जायसी के आशीर्वाद से ही उन्हें पुत्र रत्न की प्राप्ति हुई थी। अमेठी के निकटवर्ती जंगल में किसी शिकारी के तीर से जायसी का निधन हुआ। अमेठी नरेश ने रामनगर कोट के निकट उनकी एक समाधि बनवा दी। यह समाधि आज भी इस कालजयी कवि का स्मरण कराती है।

बाबा भीषम दास जी-अमेठी जनपद के प्रसिद्ध संत बाबा भीषम दास जी हुए हैं। उनका जन्म 1601 ई. ग्राम–उजेहनी, पो.–रस्तामऊ, तहसील–तिलोई में हुआ था और वे अनंत यात्रा 1706 ई. को चले गए। बाबा भीषम दास जी का जन्म राय कुल में हुआ था। वे विद्वान संत कवि थे। संसार के प्राणियों के हितार्थ, आपने 18 धर्म ग्रंथों की रचना की है। उनकी रचनाएँ निम्नलिखित हैं–

1. सृष्टिसागर, 2. प्रेमसागार,
3. विवेकसागर, 4. अनुरागसागर,
5. भक्ति विनोद सागर, 6. अल्पबोध,
7. परचासार, 8. सोंसासार,
9. सम्मतसार, 10. तत्तसार
11. कृष्णकलि 12. शब्दावली
13. मंगलाचरण 14. अमरावती
15. मुक्तिमूल 16. समुझसागर
17. ज्ञानप्रकाश 18. सुकृतिसागर

श्री बाबा दूलन दास साहेब- धर्मे धाम अमेठी– परम शिष्य स्वामी जगजीवन साहेब, ग्राम–धर्मे धाम तिलोई, जिला–अमेठी, उत्तर प्रदेश। जन्म–1717 विक्रम, परमधाम–1835 विक्रम। महात्मा दूलन दास जी स्वामी जगजीवन साहेब के परम प्रिय शिष्य थे। आपका जन्म क्षत्रिय कुल में हुआ था। आप गृहस्थ जीवन के साथ सिद्ध संत थे। सैमसी ग्राम के उत्तर में कर्म दहन सागर और हनुमानगढ़ी का निर्माण आपके करकमलों द्वारा किया गया।

आप संस्कृत एवं फारसी के विद्वान थे। उच्च कोटि के सिद्धसंत एवं कवि थे। धर्मे धाम में आपकी समाधि भी है। आपके विषय में कई सिद्धता की बातें प्रसिद्ध हैं। आप द्वारा रचित भजन भक्तजन बड़े श्रद्धा प्रेम से गाते हैं।

कृतियाँ– 1. शब्दावली, 2. दोहावली, 3. गंगास्टक, 4. झूलना।

महात्मा बाल दास जी–जन्म–1800, मृत्यु–1845 के लगभग। ग्रा. व पो.–जयनगरा, तिलाई, जिला–अमेठी, उत्तर प्रदेश। प्रचलित किंवदंती के अनुसार साधु वेशधारी आपकी आत्मा ने किसी मृत बालक में प्रवेश किया, बालक पुनः जीवित हो उठा। अस्तु उनका बाल दास नाम पड़ा। आपको अपने पूर्व जन्म का पूर्ण ज्ञान था। गाँव के दक्षिण में यज्ञशाला स्थित है, जहाँ आज भी खुदाई करने से जौ के दाने प्राप्त होते हैं। यहाँ पर विशाल सागर है, जहाँ पर स्नान करने से विभिन्न जटिल रोगों से मुक्ति मिलती है। ऐसी मान्यता है कार्तिक पूर्णिमा को मेला लगता है और दूर-दूर से श्रद्धालु दर्शनार्थ आते हैं। वर्तमान में महात्मा योगेन्द्र कुमार जी संपर्क सूत्र रहे। अन्य रचनाएं प्राप्त न होने के कारण प्रकाशन संभव न हो सका। आप द्वारा रचित कृतियाँ शांतिरस, वेदांत नीति आदि विषयों के 81 ग्रंथ बताए जाते हैं।

श्रीमत परमहंस आश्रम–भारत देश में उत्तर प्रदेश के अमेठी जनपद में अमेठी तहसील के पूर्व 10 कि.मी. पर सिद्धपीठ स्वामी परमहंस आश्रम टीकर माफी में स्थित है। वर्तमान समय में जनपद में सबसे महत्वपूर्ण धार्मिक स्थलों में इसको जितना महत्व प्राप्त है, उतना अन्य स्थलों को नहीं। यहाँ आने से न जाने कितनों के दुःख-दर्द दूर हुए।

यहाँ श्रीमत परमहंस का अद्‌भुत मंदिर है। हर मंगलवार को मेला लगता है। स्वामी परमहंस अपने जीवन में जिस तख्त पर विश्राम करते थे आज भी वह सुरक्षित है। जिसे 'महाराज की गद्‌दी के' नाम से जाना जाता है। पीठ के महंत स्वामी दिनेशानंद महाराजजी लोगों को प्रसाद वितरित करते हुए मिल जाते हैं। इस क्षेत्र में ऐसी मान्यता है कि यहाँ पर मानसिक रूप से परेशान विक्षिप्त दूर-दूर से आते हैं और गौ सेवा तथा सुबह-शाम समाधि के दर्शन करने से अपनी चुनौतियों पर विजय प्राप्त कर ठीक हो जाते हैं। यहाँ हर समय आठ-दस विक्षिप्त रहते हैं। कुछ ठीक होकर जाते हैं तो कुछ नए आ जाते हैं। यहाँ एक बड़ी गौशाला है।

स्वामी परमहंसजी का जन्म कल्यानपुर जामों में हुआ था। वहाँ से संत के रूप में अपना घर त्यागकर समाज सेवा और ईश्वर भक्ति में वे लीन हो गए। स्वामीजी टीकर माफी आए और एक आश्रम की स्थापना की। यहाँ के अलोपीबाबा के रूप में विख्यात हुए। वर्तमान समय में यहाँ के प्रबंधक स्वामी श्री श्री 1008 हरि चैतन्य ब्रह्मचारी जी महाराज हैं, उन्होंने आश्रम का नवीनीकरण कराया, जिससे यह स्थान आध्यात्मिक के साथ-साथ दर्शनीय भी हो गया है। इन मंदिरों में अनेक देवी-देवताओं की मूर्तियाँ हैं। इन मूर्तियों की स्थापना के समय उत्तर प्रदेश के मुख्यमंत्री माननीय योगी आदित्यनाथ उपस्थित रहे। यह स्थान श्रीमतपरमहंस आश्रम, टीकरमाफ़ी के नाम से समूचे भारत में जाना जाता है।

अमेठी रियासत द्वारा टीकरमाफी आश्रम पर मुकदमे का प्रसंग

सन् 1930 में अमेठी रियासत कोर्ट थी जिसके राजा भगवान् बख्श सिंह थे। रियासत का मुख्तार अली जामिन था, जो सभी मुकदमों की पैरवी करता था। जब आश्रम की, जमीन का मुकदमा खारिज कर दिया गया तो लोगों ने उनसे जाकर शिकायत की उस समय के जिलेदार को नोटिस भेजा, जिससे जिलेदार स्वामीजी के पास आया और उसने नोटिस स्वामीजी के शिष्य श्री आत्मानंद को दे दिया। जिसमें लिखा था कि आपने रियासत की जमीन पर कब्जा कर लिया है। आप जितनी जल्दी हो सके आश्रम छोड़कर चले जाएं। जब श्री आत्मानंद ने स्वामी जी को सारी घटना की जानकारी दी तो स्वामीजी ने कहा, "घबराओ नहीं, क्योंकि यह स्थान तो मैंने बतला ही दिया है कि ब्रह्म का है। यहाँ जो भी अपना स्वत्व जमाकर इस पुण्य भूमि का अहित करेगा वह स्वयं नष्ट हो जाएगा। बाबू नियमज्ञजी ने स्वामीजी के लिए कार भेजी, जिसमें वह और उनके साथी बैठकर आए। जब वकील साहब ने एक स्टाम्प पेपर लिखा और स्वामीजी से प्रार्थना की कि आप इस पर हस्ताक्षर कर दें तो स्वामी जी ने वकील से कहा कि पहले पढ़ो इसमें क्या लिखा है? जिस पर लिखा था कि टीकर की जमीन में स्वामी जी को रहते हुए 12 वर्ष व्यतीत

हो गए हैं। साथ अन्य कुछ बातें ऐसी थीं जो स्वामी के स्वभाव के बिल्कुल विपरीत तथा तथ्यात्मक रूप से असत्य थीं। स्वामीजी ने कहा कि–'मैं झूठ नहीं बोलूँगा, मुझे इस आश्रम में आए हुए मात्र दो वर्ष हुए हैं। इतनी मिथ्या बात पर आप मेरे हस्ताक्षर चाहते हैं, जो कि मैं कभी नहीं करूँगा। जिसके उपरांत दोनों पक्षों के वकीलों ने विरोध शांत कर संधि करने का सुझाव दिया, जिस पर अली जामिन सहमत नहीं हुए। जब दूसरे दिन अली जामिन कानपुर जा रहे थे तो उनकी गाड़ी छूट रही थी, जिसे उन्होंने दौड़कर पकड़ने की कोशिश की। इस कोशिश में उनका हाथ छूट गया और वह नीचे गिर गए, जिससे उनका हाथ टूट गया और खोपड़ी भी फट गई। साथ ही उनके एक पुत्र की मृत्यु हो गई, वकील साहब ने समझाया था कि स्वामीजी एक सिद्ध संत हैं। इन सब घटनाओं को देखते हुए अली जामिन मान गए और उन्होंने उनका विरोध छोड़ दिया। आज आश्रम अपने भव्य रूप में विद्यमान है। अमेठी रियासत से मुकदमे का यह प्रसंग आश्रम द्वारा प्रकाशित पुस्तक में उद्धृत है।

श्री तपेश्वरनाथ–जनपद अमेठी में 28 छोटे-बड़े गाँवों से युक्त ग्राम सभा पीढ़ी है। शक सम्वत 1725 में एक भयंकर सूखा पड़ा था, चारों ओर हाहाकार मच गया था। जानवरों के पीने लायक तालाबों में पानी तक नहीं था। यह सूखा इतना भयंकर था कि तालाब ही नहीं आसपास की ज़मीन भी सूख गयी थी और दरारें पड़ गयीं थीं। इसी वर्ष महाशिवरात्रि के दिन एक चमत्कार हुआ। घनघोर वर्षा हुई थी और तालाब के पास स्थित दरारों में से एक दरार इतनी बड़ी हो गयी कि इसमें समूचा इंसान समा जाए, वर्षा का जल इस दरार में समाने लगा और वर्षा की समाप्ति पर ग्रामवासियों ने देखा कि उस स्थान पर एक शिवलिंग अर्धनारीश्वर रूप में प्रकट हुआ जो लगभग तीन फुट ऊँचा था, जिराके राग्मुख ग्रागवासी श्रीदंटवत टुए और नाम दिया गया श्री तगेश्वर नाथ जी। गाँव के सभी जन उक्त शिवलिंग का पूजन करने लगे। यह समाचार आसपास के गाँवों में फैलने पर भीड़ जुटने लगी। इस भीड़ ने नियमित मेले का रूप ले लिया। स्वतः प्रकट हुए इस शिवलिंग के पास ही एक कुआँ खुदवाया गया, जिसके आसपास के सभी तीर्थों का जल मंगवाकर उसमें डलवाया गया, ताकि श्रद्धालु सभी तीर्थों के सम्मिलित जल से इस स्व प्रकट शिवलिंग का अभिषेक कर सकें। कालांतर में शिवलिंग के चारों ओर चबूतरा बनवाकर इसे ढकने का प्रयास किया गया, किंतु ये सफल न हो सका। ऐसा प्रतीत होता था कि कोई अदृश्य शक्ति इसे रोक रही है। ऐसे में स्थल की देखरेख करने वाले स्वामी ब्रह्म नारायण दास जी ने कोई भी आवरण न बनाने के लिए आगाह किया और शिवलिंग को आकाश की ओर खुला छोड़कर उसके आसपास चबूतरा आदि निर्माण कराने की हिदायत दी। इस प्रकार वर्षा का जल सीधे तपेश्वर नाथ जी पर पड़ने लगा और यह स्वयं श्रद्धा का केंद्र बनता चला गया। यह उल्लेखनीय है कि जब चबूतरा

ऊँचा हुआ तो भी उक्त शिवलिंग यथावत ही ऊँचा रहा। शिवलिंग के सम्मुख निर्गत कुएँ को ढककर उसके ऊपर शिवजी की मूर्ति निर्मित करा दी गयी। मंदिर के समीप ही एक राम जानकी मंदिर भी निर्मित है।

नंदमहर–अमेठी जनपद में स्थित जिला मुख्यालय गौरीगंज से 16 कि.मी. नंदमहर धाम पर कार्तिक पूर्णिमा के अवसर पर एक विशाल मेले का आयोजन होता है। पौराणिक मान्यता है कि महाभारत काल में नंदमहर गाँव का साम्राज्य पौराणिक के हाथ में था। ये खुद को वासुदेव बताते थे। इस बात की खबर जब वासुदेव को लगी तो उन्होंने नाराज होकर भगवान श्रीकृष्ण व बलराम को उनका वध करने को भेज दिया। वध करने के कई दिन गुजर जाने के बाद जब दोनों भाई घर नहीं पहुँचे तो नंद बाबा उन्हें खोजते हुए नंद महर पहुँच गए और यहाँ रुक कर हवन-पूजन किया। उन्हीं की याद में नंदबाबा के मंदिर का निर्माण किया गया। जनश्रुति की एक मान्यता के अनुसार भगवान कृष्ण के धर्म पिता नंदबाबा ने अयोध्या जाते समय यहाँ विश्राम किया था। यहाँ पर यदुवंशियों का महाकुंभ लगता है। नंदमहर धाम के आसपास के गाँव नरायनपुर, केशवपुर, नदियावा समेत कई गाँव श्रीकृष्ण के नाम से बसे हुए हैं, जिससे इस मान्यता को बल मिलता है कि कभी भगवान श्रीकृष्ण का इस स्थान पर पदार्पण हुआ था। नंदमहर धाम पर हजारों की संख्या में श्रद्धालुओं की भीड़ जुटती है, यहाँ दो दिवसीय मेले का आयोजन होता है। मंदिर में अपनी मनोकामना पूरी करने के लिए श्रद्धालु मत्था टेकते हैं और प्रसाद चढ़ाते हैं। साथ ही मंदिर से जुड़ी लोकमान्यता है कि जब कोई गाय व भैंस बच्चे को जन्म देती है, तब उसका दूध चढ़ाने के बाद ही लोग दूध का इस्तेमाल करते हैं। शासन द्वारा नंदमहर धाम को पर्यटक स्थल भी घोषित किया गया है।

कालिकन भवानी–अमेठी तहसील के संग्रामपुर विकास खंड में कालिकन मंदिर स्थित है। यह मंदिर महर्षि च्यवन से जुड़ा बताया जाता है। 'च्यवनप्राश' नामक औषधि का निर्माण यहीं पर हुआ था, ऐसा कहा जाता है। यहाँ पर स्थित कनू नामक स्थान पर च्यवन ऋषि रहते थे जो अत्यंत ही सिद्ध महात्मा थे। जनश्रुतियों के अनुसार एक बार अयोध्या नरेश अपनी पुत्री सुकन्या के साथ महर्षि च्यवन की तपोस्थली में वनविहार करने आए थे। तप में लीन महर्षि की आँखें दीपक के प्रतिबिम्ब की तरह चमक रहीं थीं, जिसे सुकन्या ने ही जवाहरात समझा और एक तिनके से उनकी आँख में छेद कर दिया, जिससे महर्षि की आंखों से रक्त की धार बहने लगी। महर्षि को कष्ट होने पर अयोध्या नरेश के साथ आए सैनिक व हाथी-घोड़े बीमार पड़ गए। अयोध्या नरेश ने महर्षि से क्षमा याचना की और अपनी पुत्री का विवाह महर्षि से कर वापस लौट गए। कुछ समय बाद पहुँचे अश्वनी कुमार ने महर्षि से कहा कि वे उनकी आँखों की ज्योति वापस लौटा देंगे। बदले में महर्षि उन्हें अमृत पान कराएंगे। अश्वनी कुमार ने शर्त के

अनुसार महर्षि की आँखें ठीक कर दीं। महर्षि के अनुरोध पर अयोध्या नरेश ने सोम यज्ञ कराया। जिसमें सभी देवता और वैद्य तथा अश्वनी कुमार बुलाए गए। जिसमें अश्वनी कुमार को सोमपान कराए जाते देख इंद्र राजा को मारने के लिए वज्र उठा लिया। च्यवन ऋषि ने स्तंभन मंत्र से इंद्र को जड़वत कर दिया और अमृत की रक्षा के लिए ऋषियों के आवाह्नकुंड की शिलापट पर माँ कालिका प्रकट हुईं।

आज उसी स्थान पर कालिका धाम स्थापित है तथा बगल में अमृत कुंड आज भी मौजूद है। यहाँ पर हर सोमवार को मेला लगता है। प्रत्येक दिन भोर में तीन से चार बजे तक व शाम को छः बजे से सात बजे आरती होती है। जिसमें प्रतिभाग करने से भक्तों पर देवी माँ कृपालु होती हैं। माँ की आराधना से भक्तों की सभी मनोकामनाएँ पूर्ण होती हैं।

अहोरियन भवानी–अमेठी जनपद के सिंहपुर ब्लॉक में अहोरियन भवानी का बहुत प्रसिद्ध मंदिर है। इस मंदिर की प्रतिमा को पृथ्वी से उत्पन्न हुई बताया जाता है, इनका निर्माण नहीं कराया गया है। मंदिर में पुजारी जी से बात करने पर उन्होंने बताया कि यह मंदिर पांडवकालीन है। जब पांडव अपना अज्ञातवास बिता रहे थे, तो एक दिन अर्जुन शिकार पर निकले और सामने एक शेर आ गया। अर्जुन उसका जब शिकार करने के लिए धनुष चलाने ही वाले थे, उस समय देवी ने प्रकट होकर अर्जुन को शेर के शिकार से रोका कि यह मेरा वाहन है, तभी पांडवों ने यहाँ पूजा-अर्चना की। वर्तमान में यह अपने भव्य रूप में है। अहेर का अर्थ शिकार होता है। देवी ने शिकार से शेर की रक्षा की, इसीलिए इनका नाम अहेरियन भवानी पंडित जी बताते हैं, लेकिन प्रचलित नाम अहोरियन भवानी है।

सतीमाता का मंदिर– भारतीय समाज में नारियों का उच्च स्थान सदा रहा है। प्राचीन काल में उन्हें देवी के रूप में स्वीकार किया जाता था। मध्य काल में उनकी दशा ठीक न थी। अमेठी राजवंश के इतिहास में सती प्रथा का केवल एक उदाहरण प्राप्त होता है। राजा विशेश्वरवक्ष सिंह की मृत्यु (1842 ई.) के बाद उनकी धर्मपरायण पत्नी उनके शव को साथ लेकर सती हुई थी। आज भी अमेठी तहसील के उत्तर में 2 कि.मी. पर बना भूपति भवन के सामने सती माता का मंदिर प्रमाण है। प्रत्येक बुधवार को लोग सती महारानी के दर्शन करने आते हैं। जहाँ सती का चौरा बना हुआ है। लोकमान्यता है कि यहाँ स्त्रियों की माँगें पूरी हो जाती हैं।

श्वेतवराह–यहाँ पर विष्णु के वराहावतार से संबंधित मंदिर एवं मूर्ति प्राप्त होती है। इस मंदिर की स्थापना अमेठी के राजा द्वारा तेरहवीं सदी में कराई गयी थी। यह किसनी के पास कोटवा नामक स्थान पर निर्मित है। यहाँ डण्डेश्वर महादेव का मंदिर एवं अक्षयवट है। इन मंदिरों के खर्चे के लिए 12 गाँव मिले थे।

दुर्गनभवानी–सूचना एवं पर्यटन विभाग के अनुसार, गौरीगंज तहसील से दक्षिण में 7 किमी. दूर भवन शाहपुर, राघी पुर में दुर्गा का मंदिर आदि प्राचीन काल में अस्तित्व में है।

इसकी स्थापना सोलहवीं शताब्दी में अमेठी के तत्कालीन शासक द्वारा कराई गयी थी। सप्ताह के प्रत्येक सोमवार को यहाँ मेला लगता है एवं नवरात्रि में दूर-दूर से लोग पूजा करने आते हैं।

कालपी भवानी–गौरीगंज से अठेहा मार्ग पर 2 किमी. दूर सड़क के पूरब में अति प्राचीन मंदिर प्राप्त हुआ है। इस मंदिर का पुनर्निर्माण श्री जगदीश पीयूष द्वारा कराया गया। इसकी खुदाई से माँ दुर्गा की छोटी-छोटी मूर्तियाँ प्राप्त हुईं थीं। द्वारिका पुरी के शंकराचार्य के अनुसार, इस मंदिर की मूर्तियाँ 14वीं शती की हैं। प्रत्येक सोमवार को यहाँ मेला लगता है।

देवीपाटन–देवीपाटन की स्थापना 998 ई. में अमेठी-गौरीगंज मार्ग पर अमेठी से एक किमी. की दूरी पर तत्कालीन अमेठी के राजा सोढ़देव द्वारा करायी गयी थी। इस मंदिर में माँ दुर्गा की मूर्ति स्थापित है। इस क्षेत्र में यह शक्तिपीठ के रूप में मान्यता प्राप्त है। अमेठी के तत्कालीन राजा ने यहाँ के लोगों के पानी पीने के लिए कुएँ व लोगों के रुकने के लिए मुसाफिरखाने का निर्माण कराया था।

समसेरियन भवानी–समसेरियन भवानी का मंदिर मुसाफिरखाना तहसील में नंदमहर से डेढ़ किमी. की दूरी पर आदिशक्ति दुर्गा का अतिप्रसिद्ध मंदिर है। यहाँ प्रत्येक नवरात्र में मेला लगता है।

पाली का सूर्य मंदिर–यह स्थल मुसाफिरखाना तहसील में पाली में अवस्थित है। वर्तमान में इसे पलिया भी कहा जाता है। इस मंदिर में सूर्य की अति प्राचीन सुंदर मूर्ति है। मंदिर भी प्राचीन वास्तुकला के आधार पर निर्मित है। इससे प्रमाणित होता है कि अमेठी में सूर्य धर्मावलम्बी भी थे।

प्राचीन जैन मंदिर–अमेठी जनपद के जायस क़स्बे में हज़ारों साल पुराना जैन मंदिर भी है। जैन धर्मावलंबियों का कहना है कि मोहम्मद गौरी ने अपने आक्रमण के समय में मंदिरों को नष्ट कर दिया था, लेकिन मंदिर का शिखर न होने के कारण यह बच गया। जैन समुदाय की यहाँ पर आबादी कम है, आसपास के जनपदों के लिए यह अकेला ऐतिहासिक मंदिर है। लगभग दो बीघे में बने इस मंदिर में कई तीर्थंकरों की प्रतिमाएं स्थापित हैं। जैन समुदाय के लिए यह आस्था का प्रतीक है।

विलवागढ़–विलवागढ़भीटा वर्तमान दखिनवारा गाँव के उत्तर में उसी से सटा हुआ स्थित है। प्रचलित किंवदंतियों के अनुसार, यह भरों का किला था। अनेक स्थलों पर पकी हुई लखोरी ईंटों की नींव अभी भी स्पष्ट रूप से दिखायी देती है। इसका मूल स्वरूप बहुत अंशों में अब परिवर्तित हो गया है। यह स्थल ग्राम पंचायत द्वारा वन विभाग को सौंप दिया जा चुका है, जिसमें उसने वृक्षारोपण कर लिया है। इसके पश्चिमोत्तर भाग में वर्तमान समय में पूजा-पाठ करते हैं। एक प्राचीन विष्णु मूर्ति भी टूटी हुई अवस्था में यहाँ मंदिर के बाहर रखी है। यहाँ से एक प्राचीन तांबे का सिक्का प्राप्त हुआ है।

मदुक नाथ–गौरीगंज से 7 किमी. दूर ताला ग्राम में मदुक नाथ (शिव) का प्राचीन मंदिर है। ऐसी मान्यता है कि मुहम्मद तुगलक का सूबेदार यहाँ के लिंग को खुदवा रहा था, परन्तु लिंग की गहराई से घबराकर उसने खुदाई का कार्य स्थगित करवा दिया।

मराड़ी शाह–यहाँ मुस्लिम पीर एवं फकीर मराड़ी शाह की मजार है। संत थे। इन्हें मुस्लिमकालीन बताया जाता है। यह जामों - धातमपुर ग्राम में स्थित है। इनकी क्षेत्र में बहुत मान्यता है।

माँ सत्थिन का चौरा– यह स्थान वर्तमान जायस से पूर्व में लगभग दो या तीन फर्लांग की दूरी पर दौलतसागर के पूर्व में एक समाधिमां की स्मृति में स्वर्गीय रामऔतार पुत्र उत्तिम कुर्मी ने सन् 1950 ई. में बनवा दिया था। चौरा जर्जर हो गया था। उसे सन् 2000 ई. में पुनर्निर्मित कर दिया गया है।

श्री कालू बाबा और श्रीनाथ बाबा–श्री कालू बाबा और श्रीनाथ बाबा दो भाई थे। इन दोनों भाइयों का जन्म द्वापरयुगीन है। ये मछली का शिकार किया करते थे। दैवयोग की बात कि एक दिन उनकी एक महात्मा से भेंट हो गई। आप दोनों भाई उनके शिष्य हो गये। दोनों भाइयों ने उनसे मिलकर घोर तपस्या की और सिद्धि प्राप्त की। इनका जन्म द्वापर के अंतिम चरण में हुआ था। संत श्री कालू बाबा को सिद्ध हो जाने के बाद महान तेजस्वी पुरुष हो गये। उत्तर पूर्व वर्तमान दशहरा मेला मैदान में दशानन की प्रतिमा के पूर्व एक पिण्ड है, पिण्ड पर दो समाधियाँ हैं। जिनमें से एक संत श्री कालू बाबा की तथा दूसरी समाधि श्री नाथू बाबा की। समाधियों के पूर्व में नीचे एक बरगद्यी सागर है। इसको पक्के सागर के नाम से भी जाना जाता है। इस सागर के दक्षिणी क्षोर पर कंकड़ की सीढ़ियां बनी हुईं थी। सन् 1962 ई. में इन सीढ़ियों को खोदकर कंकड़ निकाल लिया गया। सीढ़ी का आकार अब भी देखा जा सकता है।

संत मीरा मख्दूम शाह–कालांतर में अरब देश से सूफ़ी संतों का समूह भारतवर्ष आया। उद्याननगर, वर्तमान जायस हौस खास पर मख्दूम शाह समनानी हिजरी 791 सन् 1401 ई. में संत मीरा नेहाल के चिकलश मंदिर में पधारे और सत्संग में मीरा निहाल को परास्त किया और अपना शिष्य बना लिया। उनका नाम कमाल पंडित रख दिया। इस स्थान से मिलाकर दक्षिण दिशा में एक मस्जिद का निर्माण करा दिया। यह स्थान आज भी मीरा मख्दूम के नाम से प्रसिद्ध है। हिन्दू-मुस्लिम एकता का यह अनोखा स्थान है। आज भी हिन्दू और मुसलमान दोनों मानते हैं और दीपक जलाते हैं। सूफी संत मख्दूम संत साहब ने 40 दिन रहकर उपासना की थी। महमूद गजनवी के साथ भारतवर्ष आये थे। उद्दानगर, वर्तमान जायस में प्रवास के समय में एक किंवदंती का वर्णन लोग करते हैं। जो देव मंदिर एवं संस्कृत विद्या केंद्र के निकट भर जाति की एक बुढ़िया की झोंपड़ी थी। उस दिन संयोग से बुढ़िया की बारी देव बली की थी, बुढ़िया को देव भेंट चढ़ाना था। बुढ़िया अपनी झोंपड़ी के बाहर रो रही थी। संत मख्दूम साहब उधर से टहलते हुए

आ रहे थे। बुढ़िया से रोने का कारण पूछा, उसने पूरा हाल सुना दिया। उन्होंने वहाँ बुढ़िया को जाने से रोका, बहुत देर हो गई, बुढ़िया वहाँ नहीं गई। पंडित मीरा निहाल ने अपने अनुचरों को कई बार बुढ़िया के घर भेजा, फिर भी वह नहीं आई, तब पंडित मीरा निहाल को क्रोध आ गया, उस बुढ़िया की झोंपड़ी के पास पहुँचे। वहाँ पहुँचते ही पंडित मीरा निहाल और मकदूम शाह के मध्य विवाद होने लगा। दोनों संतों में यह समझौता हुआ कि हम दोनों जानवर बनें, जो कोई पकड़ में न आवे उसी की जीत होगी। पंडित मीरा निहाल ने अपना भयंकर रुप बनाया। उसे मख्दूम साहब ने पकड़ लिया, उसके बाद मख्दूम साहब ने अपना मकरी का स्वरूप बनाकर पंडित संत के शीश पर बैठ गये। पंडित जी ने न उन्हें देखा और न ही पकड़ पाये। इस प्रकार पंडित संत मीरा नेहाल को मकदूम साहब को अपना गुरु मान लिया। उनका आज भी दरगाह से त्रिकलश मंदिर में स्मृति स्वरूप बना हुआ है। उसी समय मख्दूम साहब ने उनका नाम कमाल पंडित रख दिया।

धर्मराज बाबा–प्राचीन ग्रंथों से पता चलता है कि साधू-संन्यासी योगी-ब्रह्मचारी सदा देशाटन कर पूरे देश का भ्रमण किया करते हैं। कभी कहीं रुककर घोर तपस्या में लीन हो जाते हैं और सिद्धि प्राप्त करते हैं, सिद्ध पुरुष बन जाते हैं। ऐसा प्रतीत होता है कि देवस्थल कुदुम्बदीन गाजी की समाधि से दक्षिण जायस सलोन रोड पर लगभग एक मील पर जवाहरगंज का पुल यागाट के पुल से ठीक पूर्व की दिशा में एक वृत्ताकार अथवा लटनुमा आकार का सुंदर द्वीप पुल से एक सौ गज पर स्थित है। आपका स्थान श्वैत सलिला और अधनारी लघुशरीता के संगम पर उसी की गोद में शोभायमान हो रहा है। यह वृत्ताकार ऊँचाई लगभग 14 मीटर पर है। ऊपरी भाग पर काफी समय से गोला कुंडनुमा एक आकृति बनी हुई है। इसी आकृति का स्वरूप दो मीटर के लगभग अर्धवृत्त स्वरूप दर्शनीय है।

संत बाबा परतीत शाह–बाबा परतीत शाह एक महान संत थे। आपके 'स्वर्गवासी होने पर बाबा परतीत शाही' की कुटी वर्तमान में 'प्रीतम शाह की खकिया' के नाम से प्रसिद्ध है। सम्पूर्ण उदयानगर में कुटी के संतों की धक पर ख्याति चारों ओर फैल चुकी थी। नगरवासी अपने घर में सभी सांसारिक कार्यक्रम के पूर्व कुटी पर सीध चावल, आटा दाल, गुड़ आदि यहाँ लाते थे। इसे उस समय भोग चढ़ावा कहते थे। यहाँ सदा संत की धूनी जला करती थी। उसी धूनी की भस्म और अन्य प्रसाद मिलाकर दिया जाता था। यह प्रक्रिया आज भी सिंघल नृपवंश के बचे थोड़े से लोग निर्वाह करते चले आ रहे हैं।

बाबा प्रीतम शाह–आप विलायत से जायस तशरीफ़ लाकर बाबा लगनशाह के मुरीद हुए। एक बार कोई संत शेर पर सवार होकर आपसे मिलने के लिए आया। जब आपको उसकी आमद का हाल मालूम हुआ तो उजलत में एक दीवार पर सवार होकर उसकी पेश्वानी को चल पड़े। मार्ग में उससे भेंट की। यह सूफी संतों की ज्ञानस्थली है। बाबा प्रीतम शाह के आने के पूर्व से यहाँ पर अनवरत साधू-संत साधना किया करते थे।

उद्याननगर के पराभव के पश्चात् मध्यकाल तक अर्थात् नवाबी काल में तत्पश्चात् शासनकाल में ये कलायें लुप्त हो गईं। यहाँ कवि-लेखक साधू-संत बाबा शाह फकीर सूफियों की तपस्या की तपस्थली आज भी है।

औसान माई—सुम्मन देवी, सम्मला बारी व चमचौरा रानीया औसान माई थी, उद्यानगर के उत्तर पूर्व में सम्मन सागर आयताकार आकार में पूर्व पश्चिम से पूर्व दिशा में फैला हुआ है। इस सागर के पूर्वी तट पर तीन पिण्डों के स्थापित आकार आज भी चबूतरे पर स्थित हैं। उसके ऊपर पीलों और कनकोहर की शाखायें अपनी छाया से ढांके रहती हैं। इन त्रिदेवियों का क्या पारस्परिक संबंध है? अज्ञात है। स्त्रियाँ वहाँ जाते समय और पहुँचने पर, 'है समला वारी रहनदेव हमका' पारम्परिक गीत अवश्य गाती है।

बाबा गोविन्द दास—यह स्थान अद्यानगरी एवं श्वेत सलिल के संगम के पूर्व बाबा ढाकू की कुटिया से पश्चिम एक फर्लांग पर स्थित है। यह स्थान आम्रपाली के झुरमुटों के मध्य स्थित है। प्रकृति की गोद में सुरम्यरमणीक प्रकृति प्रवत्त नंदनवन के समान ही यह पवित्रा ध्रा अहर्निशि अपनी मादकता से सबका मन मोह लेती है। यहाँ पर वर्ष में दो बार कन्या बाल भंडारा का आयोजन सामाजिक सहयोग से किया जाता है।

इस प्रकार अमेठी जनपद में अनेक सूफ़ी-संत हुए हैं, जिनमें कुछ का हमने यहाँ उल्लेख किया है। पुस्तक स्वाधीनता संग्राम पर केंद्रित होने के कारण इनका विवरण संक्षेप में दिया है।

मृत्युहरण देवी (मूर्तिहन देवी)—यह आश्रम ग्राम नेवादा कादूनाला वन क्षेत्र में स्थित है। देवताओं के राजा इन्द्र ने जब कयाधू को मुक्त किया, तब कयाधू ने (मृत्युहरण देवी) के नाम से पूजा-अर्चना की और पिण्डी के रूप में स्थापना की आज इस स्थल पर मूर्तिहन देवी का मन्दिर बना है, जहाँ हजारों की संख्या में श्रद्धालु नवरात्रि के शुभ अवसर पर पूजन, अर्चन, दर्शन एवं भंडारा कर अपने को धन्य मानते हैं। मन्दिर के नीचे से एक अविरल जलस्रोत कादूनाले में बह रहा है। आने वाले भक्तगण जिसको पीकर अनेक प्रकार की बीमारियाँ ठीक कर रहे हैं। परम सन्त महात्मा बलदेव जी इसे अमृत कुण्ड नाम से पुकारते थे। आश्रम में अनेक सिद्ध सन्तों की समाधियाँ बनी हैं। सन्त बलिकरन दास जी महाराज, स्वामी ईश्वरानन्द जी महाराज, स्वामी केशवानन्द जी महाराज तथा शिव मन्दिर, हनुमान मन्दिर, सन्त निवास आदि प्रमुख देव मन्दिर आदि स्थित हैं।

नारद धाम—यह पावन आश्रम काइनाला वन क्षेत्र के समीप ग्राम गुन्नौर के पास स्थित है। यहीं देवऋषि नारद जी ने कयाधू का पालन-पोषण किया और यहीं पर प्रह्लाद जी का जन्म हुआ देवऋषि नारद जी ने प्रह्लाद को हरि नाम की दीक्षा यहीं पर दी थी। आश्रम के समीप बहने वाली नदी का नाम कयाधू रखा गया, जिसका अपभ्रंश कादूनाला हो गया है। ग्राम गुन्नौर का नाम गुरुठौर था (गुरु निवास) लेकिन गुरुठौर का अपभ्रंश गुन्नौर हो गया है। इस आश्रम के संस्थापक स्वामी रामानुजाचार्य जी हैं, जो

एक महान विद्वान-तपस्वी सन्त हैं, अखिल भारतीय धर्म संसद के सम्मानित सदस्य होने के साथ-साथ उच्च-कोटि के उपदेशक एवं समाज सुधारक भी हैं।

हिंगलाज देवी–अमेठी जनपद की मुसाफिरखाना तहसील में हिंगलाज देवी का मन्दिर स्थित हैं। स्थानीय जनता में इस देवी के प्रति अगाध श्रद्धा है। जनमान्यता है कि इस मन्दिर की स्थापना लगभग 600 वीं पूर्व तुलसीदास के शिष्य पुरुषोत्तदास ने की थी। भक्तों की मान्यता है कि मन्दिर में स्थित अमृत सरोवर में स्नान करने पर नेत्रों की बीमारियाँ ठीक हो जाती हैं। यह मन्दिर देवी के 51 शक्तिपीठों में से एक है।

कयाधू (कादूनाला)–कादूनाला का एक पौराणिक इतिहास है। हिरण्याकश्यपु की पत्नी कयाधू जो एक महान पतिव्रता थी। हिरण्याकश्यपु तप करने चला गया था। इसी बीच इन्द्र कयाधू का अपहरण कर वायु मार्ग से ले जा रहा था कि देवर्षि नारद जी ने इन्द्र से कहा कि इस अबला का वध कर घोर पाप के भागी बनोगे। इसके उदर में भगवान विष्णु का भक्त पल रहा है। इन्द्र ने कयाधू को देवर्षि नारद जी को सौंप दिया। नारद जी ने कयाधू को जहाँ पर हरि नाम की दीक्षा दी उस स्थल का नाम दीक्षाली पड़ा, जो आज भी छिहौली नाम से जाना जाता है। यह कादूनाला वन क्षेत्र से लगभग चार किलोमीटर पश्चिम में स्थित है।

अमेठी जनपद का नवाबीकाल

अमेठी जनपद की प्रशासनिक व्यवस्था थोड़े-बहुत परिवर्तनों के साथ वही थी जो संपूर्ण अवध की थी, क्योंकि अमेठी अवध का ही एक भू-भाग रहा था। अमेठी जनपद उस समय सुलतानपुर और रायबरेली का भाग हुआ करता था। इस क्षेत्र में निम्नलिखित नवाबों का शासन रहा है–

बुरहान मुल्क सआदत अली खान (1722-39)
सफदर जंग (1739-54)
शुजाउद्दौला (1754-75)
आसफुद्दौला (1775-97)
वजीर अली खान (1797-98)
सआदत अली खान द्वितीय (1798-1814)
गाजीउद्दीन हैदर शाह (1814-1827)
नसीरुद्दीन हैदर शाह (1827-37)
मुहम्मद अली शाह (1837-42)
अमजद अली शाह (1842-47)
वाजिद अली शाह (1847-56)

नवाबी शासनकाल के प्रारम्भिक दिनों में यह अवध सूबा अर्द्ध स्वतंत्र एवं शक्तिशाली जमींदारों द्वारा शासित होता था, जिनके पास स्वयं के दुर्ग एवं सेनाएं रहती थीं, किंतु सन् 1775 ई. से अंग्रेजों के हस्तक्षेप के कारण इनकी नीतियों में परिवर्तन आता गया। जनपद की वित्त व्यवस्था धीरे-धीरे डावाँडोल होती गयी। इस राजस्व व्यवस्था को सुधारने का नवाबों ने जोरदार प्रयास नहीं किया। सन् 1775 में आसफुद्दौला ने राजस्व व्यवस्था एवं प्रशासनिक व्यवस्था की एक नई व्यवस्था का सूत्रपात किया। लगान वसूली के उद्देश्य से सम्पूर्ण प्रान्त इस समय निजामत एवं चकला में विभाजित किया गया। निजामत एवं चकला का स्वरूप जनपद में नवाबी शासन के अन्तिम काल तक बना रहा। आसफुद्दौला के समय में आय का मूल स्रोत भू-राजस्व ही रह गया था। परन्तु जनपद के अलावा अवध के कुछ क्षेत्रों–जौनपुर, बनारस, गाजीपुर, चनार के क्षेत्रों को

भू-राजस्व वसूलने का अधिकार आसफुद्दौला के हाथों से जाता रहा। परिणामस्वरूप जनपद की आय में कमी आ गई। राजस्व में पैदा हुई इस कमी को सुधारने के बजाय नवाब विलासिता में डूबे रहे और अंग्रेज अपनी मनमानी करते रहे। अवध के नवाब सआदत अली ने अपने शासनकाल के प्रारम्भिक वर्षों में ध्यान न देकर राज्य के प्रमुख आय के स्रोत राजस्व को क्षीण बना दिया। राजस्व में कमी का प्रमुख कारण आमिलों का शोषण तथा कुप्रशासन था।

गुलाम अहमद खाँ का भाग जो उस समय दस लाख रुपये रह गया था। वह अब गिरकर चार लाख रुपये रह गया था। नवाब का कर्मचारियों के ऊपर कोई नियन्त्रण नहीं था। जिसके परिणामस्वरूप तत्कालीन जनपद की आय दिन-प्रतिदिन घटने लगी थी। राजस्व व्यवस्था में कमी जमींदारों पर नवाब का दबाव न होना था। तत्कालीन सुलतानपुर के अधिकतर तालुकेदार भी क्रांतिकारी थे। ये लोग विभिन्न प्रकार के तर्क देकर तथा हथियार एवं दुर्गों की सहायता से मालगुजारी देने से बचना चाहते थे। मालगुजारी वसूलने के लिए बल प्रयोग करना पड़ता था तथा ये इतने अभ्यस्त हो गए थे कि बिना बल का प्रयोग किये ये भूमिकर ही नहीं देते थे। जिसके लिए नवाब को प्रायः अंग्रेजी सहायता लेनी पड़ती थी।

आसफुद्दौला तथा उसके उत्तराधिकारियों के समय में लगान मुक्त भूमि ने आर्थिक क्षेत्र में अधिक क्षति पहुँचाई। इससे नवाब को किसी प्रकार की आय न थी। जिन्होंने सआदत अली को भी आर्थिक क्षति पहुँचाई, सआदत अली ने नई प्रकार की भूमि व्यवस्था स्थापित कर एक नई पद्धति का प्रचलन किया। भू-राजस्व विभाग की दशा अत्यन्त शोचनीय थी। परन्तु आधा अवध राज्य अंग्रेजों के हाथों में चले जाने के बाद सआदत अली ने इस विभाग में सुधार करने के प्रयास किये। उसने सर्वप्रथम माफिया तथा ननकारे को आधा कर दिया। इसी समय इजारेदारी प्रथा पुनः लागू कर दी गयी, जिसका परिणाम यह हुआ कि जमींदार एवं तालुकेदार पुनः प्रबल हो उठे, जो सरकारी खजाने में लगान जमा करने में आनाकानी करते थे। आमिलों तथा नाजिमों से आये दिन मुठभेड़ होती रहती थी। जनता भी इन कुचक्रों से परेशान थी। इस तरह गाजीउद्दीन हैदर सुलतानपुर की वित्तीय स्थिति को सुधारने में असफल रहा और सआदत अली खाँ द्वारा इकट्ठा किये गये करोड़ों रुपये को खर्च करता रहा। लेकिन उसके बाद मुहम्मद अली शाह ने गद्दी संभालने के एक वर्ष के भीतर ही सुलतानपुर की वित्तीय स्थिति को सुधारने का प्रयास किया।

जनपद के अनावश्यक खर्चों में सुधार किया गया। मितव्ययिता के नियम बनाये गये। यहाँ की जनता की खुशहाली और राजकोष को समृद्ध बनाने का प्रयास किया गया। लेकिन मोहम्मद अली शाह की मृत्यु के बाद सुलतानपुर की स्थिति दिन-प्रतिदिन खराब होती गयी। शासन पर अंग्रेजों का शिकंजा कस चुका था। सुलतानपुर के तालुकेदार तथा जमींदार नवाबों से ज्यादा रेजीडेंट के भक्त हो गए थे। यहाँ के जमींदार

नवाबों के आदेश का पालन नहीं करते थे। जिसका स्पष्ट प्रमाण कुछ तालुकेदारों द्वारा भू-राजस्व जमा न करना था। भूमि कर मागें जाने पर विद्रोह करके सेना तथा पुलिस का मुकाबला करते थे। इन तालुकेदारों की अपनी निजी सेना तथा वर्ग भी होते थे। ये लोग प्रायः भू-राजस्व का भुगतान करना बन्द कर देते थे तथा साथ ही अपना अपराध शुरू कर देते थे। नवाबी शासनकाल में कुछ खास लोगों को जागीरें प्रदान की जाती थीं। लेकिन इन तालुकेदारों को नवाब किसी भी प्रकार की सुरक्षा प्रदान नहीं करता था। इस संबंध में उनको अंग्रेजी सरकार की सुरक्षा पर रहना पड़ता था। इस सन्दर्भ में एक बात उल्लेखनीय है कि 1809 ई. में कुछ जागींरदारों के क्षेत्र में जमीदारों ने विद्रोह कर दिया। जिसके लिए उन्होंने अंग्रेजी सरकार की सहायता माँगी।

उक्त जागीरदारों द्वारा अंग्रेजी सरकार से सहायता माँगने से यह बात स्पष्ट है कि उनको नवाब द्वारा किसी प्रकार की सहायता की आशा नहीं रहती थी। रेजीडेंट ने उनकी सहायता का वचन दिया और सूचित किया कि वह इस संबंध में नवाब से आवश्यक कदम उठाने हेतु भी आग्रह करेंगे। उसने यह भी सूचित किया कि एक अंग्रेजी सैनिक टुकड़ी नवाब को सूचित कर उनकी जागीरों में शान्ति स्थापित करने तथा विद्रोही जमींदारों से भू-राजस्व दिलाने के संबंध में नियुक्त कर दी जाएगी। रेजिडेंट ने उक्त उपद्रवों की सूचना गवर्नर जनरल को भी भेजी तथा सुझाव प्रस्तुत किया कि नवाब के राज्य के प्रमुख जागीरदारों के क्षेत्र में एक अंग्रेजी सैनिक टुकड़ी की नियमित रूप से नियुक्ति कर दी जाय। गवर्नर जनरल ने रेजीडेंट के उक्त सुझाव को स्वीकृत कर दिया जाय, किंतु उसने तर्क प्रस्तुत किया कि बिना नवाब की पूर्व सूचना के अंग्रेजी सैनिक टुकड़ी नियुक्त कर उस क्षेत्र में शान्ति स्थापित करने का प्रयत्न किया जाय तथा इसकी सूचना 18 अक्तूबर, 1809 के पत्र द्वारा गवर्नर जनरल को भी भेज दी। इसके पश्चात् सुलतानपुर क्षेत्र के तालुकेदार एवं जमींदारों ने विद्रोह कर भू-राजस्व की धनराशि देना बन्द कर दिया। ये सभी तालुकेदार एवं जमींदार बहराइच क्षेत्र के तालुकेदारों एवं जमींदारों की भाँति आर्थिक एवं सैनिक दृष्टि से सुदृढ़ थे। इनके पास अपने-अपने स्वयं के किले थे, जिनमें सैनिकों के अतिरिक्त सैन्य सामग्री भी एकत्र रहती थी। ये तालुकेदार भू-राजस्व की धनराशि वसूल कर अपने-अपने क्षेत्र छोड़ कर भाग गये थे।

इन तालुकेदारों में भदरी के जालिम सिंह, भदोही के रुस्तम सिंह, अमेठी के हरचंद सिंह आदि प्रमुख थे। वास्तव में इनकी विद्रोहात्मक कार्यवाहियाँ पहले से ही चल रहीं हैं, परन्तु इस समय उनकी विद्रोहात्मक कार्यवाही अधिक हो गई थी, किंतु नवाब दूसरे कार्यों में व्यस्त होने के कारण इन जमींदारों एवं तालुकेदारों की ओर ध्यान नहीं दे सका था। अमेठी, सुलतानपुर, प्रतापगढ़ तथा रायबरेली के क्षेत्रों के जमींदारों ने भू-राजस्व देने से इंकार कर दिया था। जिसके संबंध में नवाब वजीर से अनुरोध किया कि वह उक्त क्षेत्र के जमींदारों से तालुकेदारों से भू-राजस्व प्राप्त कराने में उसकी सहायता करें। इन तालुकेदारों एवं जमींदारों ने क्रांतिकारी रूप धारण कर लिया था जिससे नवाब को भय

उत्पन्न हो गया था कि कहीं इस क्षेत्र के जमींदार एवं तालुकेदार पर भी बहराइच क्षेत्र के जमींदार एवं तालुकेदार की तरह आतंक न मचा दें।

भविष्य में सम्भावित इस प्रशासनिक चुनौती के लिए उसने रेजीडेंट से सहायता माँगी। उसने आग्रह किया कि उन क्षेत्रों में छोटी तोपों की एक टुकड़ी भी भेज दी जाय। रेजीडेंट ने नवाब की सहायता हेतु मेजर प्रेसर (जो सुलतानपुर में स्थित अंग्रेजी सेना का नेतृत्व कर रहा था) को इन उपद्रवी जमींदारों के दमन का उत्तरदायित्व सौंपा।

साथ ही इसकी सूचना गवर्नर जनरल को भेजी। इसके साथ उसने यह भी सूचित किया कि नवाब के प्रशासन का वह विभाग व्यर्थ ही था जिसमें सुधार की आवश्यकता थी। जिससे अगले फसली वर्ष में भू-राजस्व वसूला जा सके। गवर्नर जनरल ने रेजीडेंट के इस सुझाव को स्वीकार कर लिया। नवाब ने रेजीडेंट से यह भी अनुरोध किया कि वह मेजर प्रेसर को इस प्रकार का निर्देश दे कि यदि उसे नवाब के आमिलों को अंग्रेजी सेना की आवश्यकता पड़े तो वह उसकी तुरन्त व्यवस्था करें। उसने जनपद तथा अंग्रेजी राज्य की मित्रता पर विश्वास करते हुए कहा कि अवध राज्य में होने वाले विदोहों के दमन का उत्तरदायित्व अंग्रेजी सरकार पर था जिसमें उसे पूर्ण सहयोग की आशा थी। रेजीडेंट ने नवाब को सूचित किया कि यदि किसी आमिल को अंग्रेजी सेना की आवश्यकता पड़े तो इस संबंध में अंग्रेजी सरकार उसकी सहायता करेगी।

उसने सुझाव दिया कि प्रत्येक आमिल के पास जमींदारों, तालुकेदारों से वसूलने वाले धन का लेखा-जोखा होना चाहिए। साथ ही साथ उसने बल दिया कि क्रांतिकारी भावना रखने वाले जमींदारों एवं तालुकेदारों के किले तोड़ देने चाहिएं। इस संबंध में रेजीडेंट ने कर्नल पामर तथा मेजर प्रेसर को सूचित किया कि, "यदि नवाब का कोई आमिल किसी जमींदार या तालुकेदार के भू-राजस्व न देने तथा उसके क्रांति की सूचना आप को देता है तो आप स्थिति अनुसार अंग्रेजी सेना से उसकी सहायता करें। यदि किसी आमिल और जमींदार में लेन-देन के संबंध में कोई मतभेद हो तो आप दोनों का लेखा-जोखा उसे भेज दें।" अपने इन निर्देशों की सूचना उसने गवर्नर जनरल को भी भेज़ दी। नवाब ने रेजीडेंट द्वारा कर्नल पामर तथा मेजर प्रेसर को दिये गये निर्देश के संबंध में अपनी प्रसन्नता व्यक्त की तथा सूचित किया कि उसकी इच्छा है कि भू-राजस्व उसको प्राप्त होता रहे तथा उसके राज्य में शान्ति स्थापित रहे। उसने रेजीडेंट द्वारा किले तोड़ने के संबंध में दिया गया सुझाव अस्वीकृत कर दिया। गवर्नर जनरल ने रेजीडेंट द्वारा वरिष्ठ सैनिक अधिकारियों को सूचित किया कि यदि जमींदार और तालुकेदार किलों का अनुचित प्रयोग करें तो उनको तोड़ देना था। मेजर पामर ने नवाब को सूचित किया कि उस क्षेत्र के विद्रोही जमींदारों के पास सुदृढ़ किले हैं, जिनका वे अनुचित लाभ उठाने में प्रयोग कर सकते हैं। अतएव उन किलों को तोड़ने के संबंध में अपने सुझाव तथा साथ ही साथ अनुमति प्रदान कर दी। इस प्रकार अमेठी, सुलतानपुर, प्रतापगढ़ तथा रायबरेली की स्थिति नियन्त्रण में नहीं हो पा रही थी जिसके संबंध में नवाब ने स्वयं वहाँ जाने की योजना बनाई।

उसने अपने जाने के संबंध में रेजीडेंट से अपनी इच्छा जाननी चाही तथा हकीम मेंहदी को वहाँ की स्थिति को नियंत्रण में करने के लिए नियुक्त करने के संबंध में सुझाव भी चाहा। रेजीडेंट ने नवाब को सूचित किया कि उसके वहाँ जाने पर हकीम मेंहदी के नियुक्ति करने से स्थिति में किसी प्रकार के सुझाव की संभावना नहीं थी। फिर भी वहाँ जाने की इच्छा नवाब की है तो वहाँ जाने में उसे कोई आपत्ति नहीं है। इसी बीच रेजीडेंट को कर्नल पामर के द्वारा सूचना मिली कि जनपद में आमिलों द्वारा अंग्रेजी सेना को खाद्य सामग्री की पूर्ति नहीं की जा रही थी जिससे अंग्रेजी सेना को अपने उद्देश्य की प्राप्ति में अवरोध उत्पन्न हो रहा था। इस कारण कर्नल पामर की सूचना के आधार पर रेजीडेंट ने हकीम मेंहदी को प्रतापगढ़ तथा सुलतानपुर में भेजने के लिए नवाब से अनुरोध किया। जिसके संबंध में नवाब ने हकीम मेंहदी को प्रतापगढ़ जाने का निर्देश दे दिया।

हकीम मेंहदी के वहाँ पहुँचने पर उन्होंने अंग्रेजी सेना को आवश्यक सामग्री पहुँचाने की व्यवस्था की तथा नवाब एवं अंग्रेजी सरकार की सम्मिलित कार्यवाही से उस क्षेत्र में शांति हुई। सुलतानपुर का लगभग 60 प्रतिशत क्षेत्र तालुकेदारों के अधिकार में था जिसमें लगभग दो सौ प्रशासनिक अधिकारों से सम्पन्न जागीरें थीं। यहाँ के तालुकेदार अपने क्षेत्र में न्यायाधीश और नाजिम की तरह अधिकार रखते थे। इनके पास किले और छोटी सेना रहती थी। इनमें कुछ बहुत शक्तिशाली थे जिन्हें कई लाख रुपये की आय होती थी। वे नवाब की तरह दरबार भी करते थे और आदेश को पारित करते थे। इस प्रकार स्पष्ट है कि सुलतानपुर की वित्त अर्थात राजस्व व्यवस्था में अंग्रेजी सरकार के हस्तक्षेप, तालुकेदारों के विद्रोह एवं कुछ प्रशासन में रुचि न लेने के बाद भी सुदृढ़ रही।

जनपद की मुख्य आय भू-राजस्व में समय-समय पर वृद्धि होती रही लेकिन धीरे-धीरे अंग्रेजी शासन के हस्तक्षेप बढ़ते गये और सुलतानपुर की आय घटती गई जिसके कारण राज्य की स्थिति दिन-प्रतिदिन दयनीय होती गयी। किसी भी कृषि प्रधान राज्य के लिए भू-राजस्व का समुचित प्रबन्ध करना शासकों के लिए अनिवार्य था। क्योंकि इसकी अनुपस्थिति में राज्य का दिवालिया हो जाना अवश्यम्भावी था। जिसके परिणामों की कल्पना ही मूर्तरूप में खड़े हुए विघटन से कम न थी।

इसलिए स्मृतियों के युग से ही इस ओर सक्रिय प्रयास किये जाते रहे। सौभाग्य की बात थी कि जो आधारभूत सिद्धान्त उस युग में निर्धारित किये जाते रहे वे ही समयानुसार विकसित होते रहे। यहाँ तक कि मध्ययुग में भी उसमें किसी प्रकार के क्रांतिकारी परिवर्तन नहीं हुए। इस संबंध में डॉ. यू. एन. घोषाल का मत है कि, "प्रशासन की शाखा में इस ओर जो क्रमबद्धता दिखायी देती है वह शासन के किसी दूसरे क्षेत्र में देखने को नहीं मिलती।" सुलतानपुर (अवध) के नवाब ने भी इसी प्रणाली को अपना कर उसे कानून का रूप प्रदान किया। भू-राजस्व को वसूलने के लिए समुचित व्यवस्था की गयी जो मुगल काल से ही चली आ रही थी। पूरे राज्य को निजामतों एवं चकलों में विभाजित कर दिया गया। नवाब शुजाउद्दौला ने अपने राज्य को चार भागों में बाँटा था।

आसफुद्दौला ने तीन भाग क्रमशः बरेली, इलाहाबाद तथा लखनऊ में बाँटा था। सआदत अली ने पाँच भागों में क्रमशः बहराइच, सुलतानपुर, फैजाबाद, खैराबाद तथा बैसवाड़ा में बाँटा था। सुलतानपुर (अवध) के अन्तिम नवाब वाजिद अली शाह के समय तक इनके स्वरूप में कुछ परिवर्तन आया लेकिन उसका राज्य भी पाँच निजामतों में विभाजित था जो निम्नवत थीं–खैराबाद, गोण्डा, बहराइच, सुलतानपुर, वैसवाड़ा तथा सालोन। उस समय अमेठी जनपद की तीन तहसीलें सुलतानपुर में आती थीं तथा एक तहसील सालोन में आती थी। प्रत्येक निजामत को तीन-तीन चकलों में पुनः विभाजित किया गया। प्रत्येक निजामत में नाजिम तथा चकलों में चकलेदार नियुक्त होते थे जो भू-राजस्व वसूलने के लिए पूर्ण उत्तरदायी होते थे। प्रत्येक निजामा में सेना तथा पुलिस उनके अधीन रहती थी। नाजिमों को सेना तथा पुलिस की नियुक्ति एवं निलम्बन का अधिकार नहीं था। निजामतों में किलों की व्यवस्था रहती थी। जो नाजिमों के संरक्षण में थे। लेकिन समय-समय पर बड़े-बड़े जमींदारों एवं तालुकेदारों द्वारा नाजिमों को चुनौती दी जाती रही। नाजिमों द्वारा भू-राजस्व सीधे खजाने में जमा किया जाता था लेकिन वाजिद अली के शासनकाल में भू-राजस्व को वसूल कर लखनऊ भेजा जाने लगा। प्रत्येक नाजिम की सहायता के लिए कुछ अन्य कर्मचारी भी होते थे। जो प्रतिदिन की घटनाओं पर निगाह रखते थे और सप्ताह के अन्त में इन घटनाओं का विवरण दरबार में रखते थे।

इनके अतिरिक्त चकलेदार चकलों में राजस्व वसूलता था और शान्ति-व्यवस्था बनाये रखने का भी काम देखता था। जिसकी सहायता के लिए कानूनगो और पटवारी नियुक्त होते थे जो भू-राजस्व को वसूलने तथा लेखा-जोखा बनाने में उसकी मदद करते थे तथा भूमि निरीक्षण भी करते थे। राजस्व के अतिरिक्त आय का अन्य स्रोत जुर्माना भी था जो दरबार में अशिष्ट व्यवहार करने वालों, सरकारी आदेश की अवहेलना करने वालों, जाली काम करने वालों, विद्रोहियों, अवैध सम्पत्ति रखने वालों आदि से लिया जाता था। इसके अतिरिक्त प्रायः जब कोई व्यक्ति नवाब से मिलता था, तो अपने पद एवं स्थिति के अनुरूप उसे नजराना (भेंट) देता था। यह प्रथा मुगलकाल से ही चली आ रही थी। विभिन्न त्योहारों, शादी-विवाह के शुभ अवसरों पर एवं अन्य मौकों पर नवाब को उपहार दिये जाते थे। जमींदारों एवं तालुकेदारों द्वारा समय-समय पर भेंट दिये जाते थे जिससे राज्य के राज्यकोष में वृद्धि होती थी। भू-राजस्व व्यवस्था के सुचारू संचालन के लिए नवाबी शासनकाल में विभिन्न अधिकारियों की नियुक्ति की जाती थी। जिनकी सहायता से राजस्व वसूल किया जाता था, जिसका विवरण निम्नवत है–

चकलेदार

चकलेदार नाज़िम के नीचे होता था। प्रत्येक निजामत को तीन या चार चकलों में विभाजित किया गया था। इन चकलों का प्रमुख अधिकारी चकलेदार होता था, इनकी स्थिति आजकल के तहसीलदारों जैसी होती थी। निजामतों में जो अधिकार नाजिमों

को प्राप्त थे, वही अधिकार चकलों में चकलेदारों को प्राप्त थे। नाजिमों के अधीन जो सेना व पुलिस रहती थी उसे वह चकलों में बाँट कर रखता था। वहाँ पर वह चकलेदार के अधीन रहती थी। लेकिन किसी भी जमींदार अथवा तालुकेदार के विरुद्ध सेना तथा पुलिस का प्रयोग बिना नवाब की पूर्व अनुमति के नहीं किया जा सकता था। चकलेदार प्रायः इनको किले में रखता था। जमींदार अपना लगान सीधे चकलेदार के पास जमा करते थे। सुलतानपुर के तालुकेदार भी अपना लगान चकलेदार के पास भेजते थे। ये दीवानी विभाग के अधीन रहते थे तथा दीवानी न्याय भी करते थे। इनकी नियुक्ति दीवान, नवाब या बादशाह की सलाह से करता था।

आमिल

परगनों के उच्च अधिकारी को आमिल कहा जाने लगा। अतः धीरे-धीरे चकलेदारी प्रथा को समाप्त कर चकलों को परगनों में बदल दिया गया था। आमिल को अपने परगनों में वही अधिकार प्राप्त था जो चकलों में चकलेदार को प्राप्त होता था। आमिलों के अधीन कानूनगो और चौधरी भी होते थे जिन्हें सौदागर भी कहा जाता था। ये लोग कृषि योग्य जमीनों की जाँच करते थे, तथा किसानों को उचित सलाह भी देते थे, और उसकी देखभाल भी करते थे। कानूनगो और चौधरी राजस्व संबंधी सारे कागजात तैयार करते थे तथा आवश्यकता पड़ने पर भू-राजस्व को वसूलने में अपना सहयोग देते थे। आमिल भू-राजस्व वसूलने में महत्त्वपूर्ण भूमिका निभाते थे, जमींदार तथा तालुकेदारों की समस्याओं का निदान भी करते थे। यदि कोई जमींदार लगान माफी के लिए प्रार्थना-पत्र देता था तो उसकी जाँच अपने कर्मचारियों द्वारा कराकर उनकी सलाह पर लगान माफी देते थे।

भू-राजस्व में दीवान के अधीन एक महत्त्वपूर्ण पद जयोगदार का भी हुआ करता था जो राजस्व वसूलने में सहयोग करता था। जब कोई जमींदार (तालुकेदार) चकलों में मालगुज़ारी नहीं जमा कर पाता था तो किसानों से सीधे लगान वसूल किया जाता था। यह स्थिति किसानों पर जयोग लगाना कही जाती थी, जिसका वेतन उस जमींदार को देना होता था जो अपना भू-राजस्व अदा करने में असमर्थ होता था। कभी-कभी जयोगदार का कार्य निजामतों में सेना के अधिकारियों से भी लिया जाता था इसका पद चकलेदार के समान होता था।

दीवान

आरंभ में सुलतानपुर की भू-राजस्व व्यवस्था मुगल शासन की प्रथा के अनुकूल गठित थी। सूबेदार, दीवान की नियुक्ति करता था और दीवान के अधिकार में कर वसूली का प्रबन्ध था, लेकिन नवाबी शासन में नायब के बाद राज्य का द्वितीय महत्त्वपूर्ण पद दीवान का होता था। जिसका संबंध सीधे नवाब वजीर से होता था। जबकि मुगल सम्राटों के

दरबार में दीवान का पद नायब के बराबर होता था। किंतु नवाबी शासन में दीवान नायब के अधीन होता था। जिसका कार्य मालगुजारी की वसूली, चकलों की मालगुज़ारी की धनराशि निश्चित करना, तथा प्रत्येक प्रकार के राजस्व एवं आर्थिक समस्याओं का निस्तारण करना होता था। कर वसूलने वालों की नियुक्ति भी दीवान करता था। खेती की उन्नति पर उसे विशेष ध्यान देना होता था। इसलिए उसका काम किसानों को अधिक सुख-सुविधा देना तथा दीन-हीनों की सहायता करना होता था। किंतु उसका मुख्य कार्य अपने अधीन राजाओं से कर वसूलना, अपने विभाग के समस्त कागजात वजीर के दफ्तर भेजना होता था। इसके अन्तर्गत नाजिम, चकलेदार, आमिल आदि होते थे जो राजस्व वसूलने में उसकी सहायता करते थे।

नवाबी शासनकाल में सुलतानपुर में कर वसूलने के प्रमुख स्रोत चार प्रकार के थे–1. खालसा या क्राउन रियासतें, 2. हुजूर तहसीले, 3. इजारेदारी, 4. अमानी प्रणाली (ट्रस्ट प्रणाली) खालसा या क्राउन रियासतों पर सुलतानपुर के नवाब का प्रत्यक्ष अधिकार होता था, और इस भाग में भू-राजस्व वसूल करने का काम नवाब अपने अधिकारियों, नाजिम व चकलेदार की सहायता से करता था।

इजारेदारी प्रथा में तालुकेदारों तथा जमींदारों वाले जिलों में करों का भुगतान तालुकेदारों, जमींदारों एवं सरकार के मध्य हुए समझौते (इजारा या शर्तनामा) के अनुसार किया जाता था। इसमें तालुकेदार एवं जमींदार अपने कर्मचारियों द्वारा भू-राजस्व वसूल करते थे। अमानी प्रणाली में भू-राजस्व की वसूली नवाब सीधे काश्तकारों से अपने कर्मचारियों द्वारा कराते थे। आसफुददौला के बाद अवध में कर वसूलने की प्रमुख प्रणाली इजारेदारी अथवा अमानी प्रणाली थी। जब इजारेदारी शुरू की जाती थी तो अमानी समाप्त कर दी जाती थी और जब अमानी शुरू की जाती थी तो इजारेदारी समाप्त कर दी जाती थी।

वास्तव में अंग्रेज योजना बनाकर वसूली में तरह-तरह की गड़बड़ी पैदा करते थे जिससे जनपद की वित्तीय स्थिति चरमरा उठे। इसी उद्देश्य से उसने नवाब सआदत अली पर दबाव डाला कि वह अपने राज्य में इजारेदारी के स्थान पर अमानी प्रणाली से उसे आर्थिक हानि हो सकती थी। इस पर अंग्रेजी सरकार ने उसे चेतावनी दी कि यदि नवाब भू-राजस्व प्रशासन में बदलाव नहीं लाएँगे तो वह किसी भी विद्रोह के दमन की सहायता नही करेंगे। विवश होकर नवाब को रेजिडेंट के सुझाव को मानना पड़ा और अमानी प्रणाली लागू करनी पड़ी लेकिन जल्द ही यह असफल हो गई। सआदत अली के शासन के पश्चात् गाजीउद्दीन हैदर के शासनकाल में रेजीडेंट कर्नल वेली ने सारे जनपद में इजारेदारी के स्थान पर अमानी प्रणाली को लागू कराया। लेकिन दो वर्षों के बाद ही उसे हटा लेने के लिए विवश होना पड़ा फिर प्रयास किया गया लेकिन परिणाम वही हुआ। मोहम्मद अली शाह के समय में पुनः अमानी प्रणाली को अपनाया गया। उसके वजीर सरफुद्दौला ने रेजीडेन्टों को संतुष्ट करने के लिए इस प्रणाली को कार्यान्वित

करने के लिए जी-तोड़ प्रयास किया। उसने अमानी में 35 लाख रुपये की वार्षिक आय करके दिखायी। दो वर्ष के बाद उसे पदच्युत करके उसके स्थान पर अमीनुद्दौला की नियुक्ति वजीर के पद पर की गई। अमीनुददौला ने इस ओर जी-तोड़ प्रयास किया। उसे भी शीघ्र ही हटा दिया गया।

अमीनुद्दौला के बाद सभी उत्तराधिकारियों के हाथों में अमानी पद्धति के लागू करने के प्रयास किए गए लेकिन इस क्षेत्र में यह असफल ही रही। अतः एक बार फिर इजारेदारी प्रणाली को लागू करना पड़ा। तत्कालीन जनपद सुलतानपुर में लगभग 50 वर्षों से अमानी प्रणाली लागू करने के प्रयास किये जाते रहे लेकिन यह कभी सफल नहीं हुई। सुलतानपुर में नवाबों ने जिस ढंग से कर प्रणाली लागू की थी उससे यहाँ की प्रजा, जमींदार, तालुकेदार सभी प्रसन्न थे। जबकि अंग्रेजों के अधिकृत क्षेत्र की जनता कर के अतिरिक्त बोझ से परेशान थी। सुलतानपुर में मालगुजारी अत्यन्त सुविधा के साथ वसूल की जाती थी। किसी भी व्यक्ति को अनावश्यक रूप से परेशान नहीं किया जाता था। जमींदार और तालुकेदार जब तक विद्रोह करने पर आमादा नहीं होते थे तब तक उन्हें जमीनों के अधिकार से वंचित नहीं किया जाता था। नवाब आसफुद्दौला तक सुलतानपुर में इजारेदारी प्रथा ही लागू थी। सआदतअली के काल में इसमें बदलाव लाकर अमानी प्रणाली का पहली बार प्रयोग किया गया।

जिसका परिणाम यह हुआ कि शासन को कर देने वालों का सम्पर्क सीधा हो गया। इजारेदारी प्रथा की तुलना अमानी पद्धति से राजकोष में वृद्धि भी हुई। बीच के दलाल समाप्त हो गए। जनता में अमानी प्रणाली अधिक लोकप्रिय हुई किंतु उसके बाद अंग्रेजों ने गाजीउद्दौला के शासनकाल में इजारेदारी प्रथा पुनः लागू कर दी। जिसके परिणामस्वरूप तालुकेदार, जमींदार पुनः प्रबल हो उठे। उन्होंने जनता से कठोरतापूर्वक और अधिक कर वसूलना शुरू कर दिया, किसानों से भू-राजस्व ले लिया जाता था, और उन्हें रसीदें भी नहीं दी जाती थीं। तालुकेदार तथा उनके कर्मचारी कर वसूलने में किसानों को बहुत अधिक परेशान करते थे। फिर भी कम्पनी के शासन की तुलना में लोग अध्ययन क्षेत्र की कर व्यवस्था को आसान समझते थे। आरंभ में अध्ययन क्षेत्र की आमदनी 70 हजार थी।

सआदतअली के शासनकाल में सुलतानपुर का आधा भाग निकल जाने पर भी आय लगभग एक करोड़ पैंतीस लाख रुपये से कुछ अधिक थी। वाजिदअली शाह के समय में अनेक जमींदारों एवं तालुकेदारों द्वारा कर न देने के बावजूद एक करोड़ बाइस लाख रुपये प्रतिवर्ष से कुछ अधिक आय थी। जिसका अधिकांश भाग सैनिकों के वेतन आदि पर खर्च किया जाता था। इसके अतिरिक्त कर्मचारियों के वेतन तथा जनहित कार्यों में खर्च किए जाते थे। कुछ सड़कों का भी निर्माण किया गया। विश्राम गृह, सराय तथा कुएँ खुदवाएँ गए तथा कई इमारतों का निर्माण किया गया। नवाब के खाने-पीने तथा शान-शौक में भी खर्च होते थे।

अमेठी के तत्कालीन जनपद सुलतानपुर में पहले मुगल बादशाहों के सिक्के प्रचलित थे। सआदत अली के समय में सिक्कों में रुपया, आना, पाई प्रचलित थे। जो मुगल साम्राज्य का सिक्का था। सिक्कों को शाही टकसाल में ढाला जाता था जो लाल बारादरी के निकट थी। किंतु जब 1719 ई. में नवाब गाजीउद्दीन हैदर को अंग्रेजों ने बादशाह की उपाधि देकर स्वतंत्र शासक घोषित किया तो उसके नाम से सिक्के भी जारी होने लगे। रुपया और अशर्फियाँ प्रतिवर्ष मुहर्रम का चाँद होने पर ढाले जाते थे और प्रतिवर्ष उनका आकार-प्रकार भी परिवर्तित किया जाता था।

रुपया चाँदी का होता था। जिसे गलाकर कभी-कभी जेवर भी बना लिये जाते थे। अंग्रेजों का प्रभाव सुलतानपुर में बढ़ जाने के कारण नवाबी शासन के अन्तिम दिनों में मुगल बादशाह अवध के नवाब तथा अंग्रेजी सरकार के सिक्कों का भी प्रचलन बंद हो गया था। इस प्रकार नवाबी शासनकाल में भू-राजस्व प्रशासन अंग्रेजों के अत्यधिक हस्तक्षेप के बावजूद काफी मजबूत था। हालांकि उसमें समय-समय पर परिवर्तन किए जाते रहे, जिससे जनपद की जनता को कठिनाइयों का सामना करना पड़ा। फिर भी नवाबी शासनकाल में अवध की जनता प्रसन्न थी और अवध का राजकोष भी समृद्धिशाली बना रहा।

प्रशासनिक व्यवस्था

विभिन्न नवाबों के काल में अध्ययन क्षेत्र की प्रादेशिक स्थिरता में निश्चित अविच्छिन्नता स्थापित रही। 1720 ई. में दिल्ली के बादशाह ने सआदत खाँ को आगरा का सूबेदार बनाया तथा 1722 ई. में यह सुलतानपुर का प्रथम स्वतंत्र नवाब हुआ। अमेठी का तत्कालीन जनपद सुलतानपुर (अवध) में 11 नवाबों ने सूबेदार के रूप में शासन किया। सारांशतः अवध की नवाबी का बीज सआदत खाँ द्वारा बोया गया। मंसूर अली के समय में वह अंकुरित व पल्लवित हुआ तथा शुजाउद्दौला ने उसे परिवर्द्धित किया। एक सूबेदार की हैसियत से सआदत खाँ ने अवध सूबे का विस्तार किया।

इनके पास उस समय उत्तरी भारत के किसी शासन की तुलना में सैनिक शक्ति अधिक शक्तिशाली व सुसज्जित थी। यही प्रमुख कारक रहा, जिससे वह अपने सूबे विस्तार में अधिक सफल हुआ। 1756 में सुजाउद्दौला सुलतानपुर का शासक हुआ। 1765 ई. में सुजाउद्दौला के साथ बक्सर के युद्ध के पश्चात् सुलतानपुर एक सन्धि एवं सार्वभौमिक शान्ति, सच्ची मित्रता एवं दृढ़ सन्धि द्वारा ईस्ट इण्डिया कम्पनी के सीधे सम्पर्क में आया।

इस प्रकार इसके समय में सुलतानपुर सूबे की परिसीमा में सर्वाधिक विस्तार दृष्टिगत होता है। 21 जनवरी, 1798 ई. में राजगद्दी प्राप्त करने पर नवाब सआदत अली ने यह शपथ ली थी कि वह अपना समय पूर्व नवाबों की भाँति विलासिता में नष्ट न करके अधिक से अधिक समय का उपयोग कुशल प्रशासन में लगाएगा। वह अपनी

इस शपथ पर दृढ़ भी रहा। उसने अपने शासनकाल में इतना कुशल प्रशासन किया, जितना कि पूर्व के नवाबों ने नहीं किया था। इस तथ्य की पुष्टि सर हेनरी लारेन ने भी इन शब्दों में की है कि सआदत अली खाँ एक योग्य प्रशासक था तथा उन जैसा प्रशासक बंगाल में भी नहीं हुआ। सुलतानपुर की प्रशासनिक कार्य कुशलता के संबंध में सआदत अली की प्रशासनिक व्यवस्था से संतुष्ट होने पर तारीखे-नादरी-उल के लेखक मुंशी नवल किशोर का विचार है कि, 'उन जैसा योग्य एवं बुद्धिमान प्रशासक सुलतानपुर में नहीं हुआ था। इसका प्रमुख कारण यह हो सकता है कि उसके कुशल प्रशासन से घूसखोरी तथा अत्याचार पूर्ण रूप से समाप्त हो गए थे।'

सआदत अली के संबंध में यह प्रचलित था कि वह किसी भी प्रशासनिक चुनौती संबंधी घटना की खोजबीन में कोई कसर नहीं रखते थे। सआदत अली की प्रशंसा 'क्रॉनिकल ऑफ उन्नाव' के लेखक ने भी की है। उनके शब्दों में वह कर्त्तव्यपरायणता के संबंध में एक विशिष्ट प्रकार का व्यक्ति था। रेजीडेंट को संतुष्ट करने के अतिरिक्त जो समय वह पाता उसे लेखा निरीक्षण, आदेशों-निर्देशों के पारित करने एवं अपने अधीनस्थों के कार्य निरीक्षण में लगाता था। सआदत अली के राज्यारोहण के पश्चात् अवध में अंग्रेजों का हस्तक्षेप अधिक बढ़ गया था तथा वे इसे प्रशासनिक दृष्टि से सुदृढ़ देखना चाहते थे। जिससे उनको प्राप्त होने वाली आय में किसी प्रकार की कटौती न हो। उनकी यह भी इच्छा थी कि कम्पनी को दी जाने वाली धनराशि यथा-समय पर मिलती रहे। इसी कारण सआदत अली के राज्यारोहण के समय से ही उस पर प्रशासनिक सुधारों के लिए दबाव डाला जाता रहा है। यद्यपि सआदत अली ने अपने राज्यारोहण के प्रारम्भिक वर्षों में प्रशासन की ओर कोई ध्यान नहीं दिया।

सुलतानपुर की ओर प्रशासनिक उदासीनता देखकर कम्पनी के अधिकारियों ने उससे विशेष नागरिक प्रशासन में सुधार को कहा। कुछ इन परिस्थितियोंवश और कुछ स्वयं राज्य में प्रशासनिक व्यवस्था को सुदृढ़ करने हेतु उसने प्रशासन की ओर ध्यान देना शुरू किया। सआदत अली ने सितम्बर 1799 ई. तक राज्य का सम्पूर्ण कार्यभार अपने हाथ में ले लिया, और राज्य में प्रशासनिक सुधारों की योजनाओं पर विचार करने लगा। शुरुआत के वर्षों में नवाब ने अध्ययन क्षेत्र का कोई भी पद किसी व्यक्ति को न देकर अपने हाथों में रखे रखा। राज्य के कुछ पद उसने कुछ ऐसे व्यक्तियों को दिये जिनकी समाज में कोई विशेष प्रतिष्ठा न थी। फिर भी नवाब सआदत अली अपने प्रशासनिक एवं कार्य कुशलता के बल पर जनपद में अपना स्थायी शासन जमाने में सफल हो गया।

जनपद का सर्वोच्च शासक नवाब ही होता था। उसके पास असीम शक्ति होती थी। अपनी सल्तनत का सर्वोच्च शासक होने के साथ वह सेना तथा न्याय-व्यवस्था का भी प्रधान होता था। उनकी एक मन्त्रिपरिषद की बैठक नवाब स्वयं आयोजित करता था, और प्रशासन के मसले पर उनसे सलाह-मशविरा करता था। तत्पश्चात् आदेश पारित करता, किंतु मन्त्रियों की सलाह को मानना उनके लिए आवश्यक नहीं था। वह

निरंकुश एवं स्वेच्छाचारी होता था, किंतु प्रजा के हित का बराबर ध्यान रखता था। अंग्रेजों के निरन्तर हस्तक्षेप से सुलतानपुर का क्षेत्रफल संकुचित हो गया वरन् उन्हें शासन में धीरे-धीरे निष्क्रिय कर दिया गया था। अंग्रेज रेजीडेंट बराबर सुलतानपुर के प्रशासन में हस्तक्षेप करता रहता था। विभिन्न शर्तों एवं सन्धियों ने नवाब के अधिकार को संकुचित कर दिया। फिर भी शासन-व्यवस्था के संचालन के लिए नवाबों ने मजबूत ढाँचा खड़ा किया था।

प्रशासनिक अधिकारी

यह नवाब या बादशाह के बाद सल्तनत का दूसरा अधिकारी होता था जो नवाब की अनुपस्थिति या बीमारी में उसकी अनुमति पर नवाब वजीर के रूप में कार्य करता था। जब तक जनपद मुगल सल्तनत के सूबेदारों के अधीन था तब तक उसके सहायक नायब कहे जाते थे। शुजाउद्दौला के समय तक नवाब वजीर का सहायक 'नायब सूबेदार' कहा जाता था। किंतु उसके बाद उसे वजीर कहा जाने लगा। दरबार से लेकर प्रायः सभी विभागों के व्यक्तियों की नियुक्ति नायब या वजीर बादशाह की सलाह से करता था। वजीर की नियुक्ति नवाब अपनी इच्छी से करते थे। किंतु जब जनपद पर अंग्रेजों का प्रभाव बढ़ गया तो नवाब अंग्रेजों के अधीन हो गये। तब वजीरों की नियुक्ति में भी अंग्रेजों का हस्तक्षेप होने लगा। सआदत अली के समय में हसन राजा खाँ वजीर के पद पर थे। जिनको नज्मुल मुल्क का खिताब दिया गया था।

हसन राजा खाँ की मृत्यु के बाद सआदत अली ने अपने द्वितीय पुत्र नसीरुद्दौला को अपना नायब बनाया। सआदत अली के समय में नायब भी दरबार करते थे। जिसमें राज्य के विभिन्न भागों से आए हुए राजकीय पत्रों का निस्तारण होता था।

अन्तिम नवाब वाजिद अली शाह के समय में इमदाद हुसैन अमीनद्दौला वजीर बनाए गए। वह अमजद अलीशाह के समय में भी वजीर था। बाद में उसे हटाकर अलीनकी खाँ को वजीर नियुक्त किया गया। इन वजीरों का कार्य सम्राट तथा अन्य दूसरे अफसरों की मध्यस्थता का होता था।

अध्ययन क्षेत्र के विभिन्न हिस्सों से वित्त संबंधी कागजात तथा युद्ध क्षेत्रों के आय-व्यय की आज्ञा वही देता था। शेष उसके अधिकार में रहता था। नगरों के प्रबन्ध के लिए कोतवाल तथा ग्रामीण क्षेत्रों के प्रबन्ध के लिए नाजिमों तथा चकलेदारों एवं महलों के लिए नौकरों की नियुक्ति वही करता था। वजीर के मातहत एक पूरा दफ्तर (मंत्रालय) होता था।

नाजिम

अमेठी जनपद भी तत्कालीन अवध के सभी जनपदों का पूरा क्षेत्र निजामतों एवं चकलों में बँटा हुआ था। निजामतों को नाजिमों के अधीन कर दिया गया था। जिसके अधिकारी

नाजिम कहलाते थे। नाजिम वर्तमान युग में न्यायाधीश होते थे। अपने निजामत की सुरक्षा करना, विद्रोहियों को दबाना, कर वसूलने में चकलेदारों तथा आमिलों की सहायता करना, उनका प्रमुख कार्य होता था। फौजदारी संबंधी न्याय भी करने के लिए वे अधिकारी थे। उनके अधीन एक शाही फौज रहती थी। जिसका कार्य निजामत में शान्ति बनाये रखना होता था। अमेठी जनपद का अधिकांश भाग सुलतानपुर के अंतर्गत आता था, उसके नाजिमों का निम्नलिखित कालक्रमानुसार वर्णन है–

मिर्जा सत्तार बेग (1793-1793)
शीतल प्रसाद (1794-1800)
राजा नेवाज सिंह (1801-1802)
मिर्जा जानी (1803-1805)
राजा जुगलकिशोर (1806-1807)
राजा नेवाज सिंह (1808-1810)
फजल अली खाँ (1811-1811)
मीर खुदाबख्श (1812-1812)
मीर गुलाम हुसैन (1812-1814)
इकराम खान (1815-1817)
मीर गुलाम हुसैन (1818-1823)
ताजुद्दीन हुसैन खाँ (1824-1827)
राजा दर्शन सिंह (1828-1834)
मेहंदी खान (1835-1835)
मिर्ज़ा अब्दुल्ला बेग (1836-1836)
कुदुबुद्दीन हुसैन खान (1837-1838)
राजा दर्शन सिंह (1839-1839)
मिर्जा सबसीकान खाँ (1840-1840)
अता उल्लाह बेग (1841-1841)
शेख हुसैन बख्श (1841-1841)
वाजिद अली खान (1842-1842)
ताजुद्दीन हुसैन खाँ (1843-1843)
राजा इच्छा सिंह (1843-1845)
राजा मान सिंह (1845-1847)
वाजिद अली ख्राँ (1848-1849)
आगा अली खान (1850-1856)
मेहंदी हसन (1857-1857)

नाजिमों की नियुक्ति एवं उसको हटाने का कार्य वजीर नवाब के परामर्श से करता था। नाजिम के अधीन कई सह नाजिम और डिप्टी होते थे जिनकी मासिक तनख्वाह 150 रु. से 200 रु. तक होती थी। नवाब शुजाउद्दौला ने अपने राज्य को चार भाग क्रमशः इलाहाबाद, अवध, दोआब तथा रुहेलखण्ड में विभाजित किया था और आसफुद्दौला ने तीन भाग क्रमशः बरेली, इलाहाबाद तथा लखनऊ में बाँटा था। सआदतअली ने अपने राज्य को 5 निजामतों में विभाजित किया था—क. बहराईच, ख. सुलतानपुर, ग. फैजाबाद, घ. खैराबाद, ङ. वैसवाड़ा। अमेठी तत्कालीन सुलतानपुर जनपद में आता था।

सआदत अली के समय में प्रत्येक निजामत को तीन-तीन चकलों में विभाजित किया गया। चकलों की आवश्यकतानुसार मुगल (परगनों) में बाँटा गया। उनके समय में चकलों में मुहालों की संख्या निम्नवत थी–

नाम चकला	मुहालों की संख्या
गोण्डा	15
वैसवाड़ा	23
पश्चिम मराठ	4
जगदीशपुर	3
खैराबाद	33
रामनगर	3
गोसाईगंज	4
मानिकपुर	2
सुलतानपुर	29

सआदत अली के बाद भी प्रशासन कार्य इसी तरह चलते रहे और वाजिद अली शाह के शासन तक कुछ निजामतों और चकलों में परिवर्तन हुए उसके शासनकाल में निम्नलिखित निजामतें थीं–

निजामतें

1. खैराबाद
2. गोण्डा, बहराईच
3. सुलतानपुर
4. वैसवाड़ा
5. सलोन

नागरिक की सुरक्षा के लिए जनपद में कोतवाल नियुक्त किये जाते थे। जिनकी नियुक्ति नायब या वजीर करता था। कोतवाल का मुख्य कार्य नगर की रक्षा करना, बाजार पर नियन्त्रण करना, जनता के चरित्र का निरीक्षण करना, अपराधों को रोकना, अपराधियों को सजा देना, सामाजिक बुराइयों को दूर करना होता था। उसके इस कार्य

में सहायता के लिए सेना का एक भाग रहता था। जिसमें घुड़सवार, पैदल और फौज शामिल थी। वे छोटे-छोटे शहरों तथा नगरों की व्यवस्था पर कड़ी निगाहें रखते थे। थानेदार के अधीन एक जमादार, एक चपरासी तथा कुछ सिपाही व अन्य रहते थे। सआदत अली के शासनकाल में बड़े नगरों में जैसे–सुलतानपुर, बहराईच, लखनऊ आदि में कोतवाली होती थी।

प्रशासनिक सुगमता के लिए पूरे नगर में आवश्यकतानुसार थाने थे और प्रत्येक थाने पर थानेदार तथा सिपाही नियुक्त होते थे। अपराधों को रोकने के साथ-साथ पुलिस कोतवाल फौजदारी मुकदमे का न्याय भी करता था। शहरों में बाह्य डाकुओं का भय पुलिस प्रशासन की शिथिलता के कारण बना रहता था। दुष्ट व्यक्ति अपराध करते थे और हथियार सहित घरों में घुसकर लूटमार करते थे। इस पर नियन्त्रण पाने और शान्ति स्थापित करने के लिए ब्रिटिश रेजीडेंट ने नवाब पर दबाव डाला जिससे प्रभावित होकर नवाब ने शहर कोतवाल को कठोर आदेश दिये। परिणामस्वरूप अनेक दुष्ट व्यक्ति दण्डित किये गये। नवाब ने अपने एक पत्र द्वारा रेजीडेंट को सूचित किया कि मैंने आदेश पारित कर दिया है कि कोई भी व्यक्ति रात्रि में बारह बजे के बाद बिना किसी औचित्यपूर्ण कारण के अपने घर से नहीं निकल सकता।

यदि कोई व्यक्ति बाहर निकले तो उसके पास लैम्प अथवा मशाल होनी चाहिए तथा पास में कोई हथियार नहीं होना चाहिए। उन्होंने रेजीडेंट को यह भी सूचित किया कि वह स्वयं रात्रि में घूम-घूमकर पहरा देने वाले सिपाहियों की व्यवस्था का निरीक्षण करता है और यदि कोई भी व्यक्ति कानून का उल्लंघन करते पाया जाता है तो उसे दण्डित किया जाता था। शान्ति एवं सुरक्षा बनाए रखने के लिए बड़े-बड़े शहर कोतवाल की तथा छोटे-छोटे जिलों में थानेदार की व्यवस्था होती थी। आज के नगर मजिस्ट्रेट की तरह कोतवाल अन्य पुलिस अधिकारियों के कर्त्तव्यों का निरीक्षण करता था।

वे सहायक दारोगा के निर्देशन में कार्य करते थे। प्रत्येक कोतवाली से कुछ सिपाही दो या तीन क्लर्क और कुछ अन्य लोग भी सम्बद्ध रहते थे। कोतवाल के निर्देश में जेल रहती थी। केन्द्रीय कारागार जो राजधानी में स्थापित होता था। कोतवाल के अधिकार क्षेत्र से बाहर था। प्रत्येक कोतवाली में कुछ कमरे होते थे जो आवश्यकतानुसार जेल का भी काम करते थे। छोटे नगरों की व्यवस्था थानेदार के अधीन होती थी। उसका क्षेत्र निश्चित होता था। प्रत्येक थानेदार के नीचे एक मुहर्रिर, एक चपरासी, एक तरहीनवाज और कुछ सिपाही होते थे। बड़े थानों में कुछ होते थे, छोटे थानों में 10 सिपाही तथा बड़े थानों में 20 सिपाही के जमादार, एक चपरासी, एक उच्च अधिकारी होते थे। जमादार को 4 रुपये, सहायक थानेदार को 10 रुपये से 25 रुपये वेतन मिलता था। नियुक्त होने पर या अतिरिक्त कार्यभार ग्रहण करने पर 40 रुपये से 100 रुपये प्रति महीना वेतन था। उसके सहायक को 20 रुपये से 50 रुपये, मुहर्रिर को 7 रुपये से 10 रुपये, जमादार को 4 रुपये और चपरासी को 3 रुपये वेतन मिलता था।

पुलिस

आरंभ में जनपद में पुलिस की व्यवस्था नहीं थी। उसका कार्य सेना द्वारा किया जाता था। लेकिन सुव्यवस्थित शासन-व्यवस्था के संचालन के लिए ब्रिटिश रेजीडेंट की सलाह पर सन् 1845 ई. में शाह अमजद अली के शासन से अवध फ्रंटियर पुलिस बल की स्थापना की गई। आरंभ में इसमें 500 पैदल और 100 घुड़सवार सिपाही थे। जब कभी पड़ोसी जिलों में हत्या, लूटपाट व डकैती की घटनाएँ होती थीं तब पुलिस कार्यवाही करने के पूर्व रेजीडेंट से आदेश प्राप्त करती थी, और आदेश के बाद अपराधियों को गिरफ्तार करती थी। इस प्रकार यह सिद्ध होता है कि सुलतानपुर में पुलिस बल की स्थापना जिस उद्‌देश्य से की गई वह सफल रही।

पुलिस के कर्तव्य पालन की सराहना करते हुए कर्नल स्लीमन ने 10 मार्च 1849 ई. में रिपोर्ट तैयार की कि 'यह पुलिस बल अपने कार्य में दक्ष और सक्षम है। मेरे विचार से सीमान्त प्रदेशों में अपराधों की संख्या इतनी कम पहले कभी नहीं रही। जनपद के प्रशासनिक क्षेत्र में तालुकेदारों की महत्त्वपूर्ण भूमिका है।

तालुकेदार बख्तावर सिंह ने लॉर्ड कार्नवालिस के नेतृत्व में अनेकों महत्त्वपूर्ण युद्ध में भाग लिये। अपने अच्छे व्यक्तित्व एवं शक्ल के कारण बख्तावर सिंह ने लखनऊ में सेवा करते हुए नवाब सआदत खाँ को अपनी ओर आकष्ट किया। सआदत खान ने उसको जनपद की सेना में रिसालदार के पद पर नियुक्त किया। बख्तावर सिंह ने 1821 ई. में अपने छोटे भाई दर्शन सिंह को कचहरी बुला लिया जिसे सेना का सिपहसालार बना दिया गया। 1822 ई. में दर्शन सिंह को सालोन ओर वैसवाड़ा का चकलेदार बना दिया गया। अमेठी के तालुकेदार राजा गुरुदत्त सिंह ने सआदत खाँ द्वारा हिन्दुओं पर किये जा रहे अत्याचार का प्रबल विरोध किया।

सआदत खाँ ने जब राम जन्म भूमि अयोध्या में प्रवेश कर उसे न केवल बाबरी मस्जिद के रूप में प्रतिष्ठित करने का प्रयास किया, बल्कि हिन्दुओं को पार भी वंचित कर दिया। इससे गुरुदत्त सिंह ने नवाबी सेना का विरोध कर विजय प्राप्त की। यह सत्य है कि सआदत खाँ का प्रबल विरोध करने वाला अवध अमेठी का राजा गुरुदत्त सिंह था।

इससे स्पष्ट है कि तालुकेदारों को प्रशासनिक क्षेत्र का कितना ज्ञान था। सुलतानपुर के तालुकेदारों का साथ यहाँ के नाजिम और चकलेदारों ने दिया जो नवाबी शासन के ही अफसर थे। सुलतानपुर के तालुकेदार अंग्रेजों के प्रशासन का विरोध भी करते थे क्योंकि प्रशासन को कठोर कर अंग्रेजों ने तालुकेदारों की भूमिका के अधिकार को कम कर दिया तथा कुछ तालुकेदारों के बहुत से गाँव छीन लिए गए।

इसलिए सभी तालुकेदारों ने खुलकर अंग्रेजी प्रशासन का विरोध किया। तालुकेदारों के पास अपनी सेना होती थी जिसमें सिपाही होते थे और वे अपने-अपने तालुकेदारों के प्रति वफादार होते थे। अतः स्पष्ट है कि जनपद की प्रशासनिक व्यवस्था अन्य जनपदों की अपेक्षा संतोषजनक थी।

ब्रिटिशकाल में अमेठी जनपद

ब्रिटिशकालीन अमेठी जनपद की वस्तुस्थिति तभी स्पष्ट होगी जब ब्रिटिश क़ालीन जनपद के क़स्बों की पड़ताल की जाए। इस पड़ताल से क्षेत्र की भौगोलिक, आर्थिक और सामाजिक स्थिति का आंकलन हो रहा है। इसमें ग़ौर करने वाली बात यह है कि ब्रिटिशकालीन विवरण लिखने वालों ने अक्षांश व रेखाँश की गणना क़स्बेवार की है, जबकि वर्तमान में यह गाँव और क़स्बेवार उपलब्ध नहीं है। कुछ स्थानो के बारे में अंग्रेजों ने असहज टिप्पणियाँ की हैं, जिसे हमने वर्तमान समय में उल्लेखित करना उचित नहीं समझा। क़स्बों की वर्णित स्थिति गज़ेटियर 1903 पर आधारित है।

अमेठी

अमेठी बड़ा और महत्वपूर्ण परगना है, आकार में यह लगभग चतुष्कोणीय है, जिसका क्षेत्रफल 191,689 एकड़ या 299 वर्ग मील है। यह परगना कई पीढ़ियों से राजपूतों के एक ही कबीले, बंधलगोतियों के नियंत्रण में था। मुख्य जमींदार अमेठी के राजा हैं, जबकि अन्य जमींदार शाहगढ़ के तालुकेदार और कुछ बंधलगोतियों समुदाय के हैं। उत्तर में गौरा जामों की सीमा के साथ लगे कुछ गाँव भवन शाहपुर के कन्हपुरिया तालुकेदार के स्वामित्व में हैं। बंधलगोती और उनकी सम्पत्ति का विवरण अध्याय तीन में मिलेगा। 1901 में इसकी जनसंख्या 176,493 थी। 1891 के बाद से इसमें बहुत कम वृद्धि हुई है, लेकिन पिछली जनगणना में निवासियों की संख्या केवल 159,618 थी। 1901 में मुसलमानों की संख्या केवल 9,343 थी, जो अवध के लिए बहुत कम अनुपात है। यह परगना मुख्य रूप से बंजर ऊसर मिट्टी के विशाल भू-भागों के लिए उल्लेखनीय है। एक लोकप्रिय कहावत है : 'गर न होता अमेठी ऊसर, राजा होता देवता दूसर', जिसका अर्थ है: ''यदि अमेठी में कोई ऊसर नहीं होता, तो राजा दूसरा देवता होता।'' 1902 में गैर-करनिर्धार्य क्षेत्र 59,000 एकड़ या 30.8 प्रतिशत से अधिक था। एक और ध्यान देने योग्य विशेषता यह है कि इस परगना में वृक्षावरण क्षेत्र बहुत अधिक है, जो 12,140 एकड़ या 6.3 प्रतिशत क्षेत्र को कवर करता है। प्रमुख वृक्ष महुआ है: आम के वृक्ष तुलनात्मक रूप से बहुत कम हैं। राजा अपने भूक्षेत्र के लगभग सभी बागों का स्वामी

होता था और लगान के समान ही नियमित वृक्ष कर वसूल किया जाता था। कृषि क्षेत्र 96,000 एकड़ या 50.2 प्रतिशत है। पहले नियमित बंदोबस्त के समय से खेती में बड़ी वृद्धि हुई है, जो लगभग 6 प्रतिशत है।

अमेठी परगना की मिट्टी औसत गुणवत्ता की है। गोइंड क्षेत्र छोटा है, जो कुल मिलाकर केवल 12 प्रतिशत है। दूसरी ओर, पालो के रूप में वर्गीकृत बाहरी और अपेक्षाकृत खराब मिट्टी 30 प्रतिशत से अधिक है, इसका एक प्रमुख कारण ऊसर की बहुतायत है, जिसके कुछ हिस्सों पर कभी-कभी अस्थायी रूप से खेती की जाती है, लेकिन उपज बहुत कम होती है। सामान्य वर्षों में लगभग आधा कृषि क्षेत्र तालाबों और कुओं द्वारा लगभग समान मात्रा में सिंचित होता है। पिछले तीस वर्षों के दौरान हर जगह की तरह चिनाई वाले कुओं की संख्या में काफी वृद्धि हुई है, और अब ऐसे लगभग 3,500 कुएं हैं। उत्तर-पश्चिम भाग में गौरा जामो की ओर तालाबों और दलदलों की भरमार है, यह इलाका नीचा है और बाढ़ में डूब जाता है। पानी के प्रमुख इलाकों में नया झील और राजा-का-बांध शामिल हैं।

रबी की प्रमुख फसलें जौ, गेहूँ और दालें हैं, जबकि खरीफ में चावल पूरी फसल का दो-तिहाई हिस्सा होता है। गन्ना या खसखस बहुत कम उगाया जाता है। उच्च जाति के काश्तकार, ब्राह्मण और ठाकुर आधे से अधिक कृषि योग्य भूमि पर खेती करते हैं तथा बहुत कम दर पर अर्थात् 6-10-4 रुपये से 2-7-1 रुपये प्रति एकड़ तक कर का भुगतान करते हैं। इसके बाद अहीर और मुराव आते हैं। मुराव उत्कृष्ट काश्तकार हैं, और वे लगभग पूरी बेहतरीन भूमि पर खेती करते हैं, लेकिन बहुत अधिक किराए का भुगतान करते हैं, अर्थात् परगने के सबसे अच्छे हिस्से में औसतन लगभग 11 प्रति एकड़ भुगतान करते हैं। लगभग 15,000 एकड़ जमीन पर अंडर-प्रोपराइटर और ऑक्यूपेंसी काश्तकार हैं, जबकि भूस्वामी लगभग 10,500 एकड़ जमीन पर खेती करते हैं।

वर्तमान मालगुजारी की माँग 2,60,805, रुपये है, जो पूरे क्षेत्र में 1-6-0 रुपये प्रति एकड़, और प्रति एकड़ खेती के लिए 2-6-0 रुपये की दर से ली जाती है। संक्षिप्त बंदोबस्त में जमा 1,67,720 रुपये था और पहले नियमित बंदोबस्त के समय 2,17,576 रुपये था, जो प्रत्येक अवसर पर बहुत अधिक वृद्धि दर्शाता है।

संपर्क व्यवस्था अच्छी है। अवध और रुहेलखंड रेलवे की मुख्य लाइन इस परगना से होकर गुजरती है, जिसमें रायपुर-अमेठी और गौरीगंज स्टेशन हैं, दोनों जगहों पर बाजार विकसित हो रहे हैं। वे दोनों ग्राम स्वच्छता अधिनियम के तहत प्रशासित हैं, जिसे उनके लिए 1900 तक बढ़ा दिया गया था।

गौरीगंज से जायस और सुलतानपुर की ओर जाने वाली दोनों सड़कें आंशिक रूप से पक्की हैं, जबकि अन्य कच्ची सड़कें जगदीशपुर, मुसाफिरखाना और रायपुर तक जाती हैं।

रायबरेली से सुलतानपुर तक पक्की सड़क रायपुर से होकर गुजरती है, और लालगंज, लम्भुआ और प्रतापगढ़ की ओर अच्छी कच्ची सड़कें जाती हैं।

अमेठी के राजा ने रायपुर से करीब दो मील दूर अपने आवास रामनगर के पास की सड़कों को पक्का करने का अच्छा काम किया है। रामनगर एक छोटा सा समृद्ध गाँव है। इसी तरह उत्तर-पश्चिम कोने में भटगाँव और शाहगढ़ भी समृद्ध गाँव हैं, इन दोनों गाँवों में बाजार हैं।

आसल

यह छोटा सा परगना प्रतापगढ़ जिले में अमेठी के पूर्व में और पट्टी के उत्तर में स्थित है। इसका क्षेत्रफल 66 वर्ग मील या 44,886 एकड़ है, जिसमें से 22,235 एकड़ या 50 प्रतिशत क्षेत्र पर खेती की जाती है। शेष क्षेत्र में से 2,524 एकड़ में बाग हैं। यहाँ 97 गाँव हैं, जिनमें से 83 बचगोटियों के हैं, जिनका मूल स्थान अवध में कुछ मील दक्षिण में पट्टी में है। सात गाँव बचगोटियों के पूर्ववर्ती बिलखर क्षत्रियों के स्वामित्व में हैं, और दो को छोड़कर सभी गाँव जमींदारों के स्वामित्व में है। दो तालुकेदारी गाँव हसनपुर के राजा से संबंधित मांगरा और प्रतापगढ़ में अंतू के बाबू सूरजपाल सिंह से संबंधित अमरपुर हैं। शेष गाँवों में से 67 भैयाचारा महाल, 16 संयुक्त जमींदारी में, पाँच पूर्ण पट्टीदारी में, और सात अपूर्ण पट्टीदारी प्रणाली के अंतर्गत हैं। वर्तमान बंदोबस्त के तहत सरकार की मांग 1-4-0 रुपये प्रति एकड़ कृषि योग्य भूमि की दर से कुल 52,296, रुपये है। जनसंख्या की प्रकृति, उच्च जातियों के असामान्य अनुपात को देखते हुए निम्न दर पर कर निर्धारण निस्संदेह आवश्यक है। संक्षिप्त बंदोबस्त पर मालगुजारी 36,893 रुपये तय की गई थी। इसके बाद पहले नियमित बंदोबस्त पर 42,560 रुपये की मांग की गई। मालगुजारी की निरंतर वृद्धि परगने की भौतिक समृद्धि और विकास की ओर इशारा करती है, हालांकि ऊसर का इलाका खेती के और अधिक विस्तार को रोकता है।

इस परगना में किसी भी महत्व का एकमात्र गाँव इसकी राजधानी पीपरपुर है, जहाँ एक पुलिस स्टेशन और एक छोटा बाजार है। अन्य बाजार ऊंची सड़क पर दुर्गापुर और तिरसुंडी में हैं। इलाहाबाद से फैजाबाद तक की मुख्य सड़क, जो सुलतानपुर से होकर गुजरती है, इस परगना की पूर्वी सीमा को पार करती है, यह सड़क अमेठी की ओर जाने वाले रास्ते को छोड़कर, जो पीपरपुर से पूर्व की ओर लम्भुआ तक जाती है, अब तक बाहरी दुनिया के साथ संपर्क का एकमात्र साधन थी। तिरसुंडी में एक बंगला और छावनी है। इलाहाबाद-फैजाबाद रेलवे लाइन, जो अब पूरी होने वाली है, परगना के पूर्व से होकर गुजरती है, जो मुख्य सड़क के समानांतर चलती है, और पीपरपुर में एक स्टेशन है।

1901 की हालिया जनगणना में इसकी जनसंख्या 40,714 थी, जिसका घनत्व 616 प्रति वर्ग मील था। मुसलमान बहुत कम हैं, जिनकी संख्या 1,665 या 4.1 प्रतिशत से अधिक नहीं है। 1881 में कुल जनसंख्या 39,116 थी, जो 1891 में बढ़कर 42,247 हो गयी—यह एक ऐसा आंकड़ा है जो संभवतः असामान्य था, जैसा कि पूरे जिले में था। कृषक वर्गों में मुख्यतः ब्राह्मण, ठाकुर और अहीर हैं। खेती का लगान अधिक है, जो खराब मिट्टी वाली खेती के लिए कुछ मुरावों द्वारा 11-4-0 रुपये से लेकर ठाकुरों द्वारा 4-11-9 रुपये तक भुगतान किया जाता है। पूरे परगना का सामान्य औसत 7 रुपये प्रति एकड़ से कुछ अधिक है।

खरीफ की मुख्य फसलें चावल, जुआर और बाजरा हैं, जबकि रबी की मुख्य फसलें जौ, गेहूँ, चना और मटर हैं। गन्ना लगभग नहीं उगाया जाता है और इस फसल का क्षेत्रफल कृषि योग्य भूमि का केवल 2 प्रतिशत है। इसका शायद एक कारण यह है कि गोइंड क्षेत्र बहुत छोटा है, 8.5 प्रतिशत से अधिक नहीं है। लगभग आधा कृषि क्षेत्र सिंचित है। सिंचाई के मुख्य साधन कुएं, तालाब और झीलें हैं, जिनमें से सबसे महत्वपूर्ण भोजपुर झील और कोटवा झील है।

इस परगने को पहले मांगरा मार्था कहा जाता था। इसे बछगोतियों के नेता बरियार सिंह के बेटे असल राय ने अपने कब्जे में ले लिया था, जिसने अपने नाम पर इसका नाम रखा था। अब इसे अक्सर टप्पा आसल के नाम से पुकारा जाता है।

आसल के बछगोती जाहिर तौर पर हमेशा हमवारिसों के रूप में रहे हैं। उनकी परंपरा उस समय से चली आ रही है जब एक हिस्से का प्रतिनिधित्व छह हजार बीघा होता था, लेकिन अब यह उप-विभाजित होकर लगभग 3.4 एकड़ रह गया है। प्रमुख रियासतें तिरसुंडी, कल्याणपुर, पीपरपुर और भादर की रियासतें हैं।

बाजारशुक्ल

जिले के उत्तर-पूर्वी छोर पर यह एक पुराना गाँव है, जो बाराबंकी में 26^{0}36’ उत्तरी अक्षांश और 81^{0}35’ पूर्वी देशांतर पर इनहौना से रुदौली को जाने वाली सड़क पर स्थित है। यह बाराबंकी जिले की सीमाओं पर है तथा रायबरेली और फैजाबाद की सीमा के करीब है। एक दूसरी सड़क पूर्व की ओर जाती है और जगदीशपुर से लगभग सात मील की दूरी पर रायबरेली-फैजाबाद की पक्की सड़क से जुड़ती है। बाजार शुक्ल मवैया रहमतगढ़ के मालगुजारी मौजा में स्थित है, भारी लगान के बावजूद रहमतगढ़ एक बहुत ही समृद्ध और उत्कृष्ट गाँव है। इसमें एक पुलिस स्टेशन और एक बाजार है। 1901 में इसकी जनसंख्या 3,336 थी, जिनमें से 285 मुसलमान थे। संख्या की दृष्टि से बनिया प्रमुख हिंदू जाति है, लेकिन गाँव पूरी तरह से शुक्ल ब्राह्मण पट्टीदारों का है, जिन्होंने इसे कुछ समय पहले बैस ठाकुरों से खरीदा था। यह एक महत्वपूर्ण बाजार है, जहाँ विभिन्न प्रकार की

वस्तुओं का व्यापार होता है। इसके निकट मौजा धनेसर राजपूत गाँव जो पाली रियासत में आता है, जहाँ चमड़े और चीनी का एक समृद्ध बाजार है। यह सुदूर कोना पहले एक कुख्यात लुटेरे भूरे खान का इलाका था।

गौरा जामो

एक छोटा परगना है, जो मुसाफिरखाना, इसौली और जगदीशपुर के साथ मुसाफिरखाना तहसील का हिस्सा है। इसके उत्तर में जगदीशपुर, पूर्व में मुसाफिरखाना, दक्षिण में अमेठी और पश्चिम में रायबरेली जिला है। यह आम तौर पर समतल और निचला इलाका है, और यहाँ पानी प्रचुर मात्रा में देखने को मिलता है। लगभग हर गाँव में झीलें है, जिनमें से दक्षिण में ताल मरिअन सबसे बड़ी झील है। यहाँ कोई नदी नहीं हैं, लेकिन जल निकासी के लिए एक गहरा नाला है, जिसे नैया या कादू नाला के नाम से जाना जाता है, जो उत्तरी सीमा का निर्माण करता है और पूर्व की ओर कटारी से होते हुए गोमती नदी में जाकर मिलता है। इसके उत्तर-पूर्वी हिस्से में एक छोटा नाला आकर मिलता है, जिसमें जागो से कभी-कभी पानी चलता है। इन नालों के आसपास की भूमि खड्डयुक्त है, और बीच-बीच में जंगल हैं। इसका कुल क्षेत्रफल 59,627 एकड़ या 93 वर्ग मील है, जो 91 गाँवों और 97 महालों में विभाजित है। कोई भी महत्वपूर्ण कस्बा या गाँव नहीं है, सबसे बड़े गाँव कटारी, गौरा जामो और बालभद्दारपुर हैं। अवध और रुहेलखंड रेलवे की मुख्य लाइन परगना के बिल्कुल दक्षिण से गुजरती है, निकटतम स्टेशन गौरीगंज है। रायबरेली के जायस से अमेठी और जगदीशपुर को जाने वाली दो प्रमुख सड़कें है। गौरीगंज से एक खराब सड़क जामो के रास्ते जगदीशपुर की ओर जाती है, जहाँ यह लखनऊ से जौनपुर को जाने वाली मुख्य सड़क में मिल जाती है। जामो से कटारी और रायबरेली के लिए छोटे रास्ते हैं जो बारिश में पानी में डूबे रहते हैं।

काश्तकारी मुख्य रूप से तालुकेदारी है। इस परगना में 23 जमींदार महाल और 12 पट्टीदार गाँव हैं। लगभग सभी जमींदार कन्हपुरिया ठाकुर हैं। ये सभी परिवार महान रायबरेली कबीले वंशज हैं, और उनके इतिहास के लिए पाठक श्री बेनेट के द क्लान्स ऑफ द रायबरेली डिस्ट्रिक्ट और रायबरेली गजेटियर में दिए गए वृत्तांत का अवलोकन कर सकते हैं। इस परगना के मुख्य तालुकेदार जामो, कटारी, बरांलिया और भवन शाहपुर के हैं।

1901 की जनगणना में इसकी कुल जनसंख्या 57,245 थी, जिनमें से 6,003 मुसलमान थे। पिछले तीस सालों से समान वृद्धि हुई है, क्योंकि 1881 में कुल जनसंख्या 47,749 थी, जो 1891 में बढ़कर 54,662 हो गयी। कुल क्षेत्रफल में से 33,443 एकड़, या 56 प्रतिशत पर खेती की जाती है। शेष में से 20.3 प्रतिशत जमीन को गैर-करनिर्धार्य के रूप में वर्गीकृत किया गया है। यह आंकड़ा काफी हद तक वर्षा पर निर्भर करता है।

उदाहरण के लिए कम वर्षा वाले वर्षों में ताल मरिअन गेहूँ के लिए सबसे उत्कृष्ट जमीन बनाता है, जबकि अधिक वर्षा वाले वर्षों में यहाँ पानी भरा रहता है। यहाँ बाग बहुत अधिक हैं, जो 6,113 एकड़ या पूरे क्षेत्र का 10 प्रतिशत से अधिक हैं; इनमें आम और महुआ के बाग सबसे अधिक हैं। इसकी मिट्टी काफी अच्छी है, कुल कृषि क्षेत्र का 17.2 प्रतिशत गोइंड क्षेत्र है। जबकि जिले के बाकी हिस्सों की तुलना में मंझार अधिक अनुपात में है, और पालो काफी कम है। उत्तर को छोड़कर, शायद ही किसी क्षेत्र में भूर या रेतीली मिट्टी है, यहाँ मुख्य रूप से चिकनी मिट्टी पाई जाती है। चावल सबसे महत्वपूर्ण फसल है; इसमें से अधिकांश जरहान या रोपित चावल होता है, जिसके लिए यह मिट्टी काफी उपयुक्त है। खरीफ की फसल में जुआर निश्चित मात्रा में और गन्ना बहुत कम उगाया जाता है। रबी में मटर और चना की सबसे अधिक खेती होती है, उसके बाद गेहूँ का स्थान है। इस परगने में जौ का क्षेत्रफल शेष जिले की तुलना में हमेशा बहुत कम रहा है।

कुल कृषि क्षेत्र का लगभग 40 प्रतिशत सिंचित क्षेत्र है। सिंचाई के मुख्य साधन कुएं और तालाब हैं। परगने के सभी भागों में कुएं आसानी से खोदे जा सकते हैं, लेकिन वे अधिक समय तक नहीं टिकते।

खेती करने वाले वर्ग मुख्यतः ब्राह्मण और ठाकुर हैं, लेकिन सौभाग्य से मुरावों की संख्या बहुत अधिक है। शेष में लोध, गूजर, पासी और चमार ही उल्लेखनीय हैं। पिछले बंदोबस्त के आंकड़ों के अनुसार 79,360 रुपये की मालगुजारी मांग है। संक्षिप्त बंदोबस्त में यह 45,536 रु. थी, और पहले नियमित बंदोबस्त में 62,890 रु. थी। लगान की दर प्रति एकड़ खेती के लिए 2-6-8 रु., और पूरे क्षेत्र पर 1-5-5 रुपये थी। किसी भी तालुकेदारी का कोई ऐतिहासिक संबंध नहीं रहा है। प्रत्येक तालुकेदारी के गाँवों की संख्या और भुगतान की जाने वाली मालगुजारी परिशिष्ट में दी जाएगी, जबकि उनके परिवारों का वृत्तांत अध्याय तीन में दिया गया है। यह परगना कभी रायबरेली के जायस का हिस्सा था, लेकिन अठारहवीं शताब्दी के उत्तरार्ध में एक अलग सब-डिवीजन बना दिया गया था, शायद उसी समय कन्हपुरिया रियासत को सब-डिवीजन बनाया गया था।

गौरीगंज

अमेठी जनपद के मुख्यालय गौरीगंज के बारे में गज़ेटियर 1903 इस प्रकार वर्णन मिलता है कि यह रायबरेली से अमेठी और प्रतापगढ़ जाने वाली सड़क पर $26^{0}12'$ उत्तरी अक्षांश और $81^{0}42'$ पूर्वी देशांतर पर स्थित है, जबकि दूसरी सड़क सुलतानपुर की ओर जाती है जो यहाँ से 25 मील की दूरी पर है। गौरीगंज दो गाँवों कटरा-लालगंज और माधोपुर से मिलकर बना है। इसके बाजार का निर्माण अमेठी के राजा माधो सिंह ने करवाया था, जिसका स्वामित्व उनके उत्तराधिकारी के पास है, और यह जिले की सबसे महत्वपूर्ण

अनाज मंडियों में से एक है। यह स्थान कई गहरे गंदे गड्ढों से घिरा हुआ है, जिन्हें भरा जाना चाहिए, लेकिन लागत अधिक होने के कारण इन्हें भरा नहीं गया है। यहाँ एक पुलिस स्टेशन, तालाब और डाकघर है। एक उच्च प्राथमिक विद्यालय है, जो बहुत ही अच्छी स्थिति में है। यहाँ आसपास के इलाकों से कई मील दूर से विद्यार्थी आते हैं, लेकिन इमारत छोटी और अपर्याप्त है। कटरा-लालगंज के पूर्व और पश्चिम में निचले खेत हैं, जिनमें केवल जरहन चावल उगाया जाता है। गाँव का शेष भाग काफी समतल और अच्छी दोमट मिट्टी वाला है। इसकी जनसंख्या 2,543 है, जिनमें से अधिकांश बनिया हैं, शायद सुलतानपुर को छोड़कर जिले के किसी भी अन्य कस्बे की तुलना में यहाँ बनियों की संख्या सबसे अधिक है। मुसलमानों की संख्या 194 है, और शेष अधिकतर अहीर, कुर्मी और गड़रिया हैं।

इसौली

इस परगना के उत्तर में फ़ैज़ाबाद है, जबकि दक्षिण और पश्चिम में इसकी सीमा गोमती नदी है, जो इसे मुसाफिरखाना और जगदीशपुर से अलग करती है। पूर्व में बरौंसा परगना स्थित है। यह एक समय फ़ैज़ाबाद का हिस्सा था, लेकिन 1869 में इसे सुलतानपुर जिले में स्थानांतरित कर दिया गया था। यह कुछ हद तक एकांत कोने में स्थित है, और यहाँ अन्य जिलों से अधिक आसानी से पहुँचा जा सकता है। एक खराब सड़क सुलतानपुर से इसौली की ओर जाती है, जो आगे हलियापुर तक जाती है, लेकिन एकमात्र महत्वपूर्ण सड़क रायबरेली से फैजाबाद तक है, जो अमघाट में एक लकड़ी के पुल द्वारा गोमती को पार करती है। हलियापुर से शाखा सड़कें बाराबंकी के रुदौली रेलवे स्टेशन और फैजाबाद के अकबरपुर तक जाती हैं।

भूमि मुख्य रूप से हिंदू और मुसलमान दोनों राजपूतों के स्वामित्व में है, मुसलमानों में सोरांव के खानजादास थे। भाले सुलतान, बछगोती और चौहान प्रसिद्ध हिंदू वंश हैं, जबकि पंवार और बिसेन के पास भी छोटी संपत्तियां हैं। इसौली के सैय्यद और कायस्थों के पास काफी जमीन है, लेकिन दोनों ही बहुत परेशान रहते हैं। 1901 की जनगणना में इसकी कुल जनसंख्या 54,778 थी, जिनमें से 7,139 मुसलमान हैं। अधिकांश कृषक हैं, और इनमें मुख्यतः ब्राह्मण, अहीर, ठाकुर, पासी और चमार शामिल हैं। 1881 में निवासियों की कुल संख्या 45,995 थी, जो 1891 में बढ़कर 53,438 हो गई।

इस परगने का कुल क्षेत्रफल 55,853 एकड़ या 87 वर्ग मील है। इसमें से 30,485 एकड़ या 59 प्रतिशत जमीन पर खेती की जा रही है। बाकी जमीन में से 4,765 एकड़ में बाग हैं। परगना काफी अच्छी तरह से सिंचित है, सिंचाई का मुख्य साधन तालाब हैं, जिनकी कोई कमी नहीं है। कुएं बहुत अधिक नहीं हैं। रबी की मुख्य फसलें मटर और चना हैं, जो गेहूँ से लगभग दोगुने क्षेत्रफल पर उगाई जाती हैं। यहाँ जौ की खेती बहुत

कम होती है। खरीफ की मुख्य फसल चावल है, उसके बाद जुआर होता है। गन्ना कुल कृषि योग्य क्षेत्र का लगभग 2 प्रतिशत कवर करता है।

कुर्मियों को छोड़कर अन्य के लिए लगान बहुत कम है, कुर्मियों को सर्वोत्तम भूमि के लिए 9-6-4 रुपये प्रति एकड़ लगान देना पड़ता है। मुराव के साथ बहुत नरमी बरती जाती है, जिन्हें उच्च जाति के काश्तकारों से कम लगान देना पड़ता है, उच्च जातियों में ठाकुर सबसे कम लगान देते हैं, उनकी लगान-दर 6-8-3 रु. से 3-6-4 रु. तक है। परगना के 75 गाँवों को 141 महालों में विभाजित किया गया है, जिनमें से 34 तालुकेदारों के पास हैं, और इतनी ही संख्या में एकल और संयुक्त जमींदारों के पास हैं। शेष सहदायिक निकायों के हाथों में हैं, जिनमें अधिकांशतः भैयाचारा हैं। सभी तालुकेदार परगना के अनिवासी हैं, कुरवार और समरथपुर के बछगोती प्रमुख तालुकेदार हैं, और दूगाँव के तालुकेदार हैं।

इसौली के नाम की उत्पत्ति का श्रेय भर कबीले के एक राजा को दिया जाता है। कहानी यह है कि लगभग 600 साल पहले खिलजी सुलतान अलाउद्दीन मुहम्मद ने बैस छत्रियों को भरों को बाहर निकालने का काम सौंपा, और इस काम में सफल होने पर उन्हें भाले सुलतान नाम दिया। फलस्वरूप यह परगना उस कबीले का स्थान बन गया।

जगदीशपुर, परगना जगदीशपुर

इसे आमतौर पर निहालगढ़-जगदीशपुर कहा जाता है। जगदीशपुर मूल गाँव है, चक जांगला इसकी एक बस्ती है, और निहालगढ़ चक जांगला में एक किला है, जिसे 1715 में भाले सुलतानों के मुखिया और महोना के तालुकेदार के पूर्वज निहाल खान ने बनवाया था। 1750 में तहसीलदार मिर्जा लतीफ बेग ने निहालगढ़ पर कब्जा कर लिया और इसे अपना निवास स्थान बना लिया, और इसमें पुराने किशनी और सातनपुर परगना का मुख्यालय स्थानांतरित कर दिया। मिट्टी से बना यह किला अब धराशायी हो गया है। किले के नीचे एक छोटा सा शहर विकसित हो गया, और कम महत्व का होने के बावजूद इसने जगदीशपुर के पुराने गाँव को ओट में कर दिया। 1901 में इसकी जनसंख्या 2,121 थी, जिनमें से 1,168 मुसलमान थे। इसमें एक पुलिस स्टेशन, एक मिडिल वर्नाक्यूलर स्कूल है, जिसमें लगभग 150 विद्यार्थी पढ़ते हैं, और गुलाबगंज सराय में एक पंजीकरण कार्यालय है। जगदीशपुर-लखनऊ के चौराहे पर 26^{0}27’ उत्तरी अक्षांश और 81^{0}38’ पूर्वी देशांतर पर स्थित है। यह स्थान 1898 से ग्राम स्वच्छता अधिनियम के तहत प्रशासित है। यहाँ एक छोटा बाजार है, यहाँ मुख्य रूप से खाद्य वस्तुओं, कपड़ों और पीतल के बर्तनों का व्यापार होता है। पीतल के बर्तन ठठेरों द्वारा बनाए जाते हैं। गाँव में केवल एक चिनाई वाला घर है, जिसे अग्रवाल सब-डिवीजन के एक धनी बनिया बालमुकंद द्वारा बनवाया गया था, जिन्होंने खरीद कर और गिरवी रखकर एक छोटी सी जमींदारी

हासिल कर ली थी। उसके बाद एक सक्षम और सहानुभूति रखने वाली जमींदार बीबी रामपिआरी उसकी उत्तराधिकारी थी, जिसके पास पड़ोस में सात गाँव और दो पट्टी की जमींदारी थी।

जगदीशपुर परगना, तहसील मुसाफिरखाना

मुसाफिरखाना तहसील के चार परगनाओं में से यह सबसे बड़ा परगना है। इसका क्षेत्रफल 99,027 एकड़ या 155 वर्ग मील है। यह परगना जिले के बिल्कुल उत्तर-पश्चिम में स्थित है, जो उत्तर में बाराबंकी, जहाँ से यह गोमती नदी द्वारा अलग किया गया है तथा पश्चिम में बाराबंकी और रायबरेली के बीच स्थित है। पूर्व में नदी के दोनों ओर इसौली और मुसाफिरखाना परगना हैं, और दक्षिण में गौरा जामो है, जहाँ नैया या कांडू नाला सीमा बनाता है। नैया और गोमती के अलावा दो छोटे नाले और हैं, जिनमें से एक परवेजपुर से निकलकर नैया में मिलता है, और दूसरा परगना के पश्चिम-मध्य से निकलकर धीरे-धीरे रायबरेली की ओर जाता है। गोमती पश्चिम की ओर ऊँचे किनारों के बीच साथिन तक बहती है, और फिर चौड़ी हो जाती है, जिससे निचली भूमि में अक्सर बाढ़ आ जाती है, जिसके परिणामस्वरूप परगना की कुछ बेहतरीन भूमि बर्बाद हो जाती है। परगने की एक उल्लेखनीय विशेषता महुआ और आम के बाग हैं। ये 12,162 एकड़ में फैले हैं, और सिवाई जमींदारी में एक महत्वपूर्ण संपत्ति हैं। यहाँ कई दलदल और झीलें हैं, लेकिन कोई भी बड़े आकार के नहीं हैं। फिर भी वे सिंचाई के प्रयोजनों के लिए बहुत उपयोगी हैं।

कुल क्षेत्रफल में से कृषि योग्य क्षेत्र 52,571 एकड़ या 53 प्रतिशत है। यहाँ की मिट्टी बहुत अच्छी है, और परगना की क्षमता असाधारण है। रबी की मुख्य फसलें दालें और गेहूँ हैं, और खरीफ की मुख्य फसलें चावल और जुआर हैं। गन्ना बहुत कम उगाया जाता है, लेकिन अफीम की खेती काफी मात्रा में होती है। कुल कृषि क्षेत्र का 33 प्रतिशत सिंचित क्षेत्र है। कुओं की संख्या बहुत अधिक है, चिनाई वाले कुओं के खिलाफ भाले सुलतानों के पूर्वाग्रह के बावजूद बाद के वर्षों में अनेक कुओं का निर्माण किया गया। लगभग एक तिहाई सिंचाई तालाबों के माध्यम से की जाती है। मुराव उत्कृष्ट किसान हैं, उनकी संख्या अधिक होने के कारण लगान बहुत अधिक है। अन्य सबसे अच्छे प्रतिनिधित्व वाले वर्ग ब्राह्मण, अहीर, खानजादास और गूजर हैं। भाले सुलतान ज्यादातर भाड़े के मजदूरों को काम पर रखते हैं; पासी, चमार, मल्लाह और लोहार सामान्यतः यह भूमिका निभाते हैं। पिछले बंदोबस्त में 1,48,185 रुपये मालगुजारी निर्धारित की गई थी, जो पहले नियमित बंदोबस्त के कर निर्धारण के मुकाबले एक बड़ी वृद्धि दर्शाता है, उस समय जमा 1,13,879 रुपये तय किया गया था। संक्षिप्त बंदोबस्त के समय मांग केवल 87,713 रुपये थी। वर्तमान दर 2.13 रुपये प्रति एकड़ खेती और पूरे क्षेत्र के लिए 1.9 रुपये थी, जो जिले के किसी भी अन्य परगना की तुलना में अधिक दर है।

1901 में इसकी जनसंख्या 106,512 थी, जिनमें से 24,905 मुसलमान थे। पिछले तीस वर्षों के रिकॉर्ड जनसंख्या में आश्चर्यजनक वृद्धि दर्शाते हैं, जो मालगुजारी में वृद्धि की तरह, परगना की समृद्धि का प्रमाण है। 1881 में इसकी जनसंख्या केवल 90,138 थी। जगदीशपुर-निहालगढ़ और बाजार शुक्ल शहर ही एकमात्र शहर हैं। पहले किशनी और साथिन महत्वपूर्ण स्थान थे, लेकिन अब उनका पतन हो चुका है, और वहाँ किसी भी प्रकार का कोई व्यापार नहीं होता है।

इस परगना में सड़कों की अच्छी संख्या है। लखनऊ से जौनपुर और रायबरेली से फैजाबाद जाने वाली दो मुख्य सड़कें जगदीशपुर में चौराहा बनाती हैं, जहाँ से अन्य सड़कें गौरीगंज और जायस की ओर जाती हैं। बाजार शुक्ल इनहौना से रुदौली सड़क पर स्थित है, और एक शाखा दक्षिण की ओर जाती है, जो जगदीशपुर से लगभग तीन मील पूर्व में रायबरेली रोड से जुड़ती है। जगदीशपुर और बाजार शुक्ल में डाकघर हैं और 13 गाँवों में स्कूल हैं। रामलीला के अवसर पर परगना की राजधानी में एकमात्र मेला लगता है।

जमींदार मुख्य रूप से मुसलमान भाले सुलतान और अन्य हिंदू राजपूत हैं। उत्तर में शुक्ल ब्राह्मणों की बस्ती है। महोना के तालुकेदार, बाबू एवाज़ अली खान भाले सुलतान कबीले के प्रमुख होने का दावा करते हैं। उनके पास 21 पूरे गाँवों और छह गाँवों के कुछ भागों की जमींदारी है और वे 27,603 रुपये वार्षिक मालगुजारी का भुगतान करते हैं। ये सभी गाँव इस परगना के भीतर स्थित हैं, और उप-बंदोबस्त के तहत बहुत कम आते हैं। डुमरियाडीह गाँव में रहने वाला एक शुक्ल ब्राह्मण स्वामित्व के अधिकारों का दावा करता है। यह मामला प्रिवी कौंसिल तक पहुँच गया है, और संभवतः इसके परिणामस्वरूप दोनों पक्ष बर्बाद हो जाएंगे। महोना कई वर्षों तक कोर्ट ऑफ वार्ड्स के अधीन था, और उसे सॉल्वेंट हालत में सौंप दिया गया था; लेकिन पहले से ही उस पर बहुत अधिक ऋण हैं और इन्हें चुकाए जाने की उम्मीद भी नहीं है। तालुकेदार को स्थानीय रूप से राजा कहा जाता है, लेकिन कबीले के मुखिया के पद का दावा फैजाबाद के देवगाँव के तालुकेदार के साथ विवादित है।

इसी जाति के एक अन्य तालुकेदार ऊंचगाँव के तालुकेदार बाबू दरगाही खान हैं, जिनकी छह पूरे गाँवों और एक हिस्से की जमींदारी की मालगुजारी 7,196 रुपये निर्धारित की गई थी। भाले सुलतानों की अन्य प्रमुख जमींदारी मखदुमपुर, कचनाओं, नासुरा की हैं, जो देवगाँव के तालुकेदार और दक्षिणगाँव हरिमऊ से संबंधित हैं। बैस का प्रतिनिधित्व पाली के तालुकेदार द्वारा किया जाता है। इस जमींदारी, जो अब एक महिला के पास है, में 8 गाँव शामिल हैं जो सालाना 9,625 रुपये की मालगुजारी देते हैं।

इसका जगदीशपुर नाम भर वर्चस्व के दौरान एक ब्राह्मण जमींदार जगदीश के नाम पर पड़ा है। यह कहा जाता है कि भर के अधीन दो परगना, सत्थिन और किशनी थे; लेकिन भाले सुलतानों द्वारा उन्हें भगा दिए जाने के बाद भाले सुलतान जाति के एक सदस्य, निहाल खान ने इन दोनों परगनाओं को मिला दिया और जगदीशपुर में एक

किला बनवाकर उसमें मुख्यालय को स्थानांतरित कर दिया, जिसका नाम निहालगढ़ रखा गया, और मंदारकिया क्षत्रियों को बाहर निकाल दिया, जिनका किशनी पर कब्जा था। तब से इस परगना का नाम जगदीशपुर पड़ गया। पुरातात्विक रुचि की अन्य वस्तुओं में तीन किलों के खंडहर हैं–जिनमें से एक निहालगढ़ में है, जो राजाओं के समय में बनाया गया था, और दो अन्य किशनी और साथिन में हैं, जिनके निर्माण का श्रेय भरों को दिया जाता है।

कटारी

यह गौरा जामो परगना के उत्तर-पूर्वी कोने में एक बड़ा गाँव है, जो $26^0$24' उत्तरी अक्षांश और $81^0$43' पूर्वी देशांतर पर स्थित है। यह लखनऊ से जौनपुर जाने वाली सड़क से लगभग दो मील दक्षिण में, सुलतानपुर से 27 मील की दूरी पर, और जामो से जाने वाली कच्ची सड़क पर स्थित है। इसकी जनसंख्या 2,462 है, जिनमें से 218 मुसलमान हैं। ब्राह्मणों की संख्या बहुत अधिक है। यह गाँव राजा प्रताप बहादुर सिंह के कटारी तालुका का मुख्यालय है। यह जमींदारी, जो हाल ही में कोर्ट ऑफ वार्ड्स के अधीन थी, समृद्ध स्थिति में है। यह 13 गाँवों से बना है, जिसकी मालगुजारी की मांग 12,770 रुपये है। राजा कन्हपुरिया कबीले का एक प्रमुख सदस्य है।

किशनी

किशनी सुलतानपुर से उत्तर-पश्चिम में 45 मील की दूरी पर, $26^0$34' उत्तरी अक्षांश और $81^0$39' पूर्वी देशांतर पर गोमती के दाहिने तट पर एक ऊँचे पठार पर स्थित एक प्राचीन मुस्लिम शहर है, लेकिन इसका पतन हो चुका है। यह खड्डों से घिरा हुआ है, जो नदी तक जाते हैं। अपनी प्राकृतिक स्थिति के कारण, यह स्थान प्राचीन काल से बसा हुआ और किलेबंदी युक्त था। 400 साल से भी पहले यह मंदारकिया राजपूतों का मुख्यालय था, जिनके नेता राजा किशन चंद के बारे में कहा जाता है कि उन्होंने इस जगह को अपना नाम दिया था। मंदारकियों को भाले सुलतान कबीले के खानजादास ने खदेड़ दिया था। अकबर के शासनकाल में इसके नाम पर एक महाल का नाम रखा गया, और इसे लतीफ बेग द्वारा जगदीशपुर में मिलाए जाने तक 1750 तक परगने की राजधानी बना रहा। यहाँ एकमात्र उल्लेखनीय इमारत औरंगजेब के शासनकाल के दौरान काजी अब्द-उस-सत्तार द्वारा निर्मित एक मस्जिद है। किशनी अब एक गरीब स्थान है, जहाँ एक स्कूल है, और 1901 में इसकी जनसंख्या 2,208 थी, जिनमें से 1,141 मुसलमान थे।

महोना

यह बाजार शुक्ल से जगदीशपुर की ओर जाने वाली सड़क पर एक बड़ा और फैला हुआ गाँव है, जो सुलतानपुर के उत्तर पश्चिम में 40 मील की दूरी पर, $26^0$32' उत्तरी अक्षांश

और $81^0 36'$ पूर्वी देशांतर पर स्थित है। महोना के तालुकेदार बाबू एवाज अली खान, जो कि भाले सुलतानों के मुखिया होने का दावा करते हैं, यहाँ रहते थे। महोना पश्चिम में 25 घर शामिल हैं, जिनमें मुख्य रूप से अहीर, मुराव और मुसलमानों की आबादी है, और पिछली जनगणना में इसकी कुल जनसंख्या 3,444 थी, जिनमें से 1,922 हिंदू थे। यह समतल उच्च भूमि वाला एक अच्छा गाँव है, जिसके दक्षिण में ढाक के जंगल की एक पट्टी है। यहाँ एक सहायता प्राप्त स्कूल है, लेकिन उसमें विद्यार्थियों की संख्या बहुत कम है।

मुसाफिरखाना तहसील

इस तहसील में चार परगना-मुसाफिरखाना, इसौली, गौरा जामों और जगदीशपुर शामिल हैं। इन सभी का अलग-अलग वर्णन किया गया है। इस तहसील के उत्तर में फैजाबाद जिले की बीकापुर तहसील, पूर्व में सुलतानपुर, दक्षिण में अमेठी, जबकि पश्चिम में रायबरेली की दिग्विजयगंज तहसील और बाराबंकी जिले का हैदरगढ़ है।

गोमती नदी इस तहसील की प्रमुख विशेषताओं में से एक है। इसके ऊपरी हिस्से में किनारे ऊँचे हैं, और कभी-कभी उनसे पानी का रिसाव होता रहता है। हम देखते हैं कि नदी के किनारे पर, और विशेष रूप से किशनी, साथिन, और इसौली में ऊँची चट्टानों पर प्राचीन भव्य शहर स्थित हैं, हालाँकि अब उनकी पुरानी चमक खो चुकी है। साथिन के दक्षिण में नदी चौड़ी हो जाती है और बाढ़ के समय दोनों ओर की निचली भूमि को बहुत नुकसान होता है। आगे पश्चिम में किनारे फिर से ऊँचे हो गए हैं, और इसौली एक ऊंची और ठोस चट्टान पर सुरक्षित है। गोमती की मुख्य सहायक नदी कादू नाला है, जो गौ़रा जामों और जगदीशपुर के बीच से बहते हुए मौजा चांदीपुर में गोमती में मिलती है। जामो परगना अपनी झीलों के लिए प्रसिद्ध है, और शायद ही कोई ऐसा गाँव हो, जिसमें कोई झील न हो। सबसे बड़ी झील दक्षिण में ताल मरियन है।

संपर्क के सबसे महत्वपूर्ण साधन हैं—लखनऊ-जौनपुर रोड, जो उत्तर-पश्चिम से दक्षिण-पूर्व तक 23 मील की दूरी तक जाती है, और फ़ैज़ाबाद-रायबरेली रोड, जो उत्तर-पूर्व से दक्षिण-पश्चिम तक 21 मील तक जाती है। ये दोनों सड़कें निहालगढ़-जगदीशपुर में चौराहा बनाती हैं। लखनऊ-जौनपुर रोड मुसाफिरखाना से चार मील पश्चिम में एक पुराने नवाबी पुल से कांडू नाला को पार करती है। यह नाला पहले डकैतों का इलाका था। संभवतः उनकी लूट को रोकने के लिए ही तहसील का मुख्यालय उसके अधिकार क्षेत्र के केन्द्र के बजाय एक कोने में स्थित मुसाफिरखाना में स्थापित किया गया था। फ़ैज़ाबाद-रायबरेली रोड अमघाट में लकड़ी के पुल से गोमती को पार करती है।

तहसील के पश्चिमी कोने में शुक्ल बाजार शहर है, जो बाराबंकी के रुदौली से इनहौना जाने वाली सड़क पर है। इस स्थान से एक सड़क दक्षिण-पूर्व में जामो के रास्ते जगदीशपुर और गौरीगंज तक जाती है, वहाँ से शाखा सड़कें मुसाफिरखाना और जगदीशपुर-जायस रोड तक जाती हैं। इसौली-ट्रांस-गोमती में हलियापुर से पूर्व की ओर दो सड़कों में से एक सुलतानपुर को और दूसरी फैजाबाद के अकबरपुर को जाती है, जबकि तीसरी सड़क रुदौली को जाती है। इस तहसील की सभी सड़कों पर बार-बार लकड़ी की गाड़ी चलने के निशान हैं, लेकिन बारिश के मौसम में उनमें से कई सड़कों पर और विशेष रूप से जामो की सड़कों पर चलना असंभव हो जाता है। देवगाँव के राजा ने हाल ही में देवगाँव और मखदुमपुर के बीच गोमती के ऊपर ईंटों की चिनाई वाला पुल बनवाया है। यह पुल शायद साथिन के व्यापार और समृद्धि को बहाल करेगा। रिछघाट में एक महत्वपूर्ण घाट है, जिससे सालाना 2,550 रु. का राजस्व प्राप्त होता है। यह रुदौली-इनहौना रोड पर स्थित है, और वार्षिक मेले के कारण इसका अतिरिक्त महत्व है। तहसील में कुल मिलाकर 24 घाट हैं, जिनमें से अधिकांश का महत्व बहुत कम है। रिछघाट के अलावा, राजघाट, चांदीपुर कैलाशपुर, बखरा, साथिन और किशनी सबसे महत्वपूर्ण घाट हैं। 1901-1902 में इन घाटों से प्राप्त कुल आय 6,457 रुपये थी।

तहसील में कुल 39 स्कूल हैं, जिनमें सबसे महत्वपूर्ण स्कूल जगदीशपुर स्थित मिडिल वर्नाक्यूलर स्कूल है। शेष में 22 उच्च और निम्न प्राथमिक विद्यालय हैं, जिनमें से सबसे बड़े शुक्ल बाजार, इसौली और मुसाफिरखाना में हैं और 16 सहायता प्राप्त स्कूल हैं। भाले सुलतान पढ़ने के बाद आगे बढ़ने का प्रयास नहीं करते हैं और अधिकांश स्कूलों में विद्यार्थियों की संख्या बहुत कम है।

पुलिस क्षेत्राधिकार के प्रयोजनों के लिए तहसील को हलियापुर, मुसाफिरखाना, जगदीशपुर और शुक्ल बाजार के हलकों में विभाजित किया गया है। इनके अलावा गौरा जामो के 15 गाँव गौरीगंज थाना क्षेत्र में आते हैं। जगदीशपुर जिले का सबसे अशांत इलाका है, और शुक्ल बाजार स्टेशन का काम भारी है, हालांकि हलका बहुत छोटा है।

1901 की जनगणना में तहसील की जनसंख्या 261,036 थी, जिनमें से 128,366 पुरुष और 132,670 महिलाएं थीं। धर्म के अनुसार वर्गीकृत किए जाने पर 217,840 हिंदू, 43,053 मुसलमान, और 143 ईसाई एवं अन्य थे। सबसे अधिक जनसंख्या वाली जातियां अहीर 30,706, ब्राह्मण 30,580, पासी 25,220, कोरी 18,364, ठाकुर 16,959 और चमार 10,720 हैं। ठाकुर मुख्य रूप से भाले सुलतान कबीले के हैं, जबकि कन्हपुरिया, बैस, चौहान और रघुवंशियों की जनसंख्या भी अच्छी-खासी है। मुसलमानों में से परिवर्तित राजपूत सबसे अधिक हैं, जिनमें मुख्यतः भाले सुलतान, बछगोती, बैस और चौहान शामिल हैं। शेष जातियों में गूजर सबसे अधिक संख्या में हैं, जिनके बाद घोसी, फकीर, धूना और जुलाहा हैं।

यह तहसील लगभग पूरी तरह से कृषि प्रधान है, और खाने-पीने की वस्तुओं की आपूर्ति से जुड़े लोगों को छोड़कर, व्यापार और व्यवसाय में लगे लोगों की संख्या तुलनात्मक रूप से बहुत कम है। बुनकरों और सूत कातने वालों की संख्या 5,817 है, लकड़ी और बेंत के कारीगर 2,573 हैं और कहार 4,313 हैं।

रायपुर

रायपुर अमेठी तहसील का मुख्यालय है। यह एक समृद्ध शहर है, जो तीन गाँवों रायपुर-फुलवाड़ी, सरवनपुर, और कटरा हिम्मत सिंह से मिलकर बना है। यह रायबरेली से सुलतानपुर जाने वाली सड़क पर सुलतानपुर से लगभग 18 मील की दूरी पर, $26^0$9' उत्तरी अक्षांश और $81^0$49' पूर्वी देशांतर पर स्थित है। अवध और रुहेलखंड रेलवे का यहाँ एक स्टेशन है, जिसे अमेठी के नाम से जाना जाता है, लेकिन दिलचस्प बात यह है कि अमेठी नाम का कोई स्थान कभी अस्तित्व में नहीं रहा है। रायपुर अमेठी के राजा का है, जो दो मील दूर रामनगर में रहता है, लेकिन उसके पूर्वज रायपुर-फुलवाड़ी में रहते थे, जहाँ उनके किले के अवशेष अभी भी दिखाई देते हैं। शहर के एक हिस्से को आज तक तोपखाना के नाम से जाना जाता है। रायपुर में तहसील भवन के अलावा एक स्कूल, एक पुलिस थाना, एक तालाब और एक औषधालय है। 1901 में इसकी कुल जनसंख्या 3,688 थी, जिसमें पिछले दस वर्षों में बड़ी वृद्धि हुई है। इसका श्रेय 1899 में रेलवे लाइन की शुरुआत के परिणामस्वरूप इस जगह के विकास को जाता है। इस रेलवे लाइन का शहर के व्यापार पर सबसे अच्छा प्रभाव पड़ा है। 1897 में बंदोबस्त अधिकारी ने लिखा है : ''रायपुर छोटे-छोटे महत्वहीन बस्तियों का एक संग्रह है, जिसमें सकारात्मक रूप से व्यापार का कोई प्रयास नहीं किया गया है''–चीजों की ऐसी स्थिति है जो पहले से ही प्राचीन इतिहास बन चुकी है। इसकी कुल जनसंख्या में से 1,127 मुसलमान हैं, जो जिले के इस हिस्से के लिए एक बड़ा अनुपात है। हिंदुओं में अहीर, कुर्मी और बनिया प्रमुख हैं। यहाँ 1900 में ग्राम स्वच्छता अधिनियम लागू किया गया था। यहाँ से सुलतानपुर के लिए प्रतिदिन किराए के वाहन और ऊंट गाड़ी चलती हैं।

रामनगर

रामनगर, या यों कहें कि जंगल रामनगर, जैसा कि आधिकारिक तौर पर कहा जाता है, रायपुर से मुसाफिरखाना की ओर जाने वाली सड़क पर स्थित है, जो रायपुर से उत्तर में दो मील की दूरी पर और सुलतानपुर से 20 मील की दूरी पर $26^0$11' उत्तरी अक्षांश और $81^0$49' पूर्वी देशांतर पर स्थित है। इस सड़क को अमेठी के राजा द्वारा रायपुर से मुंशीगंज तक पक्का करवाया गया था, यह सड़क रामनगर से दो मील उत्तर में, धमौर से गौरीगंज जाने वाली सड़क से मिलती है। गौरीगंज में राजा रहता है, जो बंधलगोती

कबीले का मुखिया है, उसका महल जिले का सबसे बड़ा मकान है। रामनगर का गाँव एक बड़े क्षेत्र में फैला हुआ है, जिसमें लगभग 2,000 एकड़ का इलाका शामिल है, जो जिले का एकमात्र वास्तविक जंगल है, जो गाँव से पश्चिम की ओर फैला हुआ है। यह स्थान अपने आप में गंदे गड्ढों से घिरा हुआ है। शहर में एक एंग्लो-वर्नाक्यूलर स्कूल है, जिसे राजा द्वारा विक्टोरिया मेमोरियल के रूप में बनाया गया था और 1901 में खोला गया था। यहाँ मिडिल स्तर तक की पढ़ाई होती है, और यह जिला मुख्यालय के अलावा जिले में एकमात्र स्कूल है, जिसमें अंग्रेजी पढ़ाई जाती है। यहाँ की जनसंख्या में मुख्य रूप से राजा के महल से जुड़े लोग हैं, और इनकी संख्या 2,652 है, जिनमें से 378 मुसलमान हैं। हाल ही में यहाँ एक ग्रामीण बैंक शुरू किया गया है।

सत्थिन

यह एक पुराना लेकिन अब अत्यधिक जीर्ण-शीर्ण शहर है, जो गोमती के दाहिने किनारे पर, $26^0$31' उत्तरी अक्षांश और $81^0$12' पूर्वी देशांतर पर स्थित है। यह माना जाता है कि इसे पहले भरों द्वारा स्थापित किया था, और यह शहर एक टीले पर स्थित है, जो एक पुराने गाँव के खंडहरों से बना है। बाजार शुक्ल से यहाँ एक सड़क आती है, लेकिन साथिन की समृद्धि के दिनों में व्यापार नदी मार्ग से होता था। इस स्थान का व्यापार अब अतीत की बात है, और यह शहर अपनी प्राचीनता के कारण ही उल्लेखनीय है। जनसंख्या मुख्य रूप से मुसलमानों की है, और इनकी संख्या 1,743 है, जो कुल मिलाकर पिछले तीस वर्षों में 500 की कमी दर्शाती है। सत्थिन कुछ सदियों पहले एक काजी शहाबुद्दीन को दिया गया था। यह अकबर के समय में एक महाल था, जब इसे सातनपुर के नाम से जाना जाता था, यह संभवतः शहाबुद्दीनपुर का संक्षिप्त नाम था। यह 1750 ई. तक एक सरकारी अधिकारी की सीट बनी रही। 1849 में स्थापित एक छोटा बाजार है, जिसमें सप्ताह में दो बार बाजार लगते हैं। सत्थिन लंबे समय से जिले के सबसे प्रभावशाली मुसलमानों में से एक, फकीर शाह अब्दुल लतीफ का निवास स्थान रहा है।

थौरी

यह लगभग 350 हिंदू भाले सुलतानों के स्वामित्व में एक बड़ी भैयाचारा जमींदारी है। यह $26^0$28' उत्तरी अक्षांश और $81^0$45' पूर्वी देशांतर पर, गोमती के दक्षिणी किनारे के पास, फ़ैज़ाबाद से रायबरेली जाने वाली सड़क के दक्षिण में थोड़ी दूरी पर स्थित है। यह सड़क अमघाट में लकड़ी के पुल से नदी को पार करती है। सुलतानपुर से दूरी 29 मील है, एक छोटी शाखा सड़क लखनऊ-जौनपुर सड़क से जुड़ने के लिए गाँव के बीच से दक्षिण की ओर जाती है। यह एक सुनसान दिखने वाला गाँव है, जिसमें तेरह घर हैं। इसका आधा भाग तराई का है, जो उत्कृष्ट गुणवत्ता का है, लेकिन भारी बाढ़ के समय

काफी नुकसान होता है। दक्षिण में उच्च समतल भूमि और अच्छी भूमि का इलाका है। सड़क के पश्चिम में एक बड़ा दलदल है जिसका कुछ हिस्सा कचनाओं गाँव के अंतर्गत आता है। गाँव में चार 'ठोक' और नौ लंबरदार हैं, जिनमें प्रमुख बाबू सरबदावन सिंह हैं, जो कटारी राजा के ससुर और कचनाओं के पट्टेदार हैं। वह एक प्रसिद्ध साहूकार हैं, और संपन्न हैं। जमींदार तराई और ऊंची जमीन के बीच ढलान पर बने अच्छे घरों में रहते हैं। जनसंख्या 2,760 है, जिनमें से 173 को छोड़कर सभी हिंदू हैं। 1899 में यहाँ एक सहायता प्राप्त स्कूल खोला गया था, लेकिन यह दो साल तक किसी प्रकार चलता रहा, और फिर बंद हो गया।

फुरतगंज

यह अवध और रुहेलखंड रेलवे की मुख्य लाइन पर एक रेलवे स्टेशन सहित महत्वपूर्ण बाजार है, जो रायबरेली से सुलतानपुर जाने वाली सड़क पर, रायबरेली से पश्चिम में बारह मील की दूरी पर और जायस से पूर्व में नौ मील की दूरी पर, 26⁰15' उत्तरी अक्षांश और 81⁰25' पूर्वी देशांतर पर स्थित है। यहाँ से एक शाखा सड़क दक्षिण-पूर्व में मऊ को जाती है। रेलवे लाइन के कारण यहाँ के बाज़ार का महत्व बढ़ गया है, और अब तहसील के दक्षिणी हिस्से से एक बड़ा निर्यात व्यापार होता है। जिस मालगुजारी मौजा में यह बाजार स्थित है उसे ब्राह्मणि के नाम से जाना जाता है और तिलोई के कन्हपुरिया राजा का तालुकेदारी गाँव है। इसका क्षेत्रफल 1,381 एकड़ है और मालगुजारी 2,200 रुपये निर्धारित की गई है। 1901 में इसकी जनसंख्या 1,690 थी, जिनमें से 81 मुसलमान थे। हिंदुओं में अहीर और बनिया बड़ी संख्या में हैं। यहाँ एक डाकघर है और कोर्ट ऑफ वार्ड द्वारा संचालित एक छोटा स्कूल है। यहाँ प्रत्येक सप्ताह रविवार और गुरुवार को बाजार लगता है।

जायस

यह प्रसिद्ध पुराना मुस्लिम शहर परगना के उत्तर-पूर्व में रायबरेली से सुलतानपुर जाने वाली पक्की सड़क के उत्तर में, रायबरेली से 20 मील की दूरी पर, सुलतानपुर से 36 मील की दूरी पर और सलोन से 16 मील की दूरी पर 26⁰16' उत्तरी अक्षांश और 81⁰33' पूर्वी देशांतर पर स्थित है। मुख्य सड़क के दक्षिण में अवध और रुहलखंड रेलवे लाइन निकलती है, जिसका एक स्टेशन शहर के पश्चिम में लगभग डेढ़ मील की दूरी पर है। शाखा सड़कें जायस से दक्षिण में नसीराबाद और सलोन के लिए, उत्तर-पूर्व में जगदीशपुर के लिए और उत्तर में इनहौना के लिए जाती हैं। 1869 की पहली जनगणना के समय शहर की आबादी 11,317 थी, और 1901 में बढ़कर 12,688 हो गई थी, जिनमें से 7,161 हिंदू, 5,502 मुसलमान और 25 जैन थे।

जायस आसपास के मैदानी भाग से ऊंचाई पर स्थित है और सबसे सुरम्य स्थान है; शहर की जलनिकास व्यवस्था बहुत अच्छी है, लेकिन सड़कें खराब और संकरी हैं। इस पर 1856 के अधिनियम XX को लागू करने का कई बार प्रस्ताव किया गया, लेकिन निवासियों की गरीबी को ध्यान में रखते इसे छोड़ दिया गया। शहर की भूमि का क्षेत्रफल 6118 एकड़ है और यह 20 महाल में विभाजित है, तथा सैयद, शेख और कायस्थ के सहदायिकी समुदायों के स्वामित्व में है। कुल मालगुजारी 8,308 रुपये है।

शहर में एक औषधालय, डाकघर, निरीक्षण बंगला, मवेशी-खाना और एक अच्छा मिडिल स्कूल है। चार बाजार हैं, जिनमें शामिल हैं—पुराना बाजार; मुंशीगंज, जिसे 1884 में लखनऊ रेजीडेंट के सरिश्तादार मुंशी गुलाम हसन द्वारा बनवाया गया था; गफूरगंज, जिसे शेखाना के एक लंबरदार अब्दुल गफूर द्वारा बनवाया गया था; और काज़िमगंज, जिसे काज़िम हुसैन द्वारा 1876 में बनवाया गया था। यहाँ मुख्य रूप से मक्का, तंबाकू, सूती कपड़े और मलमल का व्यापार होता है। कई वर्षों तक मलमल के विनिर्माण के कारण जायस एक प्रतिष्ठित बाजार बन गया था, जैसा कि अध्याय दो में उल्लेख है, लेकिन वर्तमान समय में उत्पादन बहुत कम है।

कहा जाता है कि यह स्थान मूल रूप से भर का किला था, जिसे उदियानगर या उजलिकानगर के नाम से जाना जाता है और जिन टीलों पर शहर बसाया गया है, वे प्राचीन शहर के अवशेषों से बने हैं। यह कहावत है कि इसका अनियमित रूप इसके राजा की मौज-मस्ती के कारण है, जो लगातार बार-बार नशे की लत में किले को ऊंचा करने के पागलपन का शिकार था। गजनी के महमूद के समय में, जब सैयद सालार मसूद ने इस इलाके में प्रवेश किया, तो उसने सैय्यद इमाम-उद्-दीन खिलजी को उदियानगर को अपने अधीन करने के लिए भेजा। उसने भरों को निष्कासित कर दिया, लेकिन उसकी जान चली गई, और यहाँ शहर के नीचे उसका मकबरा बना है। उसके कई अनुयायियों की बड़े आकार की कब्रें भी दिखाई देती हैं। कुतुबुद्दीन गाजी की कब्र पूरी नौ गज लंबी है। उन दिनों से उदियानगर पर मुसलमानों का कब्जा था, और इसे जायस कहा जाता था, जो शायद फारसी 'जायस' का एक भ्रष्टाचार शिविर था, हालांकि अन्य काल्पनिक व्युत्पत्तियों का सुझाव भी दिया गया है। जामी मस्जिद शहर की प्रमुख स्थापत्य संरचना है। इसे एक पुराने हिंदू मंदिर की सामग्री के साथ खंडहरों पर बनाया गया है, और शायद मुसलमान विजय के समय बनवाया गया था, हालांकि जौनपुर के इब्राहिम शाह द्वारा इसका पुनरुद्धार किया गया था। इसके पास में ही शेख अब्दुल करीम की मस्जिद है, जिसे 1085 हिजरी में बनाया गया था, जैसा कि एक फारसी शिलालेख में उल्लेख है। सैयद मखदूम अशरफ जहाँगीर का एक इमामबाड़ा भी है, जिसका मकबरा फैजाबाद जिले के किछौछा में है, वह इस स्थान पर चालीस दिनों तक एक कोठरी में बंद रहा। ज़ी-उल-हिज्जा के पहले नौ दिनों के दौरान यहाँ सालाना एक मेला आयोजित किया जाता है, यहाँ ऐसे लोगों को लाया जाता है जो भूत-प्रेतों से पीड़ित माने जाते हैं। यहाँ

सादिक अली शाह, कुमेदान द्वारा 1211 हिजरी में 12,500 रु. की लागत से निर्मित एक और इमामबाड़ा है। यह एक सुन्दर इमारत है जोकि कुरान की आयतों से अलंकृत है। जो छत और दीवारों पर बड़े अक्षरों में उत्कीर्ण हैं। इस शहर के प्रसिद्ध लोगों में मलिक मुहम्मद जायसी का उल्लेख किया जा सकता है, जिन्होंने शेरशाह के शासनकाल के दौरान स्थानीय भाषा में 'पद्मावत' की रचना की थी। वह मखदूम अशरफ के शिष्य थे। दूसरे, जौनपुर के इब्राहिम शाह के मंत्री ख्वाजा सुलतान थे, जिनके वंशज अब्दुल गफूर थे, जिन्होंने लगभग पच्चीस साल पहले बाजार और कच्ची सराय का निर्माण करवाया था। अन्य प्रसिद्ध लोगों में दक्कन के सूबेदार शेख अब्दुल करीम; बहादुरशाह के शिक्षक सैय्यद अब्दुल कादिर; और मुहम्मदशाह के शासनकाल के दौरान सदर-उस-सदुर, सैयद अजमत-उल्लाह थे। मौलवी वासिल अली खान इलाहाबाद में क़ाज़ी-उल-कुज्जत थे; उनके वंशज अब मिर्जापुर के पास रहते हैं। ऐसा प्रतीत होता है कि जयसवार शब्द इस शहर के नाम के आधार पर बना है, जो अक्सर कई निम्न और मध्यम वर्ग की जातियों के सबडिवीजन पर लागू होता है, जैसे कि कनौजिया और अयोध्याबासी शब्द बने हैं।

तिलोई

यह महान कन्हपुरिया जमींदारी का मूल गाँव है। यह मोहनगंज के निकट, जायस से इनहौना जाने वाली सड़क के पश्चिम में और रायबरेली से फैजाबाद जाने वाली सड़क के उत्तर में $26^0$23' उत्तरी अक्षांश और $81^0$29' पूर्वी देशांतर पर स्थित है। इसमें एक प्राथमिक विद्यालय है, लेकिन तालुकेदार के घर को छोड़कर कुछ भी महत्व का नहीं है। 1901 में गाँव की जनसंख्या 2,768 थी, जिनमें से 359 मुसलमान थे। यहाँ कई बनिया हैं और बाजार काफी महत्व का है। सप्ताह में दो दिन, रविवार और बुधवार को बाजार लगता है। गाँव का क्षेत्रफल 1,366 एकड़ है और यह तालुकेदार के अंतर्गत आता है; इसकी मालगुजारी 1,650 रुपये निर्धारित की गई है।

इस प्रकार ब्रिटिशकालीन अमेठी जनपद के कुछ गाँवों व कस्बों की स्थिति का एक आभास होता है।

प्रेस पर पहरा

ब्रिटिशकाल में अंग्रेज़ी सरकार ने प्रेस पर पहरा बैठा दिया था, ब्रिटिश हुकूमत ने जनता के बीच विद्रोह को रोकने के लिए प्रेस पर प्रतिबंध को एक माध्यम बना लिया था। जन भावनाओं को कुंद करने के लिए प्रकाशित होने वाले समाचार-पत्र व पत्रिकाओं पर कड़ी नजर रखी जा रही थी। यदि किसी प्रकार की कोई प्रकाशित सामग्री अंग्रेजों के खिलाफ़ लगती थी तो वे उसे जब्त कर लिया करते थे। इसके साथ ही वे प्रकाशक-मुद्रक व लेखक पर मुकदमे भी दर्ज किया करते थे। आज भारत की हर भाषा में इस प्रकार का जब्तशुदा साहित्य मौजूद है। उस समय पर आज की भांति कोई संचार माध्यम नहीं हुआ करते थे, केवल सीमित मात्रा में समाचार-पत्र वह छोटी-छोटी पुस्तिकाएं हुआ करती थीं इनके माध्यम से लोग अपनी बात कहते थे। लेकिन इनका इतना अधिक प्रभाव होता था कि एक समाचार-पत्र अथवा पुस्तिका दर्जनों लोग पढ़ लिया करते थे। इसी प्रकार गाँधीजी और अन्य क्रांतिकारियों के विचार जनमानस तक प्रचारित व प्रसारित होते रहते थे जिनका कि आम जनता के मन पर गहरा प्रभाव पड़ता था और वे भी देश सेवा हेतु प्रेरित हुआ करते थे। अमेठी जनपद अवध क्षेत्र में था, वहाँ पर भी लाहौर से प्रकाशित होने वाले समाचार-पत्र वंदेमातरम् को जब्त करने और पुलिस द्वारा कार्रवाई करने

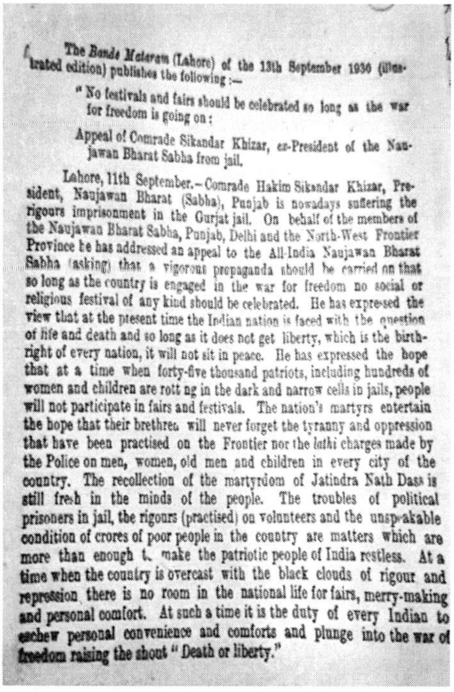

The *Bande Mataram* (Lahore) of the 13th September 1930 (illustrated edition) publishes the following:—

"No festivals and fairs should be celebrated so long as the war for freedom is going on:

Appeal of Comrade Sikandar Khizar, ex-President of the Naujawan Bharat Sabha from jail.

Lahore, 11th September.—Comrade Hakim Sikandar Khizar, President, Naujawan Bharat (Sabha), Punjab is nowadays suffering the rigours imprisonment in the Gurjat jail. On behalf of the members of the Naujawan Bharat Sabha, Punjab, Delhi and the North-West Frontier Province he has addressed an appeal to the All-India Naujawan Bharat Sabha (asking) that a vigorous propaganda should be carried on that so long as the country is engaged in the war for freedom no social or religious festival of any kind should be celebrated. He has expressed the view that at the present time the Indian nation is faced with the question of life and death and so long as it does not get liberty, which is the birthright of every nation, it will not sit in peace. He has expressed the hope that at a time when forty-five thousand patriots, including hundreds of women and children are rotting in the dark and narrow cells in jails, people will not participate in fairs and festivals. The nation's martyrs entertain the hope that their brethren will never forget the tyranny and oppression that have been practised on the Frontier nor the *lathi* charges made by the Police on men, women, old men and children in every city of the country. The recollection of the martyrdom of Jatindra Nath Dass is still fresh in the minds of the people. The troubles of political prisoners in jail, the rigours (practised) on volunteers and the unspeakable condition of crores of poor people in the country are matters which are more than enough to make the patriotic people of India restless. At a time when the country is overcast with the black clouds of rigour and repression there is no room in the national life for fairs, merry-making and personal comfort. At such a time it is the duty of every Indian to eschew personal convenience and comforts and plunge into the war of freedom raising the shout "Death or liberty."

(13 सितंबर 1930 का वंदे मारतम्, लाहौर, सचित्र संस्करण)

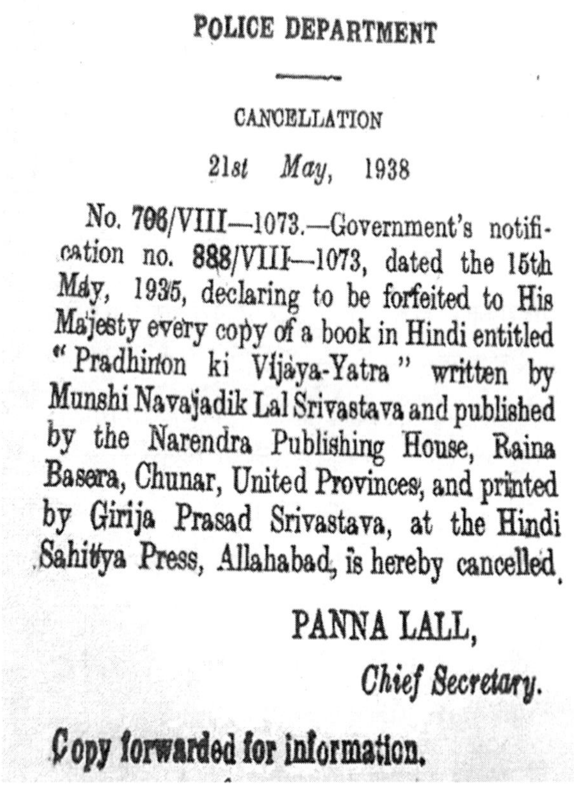

POLICE DEPARTMENT

CANCELLATION

21st May, 1938

No. 706/VIII—1073.—Government's notification no. 888/VIII—1073, dated the 15th May, 1935, declaring to be forfeited to His Majesty every copy of a book in Hindi entitled "Pradhirion ki Vijaya-Yatra" written by Munshi Navajadik Lal Srivastava and published by the Narendra Publishing House, Raina Basera, Chunar, United Provinces, and printed by Girija Prasad Srivastava, at the Hindi Sahitya Press, Allahabad, is hereby cancelled.

PANNA LALL,

Chief Secretary.

Copy forwarded for information.

के आदेश आए हुए थे। लाहौर से अमेठी बहुत दूर है फिर भी अंग्रेजी सरकार इतनी सतर्क थी कि उसने अवध क्षेत्र में भी प्रतिबंधित किया था। उसमें जो छपा था, वह निम्नलिखित है—

"जब तक स्वतंत्रता की लड़ाई जारी है तब तक किसी भी त्यौहार और मेले का आयोजन न किया जाए। नौजवान भारत सभा के पूर्व अध्यक्ष कॉमरेड सिकंदर खिजार की जेल से की गई अपील—

11 सितंबर, लाहौर : नौजवान भारत सभा पंजाब के अध्यक्ष कॉमरेड हकीम सिकंदर खिजार जो इस समय गुजरात जेल में बॉमशक्क़त क़ैद की सज़ा काट रहे हैं, ने पंजाब, दिल्ली और नॉर्थ वेस्ट फ्रंटियर प्रॉविंस के नौजवान भारत सभा के सदस्यों की ओर से अखिल भारतीय नौजवान भारत सभा से एक अपील की है कि जब तक देश में स्वतंत्रता संग्राम छिड़ा है तब तक इस बात को खूब प्रचारित किया जाए कि देश में किसी तरह का कोई त्यौहार या मेला नहीं मनाया जाएगा। उन्होंने अपील में कहा है कि इस समय हमारे सामने ज़िन्दगी और मौत का सवाल है और जब तक हमें आजादी नहीं मिल जाती, जो प्रत्येक देशवासी का जन्मसिद्ध अधिकार है, वह चैन से नहीं बैठेंगे। उन्होंने आशा व्यक्त की कि इस समय जबकि देश में 45 हज़ार से अधिक देशभक्त, जिनमें से सैकड़ों महिलाएं और बच्चे हैं, अंधेरी काल कोठरी में कैद हैं, जनसाधारण मेला और त्योहारों में भाग नहीं लेगा। देश के शहीदों के अंदर यह आशा जरूर होगी कि उनके भाई-बंधु उस अत्याचार और जुल्म को कभी नहीं भूलेंगे जो पुलिस द्वारा न केवल फ्रंटियर प्रॉविंस के बड़े-बूढ़ों, महिलाओं और बच्चों पर, बल्कि देश के सभी शहरों के लोगों पर ढाया गया है। शहीद जतिंद्रनाथ दास की शहादत को अभी तक लोग भूले नहीं हैं।

जेल में कैद राजनीतिक बंदियों पर जुल्म, स्वयं सेवकों पर किए जा रहे घोर अत्याचार और देश के करोड़ों लोगों की अकथनीय दुर्दशा हमारे देश के देशभक्तों के अंदर उबाल लाने के लिए काफी है। आज जब भारत पर जुल्म और अत्याचार के काले बादल छाए हैं, ऐसे में व्यक्तिगत सुख-सुविधा ऐशो-आराम और उत्सवों के लिए कोई गुंजाइश नहीं है। इस समय प्रत्येक भारतीय का कर्तव्य है कि वह व्यक्तिगत सुविधा को तिलांजलि देकर स्वतंत्रता संग्राम में कूद पड़े और यह नारा बुलंद करे–मौत या फिर आजादी।

आंदोलनकारी इसी प्रकार राष्ट्रभक्ति की अपील किया करते थे, आम जनमानस में अंग्रेजों के खिलाफ़ एक वातावरण निर्मित करते थे। पुलिस इनको पकड़कर कार्रवाई करती थी। इसी प्रकार इलाहाबाद से मुद्रित वह नरेंद्र पब्लिशिंग हाउस, लखनऊ से प्रकाशित पुस्तक 'पराधीनों की विजय यात्रा' के प्रकाशन को भी जब्त कर उस पर पुलिस की कड़ी कार्रवाई की गई, साथ ही प्रेस का लाइसेंस भी रद्द किया गया। पुलिस विभाग का पत्र निम्नलिखित है–

पुलिस विभाग

रद्दीकरण

21 मई, 1938

संख्या 706 / 8 -10 73 ;15 मई 1935 की सरकारी अधिसूचना संख्या 888/8-1073, जिसमें मुंशी नवाजादिक लाल श्रीवास्तव द्वारा लिखित तथा नरेंद्र पब्लिशिंग हाउस रैन बसेरा चुनार, यूनाइटेड प्रोविंस द्वारा प्रकाशित तथा हिंदी साहित्य प्रेस इलाहाबाद द्वारा मुद्रित पुस्तक 'पराधीनों की विजय यात्रा' की प्रत्येक प्रति को ज़ब्त करने का आदेश हुआ था, निरस्त किया जाता है।

पन्नालाल

मुख्य सचिव

सूचनार्थ प्रति प्रेषित

अमेठी जनपद के तत्कालीन जनपद सुलतानपुर में 'उत्तम भजनावली' नाम से पुस्तिका प्रकाशित हुई थी जिसे अंग्रेजों ने जब्त करके मुकदमा चलाया। पुलिस द्वारा जारी नोटिस के उत्तर में जो पत्र बजरंग प्रेस ने दाखिल किया है वह अपने आप में स्पष्ट कर देता है कि अंग्रेज पूरे प्रकाशन जगत पर कड़ी निगाह रखते थे और कुछ भी उनके विरुद्ध मिलने पर कड़ी कार्रवाई करते थे। निम्न पत्र में बजरंग प्रेस की ओर से यह कहा जा रहा है कि उन्हें क्षमा किया जाए, वे अंग्रेजी सरकार के निष्ठावान हैं। इस बजरंग प्रेस के पत्र को पढ़ कर स्थिति स्पष्ट हो जाती है–

सेवा में ,
डिप्टी कमिश्नर, सुलतानपुर
माननीय महोदय,

आपकी 22 दिसंबर 1930 की कारण बताओ नोटिस का अनुपालन करते हुए, जिसमें यह कहा गया है कि क्यों न प्रेस एक्ट की धारा 60 के अंतर्गत याचिकाकर्ता पर मुकदमा चलाया जाए, क्योंकि याचिकाकर्ता ने बजरंग प्रेस, सुलतानपुर से प्रकाशित 'उत्तम भजनावली' की प्रति प्रस्तुत नहीं की है, याचिकाकर्ता इस संबंध में निम्नलिखित निवेदन करना चाहता है –

''यह कि बजरंग प्रेस इस याचिकाकर्ता द्वारा शुरू की गई थी जो इलाहाबाद स्थित मॉडर्न हाई स्कूल में सेकंड मास्टर के पद पर विगत 19 वर्षों से कार्यरत है। याचिकाकर्ता ब्रिटिश सरकार का निष्ठावान समर्थक है और इसी कारण उपरोक्त प्रेस को सरकारी संस्थाओं और कार्यालयों का विशेष संरक्षण प्राप्त होता रहा है। इन 10 वर्षों के दौरान इस प्रेस की ख्याति सरकार की समर्थक प्रेस के रूप में रही है और याचिकाकर्ता की कर्मचारियों पर कड़ी निगाह के चलते आज तक सरकार को न तो याचिकाकर्ता के व्यवहार के विरुद्ध शिकायत करने का कोई मौका मिला है और न ही प्रेस ऐक्ट के प्रावधानों का उल्लंघन करने अथवा उन राजनीतिक संस्थाओं जो अपने क्षुद्र स्वार्थ के लिए सरकार के विरुद्ध लड़ रही हैं, का कार्य करने के विरुद्ध कोई शिकायत प्राप्त हुई है।

2. यह कि बजरंग प्रेस सुलतानपुर, इलाहाबाद में 1928 में स्थापित प्रेस की एक शाखा है और यह कि याचिकाकर्ता का स्थाई निवास इलाहाबाद है। इसलिए वह सुलतानपुर स्थित बजरंग प्रेस पर उतनी कड़ी निगरानी रखने में असमर्थ रहा जितनी कड़ी निगरानी इलाहाबाद में रखता है। याचिकाकर्ता सुलतानपुर स्थित प्रेस के प्रबंधन और सुचारू संचालन के लिए अक्सर सुलतानपुर आता रहता है।

3. 'उत्तम भजनावली', सुलतानपुर के याचिकाकर्ता, महादेव प्रसाद द्वारा चयनित कविताएँ हैं, जिन्होंने सुलतानपुर में मुद्रणालय को 2500 प्रतियों के मुद्रण का ऑर्डर दिया था। मुद्रणालय में मुद्रण के लिए आने से पूर्व सरकार ने उनमें चयनित भजनों को वर्जित नहीं किया था। यदि उन्हें वर्जित किया गया होता तो मुद्रणालय के कर्मचारियों को मेरे द्वारा दिए गए सख्त निर्देश के अनुसार मुद्रणालय इसका ऑर्डर नही लेता। याचिकाकर्ता आपको आदरपूर्वक आश्वस्त करने के लिए विनम्र निवेदन करता है कि उक्त पुस्तक की एक प्रति कर्मचारियों द्वारा प्रेस अधिनियम की धारा 9 के तहत आपके समक्ष प्रस्तुत करने के लिए रखी गयी थी, परन्तु कर्मचारियों की लापरवाही और अनुभवहीनता के

कारण इसे समय से आपके समक्ष प्रस्तुत नहीं किया जा सका। दुर्भाग्यवश उस अवधि के दौरान मैं सुलतानपुर का कोई दौरा नहीं कर सका क्योंकि याचिकाकर्ता शारीरिक रूप से अक्षम था अन्यथा स्वाभाविक रूप से मैंने इसकी जाँच की होती और नियमानुसार एक प्रति आपके समक्ष प्रस्तुत की होती।

4. याचिकाकर्ता विनम्रतापूर्वक अनुरोध करता है कि यह पहली बार है जब कर्मचारियों की लापरवाही के कारण ऐसी अनियमितता हुई है और आशा करता हूँ कि आप इसके लिए याचिकाकर्ता को क्षमा करेंगे। याचिकाकर्ता आपको आश्वस्त करना चाहता है कि भविष्य में इस प्रकार की अनियमितता नहीं होगी क्योंकि याचिकाकर्ता इस मुद्रणालय के प्रबंधन पर ज्यादा सख्त निगरानी रखेगा।

5. इस संबंध में यह उल्लेख करना अनुपयुक्त नहीं होगा कि सुलतानपुर में आयोजित अंतिम प्रदर्शनी में इस मुद्रणालय ने सरकार को बहुमूल्य सेवा प्रदान की है, जिसमे स्वर्गीय उप आयुक्त महोदय ने मैडल और योग्यता प्रमाणपत्र दिया था। याचिकाकर्ता को सरकारी अधिकारियों के निर्देशों के क्रियान्वयन में बेहद खुशी होती है और उस वक़्त यथासंभव उन्हें संतुष्ट करने की कोशिश करता है।

ये चंद उदाहरण हैं कि किस प्रकार ब्रिटिश सरकार अपने चंगुल में पूरे प्रेस को कस के रखती थी। अमेठी जनपद, सुलतानपुर व रायबरेली को मिलाकर बनने के कारण दोनों जिलों के मुख्यालयों पर होने वाली घटनाओं का सीधा प्रभाव पूरे जिले पर पड़ता था जो आज का जनपद अमेठी है। इसलिए हम अमेठी जनपद में इन घटनाओं का वर्णन कर रहे हैं क्योंकि तमाम अमेठी के जनपदवासी दैनिक कार्यों के लिए इन जनपद के मुख्यालयों में जाया करते थे और आंदोलन में भाग भी लिया करते थे। आज की भौगोलिक स्थिति भले ही बदल गई हो लेकिन ये सारी घटनाएं इस पूरे क्षेत्र को प्रभावित करती थीं।

इसी प्रकार अमेठी जनपद में किसान आंदोलन के समय फुरसतगंज गोलीकांड होने के बाद, अगले दिन रायबरेली में मुंशीगंज गोली कांड घटित हो गया था। इसलिए फुरसतगंज गोलीकांड अधिक चर्चा में नहीं आ सका, जबकि यह भी बहुत महत्वपूर्ण क्रांतिकारी घटना थी। गणेश शंकर विद्यार्थी के 'प्रताप' अख़बार में लिखे लेख के कारण ही मुंशीगंज गोलीकांड भी सबके सामने आ सका था। 'प्रताप' अख़बार पर बहुत लंबा मुक़दमा चला था, जिसके कारण विद्यार्थी को सजा भी सुनाई गई थी। इस प्रकार अंग्रेज़ी सरकार ने प्रेस पर पहरा बैठा रखा था, ताकि उनके दमन की कहानियाँ सार्वजनिक न हों और कोई विद्रोह अथवा आंदोलन की स्थिति उत्पन्न न हो।

जुबां पर पहरा

जनपद की स्वाधीनता संग्राम की फाईलों को खंगालते समय मुझे सीता राम नाम के क्रांतिकारी की फाइल मिली। प्राप्त दस्तावेजों में यह स्पष्ट नहीं हो पाया कि सीता राम कहाँ के रहने वाले थे, उन्होंने भाषण रायबरेली में दिया था और उन पर मुकदमा भी रायबरेली में हुआ था। मैंने रायबरेली के क्रांतिकारियों की सूची देखी। साथ ही कुछ लोगों से पता किया लेकिन सभी ने उनके प्रति जानकारी होने से मना किया। अमेठी जनपद के मुख्यालय गौरीगंज में ब्लॉक कार्यालय में जो स्वाधीनता संग्राम सेनानियों का शिलापट्ट लगा है, उसमें सीता राम का नाम दर्ज है। मेरा मानना है यह क्रांतिकारी सभी आसपास के क्षेत्रों में जाया करते थे और आंदोलन की सभाओं में भाग लेते थे। मेरे पास वह दस्तावेज नहीं है, जो प्रमाणित करे कि यह वही सीता राम हैं जिनका नाम गौरीगंज ब्लॉक कार्यालय में शिलापट्ट पर दर्ज है। हम उन्हें ही मानकर पुलिस आदेश और उनके भाषण का अंश प्रस्तुत कर रहे हैं, जिससे आप यह अंदाजा लगा सकते हैं कि आजादी की लड़ाई के समय क्रांतिकारियों की मनोदशा क्या थी और सरकार का क्या व्यवहार था? साथ ही क्रांतिकारियों पर गांधी जी का प्रभाव भी रेखाँकित होता है। यह पूरी कार्यवाही अंग्रेज़ी में थी, इन दस्तावेज़ों का हिंदी अनुवाद हमारे मित्र व केंद्रीय अनुवाद ब्यूरो के पूर्व निदेशक श्री विनोद संदलेश ने किया है।

लखनऊ : 1 नवंबर, 1920

मेरे प्रिय कीन,

रायबरेली में बहुत से यायावर (भ्रमणशील) प्रचारक हैं। पुलिस सार में सीता राम और श्री निवास के भाषणों का उल्लेख किया गया था। मुझे लगता है कि सीता राम पर मुकदमा चलाना जरूरी होगा क्योंकि रायबरेली के कई गाँवों में ऐसे यायावर प्रचारकों की संख्या बढ़ रही है और वे कई गाँवों में घूम रहे हैं। मैं इस बात को साबित करने के लिए उपायुक्त द्वारा दिए गए भाषणों और उपलब्ध साक्ष्यों का लेखा-जोखा संलग्न कर रहा हूँ।

भवदीय,

सेवा में,

माननीय श्री एम. कीन, आईसीएस, मुख्य सचिव, उ.प्र. सरकार, कैंप

एम. मोहम्मद अब्दुस सामी, खान बहादुर, डिप्टी कमिश्नर, रायबरेली द्वारा एल.एम. जोपलिंग, साहब, आईसीएस, आयुक्त, लखनऊ मंडल का दिनांक 21 अक्तूबर, 1920 को लिखा गया डी.ओ. नं. 71 से उद्धृत।

कृपया आप अपने डीओ दिनांक 13 अक्तूबर को सीता राम द्वारा दिए गए भाषण का संदर्भ लें। कोतवाल ने भाषण को प्रमाणित करने के लिए निम्नलिखित गवाहों के नाम दिए हैं–

1. शेखावत हुसैन खान, कोतवाल
2. सलीक राम (शालिग्राम), द्वितीय अधिकारी
3. मोहम्मद एहसान, हेड कांस्टेबल
4. रहमानिया स्कूल के मौलवी रसत हुसैन
5. बालगोविंद, इत्र बेचने वाला
6. चंदू मुल बयाह

नं. 1 ने सीता राम के भाषण को स्वयं लिखा है और नं. 2 से 5 सभा में उपस्थित थे।

सीता राम द्वारा दिए गए भाषण की प्रति

सीता राम ने सबसे पहले गौ-बलि को त्यागने के लिए मुसलमानों को धन्यवाद दिया, और इसके विषय में आगे यह कहा कि चाहे पूरी दुनिया के पेड़ों को कलम के रूप में इस्तेमाल किया जाए और ब्रह्मांड के महासागरों को स्याही में बदल दिया जाए और कागज के स्थान पर पृथ्वी की सतह का इस्तेमाल किया जाए, फिर भी जितना भी धन्यवाद किया जाए वह कम है। फिर उन्होंने कहा कि सरकार की नीति यह है कि उन गरीब लोगों से बेगार लिया जाता है जिनके पास शरीर ढकने के लिए कपड़े नहीं हैं और खाने के लिए रोटी नहीं है। बेगार, सम्मानित व्यक्तियों से उनकी गाड़ियों, घोड़ों और मोटरों के ऋण के रूप में लिया जाता है। युद्ध के दौरान हमसे वादा किया गया था कि हमें होमरूल दिया जाएगा। हमारे मुस्लिम भाइयों को उनके पाक स्थानों की सुरक्षा के आश्वासन के साथ वादा किया गया था कि तुर्की से एक इंच भी जमीन नहीं ली जाएगी। उन पर भरोसा करते हुए, हम हिंदुओं और मुसलमानों ने जान और माल से उनकी मदद की, यहाँ तक कि कुछ लोगों ने अपने इकलौते पुत्र को सरकार के सुपुर्द कर दिया। बेटे युद्ध

के मैदान में उतरे और शहीद हो गए। हमारे इस सहयोग के परिणामस्वरूप हमारी हिंदू और मुस्लिम सेनाओं ने युद्ध जीत लिया। पर सरकार ने दया और स्नेह के बदले में क्या किया, उल्टे हमारे सिर पर रौलेट एक्ट की तलवार लटक गई। सभी भारतीय सदस्यों ने इस अधिनियम का विरोध किया, लेकिन सरकार ने इसपर कोई ध्यान नहीं दिया।

इस अधिनियम को पढ़ते हुए महात्मा गांधी ने टिप्पणी की कि हम उस कानून के प्रावधानों को लागू करने के लिए तैयार नहीं हैं। इसी आधार पर पंजाब में कुछ सभाएं हुईं और नतीजा यह निकला कि जनरल डायर ने मासूम बच्चों, महिलाओं और निहत्थे लोगों को मशीनगन से उड़ा दिया और खून से लथपथ 'होली' खेली गई। साथ ही मासूम बच्चों और मासूम महिलाओं और बूढ़ों की जान बेरहमी से ली गयी—छात्रों को बिना किसी गलती के कोड़े मारे गए। महिलाओं को उनके माता, पिता और भाइयों की उपस्थिति में नग्न किया गया। कुछ के गुप्तांगों में लाठियां घुसाई गईं, तो कुछ का उनके घरों में बलात्कार किया गया। भाइयों, ऐसा कौन-सा अत्याचार है जो उन पर न किया गया हो? जीत के बाद जर्मनों के साथ एक शांति का अनुबंध किया गया था जो युद्ध के मूल कारण थे—उनकी जमीन का एक इंच भी नहीं लिया गया था, लेकिन गरीब तुर्की, जो युद्ध में बाद में शामिल हुए थे, उसका विभाजन किया और उसे हड़प गए, और मुसलमानों के सभी पाक स्थलों पर कब्जा कर लिया और तुर्की साम्राज्य को बर्बाद कर दिया गया। हिन्दुओं के साथ भारत के मुसलमानों ने भी गुहार लगाई, लेकिन उनकी ओर कोई ध्यान नहीं दिया गया। हम सरकार के सबसे वफादार और निष्ठावान प्रजा थे और हम उनके लिए अपने जीवन और संपत्ति का बलिदान करने के लिए हर समय तैयार थे। लेकिन हमें विश्वास हो गया है कि हमारी सेवाएं नकारात्मक परिणाम देती हैं। हमने तय किया कि दोनों समुदायों को सरकार से दूर रहना चाहिए। यह सभी हिंदू और मुसलमानों पर निर्भर है कि सभी वकील वकालत छोड़ दें, सभी मजिस्ट्रेटों को अपने कार्यों को त्याग देना चाहिए और सभी पुलिस अधिकारियों को इस्तीफा दे देना चाहिए। पुलिस अधिकारी निर्दोष व्यक्तियों का चालान करते हैं और मजिस्ट्रेट झूठे मामलों में उन्हें दोषी ठहराते हैं और हमारे भाई ही अपने भाइयों के खिलाफ झूठे सबूत देते हैं। यह कितनी क्रूरता है! और तुम परमेश्वर को अपना मुंह कैसे दिखाओगे? हमारे भाई खानबहादुर और रायबहादुर की उपाधि के लिए अपना सम्मान तक खो देते हैं और वे भी स्वेच्छा से अपने भाइयों का गला काटने से नहीं चूकते हैं। वे अपने भाइयों के विरुद्ध उच्च अधिकारियों से बुराइयां करते हैं। हमें इन सब छोटी मानसिकताओं से ऊपर उठना चाहिए, और हमें अपने भाइयों की मदद करने के लिए खुद को तैयार करना चाहिए। जो सेवा में नहीं हैं वे भूखे मर रहे हैं। तो कृपया विलासिता के जीवन को छोड़ दें और थोड़ी सी असुविधा सह लें जिससे भविष्य में आराम मिले। सबसे पहले विदेशों से आयातित सभी कपड़ों का उपयोग छोड़ दें। आप नहीं जानते होंगे कि भारत से निर्यात किया जाने वाला एक लाख रुपये का कच्चा कपास 45 लाख के बढ़े हुए मूल्य के साथ वापस लाया जाता है।

इसलिए आप संकल्प लें कि भविष्य में आप विदेशी वस्तुओं का प्रयोग नहीं करेंगे। इससे आपको थोड़ी परेशानी तो होगी, लेकिन यह आपके बच्चों को भविष्य में सुकून दिलाएगा। अगर आप मुश्किलों को नहीं सहेंगे तो आपको हमेशा के लिए गुलामी का जीवन जीना होगा। प्रकृति का नियम है कि दुख के बाद सुख और सुख के बाद दुख आता है जैसे दिन के बाद रात होती है। इसलिए हमें उस राजा के प्रति सहानुभूति नहीं रखनी चाहिए जो अपनी प्रजा के प्रति सहानुभूति नहीं रखता है। आपको अपने परिवारों के पिछले शौर्य का स्मरण रखना चाहिए। एक पुरानी कहानी है कि दो फकीर एक राजा के पास गए, राजा ने उनका अपने अतिथि के रूप में स्वागत किया, फकीर ने राजा से कहा कि वे तब तक अपना भोजन नहीं करेंगे जब तक कि उनका शेर भोजन न कर ले। राजा को जानकारी मिली कि शेर को इंसानी मांस खाने की आदत है। तत्पश्चात, राजा ने अपने वज़ीर को यह संदेश भेजा कि एक अपराधी जिसे अगले दिन फांसी दी जानी है, उसे लाया जाए, ताकि अतिथि फकीरों के शेर को उसका मांस खिलाया जा सके। फकीरों ने उत्तर दिया कि हमारा शेर दोषी व्यक्ति का मांस नहीं खाता है और यदि किसी निर्दोष व्यक्ति का मांस उपलब्ध होता तो शेर उसे खा लेता। इसलिए आप अपनी रैयत से किसी निर्दोष के मांस का प्रबंध करें जिससे शेर के लिए भोजन में मांस मिल सके। उसी समय राजा ने शेर के लिए अपना मांस देने का वादा किया। इसके बाद राजा उसी संकल्प के साथ अपने महल में गए कि अतिथि के शेर का मांस प्रदान करने के लिए वह अपनी जान दे देंगे और उन्होंने रानी से अपने दोषों को क्षमा करने के लिए कहा। उन्होंने कहा कि उनके जीवन का समय समाप्त हो गया है और उन्होंने पूरी कहानी रानी को बताई। रानी ने उत्तर दिया कि उनके जीवनकाल में यह असंभव है कि वह आराम का जीवन जिए और राजा का मांस शेर के सामने परोसा जाए। रानी बोली कि मैं अपने प्राण देने को तैयार हूँ, और मेरा मांस शेर को दिया जाए। राजा का एक बेटा भी था, जब उन्हें इस बात का पता चला, तो वह अपने माता-पिता के पास आया और विनम्र निवेदन के साथ कहा कि यह संभव ही नहीं है कि उसके रहते हुए उसके माता-पिता पर संकट आए। तब उसने मांस प्रदान करने के लिए अपनी जान देने की इच्छा व्यक्त की। अब तीनों लोगों ने अतिथि फकीरों के सामने खुद को पेश किया और अपने जीवन को इस अनुरोध के साथ देने की पेशकश की कि शेर उन तीनों में से किन्हीं का भी मांस चुन सकता है। तब फकीरों ने घोषणा की कि उनका शेर पुत्र का मांस खाएगा। लेकिन शर्त यह थी कि उनका शेर बालक का दाहिना भाग खाएगा न कि बाईं ओर से। इसलिए राजा को अपने लड़के को आरी से काटना पड़ेगा। राजा ने अपने नौकर से लड़के के दो टुकड़े करने का आदेश दिया, लेकिन नौकरों ने आदेश मानने से इनकार कर दिया। तब राजा और रानी ने बेटे को काटने की ज़िम्मेदारी खुद संभाली और जब वे अपने बेटे को काटने जा रहे थे तभी लड़के की बायीं आंख से आंसू छलक पड़े। तब फकीर ने कहा कि शेर बेटे का मांस नहीं खाएगा क्योंकि लड़का रो रहा है।

तब लड़के ने महात्मा को उत्तर दिया, मेरी दाहिनी आंख में आंसू नहीं हैं और इसलिए इस तरफ का मांस खा सकता है। मेरे शरीर के बाएं हिस्से से इसका कोई सरोकार नहीं है। इसके बाद लड़के के दो टुकड़े कर दिए गए और दायां हिस्सा शेर को दे दिया गया और बायां हिस्सा नष्ट कर दिया गया। उसके बाद फकीरों की दावत की गई। फिर उन्हीं फकीरों की कृपा से वह लड़का फिर से जीवित हो गया।

इसके बाद, सीता राम ने आगे कहा, 'भाइयों आपको यह सोचना चाहिए कि आप किसके साथ काम करने जा रहे हैं। उस सरकार के साथ जिसे आपसे कोई हमदर्दी नहीं है? इसलिए हमें ऐसी सरकार से खुद को अलग कर लेना चाहिए। हमें किसी भी सेवा को स्वीकार नहीं करना चाहिए और चुपचाप सत्याग्रह को अपनाना चाहिए। मैं उस व्यक्ति को तिरस्कार की दृष्टि से देखता हूँ जिसने खीरी, लखीमपुर के उपायुक्त को मारा और उसे निकृष्ट व्यक्ति मानता हूँ। उसकी यह हरकत घटिया थी।'

सीता राम उपरोक्त के भाषण को पढ़ कर ब्रिटिश सरकार की बर्बरता का अंदाजा लगाया जा सकता है। इस पत्र से यह एहसास होता है कि गुलाम भारत में हमारे स्वतंत्रता सेनानियों ने देश को आजाद कराने को क्या-क्या कष्ट सहे हैं? आज राष्ट्र उनका कृतज्ञ है।

जलमार्ग द्वारा अमेठी से कोलकाता

विश्व की अनेक सभ्यताओं ने नदियों के किनारे जन्म लिया है, इसका मूल कारण मानव जीवन का नदियों पर निर्भर होना था। आजीविका से लेकर आवागमन तक की निर्भरता नदियों पर ही थी। हमारी संस्कृति में नदियां सदैव पूज्य रही हैं।

गंगे च यमुने चैव गोदावरी सरस्वती।
नर्मदे सिन्धु कावेरी जले अस्मिन् सन्निधिम् कुरु।।

अर्थ इस प्रकार से है—हे! गंगा, यमुना, गोदावरी, सरस्वती, नर्मदा, सिंधु, कावेरी नदियों! मेरे स्नान करने के जल में पधारिये। अर्थात जिस जल से मैं स्नान कर रहा हूँ, उस जल में अपनी असीम कृपा कीजिए।

अमेठी जनपद में प्रमुख नदी गोमती है। गोमती नदी उत्तर प्रदेश के आठ जिलों से होकर बहती है। इसका उद्गम स्थान पीलीभीत ज़िले के चंद्रपुर ताल नामक सदानीरा झील से है। गोमती नदी शाहजहाँपुर, सीतापुर, लखनऊ, सुलतानपुर, अमेठी जनपद होते हुए सैदपुर के पास गंगा नदी में मिल जाती है। उस समय गोमती नदी बहुत में पानी भरी हुआ करता था। गोमती के जलमार्ग से अमेठी जनपद का सीधा जुड़ाव 1857 के केंद्र लखनऊ और अन्य कई ज़िलों तक रहा है।

देश में आजादी की लड़ाई के समय मल्लाहों की भूमिका भी महत्वपूर्ण रही है। अधिकांश यातायात जलमार्गों पर निर्भर था इसलिए मल्लाह ब्रिटिश शासनकाल में व्यवस्था का महत्वपूर्ण अंग थे। देश की आज़ादी की मुहिम में मल्लाह अक्सर क्रांतिकारियों का साथ देते थे, ब्रिटिश सरकार ने जल मार्गों पर से निर्भरता इसलिए भी हटाई ताकि वे सुरक्षित आवागमन कर सकें। जलमार्ग के घाटों पर सरकार कर भी वसूलती थी। अमेठी जनपद के बारे में लिखते समय गोमती नदी के घाटों पर से सरकार द्वारा अच्छी-ख़ासी रक़म वसूलने की जानकारी प्राप्त हुई। मुसाफ़िरखाना के श्री हनुवंत सिंह के बाबा श्री राम अवतार सिंह के बारे में जानकारी प्राप्त हुई कि वे पहले ब्रिटिश सेना में सूबेदार थे, बाद में कलकत्ता गन फैक्ट्री से सेवानिवृत्त होकर गाँव आ गए, लेकिन उनका सारा सामान कलकत्ता से मुसाफ़िरखाना, अमेठी तक जलमार्ग से आया था। इन्होंने आर्य समाज के

माध्यम से समाज की बहुत सेवा की थी। मुसाफिरखाना-गौरीगंज मार्ग पर इनके नाम का द्वार भी बना हुआ है, जिसका उद्घाटन तत्कालीन सांसद राहुल गाँधी ने किया था।

अमेठी से कोलकाता तक जलमार्ग था, यह जानकर रोमांचित हो उठना स्वाभाविक है। किसी समय अमेठी जनपद के मुसाफिरखाना तहसील के अनेक घाटों पर नावों की व्यवस्था थी, जिससे लोग न केवल नदी को पार करते थे, बल्कि अन्यत्र यात्रा भी करते थे। अमेठी जनपद के ब्रिटिशकालीन इतिहास की पड़ताल करते समय, गजेटियर की एक तालिका पर मेरी निगाह गई। वहाँ पर अमेठी जनपद से घाटों के बीच में चलने वाली नावों का विवरण था। इतना ही नहीं, बल्कि उसमें प्रत्येक घाट से कितनी आमदनी होती थी, यह भी विवरण दिया हुआ था। जिसे हम तालिका के रूप में इस लेख में प्रस्तुत करेंगे। अब जिज्ञासा हो गई कि यदि घाटों से इतनी आय हो रही है, तो यह केवल छोटी दूरी पर ही नहीं चलती रही होंगी। उस समय पर एक रुपये की काफ़ी क़ीमत हुआ करती थी। यदि किसी घाट से सरकार की कमाई लगभग ढाई हजार रुपये है, इसका मतलब वहाँ पर अच्छा-खासा नावों का परिचालन हुआ करता था। इस संदर्भ में देश के वरिष्ठ पत्रकार और लेखक अरविंद कुमार सिंह से मैंने वार्ता की, क्योंकि भारत में जल परिवहन पर उन्होंने एक महत्वपूर्ण कार्य किया है और उनकी पुस्तक को भी राष्ट्रीय पुस्तक न्यास ने प्रकाशित किया है। जिन घाटों का उल्लेख गजेटियर में है, उस विषय पर विमर्श किया तो उन्होंने भी सहमति व्यक्त की। एक समय में जल परिवहन देश का प्रमुख परिवहन साधन हुआ करता था। अरविंद कुमार सिंह जी के अनुसार अवध के नवाबों के शासनकाल में अंतर्देशीय जल परिवहन विकास के काफी प्रयास हुए थे। उनका शासन 23000 वर्ग मील के दायरे में करीब 137 सालों तक कायम रहा। उस समय नदियों में खूब जल हुआ करता था। एक समय में गोमती जल मार्ग हेतु एक महत्वपूर्ण नदी थी। इस समय भी लखनऊ के इमामबाड़ा से लेकर उसके गंगा के संगम तक 518 किलोमीटर क्षेत्र को राष्ट्रीय जलमार्ग संख्या बयालीस के रूप में अधिसूचित किया गया है। गोमती के किनारे बसा नवाबों का शहर लखनऊ, उत्तर भारत अपने इलाक़े का प्रमुख व्यापारिक केंद्र था। यहाँ के व्यापारी जल मार्ग के माध्यम से कलकत्ता से सीधे सामान मंगाया करते थे, विदेशों से आयात किया हुआ सामान भी इसी मार्ग से आता था। अब आज की तरह हवाई जहाज़ से सामान मंगाना सुगम नहीं था। सन् 1857 की क्रांति से पहले केवल हज़रतगंज में 123 सबसे अच्छी दुकानों में अधिकतर सामान जलमार्गों से ही आता था। गोमती के अलावा वे गंगा के रास्ते वाया कानपुर सामानों को मंगाते थे।

अमेठी जनपद में गोमती नदी घाट -1902 और उनकी आय :

तहसील	परगना	गाँव	घाट	आय (रु.)
मुसाफ़िरखाना	जगदीशपुर	खेममउ	रीछूघाट	2550
	,,	मंज़ब गाँव	पनहीघाट	75

	,,	पाली	पाली	275
	,,	उरेरमऊ रसूलाबाद	बखरा	450
	मुसाफ़िरखाना	मखदूमपुर	बिलाँद्घाट	220
	जगदीशपुर	उरेरमऊ	ख़रिकीघात	220
	,,	किशनी	उरेरमान	180
	,,	शेखपुर भांद्रा	किशनी	230
	,,	संसारपुर	मोहन	100
	,,	नांदी	सकदारीपुर	55
	,,	मोहिद्दीनपुर	नांदी	130
	मुसाफ़िरखाना	मखदूँमपुर	हाज़ीगंज सत्थिन	175
	जगदीशपुर	सत्थिन	कोंडवाँ	17
	,,	अटवारा	रंगवा	305
	,,		अचकवा	295
	,,	पिछूटी	कुटकि	
	मुसाफ़िरखाना		कोतवा	26
	,,	कोटवा	नारा	81
	,,	नारा	गजनपुर	24
	,,	गाजनपुर	दुआरिया	30
	,,	गाजनपुर	चंदीपुर-कैलासपुर	14
	इसौली	चंदीपुर	राजघाट	455
		इसौली		550

एक रोचक तथ्य यह भी है कि माह सितंबर, 1722 में अवध की सूबेदारी का फरमान प्राप्त करने के बाद मोहम्मद अमीन सआदत खाँ ने जल मार्ग से ही प्रस्थान किया था। वह नाव से यमुना नदी पर यात्रा कर रहे थे, तभी एक मछली उछल कर हाथों में आ गई। सआदत खाँ ने इसे एक शुभ लक्षण माना और बाद में मछली का चिन्ह और भगवान श्री राम का धनुष अवध की सत्ता का प्रतीक बन गया, जो आज भी उत्तर प्रदेश सरकार का 'लोगो' लगभग वैसा ही है।

अवध के नवाब आसफुद्दौला से परवाना राहदारी के समय 1786 के अंत तक बुलंदशहर जिले से कोलकाता तक जलमार्ग सामान की ढुलाई हुआ करती थी। इसी प्रकार काली नदी के माध्यम से आगे कानपुर, वाराणसी और पटना होते हुए नावों की आवाजाही होती थी और गंगा के माध्यम से कोलकाता तक पहुँचा करते थे। इसी प्रकार अमेठी जनपद से छोटी नौकाओं के आगे बढ़ते हुए वह गंगा में गोमती के मिलने के

बाद कोलकाता तक पहुँच जाया करते थे। उत्तर प्रदेश में जल मार्गों की लंबाई 2345 किलोमीटर है। उत्तर प्रदेश में 18 वीं सदी के आरंभ तक जल परिवहन महत्वपूर्ण आधार था, बाद में परिवहन की प्राथमिकताएँ सड़क मार्ग और रेल मार्ग हो गए। देश में अंग्रेजों के आने के बाद रेल मार्ग अधिक विकसित होने लगे, जिसके कारण नदियों में जल परिवहन धीरे-धीरे कम होने लगा। कई घाट तो बंद भी हो गए, सन् 1905 में हुए एक सरकारी अध्ययन से पता चलता है कि नावों की संख्या में बहुत तेजी से गिरावट आई है। इस तरह तमाम इलाकों में चलने वाली स्टीमर कंपनियों ने भी कारोबार बंद कर दिया था। सन् 1929-30 तक अंग्रेज़ी राज में भारत में जल मार्ग लायक नहरों में 2,151,85 नावें चला करती थीं। ये नावें 137.63 लाख टन माल और 31.22 लाख यात्रियों को सेवाएँ प्रदान करती थीं।

देश की आजादी के बाद भारत सरकार द्वारा जल परिवहन निगम के विकास के लिए अनेक नीतियां आरंभ हुईं थीं। राजीव गाँधी के प्रधानमंत्रित्वकाल में भारतीय अंतर्देशीय जलमार्ग प्राधिकरण बना और राष्ट्रीय जलमार्गों के विकास का खाका तैयार किया गया। इन योजनाओं को महत्त्व 2014-15 में मिला, ये योजनाएं सरकार की प्राथमिकता में आ गईं और प्रधानमंत्री नरेंद्र मोदी ने इन योजनाओं को क्रियान्वित कर कई महत्वपूर्ण निर्णय लिए। जिसके कारण आज देश में जलमार्गों का विकास होता दिख रहा है। सरकार ने 106 राष्ट्रीय जलमार्गों की घोषणा की है। अमेठी जनपद में अभी यह कार्य होना बाकी है। सरकार से अभिलाषा है कि वह इतिहास को ध्यान में रखते हुए अमेठी जनपद की गोमती नदी को भी भविष्य में जलमार्ग हेतु विकसित करेंगे। विश्व के अनेक देशों में जलमार्ग ना केवल परिवहन का माध्यम है, बल्कि पर्यटन को भी आकर्षित करता है। चीन, वियतनाम, कंबोडिया, रूस, थाईलैंड आदि देशों में जलमार्ग बहुत लोकप्रिय हैं। लंदन में टेम्स नदी में बड़े-बड़े जलपोतों को आते-जाते देखा जाता है, मेरे लिए यह अद्भुत दृश्य था कि जहाज के आने पर लंदन ब्रिज पूरा उठ जाता है और जहाज के निकल जाने पर पुल पुनः यथावत होकर स्थिर हो जाता है। लोग उसके ऊपर से ऐसे आवागमन करते हैं जैसे कुछ हुआ ही न हो। हमें भी अपनी नदियों का ऐसा ही विकास करना होगा।

गिरमिट प्रथा से निकले अमेठी गौरव श्री भरत जगदेव, पूर्व राष्ट्रपति-गुयाना

ब्रिटिश साम्राज्य द्वारा बनाई गिरमिट प्रथा मानवीय सभ्यता पर कलंक थी। विश्व में जब दास प्रथा समाप्त हो गई, तो अंग्रेजों को जंगलों व गन्ने के खेतों में काम करने वाले दास मिलना बंद हो गए। ऐसे में अंग्रेजों ने पाँच वर्ष के एग्रिमेंट पर लोगों को फ़ीजी, त्रिनिदाद, मारीशस, सूरीनाम और गुयाना आदि देशों में भेजा। यही एग्रिमेंट शब्द कालांतर में गिरमिट हो गया। यह प्रथा 1834 में आरंभ हुई और गोखले जी व महात्मा गांधी के प्रयास से 1917 में बंद हुई, फ़ीजी में 1920 में अंतिम जहाज़ गया। इसके बाद इन देशों में बस चुके भारतीयों में एक नए समाज, नई भाषा, नई संस्कृति विकसित हुई, लेकिन भारतीयता का मूल तत्व सदा विद्यमान था। अनेक भारतवंशियों ने भारत का नाम इन देशों में गौरवान्वित किया है। इन्हें सन् 2004 में भारत सरकार ने प्रवासी भारतीय सम्मान से सम्मानित किया था।

लेखक के साथ गुयाना के
पूर्व राष्ट्रपति श्री भरत जगदेव

अमेठी की माटी ने भी देश में ही नहीं विदेशों में अपनी नेतृत्व क्षमता का परिचय दिया है। ऐसे ही श्री भरत जगदेव हैं, जो 11 अगस्त, 1999 से 3 दिसंबर, 2011 तक गुयाना के राष्ट्रपति हुए। वर्तमान में 2020 से गुयाना राष्ट्रपति इरफान अली के साथ वहाँ के संवैधानिक नियमों के अनुरूप उपराष्ट्रपति पद का दायित्व निभा रहे हैं। मैं यह बात इसलिए लिख रहा हूँ क्योंकि हमारे देश में राष्ट्रपति बनने के बाद कोई उपराष्ट्रपति बनने की परंपरा नहीं है। अमेठी जिले के गौरवशाली इतिहास को श्री भरत जगदेव ने और समृद्ध किया है। श्री भरत जगदेव 11 दिसंबर, 1997 से 9 अगस्त, 1999 तक जेनेट जगना के अध्यक्ष रहे। उसके बाद 11 अगस्त, 1999 से 3 दिसंबर, 2011 तक राष्ट्रपति के रूप में देश का नेतृत्व भी किया। अपने जीवनकाल में श्री भरत जगदेव ने गुयाना में प्रशासनिक स्तर पर अनेक महत्वपूर्ण पदों पर कार्य कर निरंतर गुयाना देश को अंतरराष्ट्रीय पहचान दिलाने में महत्वपूर्ण भूमिका निभाई है। एक अर्थशास्त्री के रूप में उनहोंने काम किया। बाद में वित मंत्री के विशेष सलाहकार भी बने।

श्री भरत जगदेव के पूर्वज गिरमटिया मजदूर के रूप में गुयाना गए और वहीं बस गए। वैसे तो श्री भरत जगदेव का जन्म डेमेरारा-महिका के यूनिटी गाँव में तत्कालीन ब्रिटिश गुयाना में हुआ था। परन्तु उनके दादा श्री राम जियावान अमेठी के ठकुराइन का पुरवा के थे। गुयाना में जन्म लेने के कारण उनकी शिक्षा-दीक्षा गुयाना में ही हुई। किंतु वह पूर्ण रूप से भारतीय संस्कृति-सभ्यता और खास तौर पर अमेठी की परंपरा और संस्कृति से जुड़े रहे, जो उनसे बातचीत के दौरान महसूस हुआ। उनका अमेठी में बुजुर्ग दादी का चरण स्पर्श आज भी सब याद करते हैं कि वह अपनी भारतीय परंपराओं को बिसरे नहीं थे। गिरमिटिया देशों में गए हुए भारतीयों के वंशजों ने अपनी भारतीय संस्कृति को आज भी उसी प्रकार सहेज के रखा हुआ है जैसे पीढ़ियों पहले उनके पूर्वज भारत से लेकर गए थे।

दिनांक 24 अगस्त, 2003 को भरत जगदेव अमेठी स्थित ठकुराइन का पुरवा अपने गाँव पधारे थे। पूरे अमेठी क्षेत्र में एक कौतूहल था कि गुयाना के राष्ट्रपति अमेठी आ रहे हैं, साथ ही यह उमंग भी थी कि कोई इसी मिट्टी का वंशज दूसरे देश का राष्ट्रपति हो गया है। पूरा सरकारी अमला गाँव ठकुराइन का पुरवा तक पूरी पक्की सड़क बनाने के लिए लगा हुआ था। जब श्री भारत जगदेव अपने गाँव पहुँचे तो वहाँ पर उनके पूर्वजों के परिवार की एक बुजुर्ग दादी रामदुलारी मिली, वह क्षण इतना भावुक था कि सदियों बाद रक्त संबंधी मिल रहे थे। वहाँ पर पूरा वातावरण भावुक हो उठा था, सैकड़ों लोग इस क्षण के गवाह बने। वहाँ पर सबसे अधिक समस्या भाषा की थी, भरत जगदेव हिंदी नहीं जानते थे और उनके परिवार की वह बुजुर्ग महिला अंग्रेजी नहीं जानती थीं।

इसलिए आपसी संवाद नहीं हो पाया, बल्कि सहयोगियों से अनुवाद का सहारा लेना पड़ा था। लोगों की स्मृति में आज भी वह पूरी घटना है। कुछ वर्ष पूर्व भारत सरकार ने पूरे विश्व के भारतीय मूल के प्रवासी संसद सदस्यों का एक सम्मेलन प्रवासी भारतीय केंद्र, नई दिल्ली में किया था। उस सम्मेलन में मुझे भी साक्षी होने का अवसर प्राप्त हुआ था, वहाँ पर भरत जगदेव जी गुयाना देश के एक प्रतिनिधि के रूप में आए हुए थे। जब मैंने उन्हें अपना परिचय देते हुए बताया कि मैं अमेठी से हूँ, तो उनके चेहरे पर एक प्रसन्नता दिखने लगी और उन्होंने फिर अमेठी आने की बात कही। हम दोनों ने एक चित्र लिया जो आज भी मेरे पास सुरक्षित है। अमेठी आज भी भारत जगदेव को याद करती है और गौरवान्वित है। एक बात और कहना चाहूँगा कि हमारे अमेठी क्षेत्र से अनेक लोग बहुत सारे देशों में गए, उनकी जड़ों को खोजा जाना बाकी है, उदाहरण के लिए एक पूरा मॉरिशस का परिवार सुलतानपुर के गाँव का है। अभी कुछ वर्ष पूर्व फ़ीजी का एक परिवार तिलोई आया था। अभी अवध डायस्पोरा पर और काम करना बाकी है। इससे हमें गौरवान्वित होने के और अधिक क्षण मिलेंगे, जैसा कि हमने भरत जगदेव जी के अमेठी आने पर अनुभव किया था। गिरमिट प्रथा अभिशाप थी, लेकिन मेहनती श्रमिकों ने इसे वरदान में बदल दिया।

1857 का संग्राम और अमेठी

न ईरान ने किया न शाह रूस ने।
अंग्रेज को तबाह किया कारतूस ने।।

उपरोक्त पंक्तियाँ 8 अगस्त, 1857 को एच. एच. गरएथेड़, चीफ कमिश्नर दिल्ली के आगरा मुख्यालय को लिखे पत्र में उद्धृत हैं कि कैसे एक कारतूस के माध्यम से इतनी बड़ी क्रांति हो गई और अंगेजी सत्ता हिल गई।

भारत की स्वाधीनता के 75 साल हुए हैं लेकिन स्वाधीनता के लिए भारतीयों द्वारा दी गई कुर्बानियां आज भी विश्व को अचंभित कर देती हैं। स्वाधीनता के लिए अनेक चरणों में संघर्ष हुए। उनमें 1857 के विद्रोह को भारत की आजादी के लिए किए संघर्ष को लोग पहला चरण मानते हैं क्योंकि इस विद्रोह के बाद आजादी का संघर्ष बढ़ता ही गया और आजादी मिलने तक कभी थमा नहीं। 1857 का संग्राम ब्रिटिश शासन के खिलाफ एक बड़ी और अहम घटना थी। इस क्रांति की शुरुआत 10 मई, 1857 ई. को मेरठ से हुई, जो धीरे-धीरे कानपुर, बरेली, झांसी, दिल्ली, अवध आदि स्थानों पर फैल गई। क्रांति की शुरुआत तो एक सैन्य विद्रोह के रूप में हुई, लेकिन समय के साथ उसका स्वरूप बदल कर ब्रिटिश सत्ता के विरुद्ध एक जनव्यापी विद्रोह के रूप में हो गया। यह भी उल्लेखनीय तथ्य है कि इस विद्रोह के प्रति पढ़ा-लिखा वर्ग पूरी तरह से उदासीन रहा। व्यापारियों एवं शिक्षित वर्ग ने कलकत्ता एवं बंबई में सभाएं कर अंग्रेजों की सफलता के लिए प्रार्थना भी की थी। अगर इस वर्ग ने अपने लेखों एवं भाषणों द्वारा लोगों में उत्साह का संचार किया होता, तो निःसंदेह ही क्रांति का परिणाम कुछ और ही होता। इस क्रांति के असफल होने के स्वाभाविक कारण थे। पहली बार इस प्रकार की क्रांति हुई थी, विद्रोहियों में अनुभव, संगठन क्षमता व मिलकर कार्य करने की शक्ति की कमी थी। विद्रोही क्रांतिकारियों के पास स्पष्ट योजना का अभाव था। उन्हें अगले क्षण क्या करना होगा और क्या नहीं, यह भी निश्चित नहीं था। वे मात्र भावावेश एवं परिस्थितिवश आगे बढ़े जा रहे थे। सैनिक दुर्बलता का विद्रोह की असफलता में महत्त्वपूर्ण योगदान रहा। बहादुरशाह जफर और नाना साहब एक कुशल संगठनकर्ता अवश्य थे, पर

उनमें सैन्य नेतृत्व की क्षमता की कमी थी, जबकि अंग्रेजी सेना के पास लॉरेन्स ब्रदर्स, निकोलसन, हेवलॉक, आउट्रम एवं एडवर्ड जैसे कुशल सेनानायक थे। विद्रोहियों के पास न संख्याबल था और न पैसा। उसके उलट ब्रिटिश सेना के पास बड़ी संख्या में सैनिक, पैसा और हथियार थे जिसके बल पर वे विद्रोह को कुचलने में सफल रहे।

इस क्रांति के अनेक कारण थे। जिसमें आर्थिक कारण बहुत महत्वपूर्ण था। भारी टैक्स और राजस्व संग्रहण के कड़े नियमों के कारण किसान और जमींदार वर्गों में असंतोष था। इन सबमें से बहुत से ब्रिटिश सरकार की टैक्स मांग को पूरा करने में असक्षम थे और वे साहूकारों का कर्ज चुका नहीं पा रहे थे जिससे अंत में उनको अपनी पुश्तैनी जमीन से हाथ धोना पड़ता था। बड़ी संख्या में सिपाहियों का इन किसानों से संबंध था और इसलिए किसानों की पीड़ा से वे भी प्रभावित हुए। इंग्लैंड में औद्योगिक क्रांति के बाद भारतीय बाजार में ब्रिटेन में निर्मित उत्पादों का आयात बढ़ गया। इस कारण भारत का स्थानीय कपड़ा उद्योग तबाह हो गया। भारत के हस्तशिल्प उद्योग ब्रिटेन के मशीन से बने सस्ते सामानों का मुकाबला नहीं कर पाए। भारत से कच्ची सामग्री का निर्यात किया जाने लगा और भारत ब्रिटेन में बने सामानों का उपभोक्ता बन गया। जो लोग अपनी आजीविका के लिए शाही संरक्षण पर आश्रित थे, सभी बेरोजगार हो गए। इसलिए अंग्रेजों के खिलाफ उनमें काफी गुस्सा भरा हुआ था।

इस 1857 के विद्रोह का प्रमुख राजनीतिक कारण ब्रिटिश सरकार की 'गोद निषेध प्रथा' या 'हड़प नीति' थी। यह अंग्रेजों की विस्तारवादी नीति थी जो ब्रिटिश भारत के गवर्नर जनरल लॉर्ड डलहौजी के दिमाग की उपज थी। कंपनी के गवर्नर जनरलों ने भारतीय राज्यों को अंग्रेजी साम्राज्य में मिलाने के उद्‌देश्य से कई नियम बनाए। उदाहरण के लिए, किसी राजा के निःसंतान होने पर उसका राज्य ब्रिटिश साम्राज्य का हिस्सा बन जाता था। राज्य हड़प नीति के कारण भारतीय राजाओं में बहुत असंतोष पैदा हुआ था। रानी लक्ष्मी बाई के दत्तक पुत्र को झांसी की गद्‌दी पर नहीं बैठने दिया गया। हड़प नीति के तहत ब्रिटिश शासन ने सतारा, नागपुर और झांसी को ब्रिटिश राज्य में मिला लिया। अब अन्य राजाओं को भय सताने लगा कि उनका भी विलय थोड़े दिनों की बात रह गई है। इसके अलावा बाजीराव द्वितीय के दत्तक पुत्र नाना साहेब की पेंशन रोक दी गई जिससे भारत के शासक वर्ग में विद्रोह की भावना मजबूत होने लगी। इसी प्रकार की परिस्थिति अमेठी के तत्कालीन ताल्लुकेदार राजा लाल माधव सिंह के सामने भी थी। अमेठी रियासत में भी गोद लेने की प्रथा रही है। अमेठी रियासत के दस्तावेजों की पड़ताल करते समय एक दस्तावेज फारसी में उपलब्ध हुआ, जिसका भावानुवाद निम्न प्रकार है—

राजा लाल माधव सिंह की तरफ से लिखा गया है।

उन्होंने अपनी बहन के बेटे को दत्तकपुत्र बनाया है, अपनी हबीबी औलाद ना होने की शर्त पर। दत्तक पुत्र बालिग हो चुका है, फिर भी उसकी ना-तजुर्बेकारी और जिम्मेदारियों को नासमझी की बुनियाद पर रियासत में जो समस्याएं पैदा हो जाती

हैं उनसे बचने के लिए मुख्तारनामा के तौर पर पुत्र को अधिकार सौंप दिया गया है। उन अखत्यारात (अधिकारों) की व्याख्या रजिस्ट्री में करा दी गई है, ताकि तमाम कामों को रियासत अंजाम दे और इसके तमाम बुरे-भले मामलों से रियासत वाकिफ हो जाए। साथ ही माधव सिंह को पुत्र की तरफ से इत्मीनान हो जाए। इसलिए मुख्तारनामा को प्रार्थना-पत्र के साथ लगा दिया गया है। उम्मीद है कि दरखास्त मंजूर होगी और हुक्काम (पदाधिकारी) के नाम मंजूरी के मुताबिक को जारी होगा

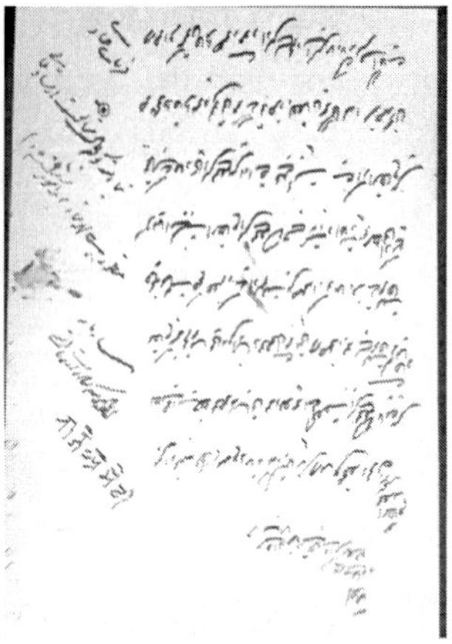

राजा लाल माधव सिंह ताल्लुकेदार
गढ़ अमेठी।

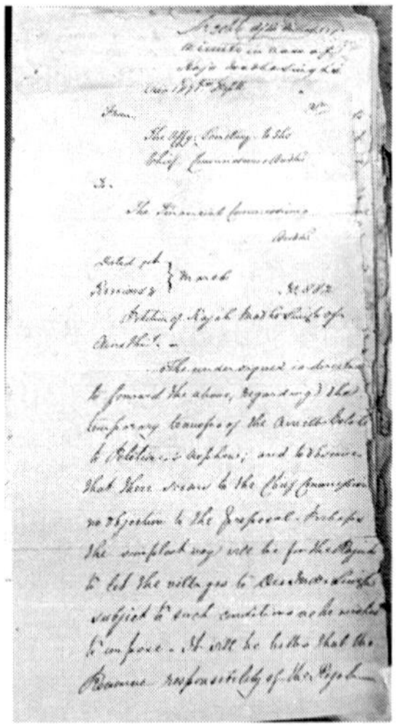

दूसरा पत्र देखिए।

प्रेषक
अवध के चीफ कमिश्नर के सेक्रेटरी

सेवा में
वित्तीय कमिश्नर, अवध

दिनांक 10 मार्च

अवध के राजा माधव सिंह का चयन

अधोहस्ताक्षरी को यह अग्रेषित करने का निर्देश हुआ है कि अवध स्टेट को फिलहाल याचिकाकर्ता के भतीजे को अस्थाई हस्तांतरित कर दिया जाए और यह कि चीफ कमिश्नर को इस प्रस्ताव पर कोई आपत्ति नहीं है। शायद राजा के लिए यह सबसे आसान तरीका होगा कि गाँवों को वह अपनी शर्तों के अनुसार देवेंद्र सिंह को दे दें। इनसे राजस्व की वसूली की जिम्मेदारी राजा की होगी।

यह पत्रों में स्पष्ट उदाहरण है कि ताल्लुकेदारों को अपने आगे के वंश को चलाने के लिए भी अंग्रेजों का मोहताज होना पड़ता था, अंग्रेजों को केवल राजस्व वसूली से मतलब नहीं होता था। अंग्रेजी सरकार दूर बैठकर भी तालुकेदारों के कर्मचारियों पर

निगाह रखती थी कि उनका आचरण कैसा है? निम्नलिखित पत्र में यह स्पष्ट वर्णित है कि अमेठी रियासत के मैनेजर को हटाया जाए।

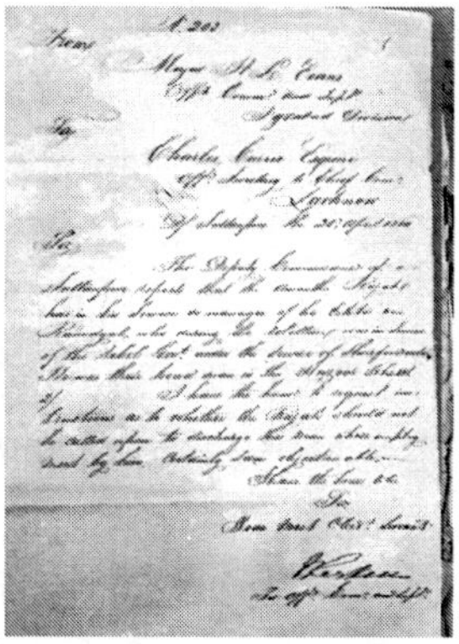

महोदय,

सुलतानपुर के डिप्टी कमिश्नर ने रिपोर्ट दी है कि अमेठी के राज्य में रामदयाल नाम का एक व्यक्ति मैनेजर के पद पर कार्यरत है और जो सरकार के विरुद्ध विद्रोह के दौरान सरफराजुद्दौला के अधीन विद्रोही सरकार में कार्य करता था। वह हुजूर तहसील में उनका हेडमैन था। मुझे निवेदन करना है कि कृपया इस आशय के निर्देश जारी करें कि राजा को यहाँ बुलाकर उनसे इस आपत्तिजनक निष्ठा रखने वाले मैनेजर को उसके पद से हटाने के लिए कहा जाए।

इस प्रकार अंग्रेज़ों ने रियासतों के पूरे अधिकारों को अपने नियंत्रण में लिया हुआ था। जब बहादुरशाह द्वितीय के वंशजों को लाल किले में रहने पर पाबंदी लगा दी गई। कुशासन के नाम पर लार्ड डलहौजी ने अवध का विलय करा लिया, जिससे बड़ी संख्या में बुद्धिजीवी, अधिकारी एवं सैनिक बेरोजगार हो गए। इस घटना के बाद जो अवध पहले तक ब्रिटिश शासन का वफादार था, अब विद्रोही बन गया। भारत में इसके पहले 1850 में ब्रिटिश सरकार ने हिंदुओं के उत्तराधिकार कानून में बदलाव कर दिया और अब ईसाई धर्म अपनाने वाला हिंदू ही अपने पूर्वजों की संपत्ति में हकदार बन सकता था। इसके अलावा मिशनरियों को पूरे भारत में धर्म परिवर्तन की छूट मिल गई थी।

भारत में ब्रिटिश सेना में 87 फीसदी से ज्यादा भारतीय सैनिक थे। उनको ब्रिटिश सैनिकों की तुलना में कमतर माना जाता था। एक ही रैंक के भारतीय सिपाही को यूरोपीय सिपाही के मुकाबले कम वेतन दिया जाता था। इसके अलावा भारतीय सिपाही को सूबेदार रैंक के ऊपर प्रोन्नति नहीं मिल सकती थी। इसके अलावा भारत में ब्रिटिश शासन के विस्तार के बाद भारतीय सिपाहियों की स्थिति बुरी तरह प्रभावित हुई। उनको अपने घरों से काफी दूर-दूर सेवा देनी पड़ती थी। 1856 में लॉर्ड कैनिंग ने एक नियम जारी किया, जिसके मुताबिक सैनिकों को भारत के बाहर भी सेवा देनी पड़ सकती थी। अवध के विलय के बाद नवाब की सेना को भंग कर दिया गया। उनके सिपाही बेरोजगार हो गए और ब्रिटिश हुकूमत के कट्टर दुश्मन बन गए।

1857 के विद्रोह के तात्कालिक कारणों में यह अफवाह थी कि 1853 की राइफल के कारतूस की खोल पर सूअर और गाय की चर्बी लगी हुई है। यह अफवाह हिन्दू एवं मुस्लिम दोनों धर्म के लोगों की भावनाओं को ठेस पहुँचा रही थी। ये राइफलें 1853 के राइफल के जखीरे का हिस्सा थीं। 29 मार्च, 1857 ई. को सैनिक मंगल पांडे ने 'बैरकपुर

छावनी' में अपने अफसरों के विरुद्ध विद्रोह कर दिया, लेकिन ब्रिटिश सैन्य अधिकारियों ने इस सैनिक विद्रोह को सरलता से नियंत्रित कर लिया और साथ ही उसकी बटालियन '34 एन.आई.' को भंग कर दिया। 24 अप्रैल को 3 एल.सी. परेड मेरठ में 90 घुड़सवारों में से 85 सैनिकों ने नए कारतूस लेने से इंकार कर दिया। आज्ञा की अवहेलना के कारण इन 85 घुड़सवारों को कोर्ट मार्शल द्वारा 5 वर्ष का कारावास दिया गया। 'खुला विद्रोह' 10 मई, दिन रविवार को सायंकाल 5 व 6 बजे के मध्य प्रारम्भ हुआ। सर्वप्रथम पैदल टुकड़ी, 620 एन.आई.' में विद्रोह की शुरुआत हुई, उसके बाद '3 एल.सी.' में भी विद्रोह फैल गया। इन विद्रोहियों ने अपने अधिकारियों के ऊपर ग़ोलियां चलाईं। मंगल पांडे ने 'हियरसे' को गोली मारी थी, जबकि 'अफसर बाग' की हत्या कर दी गई थी। मंगल पांडे को 8 अप्रैल को फांसी दे दी गई। 9 मई को मेरठ में 85 सैनिकों ने नई राइफल इस्तेमाल करने से इनकार कर दिया, जिनको नौ साल जेल की सजा सुनाई गई।

इस घटना के बाद मेरठ छावनी में विद्रोह की आग भड़क गई। 9 मई को मेरठ विद्रोह 1857 के संग्राम की शुरुआत का प्रतीक था। मेरठ में भारतीय सिपाहियों ने ब्रिटिश अधिकारियों की हत्या कर दी और जेल को तोड़ दिया। 10 मई को वे दिल्ली के लिए आगे बढ़े। 11 मई को मेरठ के क्रांतिकारी सैनिकों ने दिल्ली पहुँचकर, 12 मई को दिल्ली पर अधिकार कर लिया। इन सैनिकों ने मुगल सम्राट बहादुरशाह द्वितीय को दिल्ली का सम्राट घोषित कर दिया। शीघ्र ही विद्रोह लखनऊ, इलाहाबाद, कानपुर, बरेली, बनारस, बिहार और झांसी में भी फैल गया। अंग्रेजों ने पंजाब से सेना बुलाकर सबसे पहले दिल्ली पर अधिकार किया। 21 सितंबर, 1857 ई. को दिल्ली पर अंग्रेजों ने पुनः अधिकार कर लिया, परन्तु संघर्ष में 'जॉन निकोलसन' मारा गया और लेफ्टिनेंट 'हडसन' ने धोखे से बहादुरशाह द्वितीय के दो पुत्रों 'मिर्ज मुगल' और 'मिर्ज ख्वाजा सुल्तान' एवं एक पोते 'मिर्जा अबूबक्र' को गोली मरवा दी। लखनऊ में विद्रोह की शुरुआत 4 जून, 1857 को हुई। यहाँ के क्रांतिकारी सैनिकों द्वारा ब्रिटिश रेजिडेंसी के घेराव के बाद ब्रिटिश रेजिडेंट 'हेनरी लॉरेंस' की मृत्यु हो गई। हैवलॉक और आउट्रम ने लखनऊ को दबाने का भरसक प्रयत्न किया, लेकिन वे असफल रहे। आखिर में 'कॉलिन कैंपवेल' ने गोरखा रेजिमेंट के सहयोग से मार्च, 1858 में शहर पर अधिकार कर लिया। वैसे यहाँ क्रांति का असर सितंबर तक रहा।

1857 का संग्राम एक साल से ज्यादा समय तक चला। इसे 1858 के मध्य में कुचला गया। मेरठ में विद्रोह भड़कने के चौदह महीने बाद 8 जुलाई, 1858 को आखिरकार कैनिंग ने घोषणा की कि विद्रोह को पूरी तरह दबा दिया गया है।

हालांकि, बहुत कम समय में आंदोलन देश के कई हिस्सों तक पहुँच गया लेकिन देश के एक बड़े हिस्से पर इसका कोई असर नहीं पड़ा। दक्षिण के प्रांतों ने इसमें कोई हिस्सा नहीं लिया। अहम शासकों जैसे सिंधिया, होल्कर, जोधपुर के राणा और अन्यों ने विद्रोह का समर्थन नहीं किया।

अमेठी के युवाओं ने दी बड़ी कुर्बानी

1857 के सैनिक विद्रोह के बाद अमेठी जनपद के अनेक युवाओं ने अपने प्राणों की बलि दी है। अमेठी में जिस प्रकार क्रांति के बाद अंग्रेजों के विरोध में वातावरण बना हुआ था, वह इतिहास की पुस्तकों में उतना उपयुक्त स्थान नहीं पा सका है, जितनी अनेक क्षेत्रों में इस पर चर्चा हुई है। अमेठी जनपद में कई तरह के विद्रोह और आंदोलनों के साथ कादुनाला संघर्ष आज भी बहुचर्चित है। प्रथम स्वतंत्रता संग्राम में अमेठी के युवाओं की दी गई कुर्बानी का कादू नाला आज भी गवाह बना हुआ है। कादू नाला के वन क्षेत्र में चुनिंदा स्वतंत्रता सेनानियों के नेतृत्व में निकली युवाओं की फौज ने संसाधनों से सुसज्जित अंग्रेजी हुकूमत को लोहे के चने चबाने को मजबूर कर दिया था। इस युद्ध में अमेठी और आसपास के 600 से अधिक युवा भाले सुलतानियों ने अपने प्राणों की आहुति दी थी। स्थानीय निवासी श्री अवधेश कुमार सिंह बताते हैं कि कांपा के श्री रघुवीर सिंह, उभरा के हरिदत्त सिंह, जादौराय के माधव सिंह आदि ने अंग्रेजी सेना का बहादुरी से मुकाबला किया।

अमेठी के तत्कालीन जनपद सुलतानपुर में आजादी के लिए लड़ाई नौ जून,1857 को शुरू हो गई थी। लोगों का समूह अंग्रेजों के विरुद्ध पूरी तरह खड़ा हो गया था। नौ जून को सुबह ही अंग्रेजी शासन के हिंदुस्तानी सिपाहियों ने मुक्ति का झंडा ऊंचा किया। जगी पुलिस को समझाने-बुझाने के बाद जब कर्नल फ़िशर वापस लौटे तो एक सिपाही ने उन्हें गोली मार दी। इसके बाद उन्होंने कैप्टन गिटिंग की भी हत्या कर दी। लेकिन लेफ्टिनेंट टक्कर बचने में सफल रहे। और दियरा के राजा रुस्तम शाह के यहाँ शरण ली। उनको नदी के रास्ते से उनके साथियों के साथ बनारस पहुँचा दिया गया। इस समय तक पूरे जनपद में स्वाधीनता की लहर फैल गई थी और चारों ओर आतंक का माहौल व्याप्त हो गया था। जब इसकी सूचना जनपद के तत्कालीन डिप्टी कमिश्नर ब्लॉक और सहायक कमिश्नर को सुनाई पड़ी तो वे जान बचाकर भागे और गोमती नदी पार कर एक यासीन खान नामक पठान जमींदार के एक नौकर गुलाम मौला के यहाँ शरण ली। वहाँ पर उन्होंने बचने की कोशिश की, लेकिन नदी पर उत्तेजित भीड़ द्वारा घेर लिए जाने के बाद जब बचने का कोई रास्ता ना देख ब्लॉक ने क्रांतिकारियों को धमकाया और अपनी रिवॉल्वर से नजदीकी व्यक्ति पर गोली चला दी और नदी में कूद गया और डूब कर मर गया। सहायक कमिश्नर भी घटनास्थल पर मारा गया। सुलतानपुर के ब्रिटिश अधिकारियों को हटने के बाद स्वतंत्रता संग्राम सेनानियों ने उन अधिकारियों के घरों को लूट लिया और जला दिया। इस तरह सुलतानपुर जनपद फिर स्वतंत्र हो गया। स्वतंत्रता का पताका जनपद पर फहरने लगा। स्वतंत्रता संग्राम के नायक मेंहदी हसन को निजाम बना दिया जिन्होंने अपना मुख्यालय हसनपुर को बनाया। 9 जून से सितंबर 1857 तक लोग स्वाधीनता की खुशियों में डूबे हुए थे और चैन की सांस ले रहे थे। स्वतंत्रता की

रक्षा की व्यवस्था हो रही थी। चारों तरफ शांति का वातावरण था। हरेक जाति और वर्ग के लोग स्वतंत्रता की रक्षा के लिए बेचैन थे। इस संघर्ष में भारत माता के सपूत गाँव-गाँव से अपने हथियारों से लैस होकर आए थे। 8 सितंबर, 1857 अंग्रेजी गोरखा हाउस आजमगढ़ से जौनपुर पहुँच गई और जौनपुर में कंपनी का साम्राज्य स्थापित हो गया। इधर सुलतानपुर से हिंदुस्तान की सेना मेहंदी हसन को जिले की सुरक्षा-व्यवस्था का भार सौंप कर लखनऊ जा चुकी थी और जिले की रक्षा की पूरी जिम्मेदारी यहाँ के निवासियों पर आ गई। मेंहदी हसन ने लगभग 15000 लोगों के साथ सुलतानपुर के संपूर्ण पश्चिमी घाट पर अपना प्रभाव कायम कर लिया और उसका असर इलाहाबाद तक फैल गया। दियरा रियासत के राजा रुस्तम शाह अंग्रेजों के भक्त थे और प्रतिदिन की सूचना जौनपुर और बनारस पहुँचा रहे थे और उनकी ओर से अंग्रेजी फौजियों के लिए खाद्य सामग्री तथा रसद का प्रबंध किया जा रहा था। उधर दूसरी तरफ सुलतानपुर, प्रतापगढ़ और रायबरेली के तालुकेदार अंग्रेजों को जिले के बाहर खदेड़ने के लिए जनता को उत्साहित कर रहे थे।

यहाँ हम ब्रिटिश सरकार के कुछ टेलीग्राम प्रस्तुत कर रहे हैं, इससे आपको यह आभास हो जाएगा कि ब्रिटिश प्रशासन क्रांतिकारियों पर पूरी नज़र रखता था।

बेनी माधव की अगुवाई में क्रांतिकारियों का कालाकांकर की तरफ कूच

14 जीएफ एडमनस्टोन, इलाहाबाद, सेवा में, रीड, आगरा 23 जुलाई 1858

(रीड आज के उत्तर प्रदेश के प्रभारी लेफ्टिनेंट गवर्नर थे।)

हमें लखनऊ से सूचना मिली है कि बेनी माधव तथा रघुनाथ सिंह ने 19 जुलाई को मिसिर खेड़ा के नजदीक अपने कैंप को छोड़ दिया है और वह अपने 13500 साथियों के साथ, जिनके पास 17 बंदूकें भी हैं, गंगा के उत्तर पश्चिम में स्थित मानिकपुर से तीन मील दूर कालाकाकर की तरफ या फिर प्रतापगढ़ की तरफ कूच कर गए हैं।

क्रांतिकारियों का फैजाबाद, सुलतानपुर और टांडा की तरफ कूच

16 आर सिंपसन 12, सेवा में, ई. ए. रीड, आगरा 31 जुलाई, 1858

सर होप ग्रांट की अगुवाई में लखनऊ कॉलम 28 को

फैजाबाद से 14 मील दूर था। जिसका मुख्य भाग घाघरा नदी के दक्षिणी तट पर था, पर अपना कब्जा कर लिया और वो तीन डिवीजनों में बंट गए। पहला डिवीजन तीन हिंदू विद्रोहियों के नेतृत्व में फैजाबाद की ओर चला गया है। दूसरा डिवीजन जिसे नसीराबाद सांडी फोर्स कहा जाता है वह गोमती नदी पर बसे सुलतानपुर की तरफ चला गया है। तीसरा डिवीजन सोकुन सिंह की अगुवाई में घाघरा नदी पर बसे टांडा की तरफ गया है। खबर मिली है कि मोहम्मद हुसैन ने घाघरा नदी को पार कर लिया है।

सुलतानपुर और टांडा डिवीजन की अनुमानित सैन्य ताकत प्रत्येक में 3000 व्यक्ति है और इनके पास एक जैसी बन्दूकें हैं।

सुलतानपुर के निकट क्रांतिकारी

17. सिम्पसन, इलाहाबाद, सेवा में, ई. ए. रीड, आगरा, 31 जुलाई, 1858

जनरल सर 29 जुलाई को एच ग्रांट का कालम फैजाबाद पहुँच गया। विद्रोहियों ने घुड़सवार सैनिकों और पैदल सैनिकों के साथ नदी पार कर ली है और अयोध्या की तरफ नदी तट की ओर बढ़ गए हैं। उन्होंने वापस जाते शत्रुओं की आखिरी नाव पर गोलियां बरसाईं। विद्रोही जो दक्षिण की ओर कूच कर गए हैं, संभवतः सुलतानपुर में एकत्रित होंगे।

राजा मानसिंह ब्रिटिश कैंप में शामिल

18. आर सिम्पसन, इलाहाबाद, सेवा में, ई ए रीड, आगरा, 1 अगस्त, 1858

30 जुलाई को राजा मानसिंह, फैजाबाद में ब्रिटिश कैंप में शामिल हो गए। दक्षिण की ओर जाने वाले विद्रोहियों के सुलतानपुर से 13 मील दूर, जो सुलतानपुर के उत्तर पूर्व में है और बर्तीपुर में, जो इसी दिशा में सुलतानपुर से लगभग 6 मील दूर है, होने की खबर है।

सुलतानपुर फैजाबाद और मोहनगंज में क्रांतिकारी

19. जीएफ एडमनस्टोन, इलाहाबाद, सेवा में, ई ए रीड, आगरा, 17 अगस्त 1858

लखनऊ से यह सूचना प्राप्त हुई है। 2 अगस्त को फैजाबाद में सब कुछ ठीक-ठाक है। विद्रोही नसीराबाद फोर्स की दो रेजीमेंट खपराडीह से आगे बढ़ गई हैं और गोमती नदी को पार करते हुए सुलतानपुर से 3 मील दक्षिण पश्चिम हसनपुर चली गई हैं। बर्तीपुर रिबेल फोर्स ने 31 जुलाई को गोमती नदी पार करना शुरू किया था और अब पूरी फोर्स नदी पार कर चुकी है। उपरोक्त सूचना प्राप्त होने के बाद स्पष्ट रूप से वह सुलतानपुर की ओर बढ़ रहे हैं। इसके आगे भी फैजाबाद से 4 अगस्त तक की खुफिया रिपोर्ट प्राप्त हुई है। सुलतानपुर के नजदीक रिबेल फोर्स में 6700 सिपाही, 8900 अनियमित सैनिक, 1500 घुड़सवार तथा 11 बंदूकें बताई जा रही हैं। विद्रोहियों के प्रतापगढ़ की ओर जाने और वहाँ एकत्रित होने की मंशा है। फैजाबाद से एक सैन्य बल सुलतानपुर की ओर रवाना होने वाला है जिसमें फर्स्ट मद्रास फूजीलियर्स, फर्स्ट पंजाब राइफल्स, फर्स्ट ट्रूप एच ए, यूरोपियन और नेटिव होंगे। फैजाबाद और गोरखपुर के बीच डाक संचार शुरू किया जा रहा है। कानपुर रोड पर मोहन कस्बे को पुलिस इन्फेंट्री की एक रेजीमेंट और

लगभग 400 घुड़सवारों द्वारा 7 अगस्त को अपने कब्जे में ले लिए जाने की संभावना है। फैजाबाद के कमिश्नर ने आम जनता की सोच के बारे में बहुत अनुकूल रिपोर्ट दी है। जमींदारों के मन में विद्रोहियों को मार भगाने की सुगबुगाहट है।

गोमती नदी के पास 16000 लोगों का डेरा

20. जीएफ एडमनस्टोन, इलाहाबाद, सेवा में, ई ए रीड, आगरा, 11 अगस्त, 1858

सासाराम से खबर आ रही है कि नरिहरगंज और नसरी गंज कस्बों में विद्रोहियों द्वारा लूटपाट की गई है। सुलतानपुर में लगभग 16000 लोगों ने पुराने कैंट के पास गोमती नदी के पास डेरा डाल रखा है। इंग्लैंड और चीन के बीच संधि पर हस्ताक्षर हो गए हैं।

ब्रिटिश सेना सुलतानपुर की तरफ रवाना

21. जीएफ एडमनस्टोन, इलाहाबाद, सेवा में, ई ए रीड, आगरा, 13 अगस्त, 1858

9 अगस्त की सुबह फैजाबाद से सुलतानपुर की ओर सेना रवाना हुई। फैजाबाद में सब कुछ ठीक-ठाक है। देश में तेजी से हालात सामान्य हो रहे हैं। सुना है बनारस के कमांडर ने गाजीपुर से इस आशय की खुफिया रिपोर्ट प्राप्त की है कि अवध विद्रोहियों ने सातवीं पंजाब इन्फेंट्री को चारों तरफ से घेर लिया है और ओरिया के रास्ते शाहाबाद की ओर आ रहे हैं। नदी की सभी नावों को रोका जा रहा है।

इस प्रकार अंग्रेज़ी सरकार बहुत सतर्क थी। मेहंदी हसन की गतिविधियों की जानकारी होने पर कर्नल राटन ने अपनी सेना की एक बेहतरीन टुकड़ी के साथ लखनऊ रोड से कूच किया और चांदा में स्वाधीनता सेनानियों से मिला। स्वाधीनता के पुजारियों ने दुश्मनों को चांदा में रोकने का निश्चय किया। इस मोर्चे की जिम्मेदारी मुख्य रूप से प्रतापगढ़ जिले के कालाकांकर के अवधेश सिंह और अमेठी के राजा लाल माधो सिंह को दी गई थी, क्योंकि ये दोनों अवध के नवाब के निकट समझे जाते थे। सभी तालुकेदारों और जमींदारों ने हथियारों से सुसज्जित होकर हाथी-घोड़ों के साथ अपनी-अपनी सेना का संचालन किया और आगे बढ़ने लगे। कालाकांकर, जिसका इस क्षेत्र में स्वाधीनता संग्राम में महान योगदान रहा है। चांदा के युद्ध में कुंवर लाल प्रताप सिंह की भी चर्चा होती है। वे किशोर अवस्था में थे, फिर भी जब उन्होंने अंग्रेजी सेना के आगे बढ़ने की खबर सुनी तो वे रण क्षेत्र में कूद गए। वे सैनिकों के साथ चांदा पहुँच गए। इसमें उनके चाचा माधव सिंह आए, इस जनपद के कई अन्य तालुकेदार अपनी सेना के साथ चांदा पहुँचे, लेकिन अंग्रेजों के हितकारों द्वारा हतोत्साहित करने के कारण कुछ बड़े तालुकेदारों की सेनाएं रास्ते में ही रुक गईं। अंग्रेजी सरकार की ओर से लोभ और आश्वासनों के कारण अनेक सामंत और तालुकेदार रास्ते से ही वापस लौट गए। कुंवर लाल प्रताप सिंह अकेले अंग्रेजों की सेना के छक्के छुड़ा रहे थे। रण क्षेत्र में उनका घोड़ा घायल होकर गिर पड़ा। कुंवर लाल प्रताप सिंह भी वीरगति को प्राप्त हो गए।

चांदा में 1857 के स्वतंत्रता संग्राम में जिले के ग्रामीण इलाकों से और अवध के नवाब की सेना से रिटायर्ड अनेक सैनिक मातृभूमि की रक्षा के लिए लड़ने आए थे जिनमें हजारों सैनिक वीरगति को प्राप्त हुए और जो बचे थे लुक-छिप कर अगले मोर्चों पर अंग्रेजी सैनिकों को रोकने के लिए आगे बढ़े। इस युद्ध में वीरगति प्राप्त करने वालों में भवानी प्रसाद उर्फ भवानी दिन दुबे, ग्राम बलुआ, उमराव सिंह और गजाधर पांडे साहिल पारा आदि का नाम उल्लेखनीय है। ऐसे लोग भी वीरगति को प्राप्त हुए, जिनका कोई लिखित विवरण उपलब्ध नहीं है। सेनानियों में पाँच बंदूकों सहित 5000 लोग थे। मैलसन के अनुसार चांदा की पहली लड़ाई बहुत साहसपूर्ण तरीके से लड़ी गई लेकिन सेनानियों की हार हो गई। चांदा के युद्ध में अंग्रेजों की जीत हुई लेकिन उन्हें इतनी हानि उठानी पड़ी कि वे जीत कर भी चांदा से आगे बढ़ने का साहस नहीं कर सके। और फिर से अपनी शक्ति संगठित करने के लिए वापस जौनपुर चले गए।

फरवरी 1858 में जंग बहादुर और उसकी सेना के पहुँचने का समाचार आने तक जिले में शांति रही लेकिन उसके आने का समाचार सुनकर जिले के स्थाई निवासी अपनी चल संपत्ति के साथ भाग गए और मात्र 1 दिन संपूर्ण जनपद सूना रहा। गोरखा सैनिक जिले को सुनसान पाकर शहर में घुसे और पूर्ण रूप से सब कुछ लूटते हुए जलाकर नष्ट कर दिया और चले गए। चांदा के युद्ध में विजय अंग्रेजों की हुई लेकिन उनको भारी क्षति भी उठानी पड़ी। इस युद्ध के बाद एक बार फिर जनपद पर अंग्रेजों का दबाव बढ़ने लगा। फरवरी 1858 की समाप्ति पर जनरल फ्रैंक जौनपुर से सुलतानपुर आया तो रास्ते में उसे गंभीर प्रतिरोध का सामना करना पड़ा। उसकी सेना जनरल पहलवान सिंह के अधीन 10वीं, 20वीं और 97वींसैनिक टुकड़ियों के साथ 38 पर्वतारोही सैनिकों से सुसज्जित घुड़सवार सैनिकों से परिपूर्ण थी। 19 फरवरी को फ्रैंक का मुकाबला एक शक्तिशाली विद्रोही सेना से हुआ, जिसमें मेंहदी हसन के अधीन 10000 उसकी लेफ्टिनेंट के अधीन 8000 सैनिक थे जिसमें बंदा हसन के 2500 शामिल थे। वह चांदा किले में और सैनिकों के छिप कर गोली चलाने वाली ऊंची सराय में खुद ही छिपे हुए थे। जनरल फ्रैंक ने उग्र कार्यवाही की और 6 बंदूकों को जब्त कर लिया। चांदा गाँव से होकर उक्त गाँव के अंत तक स्वतंत्रता सेनानियों का पीछा किया। सूर्यास्त होने पर जब वह रुका तो मेंहदी हसन ने अपनी मुख्य सेना के साथ फ्रैंक पर एकाएक हमला बोल दिया। फ्रैंक ने उसे पीछे हटने के लिए विवश किया। मेंहदी हसन ने फ्रैंक को आगे बढ़ने से रोकने के क्रम में चांदा से 14 किलोमीटर दूर लखनऊ रोड पर भदेया किला और जंगल पर कब्जा कर लिया ताकि फ्रैंक लखनऊ स्थित ब्रिटिश सेना के साथ नहीं मिल सके। लेकिन 21 फरवरी, 1958 को हमला करके किले पर कब्जा कर लिया।

वाजिद अलीशाह के पुत्र नवाब बिरजिस कदर द्वारा महौना के तालुकेदार राजा अलीबकश मुस्लिम भाले सुल्तान को 23 फरवरी, 1858 ई. को अंग्रेजों से युद्ध करने के

लिए एक पत्र लिखा था जिसका आशय यह था कि, "वह स्वयं तथा उसके सहयोगी पूरब से आ रही अंग्रेज व गोरखा सेना से डटकर मुक़ाबला करें" इसी प्रकार का हुक्मनामा रज्जब 1274 हिजरी को मनियानपुर राज्य की तालुकेदारियाँ श्रीमती सुजराबीवी को लिखा गया था। इन सब पत्रों का सन्दर्भ लखनऊ के चीफ कोर्ट म्युनिटी बस्ता में मिलता है।

ब्रिगेडियर मैउग्रेगर अपने पत्र दिनांक 12 मार्च, 1858 ई. में लिखता है कि कादूनाला के घने जंगलों में ब्रिटिश सेना का विद्रोहियों से पार पाना मुश्किल था, लेकिन गोरखा सैनिकों के कारण मनोबल बना रहा। हमारे सैनिकों ने छह सौ विरोधी सैनिकों को या तो गोलों से उड़ा दिया अथवा तलवार से काट-काटकर उनकी बोटी-बोटी कर दी। हमारी ओर से एक सैनिक मरा और 16 सैनिक घायल हुए।

'कैप्टल फाउडन ने स्वयं 20 मार्च को एक पत्र सचिव मिलिट्री कमिश्नर को लिखा था'। कादूनाला के युद्ध में विद्रोहियों ने बड़ी बुलन्दी के साथ मुकाबला किया था। उनके पास 6000 सैनिक थे हमने भी अपने पाँच रेजीमेंट नाले के किनारे लगा दिया था। जिससे 13 बन्दूकें थीं।

इसके बाद 1 मार्च को जनरल फ्रेंक ने सुलतानपुर से आगे बढ़ने का निश्चय किया लेफ्टिनेंट एकमैन एक आधुनिक सेना का कमांडर था, ने यह सुना कि रास्ते में सुलतानपुर से 4.8 किलोमीटर की दूरी पर जनपद के लगभग 500 पैदल सैनिक, 200 घुड़सवार सैनिक और 2 तोपों के साथ लड़ाई करने के लिए पड़ाव डाले हैं तो 1 मार्च की सुबह ही अपने कैंप से क्रमबद्ध रूप से सैनिक सहायता भेज दी। उसके पास सौ व्यक्ति थे लेकिन उसने घुड़सवार सैनिकों और तोपों की जरूरत के लिए फ्रेंक से जानकारी के लिए भेज दिया। उसने स्वतन्त्रता सेनानियों पर हमला बोल दिया। फिर भयानक लड़ाई हुई, जिसमें एकमेन गंभीर रूप से घायल हो गया। उसके घुड़सवार सैनिक उसे उठा ले गए। इसके बाद अंग्रेज सैनिक फिर से भारतीयों पर टूट पड़े। इस दौरान भीषण युद्ध हुआ। खून की नदियां बहने लगीं। अमेठी की जनता ने इस युद्ध में अपना तन-मन-धन सर्वस्व अर्पित कर दिया।

4 मार्च, 1958 के दिन सुलतानपुर में गोरखा सैनिकों को महाराजा जंग बहादुर के अधीन करके लखनऊ में कोलिन कैंपबेल से मिल गया। मार्च के पहले सप्ताह में कैप्टन पलाऊ डेन के सुलतानपुर पहुँचने पर गोरखा सेना जनरल खड़क बहादुर के अधीन हो गई और वहाँ से वे लखनऊ रोड से आगे बढ़ गए। जिले में फिर हलचल मच गई। एक बार फिर स्वाधीनता के नायकों ने मोर्चा लेने का निश्चय किया और मुसाफिरखाना के पश्चिम के कादू नाला के पुल पर नाकेबंदी की गई। इस स्थान पर जिले के प्रमुख नायक मेहंदी हसन, जगदीशपुर के मोहम्मद हसन और जिले के अन्य तालुकेदारों के अलावा बैसबारे के राना बेनी माधव सिंह और अवध के नवाब की बेगम हजरत महल भी आए थे और युद्ध का नक्शा बनाया था। 5 मार्च, 1858 का दिन बहुत दुखद दिन रहा।

इस दिन फ्रैंक मुसाफिरखाना पहुँच गए और वहाँ से 2.4 किलोमीटर दूर कादू नाले पर मेहंदी हसन के नेतृत्व में स्वतंत्रता सेनानियों का सामना हुआ। लेकिन ब्रिटिश तोपखाने को सामने स्वतंत्रता सेनानियों की तोप टिक नहीं सकी। सात व आठ मार्च को विद्रोही अंग्रेज़ी सेना पर भारी पड़े, पर अगले दिन नौ मार्च को अंग्रेजों के सहयोगी ने विद्रोहियों से ग़द्दारी कर अंग्रेज़ों को विद्रोहियों की स्थिति की जानकारी दे दी। इसके बाद भाड़े के गोरखा सैनिकों के एकाएक पीछे से आक्रमण कर देने के कारण स्वतंत्रता सेनानी संभल नहीं पाए, वहां 600 लोग मारे गए और 100 पकड़े गए। आज भी कादू नाला पर शहीदों के वंशज हर 9 मार्च को पूजा-हवन करते हैं। अंग्रेजों की तरफ़ से लड़ने वाले गोरखा सैनिकों के बारे में विलियम हॉवर्ड रसल ने 'माई डायरी इन इंडिया' में लिखा है कि अवध के क्षेत्र में केवल अंग्रेजी सेना ने ही लूटमार नहीं मचाई। नेपाल का राजा जंग बहादुर, जो अपने 25000 सैनिकों के साथ अंग्रेजों के सैनिक अभियान में शामिल होने आया था, वह भी बहुत सारा लूट का माल साथ ले गया।

गोरखा सैनिकों का पड़ाव जगदीशपुर में हुआ, फिर लखनऊ के लिए चल दिए। जब उनकी सेना लखनऊ के करीब पहुँची तो फिर लड़ाई शुरू हो गई। संग्राम सेनानी पूर्व की तरफ से चल पड़े परंतु सुलतानपुर के उत्तर में थोड़ी दूर पर एडवर्ड लुगार्ड से हार गए। सन् 1857 के प्रथम स्वतंत्रता संग्राम में लाल माधव सिंह की भूमिका महत्वपूर्ण है। 1857 में अंग्रेजों के विरुद्ध तालुकेदारों ने जो हथियार उठाया, उसके कई कारण थे किंतु उनमें सर्वाधिक महत्वपूर्ण था कि उनके भूमि के अधिकारों को कम किया गया। कंपनी के आने के बाद पहला काम किया जल्दी सुनवाई कर लगान का बंदोबस्त करने का आदेश दिया। फरवरी 1856 में गवर्नर जनरल ने निर्देश दिया कि किस प्रकार लगान का बंदोबस्त किया जाए। इनमें सबसे महत्वपूर्ण बात यह थी जो बंदोबस्त करने वाले अफसर थे, उनको यह निर्देश दिया गया कि जिन लोगों की भूमि पर कब्जा है उनकी सुनवाई कर जल्द ही लगान तय कर दिया जाए। इस नीति के कारण स्वाभाविक था कि तालुकेदारों में रोष उत्पन्न हो। तालुकेदारों के बहुत से गाँव जब्त कर लिए गए। इस बंदोबस्त में अमेठी के राजा लाला माधो सिंह के भी बहुत से गाँव छीन लिए गए। अवध का अधिग्रहण करते समय अंग्रेजों ने तालुकेदारों के पुश्तैनी सामाजिक स्तर को ध्यान में नहीं रखा। जो भी उन्होंने कदम उठाया, उससे उनके आत्मसम्मान और उच्चता की भावना को गहरी चोट लगी। उन्हें एक आम आदमी के स्तर पर ला दिया गया, जो मामूली किसान था, जिसके ऊपर वे आज तक शासन करते थे। इसलिए स्वाभाविक था कि उन्हें इसका दुख हुआ और जो विरोध की अग्नि उनके भीतर थी, इस कारण उन्होंने अंग्रेजों की अवहेलना की। यह चिंगारी 1857 में भड़क उठी।

इतिहासकार डॉ. एस. बी. चौधरी ने अपनी किताब में लिखा है कि–'शंकरपुर के राजा बेनी माधव सिंह, अमेठी के लाल माधव सिंह, हनुमंत सिंह, नानासाहेब, बाला राव, ज्वाला प्रसाद, मेहंदी हसन और मोहम्मद हसन इस क्रांति के प्रमुख नेताओं में से थे।

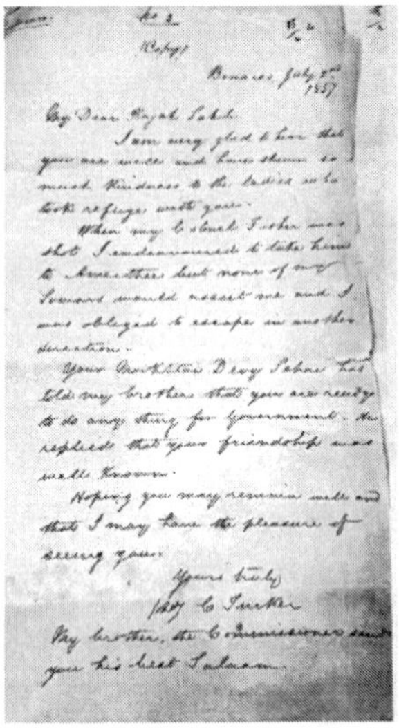

Copy

Benares July 2nd 1857

My Dear Rajah Sahib

I am very glad to hear that you are well and have shown so much kindness to the ladies who took refuge with you.

When my Colonel Fisher was shot I endeavoured to take him to Amethee but none of my Sowars would assist me and I was obliged to escape in another direction.

Your Mukhtiar [illegible] has told my brother that you are ready to do any thing for Government. He replied that your friendship was well known.

Hoping you may remain well and that I may have the pleasure of seeing you

Yours truly

(Sd) C. Tucker

My brother, the Commissioner sends you his best Salaam.

ये लोग बड़े शक्तिशाली थे और उत्तरी परिधि में जंगलों में निर्मित इन लोगों के किले अभी तक (1858 के मध्य तक) आक्रमण से अछूते थे। इस समय तक अवध का मध्य प्रांत लगभग जीत लिया जा चुका था, किंतु पूरे प्रांत में अभी भी उक्त विरोधी दल हावी था। राजा लाल माधव सिंह सन् 1857 की क्रांति के प्रमुख नेताओं में थे और उनका दुर्ग सन् 1858 के अंत तक उनकी शक्ति के बल पर अजेय रहा। रामपुर कासिया का किला, जो कनपुरिया का एक शक्तिशाली गढ़ था 3 नवंबर को एक भयंकर हमले द्वारा कब्जे में ले लिया। इसके बाद अमेठी का किला, जो शक्तिशाली लाल माधव सिंह का था और जो अक्तूबर के महीने में खुलेआम विद्रोहियों के साथ था, को पराजित करने के लिए एक सुनियोजित नीति बनाई गई। 1845 में शाहगंज का मान सिंह सुलतानपुर और फैजाबाद का नाजिम नियुक्त हुआ। उससे उसका सीधा टकराव हुआ। सुलतानपुर फैज़ाबाद कार्यालय में आते ही उसका झगड़ा हो गया। झगड़े का कोई फैसला नहीं हुआ। इसी बीच कंपनी ने जो नया बंदोबस्त लागू किया था, उससे लाल सिंह के भाग्य में वही हुआ, जो अन्य बड़े तालुकेदारों का हुआ था। उससे बहुत से गाँव छीन लिए गए और अंग्रेजों के मददगार चाटुकारों को दे दिए गए। इसके अलावा उसे आदेश दिया गया कि 1 अक्तूबर, 1856 तक अपने सभी हथियार और तोपखाना समर्पित कर दें। लाल माधो सिंह ने इसका विरोध किया लेकिन कहते हैं कि अगस्त 1856 में उसने अपनी कुछ तोपों को कर्नल गोल्डन को समर्पित कर दिया। आंतरिक रूप से लाल माधो सिंह को बड़ा दुख हुआ और विद्रोह के प्रथम चरण में ही उसने अंग्रेजों से पूर्ण रूप से संबंध तोड़ लिया। यह स्वाभाविक ही था कि वह अंग्रेजों का शत्रु बन गया और विद्रोहियों के दल में शामिल हो गया। कहा जाता है कि सितंबर 1857 तक दूसरे तालुकेदारों की तरह लाल माधो सिंह ने अपने आप को सबसे अलग रखा और घटनाओं को बड़े गौर से देखता रहा। लेकिन इसके बाद तालुकेदारों की एक बहुत बड़ी संख्या लखनऊ रेजीडेंसी के घेरे में सम्मिलित हुई। उन्होंने अपने सैनिकों को भेजा या खुद चले गए। दूसरों की तरह लाल माधो सिंह ने भी बेगम हजरत महल की पुकार का स्वागत किया और विद्रोहियों का साथ देने का विचार किया और लखनऊ की ओर चल दिए। केंद्रीय प्रदेश के लेफ्टिनेंट ग्रांट ने सूचना दी कि राजा लाल माधव सिंह हमारे विरुद्ध जा रहे हैं या जा चुके हैं। फिर भी उसे अपनी ओर मिलाने के लिए लॉर्ड कैनिंग ने सुझाव दिया कि लाल माधव सिंह को कुछ इनाम दे दिए जाएं, ताकि उसकी सहायता और मूल्यवान सेवाएं प्राप्त की जा सकें।

इस प्रसंग में ग्रांट ने लाल माधो सिंह को इस प्रकार लिखा कि यदि आप अपनी वफादारी का सबूत देना चाहते हैं तो अवध का सूबा अंग्रेजी राज्य से पहले की तरह शासन प्रबंध के लिए दिया जा सकता है। आउट्रम ने भी उसे विश्वास दिलाया कि जो भी वादा लॉरेंस ने उससे और मान सिंह के साथ किया है, उसे पूरा किया जाएगा। बशर्ते लाल माधो सिंह और मान सिंह अपनी वफादारी कायम रखें और ऐसी सेवाएं करें जिनकी मुख्य आयुक्त को उनसे उम्मीद है। फिर भी इन वादों का लाल माधो सिंह पर कोई प्रभाव नहीं पड़ा। यह कहा जाता है कि 9 अक्तूबर, 1857 में अपनी को लखनऊ के विद्रोहियों में सम्मिलित किया। उसने न केवल अपने सैनिक भेजे, बल्कि अन्य सहायता भी की।

फरवरी 1858 तक विद्रोहियों का भविष्य अंधकार में था। इसलिए बहुत से तालुकेदारों को विद्रोहियों का साथ छोड़ने में तनिक भी हिचकिचाहट नहीं हुई। कारण स्वाभाविक था, इसलिए लाल माधो सिंह ने अपने आपको उनसे अलग कर लिया और अमेठी की ओर चल दिए। फिर भी 1858 साल में लाल माधो सिंह ने दूसरी बार बागियों का साथ दिया। इसी महीने में उसने बैसबाड़ा के तालुकेदारों को पुकारा कि वे उनकी मदद करें। वह कर्नल राटन और जनरल फ्रैंक को आगे बढ़ने से रोक रहा था। इसके उत्तर में शंकरपुर के बेनी माधव सुलतानपुर के लिए 13000 जवान और 8 तोपों के साथ रवाना हो गए। दोनों ने मिलकर सुलतानपुर की लड़ाई लड़ी। अंग्रेजों द्वारा लाल माधो सिंह को अपनी ओर से मिलाने के लिए बहुत कोशिश की गई लेकिन वे कामयाब नहीं हो सके। लाल माधो सिंह बागियों के साथ ही रहे।

राजा लाल माधो सिंह 10 नवंबर 1858 तक अंग्रेजों से लगातार लड़ते रहे और विद्रोहियों को खुला समर्थन दिया। जब देश के अन्य भागों में क्रांति का दमन कर दिया गया तो लाल माधो सिंह ने भी अपना प्रयास पूरी तरह से शिथिल कर दिया।

एक बार विद्रोह में फँसी हुई तीन अंग्रेज महिलाओं को बचा कर सुरक्षित इलाहाबाद भेजा, जिनके नाम मिसेज़ गोल्डी, मिसेज़ ब्लॉक व मिसेज़ स्त्रोवन थे। उनके साथ अच्छे व्यवहार के लिए अंग्रेज शासन की ओर से उनके पुश्त के लिए एक लाख की माफी कर दी। लेकिन कहते है कि उन्होंने स्वीकार नहीं की थी।

राजा लाल माधव सिंह को ब्रिटिश सरकार का पत्र

कमिश्नर इलाहाबाद द्वारा 20 जून, 1858 को राजा माधव सिंह को लिखा गया

बताया गया है कि आपके तालुका में तीन महिलाएं अवरुद्ध हैं। यह आपकी उदारता और दयालुता की मिसाल होगी यदि आप उन्हें सुरक्षा के साथ यहाँ भेज दें। जो लोग उन्हें यहाँ सुरक्षित पहुँचाएंगे उन्हें उनकी योग्यता अनुसार उपयुक्त पुरस्कार दिया जाएगा और उनके इस कार्य की प्रशंसा करते हुए सरकार को रिपोर्ट भेजी जाएगी। आपके संबंधियों द्वारा इस बारे में की गई मदद को ध्यान में रखा जाएगा।

दूसरा पत्र।

प्रिय राजा साहेब,

मुझे यह जानकर अत्यधिक प्रसन्नता है कि आप सकुशल हैं और आपने अपनी शरण में आई महिलाओं के प्रति इतनी अधिक दयालुता दर्शाई है। जब कर्नल फिशर को गोली मारी गई थी, मैंने उन्हें अमेठी पहुँचाने की कोशिश की लेकिन मेरे किसी भी जवान ने मेरी मदद नहीं की थी। तब मुझे दूसरी दिशा में भागकर प्राण बचाने पड़े थे।

आपके मुख़्तार देवी सहाय ने मेरे भाई को बताया है कि आप सरकार के लिए कुछ भी करने को तैयार हैं। इस पर उन्होंने जवाब दिया कि आपकी मित्रता तो जगजाहिर है। आशा है आप आगे भी सकुशल रहेंगे और मुझे जल्दी आपसे मिलने का सौभाग्य प्राप्त होगा।

भवदीय

सी. ट्रक

मेरे भाई कमिश्नर की ओर से आपको दिल से सलाम।

राजा को पेश होने के लिए कहा गया

भारत में कमांडर इन चीफ लॉर्ड क्लाइव द्वारा अमेठी के राजा लाल माधव को 3 नवंबर, 1858 को आर्मी हेड क्वार्टर कैंप, प्रतापगढ़ से लिखा गया एफ. पत्र संख्या 145

माननीय गवर्नर जनरल के आदेश से कमांडर इन चीफ अमेठी के राजा लाल माधव को ग्रेट ब्रिटेन की महारानी द्वारा की गई आम माफी की घोषणा की एक प्रति भेज रहे हैं। महारानी ने अपनी घोषणा में जघन्य अपराधों में संलिप्त अपराधियों को छोड़कर सभी को आम माफी देने का वादा किया है। कमांडर इन चीफ की यह दिली इच्छा है कि आगे और अधिक खून-खराबा न होने पाए तथा महारानी की आम माफी की मंशा को जहाँ तक संभव हो मूर्त रूप दिया जाए। इसलिए, कमांडर इन चीफ, गवर्नर जनरल की ओर से अमेठी के राजा को प्रतापगढ़ आने और अपनी बात कहने के लिए आमंत्रित करते हैं। कमांडर इन चीफ उनकी सुरक्षा की पूरी गारंटी देते हैं।

यदि आमंत्रण स्वीकार नहीं किया जाता है तो कमांडर इन चीफ को अमेठी की घेराबंदी करने के लिए सैन्य बलों को भेजने हेतु बाध्य होना पड़ेगा और उसका जो भी परिणाम होगा उसके लिए अमेठी के राजा जिम्मेदार होंगे। अभी महारानी के आदेश का पालन करते हुए कमांडर इन चीफ राजा को, उनके परिवार को, और उनके समर्थकों को संकट से बचाना चाहते हैं। कमांडर इन चीफ कल प्रतापगढ़ पहुँच चुके हैं। उनकी इच्छा है कि राजा के खिलाफ किसी तरह के शत्रुता भाव से सई नदी को पार कर आगे न बढ़ा जाए। मेजर बैरो द्वारा अमेठी के राजा को जो सुरक्षा की

गारंटी दी गई थी उसके अलावा कमांडर इन चीफ ने भी अपनी ओर से सुरक्षा की गारंटी दी है।

अंग्रेजी सरकार इस प्रकार अमेठी रियासत पर हर प्रकार से दबाव बना रही थी।

अमेठी में 1857 के विद्रोह के दौरान अन्य क्रांतिकारियों के साथ नानासाहेब और और औदान सिंह, जालिम सिंह की दास्तान अविस्मरणीय। उन सबकी कुर्बानियां हैरतअंगेज थीं। प्रथम भारतीय स्वतंत्रता संग्राम के अग्रदूत नाना साहब का भी सुलतानपुर, अमेठी का क्षेत्र न सिर्फ कार्यस्थल रहा। बल्कि उनका आश्रय स्थल भी रहा। नाना साहब ने अपने जीवन के अनेक वर्ष छद्म वेश में जनपद में ही बिताए। इस बात का खुलासा नाना साहब के निकट सहयोगी वकील अजीमुल्ला खाँ ने अपनी डायरी में किया है। सन् 1857 की क्रांति के संयोजकों व संचालकों में नाना साहब और उनके विश्वासपात्र वकील अजीमुल्ला खाँ अग्रणी थे। दोनों ने मिलकर ही उस समय के नाममात्र के बादशाह बहादुर शाह जफर को भी क्रांति का नेतृत्व करने के लिए राजी किया। उसके बाद दोनों ने वेश बदल कर हर थाने, हर दफ्तर और प्रत्येक सैनिक शिविरों तक में स्वाधीनता का संदेश पहुँचाया और तीर्थ यात्रा के बहाने सारे देश में भ्रमण करके अंग्रेजों के विरुद्ध देश के नरेशों, जमींदारों, सैनिकों और साधारण जनता में विद्रोह की भावना भरी। 6 दिसंबर, 1858 को जब कानपुर फिर से अंग्रेजों के हाथ में आ गया और क्रांति विफल हो गई तो नाना साहब छद्म वेश में अज़ीम उल्ला ख़ां और बाला राव के साथ वहाँ से बच निकले। सुलतानपुर-प्रतापगढ़ की सीमा के पास स्थित रियासत राजा बाजार के राजा महेश नारायण सिंह का गुप्त पत्र पाकर नानासाहेब वहाँ के बावनगढ़ जंगल में गए, जहाँ उन्हें एक कायस्थ शिव नारायण लाल का पुत्र बता कर रखा गया। उनका नाम बदल कर माधोलाल हो गया। कुछ समय बाद उनकी महारानी भी जौनपुर जिले के गाँव के कायस्थ परिवार में आकर ठहरी। सन् 1862 होली के आसपास महारानी को कायस्थ की बेटी बना कर माधो लाल के साथ दिखावटी शादी भी कर दी गई। वे राजा बाजार के मढरामू नामक ग्राम में रहने लगे। डायरी के मुताबिक 1889 में काशी लाल नाम के एक व्यक्ति की सूचना पर नानासाहेब पहचान कर पकड़ लिए गए। पंडित बलराज वकील की सहायता से जेल से वे भाग निकले। इसके बाद वे संन्यास लेकर 15 जनवरी, 1890 से कभी-कभी बच्चों से मिलने मढ़रा मऊ आ जाते थे। 1 फरवरी, 1926 को नैमिसार मिसरिख में गोमती के किनारे नहाते समय वह दलदल में धंस गए और गोमती की गोद में सदा के लिए समा गए।

एक और क्रांतिकारी भाइयों की कुर्बानी की कहानी रोंगटे खड़े कर देने वाली थी। ऐसे लोगों ने इस देश की आजादी के लिए न जाने कितनी यातनाएं सहीं। अपनी कुर्बानियों से अमेठी के लोगों को जगाया। स्वतंत्रता संग्राम की आग जब कादीपुर तहसील के दक्षिण पूर्व में स्थित गजेंद्रपुर निवासी औदान सिंह और उनके सगे भाई जालिम सिंह तक पहुँची तो उन्होंने बढ़-चढ़कर हिस्सा लिया और घोर यातनाएं सहीं।

19वीं शताब्दी तक गजेंद्रपुर एक रियासत थी, जहाँ पारसनाथ सिंह ने अपनी ज़मींदारी को छोड़कर खालीशपुर ददवा सूरापुर के दक्षिण में अपना आवास बनाया और कलीचाबाद जौनपुर को अपना कर्म क्षेत्र। यहीं के दान सिंह और जालिम सिंह ने 18 वर्ष की उम्र से ब्रिटिश सत्ता को राजस्व नहीं देने का प्रण किया। 1857 की क्रांति के निशान कमल को प्रतीक मानकर औदान सिंह, वर्मा से मेरठ तक की लड़ाई में शामिल रहे औदान सिंह अंग्रेजों के खिलाफ छापामार युद्ध और अंग्रेजी पुलिस को चकमा देते रहे। राजस्व बहिष्कार करने के कारण और औदान सिंह के हाथों और नाखूनों में खपीची ठोंकी गई। और कई बार जेल की कालकोठरी में भी रखा गया। अंग्रेजों के विरुद्ध छापामार युद्ध के दौरान वह कभी नदी के इस पार तो कभी उस पार छुप कर भागते रहे और अंग्रेजी पुलिस उन्हें पकड़ने में अक्षम साबित हुई। एक बार सैर-सपाटा करने निकली अंग्रेज़ अधिकारियों की औरतों को रेत पर नचाया। जिससे अंग्रेज अधिकारी बहुत गुस्से में आ गए। औदान सिंह और उनके साथियों की खोज जारी हुई, लेकिन उनको पकड़ा नहीं जा सका। छापे के दौरान औदान सिंह तथा उनके साथियों ने मधुमक्खी का छत्ता फोड़ दिया। उसके बाद ब्रिटिश सिपाही दुबारा इस गाँव में नहीं आए।

मंशा सिंह की समाधि जर्जर अवस्था में

ब्रिटिश शासन द्वारा जौनपुर जनपद के उनके अधिकार के सारे गाँव नीलाम कर दिए गए, जिसे राज कृपाल दुबे ने लिखवा लिया। औदान सिंह समय-समय पर कानपुर बिठूर में जाकर नानासाहेब पेशवा से सलाह-मशविरा करते थे और उनके निर्देश पर कार्य करते थे। जनपद के जो गाँव उनके अधिकार क्षेत्र में थे, उनकी नीलामी नहीं हो सकी। इसका कारण यह था कि इधर के राजा स्वयं राजकुमार क्षत्रिय थे जिन्होंने अंग्रेज शासन और औदान सिंह के बीच मध्यस्थता का कार्य किया। इस कूटनीतिक चाल में गजेंद्र पर मेढा गाँव के बीच सदा बहने वाले नाले द्वारा बाढ़ के प्रकोप से बचने के लिए लंबे मजबूत बांध को तोप से उड़ा दिया, जिसका टूटा-फूटा भाग आज भी गाँव में मौजूद है। एक दिन औदान सिंह गिरफ्तार कर लिए गए लेकिन जेल के सिपाहियों ने उन्हें चुपके से बाहर निकाल दिया। वे इसके बाद भी अंग्रेजों के अत्याचार के खिलाफ संघर्ष करते रहे।

अमेठी में मंशा सूबेदार सिंह की भी कहानी जनमानस में है। जनपद मुख्यालय के गौरीगंज से 8 किलोमीटर दूर सुलतानपुर रायबरेली राजमार्ग पर स्थित गाँव पूरे मंशा सूबेदार सिंह का पुरवा आज भी अपने में एक अनूठा इतिहास संजोए हुए है। मंशा सिंह 1850 के करीब अंग्रेजी सेना में भर्ती हुए थे और कुछ समय बाद उन्हें सूबेदार बना

दिया गया। तभी से इनका नाम सूबेदार मंशा सिंह हो गया। स्थानीय पत्रकार दिलीप सिंह बताते हैं कि वह इसी गाँव के निवासी हैं, अपने गाँव के गौरवशाली इतिहास को याद करते हुए वे कहते हैं कि मंशा सिंह को नौकरी करते हुए मात्र 7 वर्ष ही बीते थे कि 1857 में विद्रोह शुरू हो गया। मंशा सिंह भी अंग्रेजी शासन के विरुद्ध बगावत कर बेगम हजरत महल की फौज में शामिल हो गए। मंशा सिंह ने गोमती कांड में भी सक्रिय रूप से भाग लिया और अपने साथियों के साथ मिलकर अनेक अंग्रेजों को मौत की नींद सुला दिया, लेकिन लखनऊ पर अंग्रेजों का अधिकार हो जाने पर मंशा सिंह ने भागकर अपने रिश्तेदार राजा जयपाल सिंह के यहाँ शरण ली। मामला जब शांत हो गया तो जयपाल सिंह ने मंशा सिंह से कहा कि अब आपको अपने लिए कहीं अलग व्यवस्था कर लेनी चाहिए। इसके बाद सूबेदार मंशा सिंह ने उनके आदेश का पालन करते हुए पास के जंगल को साफ करवा कर अपने नाम से एक नए गाँव का निर्माण किया, जो आज भी मंशा सूबेदार सिंह का पुरवा के नाम से जाना जाता है, जहाँ मंशा सिंह की समाधि भी है। क्षेत्र में जनता अंग्रेज समर्थकों के विरुद्ध हो चुकी थी, इस वातावरण का प्रभाव अंग्रेजी समर्थक रियासत तिलोई के द्वारा **27 जून, 1858 को मेजर बैरो को लिखा गया पत्र है। पत्र में राजा ने लिखा कि–**

पानी से निकाली गई मछली सा मेरा हाल है। हमने हजारों दुश्मनों को मार दिया पर हमारे हथियार खत्म हो गए हैं...कोई मदद नहीं मिली...पूरा इलाका मेरे खिलाफ हो गया है। कोई मददगार नहीं है...वर्षा ऋतु है। मैं जैसा भी होगा खुद को बचाने की कोशिश करूंगा। बागी बड़ी संख्या में यहां एकजुट हो रहे हैं।

यह उपरोक्त पत्र की भाषा बता रही है कि जनता किस हद तक अंग्रेजों के विरुद्ध हो चुकी थी। इसी प्रकार गोंडा में स्थिति यह उत्पन्न हुई कि 26 मई, 1858 को शाहगंज के तालुकेदार मान सिंह ने मेजर बैरो को पत्र लिखकर अवगत कराया था **"वे क्रांतिकारियों से घिर गए हैं, उनकी जान खतरे में है, अपने परिवार को राजा अमेठी के यहाँ भेज दिया है। राजा देवी बख्श सिंह और कैप्टन गजोधर क्रांतिकारी सैनिकों एवं सवारों के साथ मोर्चा घाट से घाघरा पार करके शाहगंज पहुँचने वाले हैं।**

उपरोक्त पत्रों से ज्ञात होता है कि मान सिंह की स्थिति अंग्रेजों का साथ देने के कारण खराब हो गई थी, जिसके चलते उन्हें अपने परिवार को अमेठी राजा के यहाँ छोड़ना पड़ा था।

1857 सैनिक विद्रोह या ब्रिटिश हुकूमत से मुक्ति का जनआंदोलन?

अपने देश में 1857 का संग्राम शोषित-प्रताड़ित और उपेक्षित भारतीय जनता की स्वतंत्रता प्राप्ति की उत्कंठा का प्रतीक है। समकालीन अंग्रेज लेखकों और प्रशासकों से लेकर भारतीय लेखकों के बीच अभी तक विवाद का विषय बना हुआ है। 1857 की

क्रांति का स्वरूप क्या था? ज्यादातर अंग्रेज और कुछ भारतीय लेखकों और इतिहासकारों ने इसे प्रथम स्वाधीनता संघर्ष नहीं मान कर म्युटिनी ऑफ दि इंडियन आर्मी, सिपाही विद्रोह या गदर, सामंतवादी प्रतिक्रिया और हिंदू-मुस्लिम का संयुक्त षड्यंत्र कह कर इसके महत्व को कम करने की ही कोशिश की है।

फ्रेंड राबर्ट्स 1857 की घटना को सिपाही विद्रोह मात्र मानते हैं। रावलपिंडी से 1857 को अपनी माँ के नाम पत्र लिखते हुए उन्होंने क्रांति का उल्लेख इस प्रकार किया था कि दि म्यूटीनी नॉट गैंड ग्राउंड, ईट इज थैंक गॉड, ओनली अमोंगस्ट द सोलजर्स। सर जॉन लारेंस भी 57 की घटना को सिर्फ गाय की चर्बी से उत्पन्न सैनिक उत्पात मानते हैं। एडवर्ड टॉमसन और जीडी गैरेट के अनुसार उसे या तो सिपाही विद्रोह या अनधिकृत राजाओं और जमींदारों की अनियोजित कोशिश या सीमित किसान युद्ध कहा जा सकता है। सर जॉन सीले भी इस विद्रोह में देश प्रेम और जन सहयोग का अभाव मानते हैं। सर जेम्स आउट्रम ने इसे मुसलमानों का षड्यंत्र बताया। विलियम हॉवर्ड रसेल ने इसे एक धार्मिक युद्ध कहा है।

इस बात की पुष्टि अनेक विद्वानों और लेखकों के कथनों से भी हो जाती है और जिनमें सत्यता की साफ झलक दिखलाई पड़ती है। पहली बार 1909 में विनायक दामोदर सावरकर ने 1857 के विद्रोह को भारत की स्वतंत्रता का युद्ध कहा और इस शीर्षक से एक ग्रंथ लिखा, जिसकी बहुत चर्चा होती है। पंडित जवाहरलाल नेहरू ने अनेक युक्तियों के आधार पर यह कहा है कि 1857 का आंदोलन सिपाही विद्रोह नहीं बल्कि स्वतंत्रता प्राप्ति के निमित्त भारतीय जनता का संगठित संग्राम था। इस विद्रोह के पीछे खासतौर से अंग्रेजों को सदा के लिए अपने देश से निष्कासित करने का ही उद्देश्य था।

1857 का संग्राम यदि सैनिक विद्रोह था तो उसमें सिर्फ सैनिक ही भाग लेते। लेकिन सच्चाई यही थी कि मेरठ की चिंगारी ने दो ही दिनों में दिल्ली पहुँच कर विशाल रूप धारण कर लिया। दिल्ली में अंग्रेजी सरकार के विरुद्ध लड़ने वाले केवल सिपाही नहीं थे दिल्ली की जनता भी उनमें शामिल थी। इसलिए अंग्रेजी सेनाओं को गाँव और शहरों में भारत की जनता से लड़ना पड़ा, सिपाहियों से नहीं। पाश्चात्य लेखकों ने भी इसका समर्थन किया है कि विद्रोह में ग्रामीण और शहरी जनता शामिल थी। गंगा पार के इलाके में ही नहीं दोआब जिलों में भी ग्रामीण जनता उठ खड़ी हुई थी और ऐसा कोई आदमी गाँव या शहर में नहीं बचा था जो अंग्रेजों के विरुद्ध न खड़ा हुआ हो। इसका ज्वलंत दृष्टांत दिल्ली में देखने को मिला था। दिल्ली में शहर के निवासियों ने क्रांतिकारियों का स्वागत किया और बड़ी संख्या में नगरवासी विद्रोहियों के साथ मिल गए थे। इस विद्रोह में हिंदू और मुसलमान दोनों ने ही हिस्सा लिया इसलिए इसे मुसलमानों का षड्यंत्र नहीं कहा जा सकता।

सन् 57 के विप्लव में कुछ सिपाहियों के साथ-साथ अंग्रेजों के अत्याचार से क्षुब्ध जनता ने भी सक्रिय भाग लिया था। इसलिए इसे मात्र सैनिक विद्रोह कहना नाम न्याय

संगत नहीं है। स्वतंत्रता की भावना से उद्वेलित हिंदू-मुसलमान का सम्मिलित होकर विदेशियों को अपने देश से निकालने का ऐसा प्रयास पहली बार देखा गया, इसलिए इसे प्रथम भारतीय स्वतंत्रता संग्राम कहना बिल्कुल सही है। 1857 की क्रांति वास्तव में गुलामी के विरुद्ध छेड़े गए अभियान का प्रथम अध्याय था, जो अब अमेठी जनपद जैसे ग्रामीण अंचल के आम लोगो के स्वप्न को मूर्त रूप प्रदान करने में सामने आया। उनकी अव्यक्त, अविरल विचारधारा राष्ट्र जीवन में निरंतर प्रभावित होती रही, जिससे भारत की आजादी सुनिश्चित हुई।

जनपद के तालुकेदार और विद्रोह में उनका आचरण।

नाम	इस्टेट सरकार	जाति	टिप्पणियाँ
राजा लाल माधो सिंह	अमेठी 1,28,000	बँधलगोती	विद्रोह की शुरुआत से एक कट्टर विद्रोही। उन्होंने लखनऊ में अंग्रेजों से लड़ाई लड़ी, आलमबाग में बेगम की सेना के प्रमुख थे; उसने दिलकुशा और बेली गार्ड के बीच यूरोपीय लोगों का विरोध किया। उसने सुलतानपुर में गोरखाओं से लड़ाई की। भाग्य के पतन के बाद वह कुछ समय के लिए विचलित हो गये और अंत में फिर से विद्रोहियों में शामिल हो गये। ऐसा कहा जाता था कि वह कुछ ही घंटों में 10,000 योद्धाओं को इकट्ठा कर सकता थे।
जगपाल सिंह	तिलोई 74,000	कानपुरिया	अंग्रेजों के प्रति वफादार थे, एक थानेदार और तहसीलदार को बचाया और विद्रोहियों से 16,000 रुपये का सरकारी खजाना बचाया और इसे अंग्रेजों को सौंप दिया। वह लखनऊ नहीं गए और उसकी वफादारी के कारण उसके गाँव लूट लिए गए।
दुर्गा	कुकवाहो	बछगोती	शुरू से ही एक विद्रोही। लाल माधो सिंह के साथ था, जिसका प्रबंधक वह था, हर गड़बड़ी पर।
भूप सिंह	कोहरा 1800	बँधलगोती	शुरू से विद्रोही रहे, लाल माधो सिंह के अनुयायी रहे।
हनुमंत सिंह	सुतुहा 1500	बँधलगोती	शुरू से बागी, लाल माधो का अनुयायी रहे।

राजा अली बख्श	महोना 10,000	मुस्लिम भाले सुलतान	शुरू से अंत तक विद्रोह। उन्होंने कादू नाले में नेपाल की सेना से लड़ाई की। ब्रिटिश अधिकारियों ने उन्हें एक बहुत ही शत्रुतापूर्ण और बुरे आदमी के रूप में वर्णित किया।
मोहम्मद हुसैन	बनिगुर्ह 10,000		शुरू से एक विद्रोही।
दलीप सिंह	पिंडाराह 10,000		तिलोई की लूट में भाग लिया था।
गुलाब खान	कुर्जस 7,000	खानजादाह	तिलोई की लूट में भाग लिया था।
कालका बख्श	रामपुर 14,000	बछगोती	चांदा में गोरखाओं से लड़े लेकिन बाद में मुख्य आयुक्तों से माफी मांगी।
जगन्नाथ बख्श	जामो 30,000	कानपुरिया	विद्रोह के पक्ष में नहीं थे।
राजा हुसैन अली खान	हुसैनपुर 44,000	खानजादाह	नाज़िम में शामिल हो गए और सुलतानपुर में जनरल फ्रैंक कॉलम लड़े। कादू नाले में गोरखा बलों का विरोध किया। अगस्त में सुलतानपुर में फिर से अंग्रेजों से लड़े। उनका किला मुख्य तोप गाड़ी का कारखाना था। सुलतानपुर में विद्रोह से पहले वह फिशर के अनियमितताओं के संपर्क में रहे।

स्रोत : रिवोल्ट इन अवध आर. मुखर्जी

कांग्रेस की स्थापना और अमेठी

अमेठी जनपद के लोग 1857 के संग्राम के साथ किसान आंदोलन में सक्रिय रहे फिर कांग्रेस की गतिविधियों से जुड़ गए। कांग्रेस के गरम दल और नरम दल के बीच खींचतान हुई तो उस समय अमेठी के क्रांतिकारी गरम दल वालों के साथ जुड़े और उनके द्वारा शुरू किए गए होमरूल आंदोलन में बढ़-चढ़कर हिस्सा लिया।

प्रारंभ में भारतीय राष्ट्रीय कांग्रेस समाज में व्याप्त कुरीतियों व सरकारी नीतियों से उत्पन्न समस्याओं की ओर सरकार का ध्यान आकृष्ट करने वाली एक संस्था थी लेकिन धीरे-धीरे इसका स्वरूप बदलता चला गया और वह जल्द ही एक राजनीतिक संस्था बन गई। 1885 से लेकर सन् 1947 तक भारतीय स्वतंत्रता के लक्ष्य की प्राप्ति के लिए कांग्रेस द्वारा विभिन्न रूप में कार्य किया गया जिसमें प्रथम चरण 1885 से 1905 तक रहा। नरम राष्ट्रीयता का युग था। उस समय कांग्रेस पर मध्यम वर्ग के राष्ट्रीय लोगों का प्रभुत्व था जो अपनी मांगों में नरम थे। उस समय कांग्रेस को ब्रिटिश शासन की न्यायप्रियता में पूरा विश्वास था और कांग्रेस के नेता यह सोचते थे कि यदि उनके द्वारा ब्रिटिश शासन को अपना दृष्टिकोण समझा दिया गया तो तदनुसार कार्य करना स्वीकार कर लेगी। वे आंदोलन तथा अवैधानिक उपायों में विश्वास नहीं करते थे। वे अपना कार्य सार्वजनिक वाद-विवाद, आंदोलन, प्रार्थना-पत्र देने, प्रदर्शनों और प्रतिनिधि मंडलों द्वारा करते थे। प्रार्थना और अपीलों में विश्वास करते थे। उदारवादी आंदोलन हालांकि प्रत्यक्ष रूप से सफल नहीं हुआ लेकिन उससे एक अत्यंत महत्वपूर्ण लाभ हुआ कि भारतीय जनता में राष्ट्रवादी भावनाएं एवं राजनीतिक जागृति पैदा हुई।

1907 में सूरत में कांग्रेस से निकाले जाने के बाद सरकारी दमन और नेतृत्व के अभाव में राष्ट्रवादी उग्रवादी तत्व बिखर गए क्योंकि 1907 में लोकमान्य तिलक को कैद करके 6 वर्षों के लिए बर्मा जेल भेज दिया गया। फरवरी 1910 में श्री अरविंद ने राजनीति से संन्यास ले लिया और लाला लाजपत राय और विपिन चंद्र पाल स्वेच्छा से अमेरिका एवं इंग्लैंड चले गए। दूसरी ओर फिरोज शाह मेहता, गोपाल कृष्ण गोखले और सुरेंद्र नाथ बनर्जी जैसे नरमपंथियों के नेतृत्व में भारतीय राष्ट्रीय कांग्रेस को ब्रिटिश विरोधी बना दिया था, जिसे बदलना मुश्किल हो गया था। खासतौर से स्कूलों और

कॉलेजों में पढ़ने वाली युवा पीढ़ी उस आंदोलन से बहुत प्रभावित हुई। उन युवाओं ने राष्ट्रीय नेताओं के भाषणों को सुना था। ब्रिटिश विरोधी विचारों वाले आलेखों को पढ़ा था।

तिलक राष्ट्रीय कांग्रेस के नरमपंथी रंग-ढंग देखकर दुखी अवश्य थे लेकिन वे इस हकीकत से भी वाकिफ थे कि किसी भी राष्ट्रीय लक्ष्य की प्राप्ति के लिए कांग्रेस ही सर्वाधिक योग्य एवं सक्षम पार्टी संगठन है। इसलिए वे कांग्रेस में फिर से प्रवेश कर उसे संघर्षशील पार्टी बनाना चाहते थे। श्रीमती एनी बेसेंट भी ऐसा ही चाहती थीं लेकिन 1914 के कांग्रेस अधिवेशन ने उनकी कोशिशों पर पानी फेर दिया था। इसके बाद तिलक और एनी बेसेंट ने खुद अपने बूते पर राजनीतिक आंदोलन चलाने का फैसला किया और साथ ही साथ कांग्रेस पर दबाव डालती रहीं कि वे गरमपंथियों को अपना सदस्य बना लें। एनी बेसेंट ने सितंबर 1915 में ही ऐसी लीग योजना घोषित कर दी थी और अपने मद्रास से प्रकाशित होने वाले पत्रों–न्यू इंडिया एवं कॉमन व्हील माध्यम से उन्होंने इस दिशा में कार्य करना भी शुरू कर दिया था। कांग्रेस के मुंबई अधिवेशन 1915 में तिलक एवं राष्ट्रवादियों के लिए पार्टी का द्वार अवश्य खोल दिया गया लेकिन इस बात के प्रबल विरोधी मेहता एवं गोखले अधिवेशन के पूर्व ही स्वर्ग सिधार चुके थे। 23 और 24 दिसंबर 1915 को तिलक ने मुंबई सम्मेलन पुणे में बुलाया। सम्मेलन में होमरूल लीग की स्थापना के औचित्य पर विचार करने के लिए 15 सदस्यों के लिए एक समिति गठित की। जिसकी रिपोर्ट राष्ट्रवादियों के बेलगाँव सम्मेलन 27-28 अप्रैल 1916 में पेश की गई। रिपोर्ट में स्थापना पर जोर दिया गया था, एनी बेसेंट की राजनीतिक सक्रियता एवं बढ़ती हुई लोकप्रियता का दबाव भी सामने था, इसलिए महाराष्ट्र के आसपास के क्षेत्रों पर अपना वर्चस्व बनाए रखने के लिए 28 अप्रैल, 1916 को तिलक ने अपनी इंडियन होम रूल लीग की स्थापना कर दी।

उनके पक्ष में किए गए व्यापक प्रचार से प्रांतीय सरकारें बौखलाए। पहले तो होमरूल संगठनों की कार्यवाही पर अंकुश लगाने के प्रयास किए गए और इसके बाद मद्रास के गवर्नर ने और भी कठोर कार्रवाई करने का निश्चय किया और उनके दो सहयोगियों को नजरबंद कर दिया गया। प्रांतीय सरकार के इस कदम का देशव्यापी विरोध एक अलग उदाहरण साबित हुआ। सभी प्रांतों में आक्रोश की लहर दौड़ गई और उसकी एक स्वर में निंदा भी की गई। सभा, सम्मेलनों और समाचार-पत्रों के माध्यम से एनी बेसेंट के प्रति सहानुभूति व्यक्त की गई। पूरे देश में नजरबंदी सहित अन्य दमनकारी कदमों के विरुद्ध जोरदार आवाज उठाई गई। राष्ट्रीय राजनीतिक जीवन में एक नई जान आ गई थी। नेहरू ने लिखा है कि "एनी बेसेंट की नजरबंदी से पढ़े-लिखे लोगों में बड़ी उत्तेजना फैली और उसने देशभर में होमरूल आंदोलन में नई जान डाल दी। पुराने गरम दल वाले एवं पिताजी (मोतीलाल नेहरू) तथा दूसरे नरमपंथी नेता होमरूल लीग में शामिल हो गए थे।"

पूरे देश की तरह उत्तर प्रदेश के अमेठी जनपद में बाबा रामलाल ने होमरूल लीग आंदोलन में बढ़-चढ़कर हिस्सा लिया। सन् 1857 की क्रांति के बाद बाबा रामलाल ने होम रूल लीग के स्वशासन की चिंगारी सुलतानपुर अमेठी जनपद वासियों के बीच उत्पन्न करा दी। इसी आंदोलन में बाबा राम लाल जी की मुलाकात बाबू गणपत सहाय से हुई, जिन्होंने सन् 1914 में डॉक्टर एनी बेसेंट के होम रूल आंदोलन में भाग लिया था। इसके पहले 1905 में बंग-भंग आंदोलन में भाग लिया था और कॉलेज में अंग्रेजी विभाग लेक्चरर पद से त्याग-पत्र दे दिया था।

सुलतानपुर-अमेठी जनपद में ग्राम तियरी पोस्ट सैफुल्ला गंज के नाजिम अली होमरूल आंदोलन के दौरान सन् 1916 ईस्वी में कांग्रेस के तहत सम्मिलित हुए और होमरूल आंदोलन के तहत स्वशासन के प्रति जनपदवासियों को जागृत किया। अंग्रेजी सरकार ने नाजिम अली को गिरफ्तार करके सन् 1919 में छह माह की सजा सुनाई। होमरूल आंदोलन के बढ़ते प्रभाव से देश में ही नहीं, बल्कि जनपद की स्थानीय अंग्रेजी सरकार ने भी इस आंदोलन को कुचलने का प्रयास किया, जिसके परिणामस्वरूप यहाँ जनमानस के साथ-साथ बाबा रामलाल को भी गिरफ्तार किया गया जिसमें अंग्रेज शासकों ने सन् 1917 में उन्हें 6 महीने की सजा और 500 रु. का जुर्माना सुनाया। धुंधले रूप में ही सही होमरूल आंदोलन में जनोन्मुखी राजनीति की शुरुआत की। नेताओं ने बाजारों, धर्म स्थलों और गाँव-गाँव में जा-जाकर व्यापक जनसमुदाय के सम्मुख ब्रिटिश शासन की बखिया उधेड़ी और सरकारी दमन को बेनकाब किया।

गांधी जी द्वारा सन् 1921 में असहयोग आंदोलन में लोगों को प्रेरित करने पर जनपद में कांग्रेस कमेटी का गठन हुआ। इस आंदोलन के प्रति लोग उत्साहित थे एवं हर जगह इसका समर्थन किया गया। अंग्रेजी सामानों को बहिष्कृत कर दिया गया। अंग्रेजी एवं पाश्चात्य कपड़ों को जला दिया गया। जुलूस एवं बैठक रोज का काम बन गया था और सरकारी ऑफिसों में ताला लगा दिया गया था।

इस आंदोलन की शक्ति एवं प्रसिद्धि इस बात से आंकी जा सकती है कि आंदोलन की अमेठी जिले सहित विभिन्न जिलों की विभिन्न जगहों पर अनेक बैठकें हुईं। अमेठी में गणपत राय सबसे अधिक सक्रिय नेता थे।

अमेठी जनपद में जिला कांग्रेस कमेटी का गठन हुआ जिसके सभापति बाबू गणपत सहाय जी सर्वसम्मति से चुने गए। एक अधिवक्ता से लेकर कांग्रेस के सफल कार्यकर्ता होते हुए स्वतंत्रता आंदोलन के क्रांतिकारी भारतीय थे जिन्होंने सबसे पहले जनपद में गणपत सहाय पीजी कॉलेज और राजकीय बालिका इंटर कॉलेज की प्रथम स्थापना कर बालक और बालिकाओं की शिक्षा का प्रथम प्रयास किया। बाबू गणपत सहाय ने जिले में कई महत्वपूर्ण भूमिकाएं निभाईं।

1920 ईस्वी में बाबू गणपत सहाय ने जिले में भी असहयोग आंदोलन को धार दी। इस अंग्रेज खिलाफत का भी यही समय था। जिससे गांधी जी द्वारा जनपद को समर्थन मिला।

गांधीजी ने न्यासी सरकार के साथ असहयोग की अपील की जिसका समर्थन करने पर देशभर से 30000 लोग अंग्रेजों की जेल में डाले गए। असहयोग के संबंध में शिवराम अग्निहोत्री, भगवानदास, मोहम्मद नबी, मोहम्मद सलीम, जमरूद्दीन गुलशेर खाँ आदि बड़ी संख्या में क्रांतिकारियों को जेल भेजा गया और उन्हें कारावास का दंड सुनाया गया।

दिसंबर 1921 में जगह-जगह नुक्कड़ सभाओं का आयोजन किया गया। सभा में गांधीजी के असहयोग आंदोलन का समर्थन किया गया। मुसाफिरखाना में बैकुंठी नामक स्थान भाले सुलतानियों का गढ़ था। यहाँ महत्वपूर्ण सभाएं होती थीं। स्वतन्त्रता सेनानी यहाँ आते-जाते रहते थे। इनकी सभाओं की अध्यक्षता गणपत सहाय, बाबा रामलाल और नाजिम आदि करते रहते थे।

आजादी के लिए अमेठी की जनता ने बाबू गणपत सहाय वकील के नेतृत्व में 15 दिसंबर, 1921 को नौजवानों को साथ लेकर पूरे शहर में तिरंगा झंडा लेकर जुलूस निकाला। सड़कों और गलियों से होता हुआ यह जुलूस जन-जन में चर्चा का केंद्र बना। जुलूस के बाद अंग्रेजी पुलिस ने कांग्रेस कमेटी के दफ्तर पर छापा मारकर तिरंगा और अन्य अनेक सामग्री जब्त की। पकड़े गए लोगों को जेल भेजा गया। बाबू गणपत सहाय सहित अनेक लोग भी गिरफ्तार किए गए। कांग्रेस कार्यकर्ताओं ने एक जनसभा का आयोजन 17 फरवरी, 1922 को गौरीगंज अमेठी में की। इस सभा में अमेठी सहित सुलतानपुर जनपद और रायबरेली से बड़ी संख्या में लोगों ने भाग लिया। पुलिस को सूचना मिलते ही मौके पर पहुँच कर उसने लाठीचार्ज किया। जिससे सभा तितर-बितर हो गई। काफी संख्या में क्रांतिकारी घायल हो गए थे। भारत में नील की खेती को लेकर किसान आंदोलन शुरू हुए। अमेठी में भी 1921/22 में किसान आंदोलन को गति मिली। इस आंदोलन का नेतृत्व बाबा रामलाल ने किया। इसके अलावा सन् 1922 में बाबू गणपत सहाय की अगुवाई में एक विशाल जुलूस किसान आंदोलन को और तेज करने के लिए निकाला गया। इस तरह किसान आंदोलन पूरे जनपद में जनक्रांति का सफल आंदोलन साबित हुआ। यहाँ किसान सभा की स्थापना भी हुई। इस आंदोलन में 18 लोगों को सजा हुई, जहाँ पूरे जनपद में क्रांतिकारी गतिविधि को और गति दी गई। अमेठी किसी भी क्षेत्र से पीछे नहीं था। दोस्तपुर में भी क्रांतिकारियों ने अंग्रेजों का डटकर विरोध किया। सन् 1922 में थाना दोस्तपुर सतई बाबा को क्रांतिकारी गतिविधि के चलते जेल में बंद कर दिया गया। उन्हें छुड़ाने के आरोप में राजेश्वरी प्रसाद, रामधनी और गौस मोहम्मद को सजा हुई।

अमेठी जनपद में कांग्रेस के गांधी नेहरू के नेतृत्व में विभिन्न गतिविधियाँ संचालित हो ही रहीं थीं। लेकिन क्रांतिकारियों की कुर्बानियां भी जनपद के युवाओं में जोश भर रही थीं। उनकी गतिविधियाँ युवाओं को निर्भीक बना रही थीं। युवा आजादी के लिए कुर्बानी देने के लिए प्रेरित हो रहे थे।

9 अगस्त, 1925 को जन क्रांतिकारियों ने कांकोरी में ट्रेन से जा रहे सरकारी खजाने को दिनदहाड़े लूटा। इसमें पंडित राम प्रसाद बिस्मिल, अशफाक उल्ला खान और ठाकुर रोशन सिंह को फांसी की सजा सुनाई गई। उस समय राम प्रसाद बिस्मिल का वह गीत जब उन्होंने फांसी के फंदे पर झूलते वक्त गाया तो पूरे देश में स्वतंत्रता संग्राम के लिए जन-जन में लहर फैल गई। अमेठी जनपद भी इससे अछूता नहीं रहा। सरफरोशी की तमन्ना अब हमारे दिल में है–

''देखना है जोर कितना बाजुए कातिल में है
आज कत्लेआम यह कातिल कर रहा है बार-बार
जान देने की तमन्ना आज किसके दिल में है।''

बिस्मिल का यह गीत आज भी लोकतंत्र के लिए संघर्ष करने वाले आंदोलनकारियों के लिए प्रेरणा स्रोत है।

इन्हीं दिनों में अमेठी जनपद में स्वतन्त्रता संग्राम को गति देने के लिए जनपद में 1923 में पंडित मोतीलाल नेहरू, 1924 में पुरुषोत्तम दास टंडन और 1929 में महात्मा गांधी आए। इन नेताओं के आगमन से जनपद के लोगों को ताकत मिली। इन्हीं वर्षों में शहीदे आजम भगत सिंह ने लाहौर के सहायक पुलिस कप्तान सांडर्स की गोली मारकर हत्या कर दी। फिर उन्होंने 8 अप्रैल, 1929 में केंद्रीय विधानसभा भवन में बम फेंका। इसी प्रकरण में 23 मार्च, 1931 को भगत सिंह, राजगुरु और सुखदेव को फांसी दे दी गई। इन क्रांतिकारियों ने देशभक्ति के गीत गाते हुए मस्ती में फांसी के फंदे को चूम लिया। उनके गीतों का असर पूरे भारत में इतना जबरदस्त हुआ कि उससे अमेठी भी अलग-थलग नहीं रह सका। जनपदवासियों का भी खून खौल गया। क्रांतिकारियों का यह गीत 'मेरा रंग दे बसंती चोला, माई रंग दे बसंती चोला, इस चोले को पहन के निकला हम वीरों का टोला। मेरा रंग दे बसंती चोला।' वास्तव में उनका यह गीत आजादी के दीवानों के लिए तराना बन गया।

किसान आंदोलन और अमेठी जनपद

बांधे कुदारी खुरपी हाँथ, लाठी हँसुवा राखे साथ।
काटे घास ओ खेत निरावे, सो पूरा किसान कहावे।

कवि घाघ ने किसान को कुछ इसी प्रकार चित्रित किया है। अमेठी जनपद के आसपास का सारा इलाका आज भी कृषि प्रधान क्षेत्र है। आज भी अधिसंख्य जनता खेती-किसानी पर ही निर्भर है। इन तमाम किसानों की जिंदगी का सारा अर्थशास्त्र इनके खेतों की उपज पर ही निर्भर है। जनपद अमेठी में किसान आंदोलन प्रतापगढ़ और रायबरेली का मध्य क्षेत्र था। ईस्ट इंडिया कंपनी से जब ब्रिटिश सरकार के हाथ में सत्ता आई तो सबसे पहले उनके आते ही किसानों की समस्या, देश की एक गम्भीर समस्या बन गई। अंग्रेजों की औपनिवेशिक आर्थिक नीतियों ने भू-राजस्व की नई प्रणाली और उपनिवेशवाद में प्रशासनिक व न्यायिक व्यवस्था ने किसानों की कमर तोड़ दी। ब्रिटिश ईस्ट इंडिया कंपनी द्वारा 1765 ई में बंगाल की दीवानी के अधिकार की प्राप्ति के बाद कंपनी ने राजस्व में वृद्धि करना शुरू कर दिया, जो उसकी भूमि से संबंधित नीतियों एवं व्यवस्था से स्पष्ट था। बंगाल में स्थाई बंदोबस्त के अंतर्गत जमींदार भूमि के मालिक बन गए, जबकि मुगलकाल में राजस्व एकत्रित करने वाले सरकार और किसान के बीच मध्यस्थ थे। मद्रास प्रेसिडेंसी के उत्तरी भाग में जमींदारों को और संयुक्त प्रांत में अवध के तालुके दारों को जमीन का स्वामी बना दिया गया। जमींदार ग्रामीण समाज का एक प्रभावशाली वर्ग बन गया। ब्रिटिश सरकार का विचार था कि जमींदारों को सशक्त करके भारतीय कृषि में व्यावसायिक क्रांति को लाया जा सकता है, जैसा कि इंग्लैंड में अंग्रेजों ने किया। स्थाई बंदोबस्त लागू होने के कारण अंग्रेजी साम्राज्य के स्वामी भक्त सहयोगियों का एक वर्ग पैदा हुआ। स्थाई बंदोबस्त के अंतर्गत सरकार ने किसानों से अधिक से अधिक कर वसूल किया। जमींदारों को कानूनन अधिकार दिया गया कि वे अपनी मांगों को मनवाने के लिए किसानों को बंदी बना सकते हैं। यातना पहुँचा सकते हैं और उन्हें अपनी निजी जेल में बंद कर सकते हैं। इस प्रकार ब्रिटिश सरकार ने भारत की प्राचीन भूमि व्यवस्था को खत्म कर दिया। मार्क्स ने लिखा है कि बंगाल में मुगल शासकों के शासन के अंतिम

समय में 1765 में जहाँ मालगुजारी के रूप में 818000 पौंड की धनराशि किसानों से वसूल की गई थी, वहीं यह राशि 1901 में एक करोड़ 75 लाख पौंड और 1912 में दो करोड़ पौंड हो गई। मद्रास, मुंबई और संयुक्त प्रांत में विशेष रूप से मालगुजारी की राशि में वृद्धि हुई। 1890 से 1919 के बीच भू-राजस्व 24 करोड़ से बढ़कर 33 करोड़ हो गया।

इस परिणाम को पाने के लिए ब्रिटिश कंपनी ने जमींदारों की स्थिति को शक्तिशाली बनाया। उनके लिए 1799 ई. में नया नियम 7 लागू किया, जिसके अनुसार जमींदार या उसका प्रतिनिधि किसानों की संपत्ति को बेच सकता था अथवा उसे अपनी निजी जेल में बिना किसी प्रारंभिक जांच-पड़ताल के बंद कर सकता था। सैद्धांतिक तौर पर न्याय के लिए सरकारी अदालतें स्थापित की गईं थीं, जिनमें किसान अपने अधिकारों को साबित कर सकता था, लेकिन किसानों की अज्ञानता के कारण मुक़द्दमेबाज़ी बहुत ही महंगी और कठिन सिद्ध होती थी। अगर किसान यह सभी कार्यवाही कर लेता था, तब भी न्याय जमींदारों के पक्ष में ही होता था। इस तरह के दुष्परिणाम से यह हुआ कि खेती पर अधिक से अधिक दबाव बढ़ता गया और निर्यात किए जाने वाले खाद्यान्न के उत्पादन पर निरंतर जोर दिया जाने लगा। किसान समस्या भारतवर्ष की सबसे बड़ी समस्या बनकर सामने आई। इन्हीं समस्याओं ने कृषक क्रांति को जन्म दिया। यही कारण था कि किसान संगठित होकर साम्राज्यवादी शासन के विरुद्ध उठ खड़े हुए। प्रदर्शन शांतिपूर्ण था तो कहीं-कहीं अस्त्रों का प्रयोग भी किया गया। कहीं-कहीं किसानों ने गाँव के जमींदारों के यहाँ डकैती डाली या सामूहिक लूटपाट का रास्ता अपनाया।

सन् 1857 ईस्वी के पहले भी क्षुब्ध किसानों ने सरकार की नीतियों के विरुद्ध अनेक बार विद्रोह किया। सन् 1793 ईस्वी से 1857 ईस्वी के बीच जनजातियों के अनेक विद्रोह हुए, जिन्होंने सरकार की नीतियों एवं साम्राज्यवादी नीतियों का विरोध किया, हालांकि इन समस्त विद्रोहों को शक्तिशाली ब्रिटिश सरकार द्वारा कुचल दिया गया, फिर भी किसान आंदोलन के इतिहास में से इन कृषक विद्रोहों ने महत्वपूर्ण भूमिका निभाई। भारत में ब्रिटिश साम्राज्य की शुरुआत के साथ ही किसान विद्रोह शुरू हो गया था। किसानों का विद्रोह सरकार की राजस्व नीति का ही नतीजा था। यह विद्रोह खासतौर से जमींदारों, महाजनों, पुलिस एवं सैनिक शक्तियों के विरुद्ध था। ईस्ट इंडिया कंपनी द्वारा 1765 में बंगाल की दीवानी का अधिकार प्राप्त करने और ब्रिटिश शासकों द्वारा भारत में कृषि संबंधों में हस्तक्षेप करने के साथ ही भारतीय किसान ब्रिटिश साम्राज्य के विरोध में उठ खड़े हुए। सन् 1772 में फकीरों द्वारा व सन् 1763 संन्यासियों द्वारा किया गया विद्रोह ब्रिटिश साम्राज्य द्वारा भूमि-व्यवस्था में हस्तक्षेप के विरोध में किया गया पहला विद्रोह था। भारतीय किसानों के सीमित विद्रोह होने के कारण ब्रिटिश साम्राज्य ने उसे कुचल दिया था। भारत में साम्राज्यवादी शासन की स्थापना के साथ ही भारतीय कृषि में बिखराव आना शुरू हो गया। लॉर्ड कार्नवालिस ने जो भूमि-व्यवस्था लागू की थी इससे एक शक्तिशाली वर्ग उत्पन्न हुआ, फलस्वरूप किसानों की अनदेखी करते हुए

जमीन का मालिक जमींदारों को बना दिया। यही कारण था कि किसान जमींदारों के हाथों की कठपुतली बन गए। 1763 से 1856 के बीच देश भर में अंग्रेजों के खिलाफ 40 से भी ज्यादा विद्रोह हुए। इन सभी विद्रोहों ने ब्रिटिश शासन को एक नई प्रशासनिक व्यवस्था अपनाने पर विवश किया। ब्रिटिश सरकार द्वारा 1833 के नियम 13 के द्वारा आदिवासियों की प्रशासनिक व्यवस्था में अनेक फेरबदल किए तथा प्रशासनिक कार्यों में अनेक परिवर्तन हुए। करों में वृद्धि तथा महाजनों के अत्याचार के कारण 1855 ईस्वी में संथालों ने विद्रोह कर दिया जो वीरभूमि, बांकुड़ा, सिंहभूम, हजारीबाग और भागलपुर आदि जिलों में फैल गया।

सरकारी स्तर पर किसानों का अत्यंत शोषण किया जा रहा था। जिसके विरुद्ध किसानों में अंसतोष बढ़ता जा रहा था। ऐसी स्थिति में किसान अपनी मांगों को पूरा कराने के लिए संगठित होने का प्रयास करने लगे, जिसके परिणामस्वरूप किसान आंदोलन का उदय किसान सभा के रूप में हुआ। किसान सभा का पहला गठन प्रतापगढ़ जिले के 'पट्टी' तहसील के छोटे से गाँव 'रूरे' के झींगुरी सिंह और सहदेव सिंह द्वारा किया गया। जिसमें यह निर्णय लिया गया कि किसानों के ऊपर जो अत्याचार हो रहे हैं उसके खिलाफ अपनी आवाज बुलंद करनी चाहिए। उसी समय राष्ट्रवादियों के एक छोटे समूह ने इलाहाबाद में किसान सभा का गठन किया, जिसके लिए होमरूल लीग के सदस्यों ने चार हजार रुपये दिए थे। इस संगठन के नियमों का प्रारूप पं. मदनमोहन मालवीय ने तैयार किया था। सन् 1918 में कुंभ के दौरान इलाहाबाद में लगभग 300 सदस्यों और दो हजार के लगभग प्रतिनिधियों व किसानों की उपस्थिति में पं. केदारनाथ की अध्यक्षता में सभा का आयोजन किया गया। जिसमें किसानों से जुड़े मुद्दों का समाधान करने के लिए निम्नलिखित उद्देश्य निर्धारित किए गए—

किसानों और जमींदारों के बीच बढ़ती हुई खाई को कम करने और उनमें सौहार्दपूर्ण संबंध स्थापित करना तथा उनके राजनीतिक और सामाजिक अधिकारों की शिक्षा देना।

किसानों के हितों से संबंधित कानूनों में संशोधन।

किसानों की प्रत्येक प्रकार के अवैध क्रियाकलापों से रक्षा करना।

किसानों में शिक्षा का प्रचार करना।

काश्तकारी से संबंधित विभिन्न उपायों को ग्रहण करने के लिए गाँव पंचायत का गठन।

सरकार के साथ पारस्परिक विश्वास और आत्मीयता स्थापित करना।

ऐसे संवैधानिक उपायों को ग्रहण करना जो कृषकों के लिए कल्याणकारी हों।

सन् 1918 में कांग्रेस का सम्मेलन पं. मदनमोहन मालवीय की अध्यक्षता में दिल्ली में हुआ जिसमें किसानों ने बड़ी संख्या में भाग लिया, इसके पीछे उनका उद्देश्य था कि वह अपनी समस्याओं की ओर राजनेता का ध्यान आकर्षित करना चाहते थे। किसान सभा उत्तर प्रदेश में पहली बार उस समय प्रकाश में आया। जब राजर्षि पुरुषोत्तम दास

टंडन उसके अध्यक्ष, श्री टीकाराम, श्री देवीदत्त गौरीशंकर मिश्र उपाध्यक्ष तथा श्री इंद्र नारायण द्विवेदी महामंत्री थे। सन् 1918 के उपरांत उत्तर प्रदेश किसान सभा की बैठक अगस्त, 1919 में हुई जिसमें यह निर्णय लिया गया कि पूर्व में जो उद्देश्य निर्धारित किए गए थे, वह बहुत अधिक व्यावहारिक नहीं थे। उन पर विचार कर निम्नलिखित उद्देश्यों को किसानों के लिए निर्धारित किया गया–

किसानों के बीच उत्पन्न विवादों को हल करने के लिए पंचायतों की स्थापना।

किसानों की उन्नति के लिए योजनाओं का निरूपण करना।

किसानों को हानि पहुँचाने वाले सभी कानूनों को रद्द कर लाभप्रद कानूनों के विधेयन के लिए अभियान आरंभ करना।

उत्पीड़क कानूनों से किसानों को बचाना।

जब कांग्रेस का अधिवेशन सन् 1919 में अमृतसर में पं. मोती लाल नेहरू की अध्यक्षता में हुआ था तो उसमें भी उत्तर प्रदेश किसान प्रतिनिधियों ने बड़ी संख्या में भाग लिया। उस समय उनके सर्वमान्य नेता पं. गौरीशंकर मिश्र थे। मिश्र जी द्वारा उस समय पारित परिपत्र से विदित होता है कि उत्तर प्रदेश की तत्कालीन दो सौ तहसीलों में से एक सौ सत्रह में किसान सभाएं स्थापित हो चुकी थीं। जिससे यह स्पष्ट होता है कि 1919 तक किसानों में व्यापक रूप से जागरूकता आ चुकी थी।

सन् 1920 तक प्रतापगढ़, अमेठी और सुलतानपुर के अनेक गाँवों में 150 किसान सभाएं स्थापित हो चुकी थीं। किसानों के एक केंद्रीय संगठन बनाने के उद्देश्य से प्रतापगढ़ जिले में 17 अक्तूबर, 1920 को एक सभा हुई जिसमें पं. जवाहरलाल नेहरू भी उपस्थित हुए, उन्होंने अपने विचारों से सभा को अवगत कराया और सभा में 'अवध किसान सभा' बनाने पर जोर दिया। जिसमें निम्नलिखित प्रस्ताव पारित हुए–

किसानों की भलाई करना।

किसानों और जमींदारों में मेल बढ़ाना।

देश की उन्नति में सहायता देना।

पंचायतें स्थापित करके अपने झगड़े निपटाना।

उसी दौरान यू.पी. किसान सभा के उपाध्यक्ष श्री गौरीशंकर मिश्र के नाम से 'किसान प्रतिज्ञा' नाम का एक पर्चा बांटा गया, जो आम बोलचाल की भाषा में था। जिसके अनुसार किसानों को निम्न प्रकार से कार्य करने को कहा गया था–

- हम किसान सच बोलब, झूठ न बोलब, दुःख की बात सच-सच कहब।
- हम केहू के मार गारी न सहब-केहू पर हाथ न छोड़ब। लेकिन जब केहू जिलेदार या सिपाही मारे बदे हाथ उठाई उनकर दस पाँच मिलके हाथ पकड़ लेब। जब केहू गारी देई हम समन मिलकर मना करब अगर न मनिहैं तो पकरि के अपने ठकुरे के पास ले जाब।
- खेत के लगान ठीक बख्त पर भुगतान करब, लगान के रसीद जरूर लेब। आपन गाँव भर मिल के ठकुरे इहां जाय के लगान देब।

- हथियावन, घोड़ावन, मोटरावन, गैरकानूनी वगैरह गैर कानूनी टिकस न देब। बेगार बिना मजदूरी के न करब। अगर कौनो किसान के ताल्लुकेदार के सिपाही पकड़िहै वोके गाँव भर मिल के छोड़ाय के भोजन करब, पहिले नाहीं। ऊपरी, पतई, भूसा, बाजार भाव से थोड़िक ज्यादा भाव पर बेचब, रुपया लेब तबै देब।
- आपस में झगड़ा न करब। और कबौं जो झगड़ा होय जाइ पंचाइत में तय कय लेब। हर गाँव या दुइ-दुइ चार-चार गाँव मिल के पंचाइत बनाउब और जौन कुछ झगरा-तकरार होई, वोही में तय कय लेब।
- अपने गाँव में अगर कौनों किसान खाये पिये के तकलीफ या और कौनों प्रकार के तकलीफ में होई ओकर हम मदद करब। सब किसानन के दुःख-सुख आपन समझब।
- सरकारी सिपाहिन से डरब न और ऊ अगर जुलुम करिहैं उन्हें हम रोकब। केहू के जुलुम हम न सहब।
- ईश्वर में विश्वास रक्खब और साहस व धीरज से आपन दुःख मिटावै के कोशिश करब।

किसान आन्दोलन के समय ही बाबा रामचंद्र द्वारा "अवध किसानों की मुक्ति'' नाम से एक पत्र प्रकाशित हुआ था, जिसका अंश उन्हीं की भाषा में निम्नवत् है–

अवध किसान किसानिनों
धोखे से
बचिये! बचिये। बचिये।
तोहार गुहार संसार में केऊ सुनत नाही न।
तोहे सब मिल लूट लेतबा,
(तू, तोहार प्रानी, केऊ केऊ के कहे में नाहि न।।)

सन् 1920-21 में तू तोहार प्रानी एक सुलह रहे तो सरकार तोहार गुहार सुनीस, तुम्हें फुसलाइस। थोड़ी सी लालच दीसत, चुप चाप बल' भाय तु हे यह चाही।

जो (अवध कानून) तालुकेदार, जमींदार के राय से सरकार बनाइस आ से तोहार कोई फायदा नहीं। पहिले तो तोहे सात बरस में बेदखल करत रह। अब जब चाहे तब तोहे बेदखल कर सकते है। तोहार सभा की राय सरकार नहीं ली। न तोहार कोई प्राणी कमेटी में गये जिमींदार तालुकेदारन के या वकीलन के तू ही ओट दिये रहे थे ये ही से तोहार केऊ सुनीस नाहिन, आयदां जब तो से केऊ ओट मागे जाय तो केऊ के ओट न देना आयंदा गाँव-गाँव से किसान-किसानिन के आट देना, तुहे ओट के बारे में धमकी दे दे तो त जिला हाकिम से कह देना कि हमार कोऊ भलाई नहीं करत, ये वास्ते हम केऊ के ओट न देब, हमार केऊ का करी, सरकार से कहबे, सरकार की मदत लेव।

तोहार का दुख है ये कर जांच करे के आपन मनइन केर कमेटी बनाइस ई मनई, शहर में रहतबा, ऊ देहात कर हाल नहीं जानत है। कबहुँ तोरे घर नाहिन गईस न, कबहू तो से सलाम दुआ कोस, ऊ तोहार दुख का लिखो, का कही है का करी है, के सुनी है, सब दिन तालुकेदार, जिमिंदारन, वकील, पटवारी, जिमेदार, तु है रेतीस। ते आज तोरे पर दया करी है। तोरे दुखियन के घर जाई है। तोरे टूटी झोपडियन में बैठी है। तोहार कर्ज देई है, तोहार वेशी लगान कम करी है, बेदखली बन्द करी है, तोहार ब्याहे-गवने में साथ देईजे तोरे परिवारन के पाले के बीडा उठाइस का, ऊ ये नाही न जानत है कि के भूखा है, के के लूगा है, के के नाहीं न, ई सब जानत बा, इन्हीं के मन में तोहे व तोरे प्रानिन के दुख देये के बा...।

अगर तोहार मालिक चाहे तो तालकेदार जिमिंदारन से भइयाँ मोल लेत, तोहे जोते बरे देत, तू वोकर लगान सोझे ही तोरे मालिक के देते, ऊ जे में तू तोहार मालिक दोनों सुख से रह तेऊ।

(अन्धेर)

भुईयाँ केहु की नाहिन तोहार मालिक तो से घाट करतबा।

(भुईयाँ) तालुकेदार कहत हमार, जिमिदारन कहत हमार, वकिल

कहत हमार, बनिया कहत हमार, तू किसान कहत हमार, धनी कहते हमार, भाई तु काहे के सब मिल झगरा करत हो, भुईया तो जे जोते, जो बीज डारे ओकर चाहि। सरकार से आपन फैसला कर लो तब जोतो! बोवो।

तू सब किसानन के चाही कि हमें न तो केहू के राज चाही, न धन, हमें तो भुइयां पुस्तदर-पुस्त दखलकारी चाही, जे में खाद पास डारी, अच्छी फसल तय्यार करी, जिससे मालगुजारी बेबाक करी, कर्ज देई, आपन परिवार के पाली। ये में जे कोई रोकी, तेकर संग न करवे।

यही दुराजी राज में सुखी न देखा कोय, सावधान! सावधान। तोरे घरे केऊ पूछे आवे तो ओ से कहिये कि हम आपन दुख सन् 1920-21 में कह चुका हई। वही छोड़ दूसर दुख नाही न, जांच करें वाले लोग जो किसान सुखी है, तालुकेदार, जिमींदारन से मिले है, उन्हीं से दो-चार बात झूठ-सांच पूछ कर तोहे फिर धोखा देई है, यह वास्ते तोके चेताइत है कि बिना आपन सभा कमेटी, पंचायत करे बिना केऊ-केऊ से आपन दुख-सुख न कहना। आप इस समय चूकेंगे तो वर्षों आप फिर नरक में पड़े रहोगे–

(थोड़ा लिखना जानो बहुत)

आप किसान किसानिन का सेवक।

–बाबा रामचंद्र।

नोट– इस पर तमाम संसार के किसान-किसानिन को अपने-अपने हक के लिए अपने मालिक से कहना चाहिए। अपने मालिक से दुख कहना, पाप नहीं, अन्याय न करना, लूटमार न करना, कोई बहकावे तो उसका कहा न मानना यही में आपका कल्याण है।

शहरी नेता इतना और चाहते थे कि समझौता हो जाए। किंतु बाबा रामचंद्र एवं अन्य नेता किसानों को छोड़कर चुप बैठने वाले नहीं थे। इसी बीच ताल्लुकेदार के दबाव में आकर सरकार ने रामचंद्र सहित 32 किसान नेताओं को 28 अगस्त, 1920 को धारा 379/109 के तहत गिरफ्तार कर लिया। बाबा एवं उनके साथी किसान नेताओं को छुड़ाने के लिए प्रतापगढ़ और सुलतानपुर के वकीलों ने काफी बहस की पर न्यायाधीश ने एक-एक कर 32 लोगों को जेल में डाल दिया। अभी 15 दिन हुए होंगे कि लगभग 40-50 हजार किसान घरबार छोड़कर रामचंद्र को छुड़ाने चल पड़े। किसान सरकारी पलटनों और पुलिस के सामने अहिंसक तरीके से सीना खोल कर खड़े हो गए एवं रात भर फाटक पर पड़े रहे। प्रातःकाल सरकारी ऑफिसर पं. माताबदल, परमेश्वर दयाल, तालुकेदार मुंसिफ व भाटिया साहेब सदर जेल आए और बाबा रामचंद्र से भीड़ को हटाने के लिए कहा, बाबा ने जवाब देते हुए उनके सामने तीन शर्तें रख दीं कि–1. मेरे वकीलों की तौहीन न की जाए, 2 किसानों के नुकसान की भरपाई हो, 3 मेरे साथी झिंगुरी सिंह जी व अन्य किसानों को छोड़ दिया जाए। तब मैं बाहर आ कर भीड़ को जाने के लिए कहूँगा। भीड़ बाहर बेकाबू हो रही थी, इसलिए सरकारी अधिकारियों ने 'सुहागीबाग' में एक गन्ने के खेत में गुप्त तरीके से बाबा रामचंद्र को छोड़ दिया। 'सुहागीबाग' में ही बाबा रामचंद्र ने किसानों को संबोधित किया, किसान बाबा की बातें सुनकर अपने-अपने घर चले गए।

अब बाबा ने झिंगुरी सिंह से कहा कि यदि बारह जिलों तक किसान संगठन बनाना है तो अयोध्या की तैयारी करो। यह खबर कानों-कान गाँव-गाँव और जिला-जिला फैल गई। 20 दिसंबर, 1920 को होने वाली सभा में शामिल होने के लिए कई हजार स्त्री-पुरुष अमेठी, प्रतापगढ़, सुलतानपुर, जौनपुर, रायबरेली, बाराबंकी, पैदल, बैलगाड़ी या रेल से अयोध्या पहुँचकर सरयू तट पर जमा हो गए। तालुकेदारों के चाकरों और सरकारी अधिकारियों ने किसानों को समझाने की काफी कोशिशें कीं और अयोध्या न जाने के लिए उन पर दबाव डाला, धमकियाँ दी गईं। परंतु किसानों की दृढ़ता के सामने सब बेकार साबित हुआ। बैठक के दिन केदारनाथ जी कहीं से एक पुरानी कार ले आए जिस पर बैठकर नेतागण सभा की ओर चले। सभा की अध्यक्षता श्री गौरीशंकर मिश्र ने की। माताबदल जी, देवनारायण पांडे, हाथियानारा के साधू सीता देवी, ललन आदि पहले से ही मंच पर बैठे थे। मंच पर बाबा रामचंद्र रस्सियों से बंधे हुए आते हैं। बाबा को रस्सियों में बंधे कैदी के वेश में मंच पर देखकर लोग चकित हो जाते हैं, बाबा ने लोगों से कहा कि किसान भी उन्हीं की तरह तिहरे बंधनों की जकड़ में हैं और ये बंधन हैं–सरकार, तालुकेदार और पूंजीपति। उन्होंने आगे यह भी कहा कि वह अपने बंधन तभी खोलेंगे जब किसान उन्हें इन तिरहे बंधनों और तालुकेदारी प्रथा के खातमे के लिए जरूरी आपसी एकता के प्रति आश्वस्त करेंगे। किसानों के जोरदार आश्वासन के बाद श्री गौरीशंकर जैसे-जैसे रस्सियों को खोलते गए वैसे-वैसे बाबा रामचंद्र किसानों को उन

14 प्रतिज्ञाओं को दिलवाते गए, जिनमें तालुकेदारी एवं अन्य ज्यादतियों के अंत की बात कही गई थी। बाबा रामचंद्र ने किसानों से कहा कि चाहे उन्हें फांसी के तख्ते पर चढ़ना पड़े या काला पानी की सजा हो अथवा सूली पर लटकना हो, आपके हितों के लिए मैं कुछ भी करने को हर वक्त तैयार हूँ।

कांग्रेस का अधिवेशन नागपुर में होने वाला था। इस समय तक किसान सभा की गतिविधियाँ अपनी चरम सीमा पर थीं। बाबा रामचंद्र, पं. काशी प्रसाद के आग्रह पर अयोध्या से लौटते हुए बाराबंकी गए। रेलवे स्टेशन पर सैकड़ों लोग बाबा के दर्शन और स्वागत के लिए जमा थे। भयभीत तालुकेदारों ने भी रामचंद्र से सौहार्दपूर्ण तरीके से पेश आना ही बेहतर समझा। किसान एकजुटता की ताकत को वह समझ चुके थे और उसका प्रत्यक्ष उदाहरण भी देख चुके थे, कि किस प्रकार प्रतापगढ़ के किसानों ने सफलतापूर्वक प्रतापगढ़ से बाबा रामचंद्र को जेल से छुड़वा लिया था। उनका विश्वास था कि ऐसा ही प्रयोग अन्य स्थानों पर भी किया जा सकता है। उनका यही विश्वास किसानों में आगामी हिंसात्मक आंदोलन का कारण बना था। इस प्रकार पहली हिंसात्मक घटना 2 जनवरी, 1921 को रायबरेली व फैजाबाद में घटी। जब एक विशाल जनसमुदाय ने तालुकेदार निहाल सिंह की फसल बर्बाद कर दी। 3 जनवरी, 1921 को 'चिचौली' गाँव के ठाकुर रामप्रताप सिंह की फसल बर्बाद कर दी गई। जिसमें 8000 रुपये का नुकसान हुआ।

अंग्रेजों के विरुद्ध किसानों का आंदोलन यह केवल अमेठी जनपद के आसपास ही नहीं उपजा था, बल्कि अलग-अलग कारणों से यह पूरे देश के विभिन्न भागों में व्याप्त था। बंगाल में नील की खेती करने वाले किसानों ने अंग्रेज मालिकों की नीतियों के कारण सन् 1859 ईस्वी में विद्रोह कर दिया। किसानों को जबरन नील की खेती के लिए बाध्य किया जाता था जबकि किसान जिन प्रावधानों के तहत नील की खेती करता था वह उसके लिए हानिकारक था। अप्रैल 1860 ईस्वी में नादिया, बारासल और पबना में किसानों ने अंग्रेज मालिकों के विरुद्ध हड़ताल कर दी। जल्दी ही यह हड़ताल बंगाल के अनेक जिलों में जैसे जैसोर, खुलना, राजशाही ढाका आदि जिलों में फैल गई। किसानों ने किसी भी प्रकार की नील की खेती करने से मना कर दिया। भारतीय किसानों के संघर्ष के इतिहास की एक महत्वपूर्ण घटना थी। सन् 1870 ई में महाराष्ट्र में भी किसान आंदोलन शुरू हो गया। यहाँ किसानों की अशांति का मुख्य कारण यह था कि ब्रिटिश सरकार की भू-राजस्व नीति और व्यापारियों एवं साहूकारों की किसानों पर शासन करने की आकांक्षा थी। सर रिचर्ड हैंपल ने एक भू-राजस्व बिल पास किया, जिसमें कर वसूलने वाले को यह अधिकार दिया गया कि किसान भू-राजस्व का भुगतान नहीं करता है तो उसकी समस्त फसल को जब्त कर लिया जाए या उसकी समस्त चल या अचल संपत्ति को बेच दिया जाए। सन् 1876 में महाराष्ट्र के अकाल ने लोगों की स्थिति को बद से बदतर कर दिया। इस हालत में पुणे और अहमदनगर में कृषक अशांति तीन सप्ताह तक जारी रही। 1878 के बाद के वर्षों में मराठा किसान आंदोलन का नेतृत्व वासुदेव बलवंत

फड़के ने किया। 19वीं शताब्दी ने अनेक मोपला विद्रोह भी हुए। सर्वप्रथम मोपला विद्रोह 1836 ईस्वी में हुआ और उसके बाद के 18 वर्षों के अंदर लगभग 22 विद्रोह हुए। उसके बाद 1873 ईस्वी और 1880 में किसानों ने विद्रोह किया। इसके बाद 1894 और 1896 में फिर मौपला विद्रोह हुए। इसमें मौपला किसानों ने बेजोड़ साहस का परिचय दिया लेकिन इन सभी विद्रोहों को ब्रिटिश शासन ने बलपूर्वक दबा दिया।

आजादी की लड़ाई के दिनों में देश भर में फैल रहे किसान असंतोष के बीच अमेठी जनपद में भी किसान विद्रोह पूरे क्षेत्र में व्याप्त था। इसी बीच ब्रिटिश हकूमत ने क्षेत्र का पुनर्गठन किया। आगरा और अवध के क्षेत्रों को मिलाकर संयुक्त प्रांत बनाया गया। संयुक्त प्रांत 48 जनपदों में विभक्त किया गया था जिसमें अवध प्रांत में केवल 12 जिले शामिल थे, बाकी जिले आगरा प्रांत के अंतर्गत आते थे। अवध में अस्थाई तालुकेदारी व्यवस्था लागू की गई थी, जबकि आगरा प्रांत के पश्चिम क्षेत्र में महालवाड़ी व्यवस्था लागू थी। बनारस और उसके पड़ोसी जनपदों में स्थाई बंदोबस्त लागू किया गया था। अवध की भूमि-व्यवस्था आगरा की भूमि-व्यवस्था से पूरी तरह भिन्न थी। अवध को ब्रिटिश साम्राज्य में सम्मिलित करने के बाद तालुकेदारों की स्थिति को धक्का पहुँचा। प्रारंभ में अंग्रेज इनको प्रतिक्रियावादी और दमन शील वर्ग का समझते थे। अंग्रेजों का प्रयास तालुकेदारों की स्थिति को कमजोर बनाना था लेकिन 1857 ईस्वी के विद्रोह के बाद अंग्रेजों ने उनकी स्थिति को मजबूत किया। इसका उन्हें लाभ मिला। तालुकेदार अंग्रेजों के स्वामिभक्त बन गए। 1856 ई में अवध को ब्रिटिश साम्राज्य में शामिल करने के बाद प्रांत की भूमि-व्यवस्था को दो भागों में खालसा और हुजूर में बांट दिया गया। मालिकाना पट्टों को चार हिस्सों में बांट दिया गया। तालुकेदारी, जमींदारी, भैया चारा, स्वतंत्र पट्टा क्षेत्र। तालुकेदार बड़े परंपरागत जमींदार थे और अपने अधिकार की भूमि पर राजस्व सरकार को अदा करते थे। जमींदारी गाँवों में जमींदार सरकार को राजस्व का भुगतान स्वयं करता था। भैयाचारा व्यवस्था में प्रत्येक सहयोगी अलग-अलग अपने राजस्व का जिम्मेदार होता था। स्वतंत्र पट्टा क्षेत्र में माफी और जागीर की भूमि सम्मिलित थी। अवध को ब्रिटिश साम्राज्य में शामिल करने के बाद वहाँ की भू-राजस्व व्यवस्था को संगठित करने का प्रयास किया गया लेकिन जल्द ही 1857 ईस्वी में विद्रोह हो जाने के कारण इस व्यवस्था को रोक दिया गया। बाद में लॉर्ड कैनिंग ने अवध को पाँच क्षेत्रों–बलरामपुर पगनाहा, कात यारी, सिसिंडी और मोरवान क्षेत्र में विभाजित किया। उस समय किसान कई वर्गों में बांटे गए थे। उनके प्रकार इस तरह थे–1. जमींदार, 2. धनी किसान, 3. मध्य किसान, 4. गरीब किसान, 5. भूमिहीन श्रमिक। इनमें भूमिहीन श्रमिक को छोड़ कर सभी वर्ग के किसान लगान और मालगुजारी का भुगतान करते थे। अवध में मौरूसी काश्तकारों की संख्या बहुत कम थी। यह पूरे काश्तकार समूह का लगभग 2.02 प्रतिशत था। जिन क्षेत्रों में काश्तकारों को मौरूसी अधिकार प्राप्त नहीं था, उन क्षेत्रों में सदैव करों में वृद्धि और बेदखली आदि की घटनाएं होती रहतीं थीं। बीसवीं

शताब्दी के पहले दो दशकों में हुई बेदखली की घटनाएं शत-प्रतिशत हुईं। यही कारण था कि जमींदारों एवं काश्तकारों के संबंध तनावपूर्ण हो गए। अट्ठारह सौ सत्तावन ईस्वी के बाद अंग्रेजी सरकार कृषक अशांति को रोकने के लिए बहुत चिंतित हुई और उसने कृषि से संबंधित कुछ कानूनों को भी पारित किया। इस समस्या को ध्यान में रखते हुए संयुक्त प्रांत की विधानसभा में एक अधिनियम पारित किया गया, जिसके अनुसार 12 साल तक भूमि जोतने वाले काश्तकार को उस जमीन पर मौरूसी अधिकार प्रदान किया गया। आगरा प्रांत के लगभग नब्बे प्रतिशत काश्तकार इस व्यवस्था से लाभान्वित हुए लेकिन इस अधिनियम का लाभ अवध के काश्तकारों को नहीं हुआ। फिर 1901 ईस्वी के अधिनियम में संशोधन करके अवध कर कानून और 1926 ईस्वी का आगरा काश्तकारी कानून पारित किया गया। इस कानून के द्वारा गैर मौरूसी काश्तकारों को उनके पूरे जीवन के लिए उनकी भूमि पर काश्तकारी अधिकार प्रदान किया गया। संयुक्त प्रांत का काश्तकारी कानून काश्तकारों के एक बड़े समूह को किसी प्रकार की सुरक्षा नहीं प्रदान कर सका। खासतौर से अवध अमेठी में जहाँ मौरूसी काश्तकारों की संख्या अधिक थी।

संयुक्त प्रांत में जमींदार और धनी हो रहे थे, जबकि गरीब किसान ज्यादातर कर्ज से ग्रस्त थे। परंपरागत भूमि जोतने वाले काश्तकार, शिल्पकार और अन्य इसी तरह के लोग थे। संयुक्त प्रांत में कृषि कमज़ोर वर्ग द्वारा की जाती थी, वे धनी कृषकों के यहाँ कृषि श्रमिक थे। यह भूमि स्थाई भी होती थी अथवा साल दर साल पट्टे पर भी प्रदान की जाती थी। इस प्रकार यह धनी वर्ग इन छोटे वर्गों का शोषण करता था, लेकिन जब किसानों के इस शोषित वर्ग ने यह समझा कि उनके साथ बुरा व्यवहार किया जाता है, तब उन्होंने भी उस व्यवस्था के विरुद्ध प्रतिक्रिया व्यक्त की।

राजनीतिक रूप से संयुक्त प्रांत की कांग्रेस सन् 1920 ईस्वी से पहले बहुत प्रभावशाली नहीं थी। इसमें शहरी मध्यम वर्गीय तथा ग्रामीण पढ़े-लिखे वर्ग का दबदबा था, जो खासतौर से ऊंची जाति के ब्राह्मण, क्षत्रिय, कायस्थ और बनिया थे। 1893 ईस्वी से 1900 ई. के बीच विधानसभा में नियुक्त होने वाले ज्यादातर सदस्य तालुकेदार और धनी वर्ग के थे। कांग्रेस के राष्ट्रीय अधिवेशनों में भी भाग लेने वाले ज्यादातर सदस्य व्यवसायी वर्ग तथा जमींदार वर्ग से आते थे। यही कारण था कि कांग्रेस का कोई विशेष जनाधार उस समय नहीं था। कांग्रेस द्वारा प्रथम विश्व युद्ध के मध्य तक ग्रामीणों की दशा सुधारने का कोई कार्य नहीं किया गया। लेकिन सन् 1915 ई के बाद कांग्रेस ने जन संपर्क के राजनीतिक महत्व को समझा। राष्ट्रीय नेताओं के संयुक्त प्रयास से संयुक्त प्रांत के इलाहाबाद में सबसे पहले किसान सभा का गठन 1917 में किया गया। मदन मोहन मालवीय ने इस संगठन की रूपरेखा तैयार की और होम रूल लीग से आर्थिक सहायता भी दिलाई। सन् 1918 में मदन मोहन मालवीय ने किसान सभा के माध्यम से किसानों की सामाजिक और राजनीतिक समस्याएं दूर करने की बात की और 'किसान' नाम से एक पत्रिका निकालने का प्रस्ताव रखा। गौरी शंकर मिश्र, इन्द्रनारायण द्विवेदी

और मदन मोहन मालवीय जी के अथक प्रयासों से उत्तर प्रदेश किसान सभा का गठन हुआ। उत्तर प्रदेश किसान सभा ने थोड़े समय में अपना व्यापक रूप धारण कर लिया। अमेठी भी इससे अछूता नहीं रहा। मदन मोहन मालवीय ने प्रांतीय सचिव और वायसराय को पत्र लिख कर मांग की कि गाँवों में तुरंत पंचायत स्थापित किया जाए, जमींदारों के अधिकारों की कटौती की जाए और कर भुगतान नहीं करने के कारण बेदखली के नियमों पर पुनर्विचार किया जाए। इसके अलावा उत्तर प्रदेश किसान सभा ने किसानों और जमींदारों के बीच मैत्री स्थापित करने, किसानों को राजनीतिक और सामाजिक अधिकारों के लिए शिक्षित करने, किसानों के विरुद्ध गैर कानूनी कार्यवाही को रोकने, गाँवों में पंचायत स्थापित करने आदि प्रस्ताव पारित किए गए थे। 1920 में किसान सभा को जिलेवार संगठित करने के उद्देश्य से इलाहाबाद, कानपुर, मैनपुरी, इटावा, रायबरेली, सुलतानपुर अमेठी, प्रतापगढ़, बलिया, जौनपुर, बनारस, गोरखपुर के अनेक स्थानों में सभाएं की गईं। संयुक्त प्रांत की किसान सभा ने 1919 में अमृतसर के कांग्रेस अधिवेशन में प्रस्ताव रखा कि किसान जो खेत जोत रहा है उसे उसका मालिक बना दिया जाए। पाँच बीघा तक की जमीन पर कोई कर नहीं लगाया जाए। अमृतसर के अधिवेशन में संयुक्त प्रांत की किसान सभा का प्रस्ताव पूरी तरह स्वीकार नहीं किया गया, बल्कि यह निर्णय लिया गया कि कांग्रेस विभिन्न प्रांतों में हुए भू-राजस्व नीति का सर्वेक्षण करेगी और अंत में किसानों की सुविधा को देखते हुए उसमें सुधार की मांग करेगी। सन् 1918 के बाद राष्ट्रीय आंदोलन का विस्तार देश के विभिन्न वर्ग एवं स्तर के लोगों में फैल गया, इसमें सबसे महत्वपूर्ण योगदान श्रमिकों ने किया। सन् 1918 और 1919 ईस्वी में संपूर्ण भारत में हड़ताल की लहर चली। यह हड़ताल अहमदाबाद, मुंबई, मद्रास और कोलकाता में हुई। साम्राज्यवादी शासन के विरुद्ध बढ़ते हुए जन आक्रोश को देखकर सरकार ने 18 मार्च, 1919 को रोलेट एक्ट पास किया, जिसके द्वारा ब्रिटिश सरकार को असाधारण शक्ति प्राप्त हो गई, हालांकि एक्ट का अखिल भारतीय कांग्रेस ने गांधी जी के नेतृत्व में विरोध किया। इस अवसर पर शहरों में हुए प्रदर्शन में ग्रामीण क्षेत्रों से खासतौर से किसानों ने ज्यादा योगदान दिया। आंदोलन का तीव्र गति से विस्तार प्रतापगढ़, अमेठी, रायबरेली और सुलतानपुर तक हो गया। बाराबंकी जिला भी इससे अछूता नहीं रह सका। यहाँ भी किसानों ने तालुकेदारों के विरुद्ध अपनी लड़ाई शुरू कर दी। प्रथम अवध किसान कांग्रेस के 20 एवं 21 दिसंबर, 1920 के अयोध्या अधिवेशन के समय तक किसान सभा की गतिविधियां चरम सीमा पर पहुँच चुकी थीं। इस अधिवेशन में एक लाख किसानों ने भाग लिया। जिसमें अमेठी जनपद के अनेक किसान सम्मिलित थे।

अवध किसान कांग्रेस समिति की स्थापना की गई और अगला किसान कांग्रेस अधिवेशन रायबरेली में करने का निर्णय किया गया। इस सभा में तालुकेदार जमींदार और पुलिस के कामों की आलोचना की गई। सन् 1920 के अंत तक अवध किसान आंदोलन शांतिपूर्ण रहा। लेकिन जनवरी 1921 ईस्वी में रायबरेली एवं फैजाबाद जिले में

हिंसक घटनाएं शुरू हो गईं। जनवरी के पहले सप्ताह में हजारों की संख्या में किसानों ने एकत्र होकर रायबरेली में विद्रोह कर दिया। किसानों ने तालुकेदारों की हिंसा का जवाब भी हिंसा से देना शुरू किया। किसानों की गतिविधियों के प्रमुख केंद्र रायबरेली, फैजाबाद, सुलतानपुर अमेठी थे। 5 जनवरी, 1921 ईस्वी को रायबरेली के रुस्तमपुर बाजार में 1000 लोगों की भीड़ ने कपड़े की दुकान को लूट लिया उसी दिन चंदिया के ठाकुर त्रिभुवन नारायण सिंह के घर पर लगभग 3000 लोगों की भीड़, जिसका नेतृत्व बाबा जानकीदास कर रहे थे, ने लूट लिया। किसानों का आक्रोश चरम पर था।

फुरसतगंज गोली कांड

इतिहासकारों ने बताया है कि, फुरसतगंज का गोली कांड एक महत्वपूर्ण घटना के रूप में इतिहास के पन्नों में दर्ज है। जब अंग्रेजों की किसान विरोधी नीतियों के खिलाफ फुरसतगंज में किसानों की भीड़ बड़ी संख्या में एकत्र हो रही थी तो उस समय अंग्रेजों ने अपने सबसे अनुभवी प्रशासक डलमऊ सलोन के डिप्टी मजिस्ट्रेट शेख नसरुल्ला को, जो सर्वाधिक योग्य अधिकारी थे, उस भीड़ को नियंत्रित करने के लिए भेजा। शेख नसरुल्ला अपनी कट्टरता, बर्बरता तथा अंग्रेज भक्ति के रूप में कुख्यात थे। वह प्रशासन के आदेश पर लगभग 14 सिपाहियों को साथ लेकर फुरसतगंज बाजार पहुँच गए। जिनके नाम निम्न थे–

1. भारत सिंह लाइन इंसपेक्टर
2. जफर अली हेड-कांस्टेबल
3. रामरुख सिपाही
4. गंगा प्रसाद सिपाही
5. मोहनलाल सिपाही
6. चंदिका सिपाही
7. सरदार खाँ सिपाही
8. वजीर खाँ सिपाही
9. लाल सिपाही
10. शिवरतन सिपाही
11. सुखपाल सिपाही
12. शमीउल्ला सिपाही
13. कुलवंत राय सिपाही
14. रामसूरत सिपाही

जब किसानों को पता चला कि अंग्रेजों ने शेख नसरुल्ला को हमें रोकने के लिए भेजा है तो वे भयभीत और चौकन्ने हो गए। यद्यपि यह अफवाह थी कि बाजार में किसान सभा होगी और सभा को बाबा रामचंद्र स्वयं संबोधित करेंगे और कांग्रेस अथवा

किसान सभा का कोई भी कार्यकर्ता वहाँ उपस्थित नहीं था। इसी समय बाजार के एक हिस्से से यह आवाज उठी कि बाजार लूटा जा रहा है, जिसे सुनकर शेख नसरुल्ला के आदेश पर सिपाहियों ने भीड़ पर गोलियाँ चलानी शुरू कर दीं। पुलिस के इस गोलीकांड में उस समय कितने लोगों की मृत्यु हुई और कितने लोग घायल हुए, इसके सही-सही आंकड़े उपलब्ध नहीं हो पाए। ऐसा माना जाता है कि उस समय चार हजार की भीड़ पर पुलिस द्वारा 190 गोलियाँ चलाई गयीं। किंतु समाचार-पत्रों की रिपोर्ट के अनुसार लगभग 6 लोगों की मृत्यु हुई थी जबकि अन्य सूत्रों के अनुसार 10 लोगों की मृत्यु की पुष्टि की जाती है और लगभग 50 लोग घायल हुए। जिसमें जिला अस्पताल रायबरेली में लगभग 14 घायलों को भर्ती कराया गया। सरकारी रिकॉर्ड के अनुसार केवल 4 लोगों की मृत्यु बताई गई है। जिनमें से तीन के अज्ञात थे और एक बाबा पुत्र इसरी पासी, खालिसपुर, नसीराबाद था। साथ ही सरकारी रिकॉर्ड के अनुसार घायलों की सूची में पिंडोई पुत्र लोधी कोरी, ग्राम-लसुनी, नसीराबाद, इशरी पुत्र बख्तावर पासी, खालिसपुर, नसीराबाद तथा रामसरन पुत्र मालू ब्राह्मण, ग्राम-पूरापौतनी, नसीराबाद आदि को रखा गया है तथा अन्य पकड़े गए घायलों में दुर्गा पुत्र बिंदा लोहार, ग्राम-डिघिया कोतवाली, गंगादीन पुत्र कल्यान गोड़िया, राही तथा सरजू पुत्र पंचम, ग्राम-अमीरपुर भरनी, नसीराबाद के नाम दर्ज हैं। पुलिस ने विद्रोहियों के पास से कुल्हाड़ियाँ, डंडे, लाठियाँ आदि बरामद किए। जबकि डिप्टी कलेक्टर नसरुल्ला के अनुसार पुलिस ने 47 लाइन, इंस्पेक्टर ने 5 डिप्टी कलेक्टर ने अपनी पिस्तौल से एक तथा रामसूरत सिपाही ने 6 गोलियाँ चलाईं।

फुरसतगंज गोली कांड की प्रशासनिक रिपोर्ट

फुरसतगंज गोली कांड की जो रिपोर्ट परगनाधिकारी सलोन ने जिलाधीश रायबरेली को और जिलाधीश रायबरेली ने मुख्य सचिव को भेजी थी, वह निम्न प्रकार है–

आज (6 जनवरी, 1921) 12 बजे के बाद हेड कांस्टेबिल फारुक अहमद द्वारा मुझे जिलाधीश का एक आदेश प्राप्त हुआ, जिसके अनुसार आज फुरसतगंज बाजार के लूटे जाने की अफवाह थी और आदेश में कहा गया था कि मैं, मौके पर जाकर उपयुक्त तथा समुचित व्यवस्था करूँ। आदेश प्राप्ति के बाद मैंने, जिलाधीश से संपर्क कर आवश्यक निर्देश प्राप्त किया और अपने कोर्ट-क्लर्क रामसूरत, चपरासी हशमत तथा वैयक्तिक नौकर अब्दुल गनी के साथ किराए की मोटर कार से लगभग 2 बजे फुरसतगंज पहुँचा। मेरे पहुँचने से पूर्व एक पुलिस दल, जिसमें एक दरोगा, एक हेड कांस्टेबिल तथा दस सशस्त्र सिपाही थे, फुरसतगंज बाजार पहुँच चुके थे। मेरे बाजार पहुँचने के समय बाजार की दुकानें खुल चुकी थीं तथा कुछ खोली जा रही थीं। बाजार के चौराहे पर तीन-चार सौ लोगों का एक झुंड जो लाठियों, भालों तथ कुल्हाड़ियों से लैस था, खड़ा था। मैंने यह उचित समझा कि यदि दुकानें बंद कर दी जाएं और लोग यह जान लें कि बाजार नहीं

लगेगा, तो लोग वापस चले जाएंगे। मैंने यह बात दुकानदारों को बतायी और दुकानें बंद हो गयीं।

उस समय जो भीड़ अपनी लाठियां ताने अपने स्थान पर खड़े-खड़े महात्मा गांधी, बाबा रामचंद्र तथा शौकतअली, मुहम्मद अली की जय के नारे लगा रही थी। मेरे अनुरोध करने पर भीड़ धीरे-धीरे बाजार से बाहर जाने लगी। इस समय भीड़ बढ़ रही थी, किंतु मेरा अनुरोध मानकर दक्षिण दिशा की ओर खिसक कर रुक गई। इसके बाद वह आगे नहीं बढ़ी। कुछ ही क्षणों बाद देखा गया कि भीड़ का एक बड़ा भाग दूसरी दिशा से बाजार में प्रवेश कर रहा है। तब कुछ नेताओं से सम्पर्क करके उन्हें समझाया गया, लोगों से जैसा ज्ञात हुआ, उनके नाम-पोतनीग्राम के रामऔतार, रामनारायण, कोटवामऊ के केदार, ब्राह्मण, पूरे कल्लू के काली गूजर तथा औसान ब्राह्मण ग्राम-पोतनी के थे। उन्होंने राशन तथा कपड़ों की महंगाई और तालुकेदारों व जमींदारों के अत्याचारों की शिकायत की। उन्होंने कहा कि जब तक यह शिकायतें दूर नहीं होतीं, वे संतुष्ट न होंगे और न वापस घरों को लौटेंगे तथा जो कुछ उनकी शक्ति में होगा, वह करेंगे।

शान्ति तथा व्यवस्था स्थापना की दृष्टि से उनसे कहा गया है कि शीघ्र ही उच्चाधिकारी उनकी बातें सुनेंगे। उनसे यह भी कहा गया कि, वे रायबरेली जाकर प्रार्थना-पत्र दें, मैं स्वतः भी जिलाधिकारी से सिफारिश करूगा। इस समय वे शांत रहें और किसी प्रकार का अपराध न करें। नेताओं ने वापस जाने की बात मान ली। जैसे ही यह भीड़ हटी, दूसरी भीड़ ने, जिसमें कई हजार लोग थे और जो बाजार में ही छिपी थी, पुनः जय के नारे लगाने लगी और बाजार के भीतर घुसने लगी। उस समय मेरे तथा पुलिस दल के चारों ओर काफी दूर तक लाठियों से लैस आदमी ही आदमी देखे जा सकते थे। मैं तथा मेरे साथ कुछ अन्य व्यक्तियों गाँव के जिलेदार महादेव प्रसाद, गोकरन ब्राह्मण, गब्बर सिंह ब्राह्मण, बिंदा प्रसाद, विश्वेश्वर सिंह, महावीर सिंह ब्राह्मण, कामता गोसाई तथा हमारे नौकरों और कुछ अन्य लोगों ने लगातार भीड़ से बाजार में शांति-व्यवस्था बनाए रखने तथा वापस जाने हेतु अनुरोध किया, किंतु वे लोग इतना अधिक उत्तेजित थे कि उन्होंने, हमारी बातों पर कोई ध्यान नहीं दिया। प्रायः उन्होंने कहा कि बनियों ने भारी मुनाफे लिए हैं, हमें उन्हें दंडित करना है। कभी उन्होंने यह शिकायत की कि अन्न तथा कपड़ों के दाम बहुत अधिक हो गए हैं, इसलिए सभी दुकानदारों को आदेश दिए जाएं कि तत्काल चार आने गज के हिसाब से कपड़ा बेचें और आटा, एक रुपये का आठ सेर दें, अन्यथा शांत-संतुष्ट नहीं होंगे, दुकानों को लूटकर घर जला दिए जाएंगे।

लगभग दो घंटे तक मैं, अन्य लोगों के साथ, उन्हें समझाता रहा किंतु उनकी उत्तेजना तथा भीड़ बढ़ती गयी। मेरे विचार से भीड़ आठ से दस हजार लोगों की हो गयी थी, तब वे किसी मकान तथा दुकान पर टूट पड़े। उन्होंने ताला तोड़ डाला और लूटना तथा दंगा करना प्रारंभ कर दिया। किंतु जैसे ही मैं वहाँ पहुँचा, भीड़—'जय, जय,' 'मारो-मारो,' 'उन्हें फूँक दो,' -'बंदूकें छुड़ा लो,' —कहते हुए भगी, बीच-बचाव करने वाले

कुछ इस गाँव के तथा कुछ अन्य गाँवों के लोगों पर ही आक्रमण हुआ। उन्होंने, हम पर लाठी, ईंटों, भालों, कुल्हाड़ियों से आक्रमण किया और मारपीट में पड़ गए। बीसों लाठियों तथा ईंट के टुकड़े हम पर फेंके गए। उसमें से एक ने एक लकड़ी उठा कर मुझ पर फेंकी, जो सिर से छटकर छाती पर लगी। अन्यथा मुझे गंभीर चोट आ जाती। उन लोगों ने फिर कुछ घरों को लूटना शुरू किया अपने शस्त्रों तथा अपनी सुरक्षा और भीड़ को हटाने के लिए मैंने पुलिस दल को बंदूक साधने तथा कारतूस की पेटियाँ खोलने का आदेश दिया। इससे भी भीड़ पर कोई प्रभाव न पड़ा, बल्कि उल्टा वह हमारा मजाक उड़ाने लगी। अंततः मैंने, गार्ड को हवाई फायर करने का आदेश दिया, जिससे भीड़ भाग जाए। इस पर भीड़ चिल्लाई—'इनकी बंदूकें छीन लो, वे इने-गिने लोग, हमारा कुछ नहीं बिगाड़ सकते।'

इस बीच दंगाइयों में से एक ने मुझ पर कुल्हाड़ी से वार करना चाहा, जिसे मैंने छुड़ा लिया। यह वह समय था कि न हम भागने की स्थिति में थे और न छिपने की, जबकि उत्तेजित भीड़ के प्राणघातक आक्रमण में कमी की कोई संभावना न थी। अतः मैंने गार्ड को गोली चलाने का आदेश दिया।

जिसके परिणामस्वरूप कुछ लोग घायल होकर गिर पड़े। जैसाकि आक्रमण सभी ओर से हो रहा था, गोलियाँ भी चारों ओर दागी गयीं और चारों ओर घायल होकर लोग गिरे, घायल लोगों को गिरते देखकर भीड़ भागी। कुछ घरों तथा दुकानों से, दंगाइयों को, लूट का सामान ले जाते हुए देखा गया। तत्काल फायरिंग बंद की गयी तथा बची भीड़ को भगाने की दृष्टि से कुछ और गालियाँ दागी गयीं। भीड़ यद्यपि वहाँ से चली गयी, तो भी वह बाजार के चक्कर काटती रही और 'जय-जय' के नारे लगाते हुए लूट-फूंक के लिए चिल्लाती रही।

जब भीड़ बाजार से छंटी, तो पाया गया कि चार उपद्रवी लोग मारे गए हैं तथा तीन घायल हुए हैं। पुलिस ने, तीन अन्य लोगों को गिरफ्तार किया। जिनमें से एक के पास से लूटी गयी खाने की तम्बाकू प्राप्त हुई। एक कुल्हाड़ी तथा कुछ लाठियाँ भी छीनी गयीं। सभी मृतकों के शव तथा घायलों को एक कमरे में रखा गया, इसलिए कि उनको ले जाकर भीड़, नई खुराफात न पैदा करे। मैं मोटर-कार द्वारा जाकर जिलाधीश को सूचित करके पुलिस की सशस्त्र शक्ति बढ़ाने के पक्ष में था, किंतु ज्ञात हुआ कि मोटर ड्राइवर पर भी हमला हुआ था जो घायल होकर रायबरेली की ओर भाग गया था। तब मैंने चाहा कि तार करूँ, किंतु फुरसतगंज स्टेशन जाने के सभी मार्ग भीड़ से अवरुद्ध थे। इसलिए गाँव के जिलेदार को चक्करदार मार्ग द्वारा स्टेशन भेजा गया और शीघ्रता में लिए गए तार में संक्षिप्त जानकारी जिलाधीश को भेजी गयी तथा अपेक्षा की गयी कि वे, पुलिस शक्ति को अधिक सुदृढ़ करें।

गाँव के निवासी, दंगाइयों के भय से गाँव के बाहर नहीं गए। जिलाधीश तथा पुलिस कप्तान लगभग अपराह्न 5.30 बजे आए। उन्होंने तथ्यों का पता लगाया और घटनास्थल

का निरीक्षण किया। उन्होंने मृतकों, आहतों, उपद्रवी लोगों के अतिरिक्त कुल्हाड़ियों तथा ईंट के टुकड़ों का भी निरीक्षण किया, जिनसे प्रहार किए गए। गाँव के समस्त निवासियों तथा अन्य लोगों ने, जिन्होंने मदद की थी, घटना के विवरण प्रस्तुत किए। परिणामस्वरूप जिलाधीश तथा पुलिस कप्तान ने, उपद्रव करने वालों, घायलों तथा अन्य को मोटर से रायबरेली भेज दिया और हमें भविष्य में सावधान तथा सुरक्षित रहने का निर्देश दिया। पुलिस कप्तान ने, मुझे आदेश दिया कि जगतपुर के सर्किल इंस्पेक्टर को तार भेजकर जाँच हेतु बुलाऊँ। बड़ी कठिनाई से तार भेजा गया। मुझे निर्देश मिला कि मैं मौके पर उपस्थित रहकर व्यवस्था करूँ। जिसका पालन किया गया। पूरा गाँव व्याकुलता तथा अशांति की स्थिति में था। पुनः दंगा होने की अफवाहें बराबर सुनी जाती रहीं। पुलिस सतर्कतापूर्वक अपने दायित्वों का निर्वाह करती रही। सभी दिशाओं में उपयुक्त व्यवस्था की गयी। मैं स्वयं व्यक्तिगत रूप से शांति-व्यवस्था की स्थापना में व्यस्त रहा।

अंत में मैं, यह कहने का मोह संवरण नहीं कर पा रहा हूँ कि दंगाइयों की बहुत बड़ी संख्या का सामना करने के उन गंभीर खतरों से, जिनमें सरकारी कर्मचारी और फुरसतगंज के निवासी फँस गए थे, निपटने की सतर्कता यदि न बरती जाती तो कर्मचारियों को मौत के घाट उतार दिया जाता। पूरी आबादी लूटी-फूँकी जाती तथा जान-माल की भारी क्षति होती। भीड़ जो बहुत बड़ी संख्या में एकत्र थी, कि मनोवृत्ति प्रदर्शित करती थी कि वह आपराधिक कार्यों हेतु पूर्णतः तैयार होकर आयी है। गाँव वालों से मैंने यह भी सुना था कि उन्होंने ऐसी खबर सुनी थी कि उस दिन उपद्रवकारी दृढ़ निश्चय के साथ फुरसतगंज का बाजार लूटने आए थे। मैंने यह भी सुना कि उपद्रवियों में–बेतौरा, अहल, खालिसपुर, पीढ़ी, गोंदवारा, मछुड्डा, केसरिया, कोलतई, नसीराबाद, पूरे कस्लूमिश्र तथा डलमऊ, सलोन, नसीराबाद, कोतवाली क्षेत्रों तथा प्रतापगढ़ जिले के लोग भी शामिल थे। जनता कर्मचारी और मैंने इस भीड़ को घंटों देखा और बात की है। यदि उनको पूरी तरह से देखा जाए तो उनकी शिनाख्त की जा सकती है। उनमें से बहुतेरे लोगों को, लोग पहले से ही जानते हैं। एक उल्लेखनीय महत्व की बात यह है कि फुरसतगंज बाजार का गोड़ैत रामजियावन पासी किसी प्रकार आक्रमणकारियों से घुल-मिल गया। उसके हाथ में घाव हुए। यह भी पता चला कि कुछ अन्य लोग भी घायल हुए, जिन्हें भीड़ अपने साथ ले गई, भीड़ अपराधी-वृत्ति वाली जातियों के संसर्ग से निर्मित थी।

गवर्नर के आदेश दिनांक 31 जनवरी, 1921 ई. के अंतर्गत 2 फरवरी, 1921 ई. को जो असामान्य गजट प्रकाशित किया गया, उसमें भी फुरसतगंज में एकत्र भीड़ को अपराधी माना गया है–फुरसतगंज-गोली कांड की जनता में कोई आलोचना नहीं हुई, क्योंकि वहाँ की भीड़ अपराधी थी और फायरिंग का आदेश देने से पूर्व ही उसने लूटपाट की थी।

पुलिस अधीक्षक, रायबरेली द्वारा किसान विद्रोहों की जो सूची उपलब्ध कराई गई है उसमें रायबरेली का ही उल्लेख किया गया है। उस समय तक अमेठी अलग से जिला

घोषित नहीं हुआ था और पूरे क्षेत्र के किसान उद्वेलित थे। अमेठी और रायबरेली में जो किसान आंदोलन हुए उनका आपस में संबंध था। जिस कारण पूरी सूची का विवरण निम्न प्रकार किया जा रहा है–

1. थाना जगतपुर के अंतर्गत किसान विद्रोह–

(क) दिनांक 2.1.1921 : अनदू, निहाल सिंह द्वारा तालुकेदार की फसल नष्ट।

(ख) दिनांक 3.1.1921 : चिचौली, रामप्रताप सिंह द्वारा तालुकेदार की गन्ने की फसल लूट ली।

(ग) दिनांक 5.1.1921 : चंदनिया, त्रिभवन बहादुर सिंह द्वारा बाबा जानकी दास द्वारा निर्देशित 3000 जनसमूह का तालुकेदार के घर हमला।

(घ) दिनांक 7.1.1921 : बेलखरा 8 मील पश्चिम, आर उमानाथ बक्स सिंह द्वारा रमेसर कपड़ा व्यापारी को बाजार जाते समय 25-30 व्यक्तियों द्वारा लूटा गया।

2. थाना कोतवाली के अंतर्गत किसान विद्रोह –

(क) दिनांक 5.1.1921 : रुस्तमपुर 7 मील पूर्व, ठकुराइन शिवराज कुंवर तालुकेदार चंदनिया द्वारा रूपसिंह कपड़े का व्यापारी जो तालुकेदार के घर पर रहता था, उसकी बाजार में दुकान लूटी।

(ख) दिनांक 6.1.1921 : मुंशीगंज 3 मील दक्षिण पूर्व, एस. वीरपाल सिंह द्वारा बाजार वाले दिन बाजार लूटा। नागरिक पुलिस ने संदेहास्पद लोगों को पकड़ा, लकिन जनसमूह ने सशस्त्र बल आने से पूर्व छुड़ाया।

(ग) दिनांक 7.1.1921 : मुंशीगंज 3 मील दक्षिण पूर्व एस. वीरपाल सिंह द्वारा मुंशीगंज बाबा जानकीदास व अन्य कैदियों को जेल से छुड़ाने के लिए पुल पर लोगों का मजमा, 650 लोग जेल में डाले गए।

(घ) दिनांक 7.1.1921 : मुंशीगंज दक्षिण पूर्व से 3 मील वीरपाल सिंह द्वारा दंगा करने वाले की सशस्त्र बल और लेबर कोर असशस्त्र बल से मुठभेड़।

3. थाना नसीराबाद के अंतर्गत किसान विद्रोह–

(क) दिनांक 6.1.1921 : आंटी, 11 मील दक्षिण पश्चिम एस. निहाल सिंह द्वारा लगभग सौ आदमियों द्वारा तालुकेदार और जिलादार के स्टोर और गोडाउन को नष्ट किया।

(ख) दिनांक 6.1.1921 : मउ 4 मील दक्षिण-पश्चिम, राजा तिलोई द्वारा बाजार लूटने के लिए लगभग 150 से 200 आदमियों का एकत्रित होना।

(ग) दिनांक 6.1.1921 : खुरेंटी, 12 मील दक्षिण-पश्चिम, एस. वीरपाल सिंह द्वारा 500-600 विद्रोहियों ने तालुकेदारों के स्टोर और गोडाउन लूटे।

(घ) दिनांक 6.1.1921 : डीह, राजा तिलोई द्वारा 200 आदमियों के साथ बद्री बनिया और बिरअजिया को लूटा।

(ङ.) दिनांक 6.1.1921 : जगदीशपुर, 200 आदमियों के समूह द्वारा सरजू बनिया और सधनी को लूटा।

(च) दिनांक 6.1.1921 : फुरसतगंज बाजार पर 4000 लोगों का हमला, डिप्टी मजिस्टेट्र द्वारा 12 सशस्त्र पुलिस की मदद से दबाया। कुछ दुकानें लुट गईं।

(छ) दिनांक 7.1.1921 : बामनपुर 5 मील पूर्व, 50-60 आदमियों द्वारा मूल्य घटाने की मांग करते हुए कपड़ा व्यापारी को लूटा।

(ज) दिनांक 7.1.1921 : स्वयंवर सिंह ठाकुर और लालता प्रसाद कायस्थ के घरों को 300 आदमियों ने लूटा।

4. थाना मोहन गंज के अंतर्गत किसान विद्रोह–

(क) दिनांक 7.1.1921 : ठगवान, 7 मील उत्तर, लगभग 10 आदमियों द्वारा जुलाहे को कपड़े लाते समय रास्ते में लूटा।

7 जनवरी को मुंशीगंज में भी किसानों ने विद्रोह किया, जिसमें पुलिस द्वारा गोली चलाई गई, जिसमें 4 लोग मारे गए फिर भी किसानों ने रायबरेली में अपनी कार्यवाही को जारी रखा। किसान कपड़े के दामों में असाधारण वृद्धि के कारण कपड़े के व्यापारियों से भी क्षुब्ध थे। 12, 13 और 14 जनवरी की रात को फैजाबाद जिले के टांडा तहसील में अनेक महाजनों एवं जमींदारों के घर लूट लिए गए। अवध के रायबरेली, प्रतापगढ़, सुलतानपुर, अमेठी, फैजाबाद में धारा-144 के अंतर्गत कोई बैठक या किसी प्रकार की सभा करना निषिद्ध कर दिया गया। हजारों किसानों को गिरफ्तार कर लिया गया तथा उनके ऊपर झूठे मुकदमे चलाकर उन्हें जेलों में बंद कर दिया गया। फरवरी 1921 में सुलतानपुर अमेठी में किसानों के नेता बाबा रामचंद्र देव नारायण स्वामी केदारनाथ बाबा राघव चंद्र को गिरफ्तार कर लिया गया। उन पर झूठा मुकदमा चला। दो साल के कड़े कारावास की सजा दी गई। सुलतानपुर के उपायुक्त ने बाबा रामचंद्र के बारे में लिखा था कि जनता के ऊपर बाबा का बहुत ज्यादा प्रभाव है। जनता उनको महात्मा समझती है। महात्मा गांधी के बाद उनका दूसरा स्थान है। यह मेरा दृढ़ विश्वास है कि रामचंद्र इस जिले में भयंकर विद्रोह कराने का प्रयत्न करें तो वह फैजाबाद तथा रायबरेली दोनों में सफल रहेगा। इस विद्रोह को दबाने के लिए एक मजबूत सेना की आवश्यकता होगी। बाबा रामचंद्र किसानों के अग्रणी नेता थे। उन्हीं के नेतृत्व में किसान आंदोलन चरम सीमा पर पहुँच गया था। इस आंदोलन में जवाहरलाल नेहरू जी आया करते थे। अवध के किसानों के बीच काम करने का अवसर जवाहरलाल नेहरू को मिला, जिसने आगे चलकर उन्हें गांधी के आंदोलन का प्रमुख नेता बना दिया। बाबा रामचंद्र की सभाओं में लाखों की भीड़ हुआ करती थी। उस समय सूचना प्रसारण करने का कोई उपाय नहीं था। बाबा रामचंद्र मीटिंग की सूचना ताली बजाकर देते थे। जो भी ताली सुनता उसका यह कर्तव्य था कि वह भी ताली बजाकर दूसरे को सूचना दे। इसी प्रकार सभा की सूचना

हो जाती थी और लाखों किसान सभा में एकत्रित हो जाया करते थे। ताली बजा-बजा कर एक आदमी दूसरे-तीसरे लोगों तक बाबा रामचंद्र की सभा की सूचना सभी लोगों तक पहुँचा देते थे। संयुक्त प्रांत के सरकार की दमन नीति किसान आंदोलन को पूरी तरह से कुचलने में असमर्थ रही। इससे किसानों का मनोबल और भी ऊंचा हो गया लेकिन किसानों के पास अब मजबूत संगठन, निश्चित नियम और शक्तिशाली नेतृत्व का अभाव था। नतीजा यह हुआ कि सरकार द्वारा उनके विद्रोहों को जल्द ही कुचल दिया गया और अनेक किसान नेताओं को बंदी बना लिया गया। बग़ल के जनपद रायबरेली में घटित मुंशीगंज गोलीकांड की तुलना जलियाँबाग वाले नरसंहार से की जाती है। इस पूरे क्षेत्र में जनपदों की भौगोलिक सीमाएं भले अलग-अलग हों, किंतु जनभावनाएं और घटनाएँ एक सी ही थीं।

जलियांवाला बाग कांड ने आजादी की नींव रख दी

भारत की आजादी के इतिहास में जलियांवाला बाग नरसंहार एक ऐसी घटना है जिसके जख्म आज भी नहीं भरे हैं और कभी भरेंगे भी नहीं। इसने पंजाब सहित पूरे देश पर ऐसा प्रभाव डाला जिसका दंश आज भी भारत भूल नहीं पाया। इस नरसंहार की घटना ने इतिहास की धारा को मोड़ दिया। कई इतिहासकारों का तो यह कहना है कि इस घटना ने भारत की आजादी की नींव रख दी थी।

भले ही यह घटना पंजाब में घटी हो, पर इसका प्रभाव प्रत्येक देशवासी पर पड़ा था। क्रांतिकारी और भी आंदोलित हो उठे थे। अमेठी जनपद के स्वतंत्रता संग्राम सेनानी गुरु प्रसाद सिंह ने जेल में रहते हुए अंग्रेजों के अत्याचार के ऊपर एक आल्हा की रचना की थी। हमें यह रचना उनके पुत्र श्री वीरेंद्र सिंह से प्राप्त हुई है। महत्वपूर्ण बात यह भी है कि यह उनके द्वारा हस्तलिखित है। इस घटना में कितने लोग मारे गए थे। इस पर विवाद है। जनरल डायर के आदेश पर 10 से 15 मिनट की फायरिंग हुई थी। सरकार के आंकड़ों के अनुसार केवल 291 लोगों की मौत हुई जबकि मदन मोहन मालवीय समिति के आँकड़ों के मुताबिक मृतकों की संख्या 500 से ऊपर बताई जाती है। कई लोगों का मानना है कि भगदड़ और कुएं में कूदने से हुई मौतों को शामिल करने पर मृतकों की संख्या 1000 से भी ज्यादा थी। इस घटना ने पूरे देश में अंग्रेजों के खिलाफ माहौल बना दिया। युवाओं में भी इस घटना पर इतना आक्रोश था कि भगत सिंह जैसे बड़े क्रांतिकारियों के मन में देश सेवा के बीज पड़े। गांधीजी के असहयोग आंदोलन को भी कामयाबी दिलाने में यह घटना सहायक साबित हुई। रॉलेट एक्ट का विरोध भी तीव्रता से हुआ क्योंकि लोगों के मन में आजादी हासिल करने का उत्साह छलांगें मारने लगा था। जलियावाला कांड ने गांधी जी को विचलित कर दिया। इस घटना ने उनको विद्रोही बना दिया। उन्होंने अंग्रेज सरकार द्वारा दी गई नाइट हुड की उपाधि भी वापस कर दी। वे पंजाब जाना चाहते थे लेकिन उन्हें अनुमति नहीं मिली। बाद में उन्हें अक्तूबर में जाने की अनुमति मिली। उन्होंने यहाँ हुए कांग्रेस अधिवेशन में असहयोग आंदोलन की रूपरेखा बनाई।

6 फरवरी और 18 मार्च, 1919 के बीच रॉलेट एक्ट का तमाम गैर सरकारी भारतीय सदस्यों के एकजुट विरोध के बावजूद इंटीरियर लेजिसलेटिव काउंसिल में जल्द

ही इसे स्वीकार कर लिया गया। इस कानून द्वारा किसी को बिना मुकदमा चलाए 2 वर्षों तक बंदी बनाए रखने का प्रावधान था। यह एक तरह से नागरिकों के अधिकारों पर प्रतिबंध लगाने का प्रयास था। पंजाब में लेफ्टिनेंट गवर्नर डायर सन् 1919 के पूर्व पूरी तरह अलोकप्रिय हो चुका था। इसके कारण थे सेना में निर्मम भर्ती, युद्धकालीन अवैध वसूली, 1915 के गदर संबंधी उपद्रव के बाद कठोर दमन और 1917 और 1919 के बीच खाद्यान्नों की कीमतों में 100% की वृद्धि, जबकि कारीगरों के पास में मात्र 20% से 25% की वृद्धि हुई। लेकिन इन सब के बीच 1919 के आरंभ में हिंदू-मुसलमान और सिखों की अभूतपूर्व एकता से जनरल डायर और अंग्रेज अधिकारी डर गए थे। अंग्रेजों के विरुद्ध हिंदू-मुस्लिम और सिख पूरी तरह से एकजुट हो गए थे।

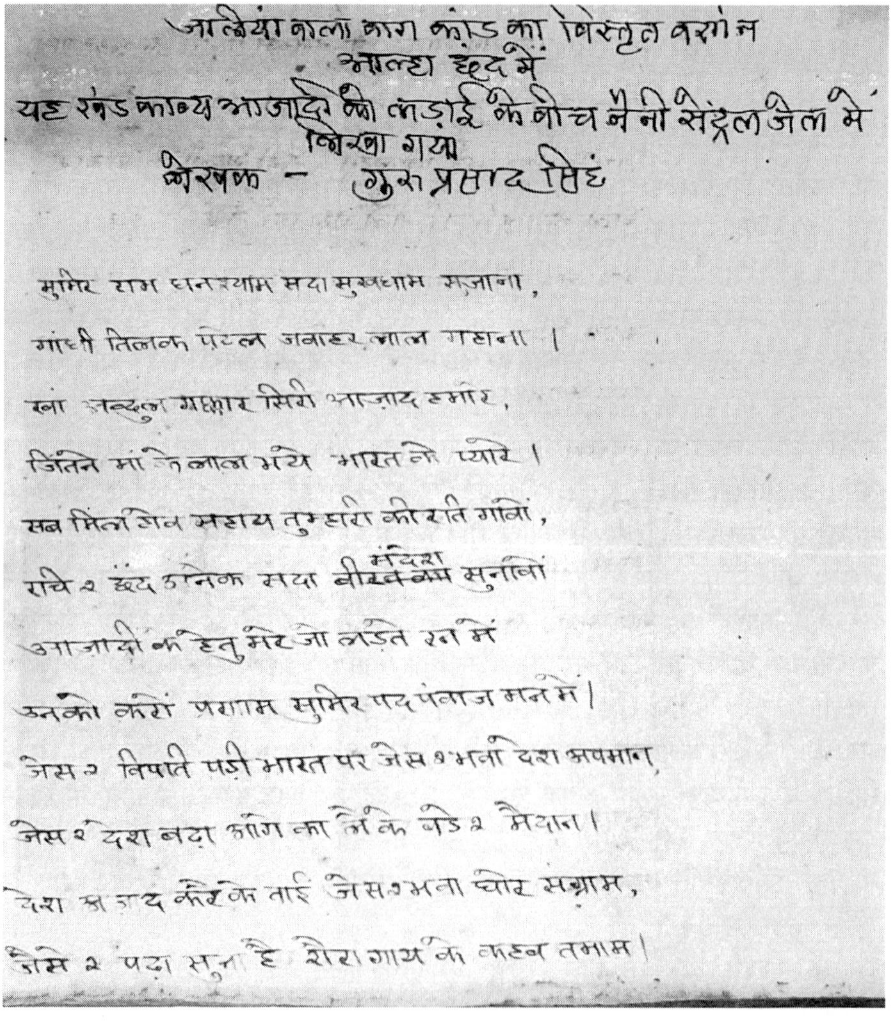

जलियां वाला बाग कांड का विस्तृत वर्णन
आल्हा छन्द में
यह खण्ड काव्य आजादी की लड़ाई के बीच नैनी सेंट्रल जेल में लिखा गया
लेखक — गुरु प्रसाद सिंह

सुमिर राम घनश्याम सदा सुखधाम सुजाना,
गांधी तिलक पटेल जवाहर लाल महाना।
खां अब्दुल गफ्फार सिरी आजाद हमारे,
जितने मां के लाल भये भारत के प्यारे।
सब मिल [illegible] सहाय तुम्हारी कीरति गावें,
रचि २ छन्द अनेक सदा संदेश सुनावें
आजादी के हेतु मरे जो लड़ते रन में
उनको करें प्रणाम सुमिर पद पंकज मन में।
जैसे २ विपति पड़ी भारत पर जैसे २ भवा देश अपमान,
जैसे २ देश बढ़ा आगे को लेके बड़े २ मैदान।
देश आजाद करै के ताईं जैसे २ भवा घोर संग्राम,
जैसे २ पढ़ा सुना है सोरा गाय के कहब तमाम।

पंजाब प्रशासन को जैसे ही खबर मिली कि 13 अप्रैल को बैसाखी वाले दिन आजादी मांगने वाले आंदोलनकारी जलियांवाला बाग में जमा हो रहे हैं तो सरकार ने वहाँ दो दिन पहले 11 अप्रैल से ही कर्फ्यू लगा दिया। जनरल डायर के कमान में 11 अप्रैल को सेना की एक टुकड़ी अमृतसर पहुँची। इस सैनिक टुकड़ी ने अगले दिन शहर में फ्लैग मार्च भी निकाला। एक दिन पहले मार्शल लॉ भी लागू कर दिया था। आजादी के जनाक्रोश के चलते ब्रिटिश सरकार बहुत परेशान थी। देश के आंदोलनकारियों ने 13 अप्रैल, 1919 को अमृतसर के जलियांवाला बाग में एक सभा रखी थी जिसमें कुछ नेता भाषण देने वाले थे। सभा का आयोजन रॉलेट एक्ट के विरोध में और इस एक्ट का विरोध करने के कारण गिरफ्तार सैफुद्दीन किचलू और डॉ. सत्यपाल की रिहाई के लिए किया गया था। हिंदू-मुस्लिम एकता के प्रतीक इन दोनों प्रमुख नेताओं को रॉलेट एक्ट के खिलाफ शांतिपूर्ण विरोध करने पर गिरफ्तार कर पहले ही शहर से बाहर भेज दिया गया था।

सभा में सैकड़ों लोग ऐसे भी थे जो आसपास के इलाकों से बैसाखी के मौके पर परिवार के साथ मेला देखने आए थे और सभा की खबर सुनकर वे जलियांवाला बाग भी आ पहुँचे। सभा के शुरू होने तक वहाँ दस-पंद्रह हजार लोग जमा हो गए, तभी इस बाग के एकमात्र रास्ते से जनरल डायर ने अपनी सैनिक टुकड़ी के साथ वहाँ प्रवेश किया और भीड़ पर 1650 राउंड अंधाधुंध फायरिंग की। जिसमें सैकड़ों अहिंसक सत्याग्रही शहीद हो गए। मृतकों में महिलाएं और बच्चे भी शामिल थे। घबराहट में कई लोग, बाग में बने कुएं में कूद पड़े।

घटना के अगले दिन 14 अप्रैल को अंग्रेज दल बल के साथ आए और जन समिति के नेताओं को निष्कासित कर मार्शल लॉ लगा दिया। इस जन आंदोलन को अंग्रेजों ने पूरी तरह से कुचल दिया। पंजाब के 5 जिले–अमृतसर, लाहौर, गुजरांवाला, गुजरात और लायनपुर प्रभावित हुए। 10 अप्रैल से 22 अप्रैल तक रेलवे लाइन उखड़ने के 54 मामले हुए। कहीं-कहीं गोरों पर भी हमले हुए। जिनका जवाब अधिक हिंसक पाशविक और बर्बर दमन से दिया गया। दमनकारी कदमों में गुजरांवाला के आसपास हवाई बमबारी भी शामिल है। मार्शल लॉ के अदालत में 258 मामलों में कोड़े मारे जाने, नाक रगड़ने और कसूर में पंजाब की जनता को एक दिन चिलचिलाती धूप में खड़े रहने की विचित्र-विचित्र सजाएं दी गईं। 1 मई को कश्मीर में एक 11 वर्ष के लड़के पर सम्राट के विरुद्ध युद्ध छेड़ने का आरोप लगाया गया। मृतकों की संख्या में 4 अंग्रेज मारे गए जबकि 1200 भारतीयों की मौत हुई और 3600 घायल हुए थे।

जलियांवाला बाग की दुखद घटना घटी। पंजाब के लोग युद्ध के कर्ज और गवर्नर डायर के सिपाही भर्ती करने के बर्बर तरीके से उत्तेजित थे। मुसलमानों पर खिलाफत का गहरा असर था। अनावश्यक घबराहट में सरकार ने डॉक्टर सत्यपाल और सैफुद्दीन

किचलू जैसे नेताओं को पहले ही गिरफ्तार करने का आदेश दिया। परिणाम यह हुआ कि अमृतसर में जन आक्रोश फैल गया। जहाँ पुलिस के गोली चलाने के बाद कुछ अधिकारियों की हत्या कर दी गई और दो अंग्रेज औरतें बुरी तरह घायल हो गईं। जब 13 अप्रैल को जलियांवाला बाग में जनता अवज्ञापूर्वक एकत्रित हुई तो जनरल डायर ने सारे पंजाब में आतंक फैलाने की नीयत से बिना किसी चेतावनी के अपने सैनिकों को पार्क में एकत्रित भीड़ पर गोली चलाने का आदेश दे दिया, जहाँ से बाहर निकलने का कोई रास्ता नहीं था। सारा गोला-बारूद खत्म होने के बाद जब वापस हुआ तो घटनास्थल पर 1000 मृत पड़े थे और कई हजार घायल। अमृतसर के जनसंहार को मोटेग्यू ने निवारक हत्या कहा था। कई सप्ताह तक कर्फ्यू लगा रहा। लोगों को खुलेआम कोड़े लगाए गए। उन्हें एक जगह से रेंग कर पहुँचने को मजबूर किया गया, जहाँ पर दो अंग्रेज स्त्रियों पर आक्रमण हुआ था। हाजिरी देने के लिए छात्रों को 16 मील पैदल चल कर पहुँचना होता था। गिरफ्तार व्यक्तियों को कोठरियों में नजरबंद कर दिया गया। सभी की संपत्ति बंधक या जब्त कर ली गई और हिंदू-मुस्लिम की कलाई एक कर हथकड़ी लगाई गई, ताकि उनको एकता का मजा चखाया जा सके। सैनिक कानून की घोषणा की गई। नाइट हुड सम्मान को त्याग कर रवींद्रनाथ ने कहा कि ऐसा समय आ गया है जब सम्मान में मिले बिल्लों ने मान मर्दन के भौंडे संदर्भ में हमारी शर्म को उघाड़ कर रख दिया है। जहाँ तक मेरा सवाल है मैं उन सभी विशिष्टताओं को त्याग करके अपने देशवासियों के साथ खड़ा हूँ जिन्हें तुच्छ समझकर ऐसे अपमानों द्वारा पीड़ित किया गया है जो मनुष्य के लिए नहीं हैं।

इस नरसंहार ने अमेठी जिले के लोगों को भी प्रभावित किया। इस जिले के लोगों ने इसके प्रतिकार के लिए गांधी जी के नेतृत्व में चले अहिंसक असहयोग आंदोलन में भाग लिया और अंग्रेजी सरकार की चूलें हिला दीं।

गांधी जी ने भले ही डायर को माफ कर दिया था लेकिन कई ऐसे भारतवासी थे जिन्होंने डायर को कभी माफ नहीं किया। उन्हीं लोगों में से थे ऊधम सिंह, जो जलियांवाला नरसंहार वाले दिन उसी बाग में मौजूद थे और लोगों को पानी पिला रहे थे। वह उस गोलीबारी में बच गए थे ज़िसके बाद उन्होंने कसम ली कि वह डायर को मार कर इसका बदला लेकर ही रहेंगे। इसीलिए जलियांवाला बाग नरसंहार के 20 साल बाद 31 मार्च, 1940 को उन्होंने लंदन जा कर कैक्सटन हॉल में पंजाब के गवर्नर रहे जनरल डायर की गोलियां मारकर हत्या कर दी। इसके बाद 31 जुलाई, 1940 को उत्तरी लंदन के पेंटनविले जेल में ऊधम सिंह को फांसी दे दी गई।

खिलाफत आंदोलन और अमेठी

अमेठी में 1921 में जिला खिलाफत समिति का गठन हुआ था। अमेठी में स्वाधीनता संग्राम की गतिविधियां फिर से तेज हुईं थीं। प्रथम विश्व युद्ध के बाद भारतीयों को उम्मीद थी कि अंग्रेजी शासन उनके लिए कुछ बेहतर करेगा लेकिन ऐसा नहीं हुआ। भारतवासी निराश और क्षोभ से भर गए क्योंकि विश्व युद्ध के बाद अंग्रेजी शासन ने भारतीयों के हक में कुछ बेहतर करने के बजाय रौलेट एक्ट, जालियांवाला कांड और पंजाब में मार्शल लॉ लागू करने जैसी घटनाओं को अंजाम दे दिया था। इन घटनाओं के कारण अंग्रेजी शासन से भारतीयों की सभी उम्मीदें खत्म हो गईं थीं।

इसी दौरान देश में एक और हलचल तेज हुई जिसके कारण खिलाफत आंदोलन शुरू हुआ। वास्तव में खिलाफत का संबंध तुर्की के सुल्तान से था। तुर्की का सुल्तान इस्लामी जगत में दुनिया भर के सुन्नी मुसलमानों का धर्म गुरु अर्थात खलीफा था। धार्मिक प्रधान होने के कारण इस्लाम धर्म के धार्मिक स्थानों के प्रति उसके कुछ दायित्व थे, जिनके निर्वाह के लिए उन स्थानों पर उसका अधिकार आवश्यक था। प्रथम विश्वयुद्ध में मुसलमानों के सहयोग को प्राप्त करने के लिए ब्रिटिश प्रधानमंत्री लायड लॉर्ड और वायसराय लॉर्ड हार्डिंग ने जनवरी 1918 ईस्वी में स्पष्ट आश्वासन दिया था कि इंग्लैंड खलीफा के सम्मान और उसके राज्य की अखंडता को नष्ट करने का प्रयास नहीं करेगा। लेकिन मुसलमानों को भय होने लगा था कि मित्र राष्ट्र तुर्की के राज्य का विघटन कर देंगे और उनके धार्मिक स्थान विधर्मियों के हाथ में चले जायेंगे। प्रथम विश्व युद्ध के बाद ब्रिटिश प्रधानमंत्री अपने वादों से मुकर रहे थे। इससे भारतीय मुसलमानों में खलीफा के प्रश्न को लेकर क्रोध की लहर फैलने लगी थी। हालांकि खलीफा को लेकर दुनिया के दूसरे मुल्कों में भी मुसलमान खफा थे। लेकिन भारत के मुसलमानों में इसकी खास प्रतिक्रिया हुई थी और वे ब्रिटिश हुकूमत के खिलाफ आंदोलन में बढ़-चढ़ कर हिस्सा लेने लगे थे। भारतीय मुसलमानों की मांग थी कि तुर्की के सुल्तान की धार्मिक प्रतिष्ठा और उसके साम्राज्य की अखंडता को बनाए रखा जाए। अपनी मांगों को संगठित रूप से पेश करने के लिए मुसलमानों ने जगह-जगह खिलाफत समितियों की स्थापना कीं।

खिलाफत आंदोलन 1919 से 1922 के बीच भारत में खासतौर से मुस्लिम समुदाय द्वारा चलाया गया राजनीतिक धार्मिक आंदोलन था। इस आंदोलन का उद्देश्य मुस्लिमों

के मुखिया माने जाने वाले तुर्की के खलीफा पद की फिर से स्थापना के लिए ब्रिटिश सरकार पर दबाव डालना था। इसके लिए मार्च 1919 में मुंबई में एक खिलाफत समिति का गठन किया गया था, फिर सितंबर 1919 में लखनऊ में एक अखिल भारतीय खिलाफत कमेटी की स्थापना की गई।

इसी दौरान गांधीजी और उनके जैसे तमाम नेताओं को यह उम्मीद थी कि जालियांवाला बाग हत्याकांड और पंजाब में उपद्रव की निष्पक्ष जांच होगी और ब्रिटिश सरकार और जनता इसकी एक स्वर से निंदा करेगी लेकिन वे अब निराश हो चले थे। हंटर कमेटी द्वारा इन घटनाओं की जांच जिस तरह से की जा रही थी उससे लोग काफी गुस्से में थे। उधर ब्रिटिश संसद विशेषकर हाउस आफ लॉडूर्स द्वारा जनरल डायर के कारनामों को उचित बताया गया और मॉर्निंग पोस्ट ने डायर को ब्रिटिश साम्राज्य का रक्षक बताते हुए उनको 30000 पौंड की थैली भेंट की। इन सब कारणों से भारतीय जनता में भीषण असंतोष फैल गया था।

राष्ट्रीय आंदोलन से संबंधित मुस्लिम नेता भी खिलाफत आंदोलन के नेता बनकर सामने आए। मौलाना शौकत अली, मौलाना मोहम्मद अली, डॉक्टर अंसारी, अब्दुल कलाम आजाद, हकीम अजमल खान और मौलाना हुसैन अहमद मदनी खिलाफत आंदोलन के प्रमुख नेता बन गए। 10 मार्च, 1920 को गांधीजी फिर से मैदान में आ गए और उन्होंने यह घोषणा की कि यदि तुर्की के साथ संधि की शर्तें हिंदुस्तान के मुसलमानों के खिलाफ हुईं तो मैं असहयोग आंदोलन शुरू कर दूंगा। वास्तव में मुसलमानों का आंदोलन बिना कांग्रेस के सहयोग से असरदार नहीं बन सकता था इसलिए खिलाफत कमिटी दिन-प्रतिदिन गांधी जी के प्रभाव में आने लगी। इस समय तक पंजाब की घटनाओं के कारण गांधी जी के विचारों में पूरी तरह से बदलाव हो चुका था। वे अंग्रेजी शासन के विरुद्ध देशव्यापी असहयोग आंदोलन चलाना चाहते थे और उन्होंने अली बंधुओं के साथ पंजाब की घटनाओं और खिलाफत के सवाल पर समझौता कर लिया था।

नतीजतन 1920 ईस्वी में राजनीतिक और खिलाफत आंदोलन दोनों एक दिशा में एक साथ चलने लगे। 15 मई, 1920 ईस्वी को तुर्की के साथ की गई सेव्रे की संधि की शर्तें घोषित की गईं। इस संधि में युद्ध काल में अंग्रेजी सरकार द्वारा भारतीय जनता को दिए गए सभी वादों को ठुकरा दिया गया। मुंबई के अधिवेशन में अहिंसात्मक असहयोग आंदोलन शुरू करने का फैसला किया। 30 मई, 1920 ईस्वी को गांधी जी ने बनारस में सबसे पहले असहयोग आंदोलन की दार्शनिक व्याख्या पेश की। उन्होंने कहा कि यदि लोग सच्चे हृदय से असहयोग के कार्यक्रमों को अमल में लाने का संकल्प करें तो हमें थोड़े समय में ही स्वराज्य हासिल हो जाएगा।

1 जून, 1920 में इलाहाबाद में केंद्रीय खिलाफत कमेटी के तत्वावधान में हिंदुओं और मुसलमानों की एक संयुक्त सभा हुई जिसमें संयुक्त रूप से असहयोग आंदोलन शुरू करने का फैसला किया गया और असहयोग के कार्यक्रमों को निश्चित करने के लिए

बाकायदा एक उप समिति का गठन किया गया। इसके बाद नगर-नगर और गाँव-गाँव में इस आंदोलन के प्रचार के लिए समितियां बनाई गईं। 9 जून, 1920 को इलाहाबाद में खिलाफत कमेटी ने इस सलाह को सर्वसम्मति से स्वीकार कर लिया और गांधी जी को इस आंदोलन की अगुवाई करने का अधिकार सौंपा और खिलाफत कमेटी ने असहयोग आंदोलन के चार चरणों की घोषणा की। इसके बाद जुलाई 1920 में खिलाफत सम्मेलन सिंध में हुआ। इस अवसर पर गांधी जी ने भारत के 23 करोड़ हिंदुओं से सात करोड़ मुसलमानों की सहायता करने की अपील की। जिस समय मुस्लिम समुदाय के बहुमत द्वारा असहयोग का समर्थन किया जा रहा था ठीक उसी समय मुसलमानों के एक विशेष ग्रुप ने अलीगढ़ में और असहयोग आंदोलन के अहिंसात्मक पक्ष पर संदेह प्रकट करते हुए प्रदर्शन भी किया था। 28 जुलाई, 1920 को गांधी जी ने 1 अगस्त से असहयोग आंदोलन शुरू करने की घोषणा की। लोकमान्य तिलक ने भी सहयोग का समर्थन करने का वादा किया था लेकिन 21 जुलाई की रात को ही उनका निधन हो गया। तिलक के निधन के बाद गांधी जी देश के निर्विरोध नेता बन गए। 1 अगस्त 1920 ईस्वी को गांधी जी ने वायसराय को एक पत्र लिखा और उसके साथ ब्रिटिश सरकार द्वारा दिए गए सभी पदकों को भी वापस कर दिया। गांधी जी ने अली बंधुओं और अन्य नेताओं के साथ हिंदू-मुस्लिम एकता को मजबूत करने और उनके उत्साह को बढ़ाने के लिए देशव्यापी दौरा किया। गांधीजी के प्रभाव से खिलाफत आंदोलन और असहयोग आंदोलन एक रूप हो गए। 1920 तक खिलाफत कमेटी ने महात्मा गांधी के अहिंसक असहयोग आंदोलन का समर्थन किया। सितंबर गें कांग्रेरा के विशेष अधिवेशन ने असहयोग आंदोलन को दो लक्ष्य तय किए। पहला स्वराज और दूसरा खिलाफत आंदोलन की मांगों की मंजूरी।

जिस समय गांधी जी ने अली बंधुओं और अन्य नेताओं के साथ हिंदू-मुस्लिम एकता को मजबूत करने और उनके उत्साह को बढाने के लिए देशव्यापी दौरा किया तो उसी समय उत्तर प्रदेश के महान सपूत और राष्ट्रीय मुसलमानों के सिरमौर मौलाना हुसैन अहमद मदनी की प्रेरणा से कराची में यह फतवा जारी हो गया कि हिंदुस्तान की जमीन अब युद्ध भूमि हो गई है। इस जमीन पर जो भी मुसलमान है उनको इस्लाम का हुक्म है वे युद्ध लड़ें और जो लड़ नहीं सकते हैं वे हिजरत करें और उस भूमि से बाहर हो जाएं। इस फतवे से पूरे देश में एक प्रभाव यह हुआ कि ज्यादातर मुसलमान गांधीजी के नेतृत्व में आ खड़े हुए। दूसरा प्रभाव यह हुआ कि हजारों मुसलमान हिजरत कर अफगानिस्तान की तरफ बढ़ चले। पर अफगान सरकार द्वारा शरणार्थियों के अपने यहाँ प्रवेश रोक दिए जाने के कारण मुसलमानों के लिए लड़ने के अलावा कोई उपाय नहीं बचा रह गया। चाहे जो भी हो, इन परिस्थितियों ने देश के हिंदू-मुसलमानों को 1857 के संग्राम जैसा ही एकजुट होने के लिए विवश किया। दोनों एक मंच पर आए।

उस दौरान कांग्रेस द्वारा असहयोग के कार्यक्रम को अभी तक स्वीकार नहीं किया गया था इसलिए असहयोग पर विचार करने के लिए 4 से 9 सितंबर, 1920 तक कांग्रेस

का विशेष अधिवेशन कोलकाता में हुआ। लाला लाजपत राय इस अधिवेशन के अध्यक्ष चुने गए। असहयोग आंदोलन का प्रस्ताव गांधी जी ने पेश किया। जिसे मुसलमानों का पूरा समर्थन था। गांधी जी के द्वारा पेश किए गए प्रस्ताव में केवल तीन मांगें थीं।

1. खिलाफत के साथ की गई भूल सुधारी जाए।
2. पंजाब के साथ की गई भूल सुधारी जाए।
3. स्वराज स्थापित किया जाए।

अपने प्रस्ताव के पक्ष में बोलते हुए गांधी जी ने कहा कि भारत के लोगों के लिए प्रगतिशील अहिंसात्मक आंदोलन चलाने के अलावा कोई अन्य विकल्प नहीं है। गांधीजी के प्रस्ताव का कड़ा विरोध हुआ। लगभग सभी पुराने गणमान्य नेता जैसे सीआर दास, लाला लाजपत राय, बिपिन चंद्र पाल, मदन मोहन मालवीय और मोहम्मद अली जिन्ना आदि इस प्रस्ताव से सहमत नहीं हुए लेकिन मोतीलाल नेहरू और अली बंधुओं ने गांधीजी के प्रस्ताव का जोरदार समर्थन किया। नतीजतन लगभग 3 दिन की बहस के बाद गांधीजी का प्रस्ताव बहुमत से पारित हो गया। इस प्रस्ताव पर खिलाफत आंदोलन का प्रभाव था।

जहाँ तक खिलाफत आंदोलन के अमेठी में प्रभाव की बात है तो देश में हो रही जन विरोधी नीतियों और दमनात्मक कार्रवाइयों का असर अमेठी पर भी पड़ रहा था। अमेठी में जब 1921 में जिला खिलाफत समिति का गठन हुआ तो अमेठी में गतिविधियां फिर से तेज हुईं। जिले में स्वतंत्रता आंदोलन को नई दिशा मिली। सन् 1920 ईस्वी में जिले में कांग्रेस कमेटी भी स्थापित हो गई थी और गांधीजी के आह्वान पर असहयोग आंदोलन भी शुरू हो चुका था। सन् 1920 ईस्वी के असहयोग आंदोलन और खिलाफत आंदोलन के कारण राजनीतिक चेतना इतनी जागृत हो चुकी थी कि जिले में हिंदू-मुसलमान दोनों एक-दूसरे से गले मिलते थे और एक स्थान पर मर मिटने को तैयार रहते थे।

वर्ष 1919 से 1922 के बीच में भारत में ब्रिटिश शासन का विरोध करने के लिए खिलाफत और असहयोग आंदोलन हुए। दोनों आंदोलनों में भिन्न-भिन्न मुद्दे होने के बावजूद अहिंसा और असहयोग की एक एकीकृत योजना को अपनाया गया। इस दौरान कांग्रेस और मुस्लिम लीग का एकीकरण भी देखा गया। इन दोनों पार्टियों के संयुक्त प्रयास के तहत कई राजनीतिक प्रदर्शन भी किए गए। खिलाफत का मुद्दा सीधे तौर पर भारतीय राजनीति से नहीं जुड़ा था लेकिन इसने आंदोलन को तत्काल एक उद्देश्य प्रदान किया था और ब्रिटिश के खिलाफ हिंदू-मुस्लिम एकता को मजबूत करने का लाभ जुड़ा था। गांधी जी ने हिंदू-मुस्लिम एकता के एक ऐसे स्वर्णिम अवसर के रूप में देखा जो आगे के 100 वर्षों में भी नहीं प्राप्त हो सकता। तद्नुसार उन्होंने अंग्रेजी हुकूमत के विरुद्ध आंदोलन में भारतीय मुसलमानों का सहयोग प्राप्त करने के लिए खिलाफत आंदोलन का समर्थन किया था।

असहयोग आंदोलन ने भारत की चेतना को जगाया

स्वाधीनता संग्राम में जितने भी आंदोलन हुए हैं इन सभी का प्रभाव अमेठी जनपद पर रहा है, इसका मुख्य कारण यह है कि अमेठी जनपद की भौगोलिक स्थिति लखनऊ और इलाहाबाद के बीच में पड़ती है। इस प्रकार ये पूरा क्षेत्र कांग्रेस के आंदोलनों से प्रभावित रहा है। असहयोग आंदोलन में भी इस क्षेत्र की जनता ने बढ़-चढ़ कर भाग लिया था।

असहयोग आंदोलन महात्मा गांधी की देखरेख में चलाया जाने वाला प्रथम जन आंदोलन था। इस आंदोलन का व्यापक जनाधार था। शहरी क्षेत्र में मध्यम वर्ग और ग्रामीण क्षेत्र में किसानों व आदिवासियों का और श्रमिकों का इसे व्यापक समर्थन मिला। 1914 से 1918 के बीच प्रथम विश्व युद्ध के दौरान अंग्रेजों ने प्रेस पर प्रतिबंध लगा दिया था और बिना जांच के कारावास की अनुमति दे दी थी। रॉलेट की अध्यक्षता वाली एक समिति की संस्तुति के आधार पर इस कठोर प्रक्रिया को जारी कर दिया गया था। गांधी जी ने देश भर में इस अधिनियम रौलट एक्ट के खिलाफ अभियान चलाया। उत्तर पश्चिमी भारत के कस्बों में चारों तरफ बंद के समर्थन में दुकानों के बंद होने के कारण जन जीवन लगभग ठहर सा गया था।

पंजाब में खासतौर से कड़ा विरोध हुआ, जहाँ के बहुत से लोगों ने युद्ध में अंग्रेजों के पक्ष में सेवा की थी और बाद में वे अपनी सेवा के बदले इनाम की अपेक्षा कर रहे थे लेकिन उसकी जगह रॉलेट एक्ट लागू कर दिया गया। एक्ट के तहत सरकार किसी भी संदिग्ध व्यक्ति को मुकदमा चलाए बिना नजरबंद कर सकती थी, साथ ही उस पर गुप्त रूप से मुकदमा चलाकर उसे दंडित कर सकती और किसी भी व्यक्ति के निवास और उसकी गतिविधियों पर नियंत्रण रखा जा सकता था। इसी दौरान गांधी जी को गिरफ्तार कर लिया गया। इसके बाद 1919 में अमृतसर के जलियांवाला बाग में बर्बर गोली कांड को अंजाम दिया गया, जिसमें 1200 से अधिक लोग मारे गए और 1700 लोग घायल हो गए थे।

असहयोग आंदोलन 1 अगस्त, 1920 को औपचारिक रूप से शुरू हुआ। बाद में आंदोलन का प्रस्ताव कांग्रेस के कलकत्ता अधिवेशन में 4 सितंबर, 1920 को पारित कर दिया गया। कांग्रेस ने भी इसे अपना आंदोलन घोषित किया। जो लोग आजादी के

आकांक्षी थे उनसे आग्रह किया गया कि वे स्कूलों, कॉलेजों और अदालतों में ना जाएं। गांधीजी ने कहा कि यदि असहयोग का ठीक-ठाक ढंग से पालन किया जाए तो हम 1 साल में ही आजादी को हासिल कर लेंगे। असहयोग आंदोलन का विस्तार करते हुए गांधी जी ने इस दौरान खिलाफत आंदोलन के साथ हाथ मिला लिया था। जो तुर्की शासक कमाल अतातुर्क द्वारा समाप्त किए गए सर्व इस्लामाबाद के प्रतीक खलीफा की पुनः व्यवस्था की मांग कर रहा था।

पश्चिम भारत बंगाल और उत्तर भारत में असहयोग आंदोलन को अभूतपूर्व सफलता मिली। इसी दौरान विद्यार्थियों के लिए काशी विद्यापीठ, बिहार विद्यापीठ, गुजरात विद्यापीठ, बनारस हिंदू विश्वविद्यालय, महाराष्ट्र और अलीगढ़ मुस्लिम विश्वविद्यालय की स्थापना की गई।

गांधीजी के आह्वान पर असहयोग आंदोलन के खर्च की पूर्ति के लिए 1920 में तिलक स्वराज फंड की स्थापना की गई जिसमें एक करोड़ रुपये से अधिक चंदा जमा हुआ। सरकारी आंकड़ों के मुताबिक 1921 में असहयोग आंदोलन के दौरान 396 हड़तालें हुईं, जिनमें छह लाख श्रमिकों ने हिस्सा लिया।

सितंबर 1920 से फरवरी 1922 के बीच महात्मा गांधी और भारतीय राष्ट्रीय कांग्रेस के नेतृत्व में असहयोग आंदोलन चलाया गया, जिसमें भारतीय स्वतंत्रता आंदोलन को एक नई जागृति मिली। 1919 तक गांधी जी से ब्रिटिश साम्राज्यवादी शासन-व्यवस्था के पक्षधर बने। बाद में उसमें भी सुधार चाहते थे, लेकिन जलियांवाला बाग सहित अनेक घटनाओं के कारण गांधीजी ने अनुभव किया कि ब्रिटिश से न्याय नहीं मिलेगा उन्होंने ब्रिटिश सरकार से राष्ट्र के सहयोग को वापस लेने की योजना बनाई। असहयोग आंदोलन का देश में प्रशासनिक व्यवस्था पर असर पड़ा। असहयोग आंदोलन स्वराज की मांग को लेकर शुरू किया गया था, इसका मकसद सरकार के साथ सहयोग नहीं कर के कार्यवाही में बाधा उपस्थित करना था कि आंदोलन अत्यंत सफल रहा, इसे लाखों भारतीयों का प्रोत्साहन मिला और ब्रिटिश सरकार हिल गई।

असहयोग आंदोलन 1857 के बाद पहली बार गांधी जी के नेतृत्व में ऐसा आंदोलन था जिसे व्यापक तौर पर जन-जन का समर्थन मिला था। इसकी विभिन्न वजहों में रॉलेट एक्ट के साथ पंजाब में अत्याचार, जलियांवाला गोलीकांड, मार्शल लॉ लागू, हंटर कमेटी की रिपोर्ट से उत्पन्न असंतोष, खिलाफत का प्रश्न, प्रथम विश्व युद्ध का परिणाम, देश की आर्थिक दुर्दशा, मोंटेग्यू चेम्सफोर्ड सुधारों से असंतोष, प्लैग और इनफ्लुएंजा का प्रकोप, अकाल और सरकार का निरंतर दमन चक्र आदि थे। इन सब कारणों से आम जनता तबाह हो रही थी।

9 फरवरी और 18 मार्च, 1919 के बीच तमाम गैर सरकारी भारतीय सदस्यों के एकजुट विरोध के बावजूद ब्रिटिश संसद में रॉलेट एक्ट को स्वीकार कर लिया गया। इस कानून द्वारा किसी को भी बिना मुकदमा चलाए 2 वर्षों तक बंद रखने की व्यवस्था द्वारा

नागरिक अधिकारों पर प्रतिबंध लगाये जाने की कोशिश थी। भारतीयों में इस एक्ट को लेकर बेहद गुस्सा था।

17 दिसंबर, 1921 ईस्वी को वेल्स के राजकुमार भारत की यात्रा पर आए। अखिल भारतीय कांग्रेस कमेटी ने इस यात्रा का बहिष्कार किया और जहाँ भी राजकुमार गए, वहाँ हड़ताल हुई और विरोध प्रदर्शन किए गए। मुंबई में तो राजकुमार की यात्रा के समर्थक पदाधिकारियों, यूरोपियों और दूसरी तरफ यात्रा का विरोध करने वाली जनता के बीच झगड़ा हो गया और पुलिस ने गोली चलाई और अनेक अत्याचार भी किये। कोलकाता में राजकुमार की यात्रा के विरुद्ध प्रदर्शन और भी सफल रहा। कांग्रेस के स्वयंसेवकों ने नगर पर अधिकार कर लिया था। गांधीजी के असहयोग आंदोलन से पूरा देश भड़क उठा। देश भर में विदेशी वस्तुओं के बहिष्कार और विरोध प्रदर्शन होने लगे। दूसरी तरफ प्रशासन द्वारा इसे दबाने के लिए गिरफ्तारियां की जाने लगीं। 25 दिसंबर, 1921 ईस्वी को यूरोपियन एसोसिएशन में एक भोज में वायसराय लॉर्ड रीडिंग ने कहा कि सारे देश में आग लगी हुई है, मेरी समझ में नहीं आता कि मैं क्या करूं।

पंजाब, राजस्थान, महाराष्ट्र, आंध्र प्रदेश, पश्चिम बंगाल सहित संयुक्त अवध प्रांत में असहयोग आंदोलन चरम पर पहुँच गया था। संयुक्त अवध प्रांत में संगठित आंदोलन खासतौर से शहरों और कस्बों तक सीमित रहा। बाबा रामचंद्र से संबद्ध दक्षिण और दक्षिण पूर्वी अवध में होने वाला किसान विद्रोह चरम पर पहुँच गया था, जिसका नतीजा खेतिहर दंगों के रूप में सामने आया। जो जनवरी और मार्च 1921 ईस्वी के बीच रायबरेली, प्रतापगढ़, फैजाबाद, सुलतानपुर और अमेठी में फैल गए। सन् 1922 ईस्वी के आरंभ में संयुक्त प्रांत की कांग्रेस ने 90 हजार स्वयं सेवक भर्ती कर लिए। जुलाई 1921 तक प्रदेश में 137 राष्ट्रीय शिक्षा संस्थान स्थापित हो चुके थे, जिनमें प्रमुख काशी विद्यापीठ था। मोतीलाल नेहरू जी ने यूपी बार काउंसिल की सदस्यता से भी त्यागपत्र दे दिया था। प्रेमचंद जैसे साहित्यकार ने फरवरी 1921 में गोरखपुर के एक सरकारी विद्यालय से अपने पद से त्यागपत्र दे दिया था। फरवरी 1922 तक असहयोग आंदोलन चरम पर पहुँच गया था। इसके बावजूद सरकार के रवैए में कोई बदलाव दिखाई नहीं दे रहा था। जनवरी में सर्वदलीय सम्मेलन की अपील और गांधी जी द्वारा वायसराय के नाम लिखे पत्र का भी सरकार पर कोई असर नहीं हुआ। गांधी जी ने लिखा कि यदि सरकार नागरिक स्वतंत्रता बहाल नहीं करेगी, राजनीतिक बंदियों को रिहा नहीं करेगी तो वे देशव्यापी सविनय अवज्ञा आंदोलन छेड़ने को बाध्य हो जाएंगे। जब अंग्रेजी सरकार पर इसका भी कोई असर नहीं हुआ तो गांधीजी ने मजबूर होकर सविनय अवज्ञा आंदोलन शुरू करने की घोषणा कर दी।

चौरी चौरा कांड के बाद गांधी जी ने असहयोग आंदोलन को समाप्त करने की घोषणा कर दी। बहुत से लोगों को गांधी जी का यह निर्णय सही नहीं लगा। खासकर

क्रांतिकारियों ने इसका प्रत्यक्ष और परोक्ष रूप से विरोध किया। 1922 में गया कांग्रेस में प्रेम कृष्ण खन्ना और उनके साथियों ने राम प्रसाद बिस्मिल के साथ गांधीजी का खुलकर विरोध किया। चौरी चौरा कांड के अभियुक्तों का मुकदमा पंडित मदन मोहन मालवीय ने लड़ा। इस कांड में ज्यादातर को सजा से बचा लेना उनकी बहुत बड़ी सफलता रही। उनके बहुत प्रयास के कारण इनमें से 151 लोग फांसी की सजा से बच गए। बाकी 19 लोगों को 2 से 11 जुलाई, 1923 के दौरान फांसी दे दी गई। इस कांड में 14 लोगों को आजीवन कैद और 10 लोगों को 8 साल की सश्रम कैद की सजा सुनाई गई। स्थानीय लोग उन्हें आज भी याद करते हैं। यहाँ स्थानीय लोगों और सरकार द्वारा शहीदों की याद में स्मारक भी बनाया है।

चौरी चौरा कांड यूं ही नहीं हो गया था। इसके पीछे कई खास कारण थे जिसका खुलासा इस कांड के नायक द्वारका प्रसाद पांडे ने स्वयं किया है। उनके मुताबिक सन् 1920 ईस्वी में गोरखपुर जनपद में कांग्रेस का संगठन गाँव-गाँव में फैल गया था और गाँव-गाँव में विदेशी वस्त्रों की होली जलाई गई। स्वयंसेवक गाँव-गाँव घूमकर कपड़े जमा करते और उनकी होली जलाते। इस पर अंग्रेजी शासन ने घोषणा की कि विदेशी वस्त्रों की होली तालुकेदार या जमींदार के गाँव में जलेगी तो उस पर मुकदमा चलाया जाएगा। इस घोषणा से कांग्रेस और सामंतों में युद्ध छिड़ गया। तालुकेदार और जमींदारों के गुंडे और कारिंदे स्वयंसेवकों को जहाँ देखते वहीं मारते थे। आंदोलन तेजी से आगे बढ़ने लगा। गोरखपुर के सहजनवा एवं चौरी चौरा नामक स्थान आंदोलन के केंद्र बन गए। ताड़ी शराब और विदेशी वस्तुओं की दुकानों पर धरना लग गया। लगभग 200 स्वयंसेवकों के जत्थे रोज मैदान में उतरते और जमींदारों के कारिंदों और पुलिस का अत्याचार सहते। कांग्रेस कार्यकर्ताओं के ऊपर घोड़े दौड़ाए जाते।

द्वारका प्रसाद पांडे के मुताबिक 5 फरवरी, 1922 को विदेशी बाजार में सत्याग्रह करने के लिए लगभग 4000 स्वयंसेवकों का जुलूस जब थाने के सामने से होकर जा रहा था तो पुलिस बीच के हिस्से पर टूट पड़ी और वे लाठियों से स्वयंसेवकों को मारने लगे। स्वयंसेवक वीरतापूर्वक लाठियों की मार सहते गए और सभी स्वयंसेवक थाने के सामने आ गए। अब पुलिस गोलियां भी चलाने लगी। निहत्थे स्वयंसेवक छाती पर गोलियां खाते रहे और नारे लगाते रहे। पुलिस की गोलियां खत्म हो गईं लेकिन स्वयंसेवकों का साहस खत्म नहीं हुआ। तब वे बंदूकों के कुंदों से मारने लगे और संगीनों को उनके शरीर में भोकना शुरू किया। स्वयंसेवक की हड्डी टूट जाती, सिर फट जाता फिर भी पीछे नहीं हटते। इसी दौरान भीड़ में से एक आवाज आई–इस तरह हम कब तक मरते रहेंगे। यह आवाज कई कंठों से गूंज उठी। इसमें दीनता नहीं आक्रोश था। द्वारका प्रसाद पांडे के पैर में गोली लग चुकी थी। कुछ लोग उनके सामने ही शहीद हो चुके थे। कुछ लोग दम तोड़ चुके थे। कुछ लोग ऐसे थे जिनके शरीर से खून बह रहा था फिर भी हिम्मत के साथ खड़े थे और कुछ गिर पड़े थे।

पांडेय जी आक्रोश से भर उठे। उन्होंने जनता को ललकारा तो पुलिस वाले थाने में भाग गए और दरवाजा बंद कर लिया। ऐसे में कोई मिट्टी के तेल का कनस्तर ले आया और थाने में आग लगा दी। जो सिपाही भागने के प्रयास में बाहर आए उन्हें भीड़ ने मार डाला और जलती आग में फेंक दिया। 21 सिपाही और एक थानेदार भीतर जलकर मर गए थे। तब बाहर 28 शहीद और सैकड़ों घायल स्वयंसेवक पड़े थे। इस घटना की राष्ट्रव्यापी चर्चा होने लगी। इस घटना के बाद गांधी जी ने असहयोग आंदोलन वापस ले लिया। अमेठी की जनता सदा गांधी जी की अनुयायी रही।

अद्भुत और अभूतपूर्व था भारत छोड़ो आंदोलन

द्वितीय विश्व युद्ध के समय 8 अगस्त, 1942 को शुरू हुआ था भारत छोड़ो आंदोलन, जिसका लक्ष्य भारत से ब्रिटिश साम्राज्य को पूरी तरह से खत्म करना था। यह आंदोलन महात्मा गांधी द्वारा अखिल भारतीय कांग्रेस समिति के मुंबई अधिवेशन से शुरू हुआ था। भारतीय स्वतंत्रता संग्राम के दौरान विश्वविख्यात काकोरी कांड के ठीक 17 साल बाद 9 अगस्त, 1942 को गांधी जी के आह्वान पर समूचे देश में एक साथ शुरू हुआ। यह भारत को तुरंत आजाद करने के लिए अंग्रेजी शासन के विरुद्ध करो या मरो का आंदोलन था। इस आंदोलन को काबू करने में ब्रिटिश सरकार को एक साल से ज्यादा समय लगा।

भारत छोड़ो आंदोलन सही मायने में एक ऐसा जन आंदोलन था जिसमें लाखों आम भारतीय शामिल हुए थे। 9 अगस्त को हर साल काकोरी कांड स्मृति दिवस को मनाने की परंपरा शहीद भगत सिंह ने शुरू की थी। गांधी जी ने इसी दिन से भारत छोड़ो आंदोलन शुरू किया। इस आंदोलन ने युवाओं को सच में बहुत आकर्षित किया। 9 अगस्त, 1925 में रामप्रसाद बिस्मिल के नेतृत्व में हिंदुस्तान प्रजातंत्र संघ के दस जुझारू युवाओं ने काकोरी कांड को अंजाम दिया था। इसलिए हर साल 9 अगस्त को युवा उत्साह में होते थे। अमेठी में भी हर साल 9 अगस्त को एक जगह एकत्रित होते थे और आज़ादी के लिए हुंकार भरते थे। यही काम आया कि जब गांधी जी ने 'करो या मरो', की अपील की थी, तो 9 अगस्त, 1942 को भी भारत छोड़ो आंदोलन में अमेठी के युवा कूद पड़े थे।

क्रिप्स मिशन की विफलता के बाद महात्मा गांधी ने ब्रिटिश शासन के खिलाफ तीसरा बड़ा देशव्यापी आंदोलन छेड़ने का फैसला किया। 8 अगस्त, 1942 की शाम को मुंबई में अखिल भारतीय कांग्रेस कमेटी के मुंबई सत्र में अंग्रेजों भारत छोड़ो नाम से यह आंदोलन शुरू हुआ। इसकी परिकल्पना गांधी जी ने की थी। हालांकि इस आंदोलन की घोषणा होते ही गांधीजी फौरन गिरफ्तार कर लिए गए थे। इस आंदोलन में कांग्रेस में जयप्रकाश नारायण जैसे समाजवादी सदस्य भूमिगत विरोधी गतिविधियों में सबसे ज्यादा सक्रिय थे। लाल बहादुर शास्त्री ने भी इस आंदोलन को प्रचंड रूप दिया था। वे भी

19 अगस्त को गिरफ्तार हो गए थे। पश्चिम में सतारा और पूर्व में मेदनीपुर जैसे कई जिलों में स्वतंत्र सरकार और प्रति सरकार की स्थापना कर दी गई थी।

भारत छोड़ो आंदोलन जिसे अगस्त क्रांति भी कहा जाता है। यह आंदोलन भारतीय जनता की वीरता और लड़ाकपन की मिसाल है। इसका दमन भी उतना ही पाश्विक और अभूतपूर्व हुआ था। जिन परिस्थितियों में यह आंदोलन छेड़ा गया, वैसी परिस्थितियां कभी भी राष्ट्रीय आंदोलन में नहीं आईं थीं। युद्ध की आड़ लेकर ब्रिटिश सरकार ने अपने को सख्त से सख्त कानून से लैस कर लिया था और शांतिपूर्ण राजनीतिक गतिविधियों को प्रतिबंधित कर दिया था। इस आंदोलन के दौरान 940 लोग मारे गए थे। 1630 लोग घायल हुए थे। 18000 लोगों को नजरबंद किया गया था। 60229 लोग गिरफ्तार किए गए थे।

6 जुलाई को कांग्रेस महासमिति के सदस्यों ने गांधीजी से विचार-विमर्श करने के बाद ब्रिटिश सरकार से समझौता करने का प्रयास किया। कार्यसमिति ने प्रस्ताव पास किया, जिसमें कहा गया कि भारत को स्वतंत्रता न केवल भारत के लिए जरूरी है, बल्कि संसार की सुरक्षा और नाजीवाद फासीवाद, सैन्यवाद और साम्राज्यवाद का अंत करने के लिए भी आवश्यक है। प्रस्ताव में यह भी कहा गया कि कांग्रेस ब्रिटिश सरकार के विरुद्ध वर्तमान दुर्भावना को सद्भावना में बदल देगी और भारत विश्व के सभी राष्ट्रों और जनता की स्वतंत्रता के लिए संयुक्त अभियान में एक भागीदार बन जाएगा। यह तभी संभव होगा जब भारत स्वतंत्रता का वरदान प्राप्त कर सकेगा। यदि यह व्यर्थ गई तो कांग्रेस वर्तमान निराशाजनक स्थायित्व को घोर शंका की दृष्टि से देखेगी। उस स्थिति में कांग्रेस को अपनी समस्त अहिंसात्मक शक्ति का, जो सन् 1910 ई के बाद संचित की गई, उसका अनिच्छापूर्वक उपयोग करने के लिए बाध्य होना पड़ेगा।

ब्रिटिश सरकार ने कांग्रेस के नेताओं के इस प्रस्ताव को नामंजूर कर दिया। नतीजतन कांग्रेस के नेताओं ने गांधी जी से अपील की कि वे कांग्रेस का नेतृत्व ग्रहण कर भारत की स्वतंत्रता के लिए अविलंब आंदोलन शुरू कर दें। वर्धा प्रस्ताव के अनुसार 7 अगस्त, 1942 ईस्वी को मुंबई के ग्वालियर टैंक में अखिल भारतीय कांग्रेस कमेटी का अधिवेशन प्रारंभ हुआ। इस समिति में पर्याप्त विचार-विमर्श के बाद 8 अगस्त, 1942 को मध्य रात्रि में अंग्रेजों भारत छोड़ो आंदोलन का प्रस्ताव पारित कर दिया गया। प्रस्ताव में यह कहा गया था कि कांग्रेस अनुभव करती है अब उसके लिए राष्ट्र को एक साम्राज्यवादी और स्वेच्छाचारी सरकार के विरुद्ध अपनी इच्छाशक्ति को व्यक्त करने से रोकना उचित नहीं होगा क्योंकि इस सरकार ने राष्ट्र पर अपना प्रभुत्व जमा रखा है और वह उसे अपने हितों में तथा मानव जाति के हित में कार्य करने से रोक रही है। इसलिए कमेटी निश्चित करती है कि भारत के स्वतंत्रता तथा स्वाधीनता के जन्मसिद्ध अधिकार की पूर्ति के लिए अहिंसात्मक तरीके से यथासंभव अधिक से अधिक व्यापक आधार पर एक सामूहिक संग्राम छेड़ने की स्वीकृति दे दी जाए, ताकि पिछले 22 वर्षों में शांतिपूर्ण संग्राम

से जितनी अहिंसात्मक शक्ति संग्रहित की है उसका उपयोग किया जा सके। इस प्रकार संग्राम अनिवार्य रूप से गांधी जी के नेतृत्व में चलाया जाना चाहिए। इसलिए कांग्रेस कमेटी उनसे प्रार्थना करती है कि वे ही राष्ट्र का नेतृत्व और मार्गदर्शन करें कि आगे क्या कदम उठाए जाने चाहिए।

ब्रिटिश हुकूमत के खिलाफ संघर्ष इसलिए भी जरूरी हो गया था कि युद्ध के कारण बढ़ती कीमतों और जरूरी वस्तुओं के अभाव से जनसाधारण में बेहद असंतोष था। बंगाल और उड़ीसा की नावों को जापानियों द्वारा उनके संभावित इस्तेमाल को रोकने के लिए सरकार द्वारा जब्त कर लिया गया था। जिससे लोगों को दिक्कत हो रही थी। महात्मा गांधी के नेतृत्व में आजादी के आंदोलन के कारण अंग्रेजों को भारत छोड़ना पड़ा। यह हमारे नेताओं और भारतीय जनता की बहुत बड़ी जीत थी। भारतीय स्वतंत्रता संग्राम के इतिहास में 1942 का भारत छोड़ो आंदोलन स्वर्ण अक्षरों में लिखा जाने वाला इतिहास हैं। गांधी जी ने देश को दो नारे दिए। देशवासियों के लिए करो या मरो और अंग्रेजों से भारत छोड़ने को कहा। यह आवाज गांधी जी के मुंह से 8 अगस्त, 1942 की रात्रि को मुंबई कांग्रेस के महाधिवेशन में निकली। 9 अगस्त की किरण फूटने के पहले ही कांग्रेस के सभी बड़े नेता जेलों के शिकंजे में डाल दिए गए। भारत छोड़ो आंदोलन से अमेठी भी अछूता ना रहा। अखिल भारतीय कांग्रेस कमेटी के मुंबई अधिवेशन में 8 अगस्त, 1942 को अंग्रेजों भारत छोड़ो का प्रस्ताव पास होते ही प्रमुख कांग्रेसियों की गिरफ्तारी एक साथ शुरू हो गई। अमेठी जिले के अधिकांश कांग्रेसी 9 अगस्त को गिरफ्तार कर लिए गए। अमेठी में गिरफ्तारियां बड़े ढंग से हुईं लेकिन इससे जनता के रोष को दबाया नहीं जा सका। लगभग 200 लोगों के गिरफ्तार होने के बाद भी आंदोलन चलता रहा और ना चाहते हुए भी अधिकारियों को उसे दबाने के लिए जिले के दूरस्थ गाँव में बराबर यात्राएं करनी पड़ी थीं। जिले के प्रमुख नेता आंदोलनों में पहले ही जेल चले जाते थे। इस बार भूमिगत हो गए। उन्होंने काफी दिनों तक अधिकारियों को तनाव के बीच रखा।

छात्रों और अध्यापकों के सहयोग से आंदोलनकारियों का संपर्क एक-दूसरे से बना रहा। बाबा राम लाल ने अमेठी में भारत छोड़ो आंदोलन का नेतृत्व किया जिसके परिणाम स्वरूप भारत छोड़ो आंदोलन के शुरू में ही 9 अगस्त को बाबा राम लाल एवं उनके साथी गौरीगंज तहसील के ग्राम रौजा पोस्ट घटगावां के पंडित देवकली दीन शर्मा को गिरफ्तार कर जेल भेज दिया गया। इसके बाद भी जिले में गिरफ्तारियां होती रहीं और आंदोलन भी होता रहा।

भारत छोड़ो आंदोलन में अंग्रेज सरकार इतना भयभीत हो गई थी जिस कारण अंग्रेज सरकार ने समझौते को स्वीकार कर लिया और राष्ट्रीय स्तर के नेताओं महात्मा गांधी, पंडित जवाहरलाल नेहरू आदि को रिहा करने लगी, जिसके परिणामस्वरूप पूरे देश की तरह अमेठी जनपद के स्वतंत्रता संग्राम सेनानी रिहा होने लगे। जिसके क्रम में बाबा रामलाल 14 जुलाई, 1944 ईस्वी को जेल से छूट गए और पावा रामलाल के परम मित्र

बाबू गणपत सहाय मार्च 1940 में हुए धीरे-धीरे वातावरण में बदलाव आया और लंबे संघर्ष के बाद भारत वर्ष सुखद हुआ और देश पर मर मिटने वालों का बलिदान सफल और साकार हुआ। भारत छोड़ो आंदोलन में अमेठी की भागीदारी रही। भारत छोड़ो आंदोलन देश की आजादी के लिए आखिरी राष्ट्रव्यापी आंदोलन था। इस आंदोलन में भी अमेठी जनपद के कई स्वाधीनता सेनानियों ने अपनी जान की बाजी लगा दी थी।

अमेठी जनपद के उमा दत्त सिंह भारत छोड़ो आंदोलन के दौरान 17 अक्तूबर, 1942 को नजरबंद होकर सुलतानपुर और नैनी सेंट्रल जेल में रहे और 7 अप्रैल, 1943 को जेल से मुक्त हुए। अमेठी जिले के नंदकुमार शिक्षक थे। 16 फरवरी को असहयोग आंदोलन में भाग लेने के कारण बर्खास्त हो गए। फिर भारत छोड़ो आंदोलन के दौरान इनको सन् 1943 में 1 साल की कैद और 500 रु. जुर्माना देने की सजा दी गई।

जगदीशपुर अमेठी के प्रयाग प्रसाद दुबे 1930 में छात्रावास भवन पर तिरंगा झंडा फहराने के कारण पूरे जनपद में चर्चित हुए थे। बाद में भारत छोड़ो आंदोलन के दौरान 15 अगस्त, 1942 में नजरबंद किए गए। सुलतानपुर और नैनी सेंट्रल जेल भेजे गए और फरवरी 1944 में मुक्त हुए। जगदीशपुर अमेठी के रुद्र पाल सिंह सन् 1942 के भारत छोड़ो आंदोलन के दौरान 2 महीने नजरबंद किए गए।

लखपति सिंह स्वामी लखपत दास उर्फ स्वामी प्रगा नंद गरीब किसान थे फिर भी उन्होंने स्वाधीनता आंदोलन में बढ़-चढ़कर हिस्सा लिया। वे भारत छोड़ो आंदोलन के दौरान 15 अगस्त, 1942 को पकड़े गए। 12 नवंबर, 1942 तक सुलतानपुर और नैनी सेंट्रल जेल में बंद रहे। 15 अगस्त, 1972 को लाल किला दिल्ली में प्रधानमंत्री ने उनको ताम्र पत्र देकर सम्मानित किया।

अमेठी के सुरेंद्र तिवारी भारत छोड़ो आंदोलन के दौरान 1942 में 15 महीने तक नजरबंद रहे। गौरीगंज अमेठी के सुखदेव लगान बंदी आंदोलन की एक सभा की अध्यक्षता करने के लिए पकड़े गए और उनको 19 जनवरी, 1932 को 6 महीने की कैद और 50 रु. जुर्माने की सजा सुनाई गई। फिर भारत छोड़ो आंदोलन के दौरान भी पकड़े गए और फिर छोड़ दिए गए।

मेघ मऊ अमेठी के उदय भान सिंह 1942 के भारत छोड़ो आंदोलन के दौरान नजरबंदी का वारंट जारी होते ही 1 साल तक फरार रहे और भूमिगत रह कर आंदोलन के प्रचार में लगे रहे। मेघ मऊ के ही गणेश प्रसाद गुप्त भी भूमिगत होकर आंदोलन के पक्ष में प्रचार करते रहे। मुसाफिरखाना के वंश गोपाल दुबे 1942 के भारत छोड़ो आंदोलन के दौरान 16 अगस्त, 1942 को गिरफ्तार हुए और 15 अक्तूबर, 1942 तक हवालात में बंद रहे। 16 अक्तूबर, 1942 को छह महीने कठोर कैद का दंड मिला। फिर 5 अप्रैल, 1943 में जेल से मुक्त हुए।

पिपरी अमेठी के राम सुमिरन ने भारत छोड़ो आंदोलन के दौरान 1942 में 6 महीने कैद की सजा काटी। पिपरी अमेठी के ही राम बादल तिवारी को भारत छोड़ो

आंदोलन के दौरान 6 अक्तूबर, 1942 को 6 महीने की सजा सुनाई गई। मुसाफिरखाना के रामपाल सिंह को भारत छोड़ो आंदोलन में भाग लेने के कारण 1942 में 1 साल की कैद और 50 रु. जुर्माने की सजा सुनाई गई। मुसाफिरखाना के राम बहादुर सिंह को भारत छोड़ो आंदोलन में भाग लेने पर 1942 में छह महीने की कैद की सजा सुनाई गई। मुसाफिरखाना के संतन राय मौर्य भारत छोड़ो आंदोलन के दौरान 9 अगस्त, 1943 को पुणे सत्याग्रह में शामिल होने के कारण कई बार पकड़े गए और छोड़े गए और कैद की सजा भी पाई। पिपरी अमेठी के राम बबल तिवारी को भारत छोड़ो आंदोलन में भाग लेने के कारण 6 अक्तूबर, 1942 में 6 महीने की सजा सुनाई गई। मुसाफिरखाना तहसील के राम शब्द सिंह व्यक्तिगत सत्याग्रह में भाग लेने के कारण 7 महीने तक जेल में रहे और इसके बाद उनहोंने भारत छोड़ो आंदोलन में भाग लिया और फरार रहे। कई तरह के कष्ट भी उठाते रहे। दादरा अमेठी के बद्री प्रसाद गांधी जी के सभी आंदोलन में भाग लेते रहे और जेल भी जाते रहे। भारत छोड़ो आंदोलन के दौरान उनको 1 साल तक जेल की सजा दी गई। त्रिसुंडी अमेठी के चंद्रबली सिंह भारत छोड़ो आंदोलन में सक्रिय हुए। फलस्वरूप उनको 1942 में एक साल की सजा सुनाई गई। अलीगंज अमेठी के सत्यनारायण दास लगान बंदी आंदोलन में सक्रिय रहे तो उनकी सारी खेती-बाड़ी रियासत ने छीन ली। इसके बाद वे संत हो गए और अपने ही गाँव मझना में कुटी बनाकर रहने लगे। दास भ्रमण करते रहते थे और स्वतंत्रता आंदोलन को गति देते रहे थे। भारत छोड़ो आंदोलन में भाग लेने के कारण 1942 में 2 साल की कड़ी कैद की सजा उनको सुनाई गई। 1975 में उनका निधन हो गया। अमेठी के रामबली सिंह गरीब ब्राह्मण परिवार में जन्मे थे। जब उनके पिता का निधन हुआ, तब वे 5 साल के थे। वह बड़े होकर गांधी विद्यालय में शिक्षक हो गए थे। उन्होंने झंडा सत्याग्रह और व्यक्तिगत सत्याग्रह में भाग लिया। इन दोनों सत्याग्रह में भाग लेने के कारण उन्हें सजा मिली। भारत छोड़ो आंदोलन के दौरान भी उनको 2 साल तक की कठोर कैद की सजा सुनाई गई। जगदीशपुर अमेठी के मथुरा प्रसाद तिवारी सविनय अवज्ञा आंदोलन के दौरान भारत छोड़ो आंदोलन में भाग लेने के कारण उनको 18 महीने तक नजरबंद रखा गया। जगदीशपुर के नंदकुमार शिक्षक थे पर आंदोलन में भाग लेने के कारण बर्खास्त हो गए। बाद में भारत छोड़ो आंदोलन में शामिल होने पर 1943 में उनको 1 साल की कठोर कैद और 500 रु. जुर्माने की सजा सुनाई गई। जगदीशपुर के प्रयाग प्रसाद दुबे को सविनय अवज्ञा आंदोलन और युद्ध विरोधी कार्यों के कारण 1940 में 6 महीने और 1 साल की सजा सुनाई गई। भारत छोड़ो आंदोलन के दौरान 15 अगस्त, 1942 को नजरबंद कर दिए गए और सुलतानपुर और नैनी जेल में रहे और 1944 मे मुक्त हुए।

गांधीजी को गौरीगंज में जब एक रुपये कम की थैली भेंट की गई

अमेठी जनपद में महात्मा गांधी की अपील पर आंदोलन करने वालों की कोई कमी नहीं थी। आजादी की आकांक्षा रखने वाले आंदोलनकारियों ने महात्मा गांधी के नेतृत्व में चले उनके सभी आंदोलनों में बढ़-चढ़कर हिस्सा लिया। चाहे वह झंडा सत्याग्रह हो या सविनय अवज्ञा आंदोलन हो या व्यक्तिगत सत्याग्रह और नमक सत्याग्रह। इन सभी आंदोलनों और सत्याग्रहों में अमेठी के क्रांतिकारी शामिल होने में पीछे नहीं रहे। उन्होंने आजादी के लिए पुलिस की बर्बर यातनाएं झेलीं और कुर्बानियां भी दीं। हालांकि महात्मा गांधी जनपद अमेठी में एक बार ही आए लेकिन उनके आगमन से क्रांतिकारियों में काफी जोश बढ़ा। नतीजतन अमेठी में 1942 में भारत छोड़ो आंदोलन पूरा परवान चढ़ा। महात्मा गांधी के करो या मरो की अपील पर अमेठी में जोरदार आंदोलन और प्रदर्शन हुए। दर्जनों नेता नजरबंद किए गए। कुछ को जेल भेजा गया। बहुतों को गोलियां भी लगीं। कुछ की जानें भी गईं।

भारत छोड़ो आंदोलन के दौरान ब्रिटिश हुकूमत के खिलाफ लोगों में उत्साह भरने के लिए महात्मा गांधी देश भर की यात्रा कर रहे थे। इसी क्रम में 1942 में महात्मा गांधी लखनऊ के रास्ते ट्रेन से वाराणसी जा रहे थे। जैसे ही अमेठी के गौरीगंज में आजादी के दीवानों को पता चला कि उक्त मार्ग से गांधीजी यात्रा कर रहे हैं तो उनके अभिवादन के लिए और आजादी के लिए अपनी प्रतिबद्धता जताने के लिए स्टेशन पर भारी संख्या में आजादी के मतवाले जमा हो गए। उन्होंने स्टेशन मास्टर से गाड़ी रोकने के लिए आग्रह किया, लेकिन स्टेशन मास्टर ने अपनी असमर्थता व्यक्त की और कहा कि उसकी नौकरी का सवाल है। धीरे से स्टेशन मास्टर ने एक रास्ता सुझाया कि गाड़ी भी रुक जाएगी और उसकी नौकरी पर भी बात नहीं आएगी। स्टेशन मास्टर ने कहा कि जब मैं सिग्नल पर गोला अर्थात् टोकन लगाऊंगा, तो तुम लोग उसे निकाल कर गायब हो जाना, गाड़ी इससे आगे नहीं जा पाएगी। पुराने समय में जब गाड़ियां कोयले से चलती थीं तो यह सिस्टम होता था कि स्टेशन के आऊटर सिग्नल पर प्लेटफॉर्म पर गाड़ी आने से पहले एक टोकन/गोला इंजन ड्राइवर को मिलता था जिससे वह अगले स्टेशन पर जाने के लिए ग्रीन सिग्नल होता था। उसी टोकन को निकाल कर भाग जाने की सलाह स्टेशन मास्टर ने दी और इस टोकन तथा गोला को क्रांतिकारी हरिनारायण सिंह लेकर भाग गए जिससे

गाड़ी गौरीगंज रेलवे स्टेशन पर रुक गयी। भारी भीड़ ने गांधी जी का आज़ादी के नारे लगा कर स्वागत किया। बापू गौरीगंज स्टेशन पर उतरे, उनका स्वागत स्वाधीनता सेनानी बाबू गिरिराज सिंह के नेतृत्व में रामनाथ सिंह, रामेश्वर सिंह, बैजनाथ सिंह, पंडित श्रीराम दुबे, श्रीधर नारायण, हरी नारायण सिंह सहित अनेक जनपद वासियों ने किया। इसके बाद गांधी जी को सौ रुपयों की एक थैली भी भेंट की। गांधी जी ने साथ चल रही एक महिला सहयोगी को यह थैली सौंप दी और गांधीजी क्रांतिकारियों से मिलने में व्यस्त हो गए। इतने में उस सहयोगी महिला ने थैली गिनकर गांधी जी को सूचना दी कि एक रुपया कम है, जिससे बापू ने प्रतिक्रिया स्वरूप गिरिराज सिंह की ओर देखा तो मौके पर मौजूद आंदोलनकारियों के ख़ज़ांची सेठ रामचरित अग्रवाल ने एक रुपया मिलाकर सौ रुपया पूरा किया और इस प्रकार गांधी जी के सामने अप्रिय स्थिति को ठीक किया। वहाँ उपस्थित सभी लोगो ने गांधी जी को उनके नेतृत्व में चलने वाले सभी आंदोलनों में बढ़-चढ़ कर हिस्सा लेने का भरोसा जताया। गौरीगंज में महात्मा गांधी का यह प्रथम और आखिरी आगमन था और अत्यंत कम समय के लिए ही रुके थे लेकिन उनके छोटे से ठहराव का दूरगामी असर पड़ा। अपने इलाके में गांधी जी का दर्शन पाकर लोग खुद को गौरवान्वित महसूस करने लगे थे। गांधीजी के गौरीगंज में रुकने की खबर अमेठी और आसपास के जिलों और तहसीलों में आग की तरह फैल गई। गाँव-गाँव में सभी स्त्री-पुरुषों की जुबान पर गांधी जी के गौरीगंज आगमन की चर्चा थी। गौरीगंज स्टेशन पर गाँधीजी को एक रुपया थैली में कम निकलने की घटना से बाबू गिरिराज सिंह बहुत असहज महसूस कर रहे थे। उन्होंने इसके लिए अपने सहयोगियों से बात की कि यह कैसे हुआ? तो बातचीत में यह पता चला कि एक रुपया सभी आंदोलनकारियों से मांगा गया था, लेकिन खजांची सेठ रामचरित अग्रवाल ने अपना एक रुपया उसमें मिलाया ही नहीं था। इस पर गिरिराज सिंह बहुत नाराज़ हुए, फिर धीरे-धीरे वातावरण सामान्य हुआ।

आमतौर पर देखें तो ज्यादातर लोग महात्मा गांधी के सत्य और अहिंसा के सिद्धांतों और उनके सत्याग्रहों के बारे में ही चर्चा करते हैं। उनके द्वारा करीब चार दशकों तक चले विभिन्न आंदोलनों और सत्याग्रहों के लिए पैसों का प्रबंधन कैसे किया जाता था। इसकी जानकारी ज्यादातर लोगों को आज भी नही है। गांधी जी के आंदोलन ब्रिटिश हुकूमत के खिलाफ थे इसलिए आंदोलन के लिए सरकार से पैसे मांगने का सवाल ही नहीं था। गांधीजी पैसे के लिए लोगों से ही अपील करते थे। गांधी जी अपना ऑटो ग्राफ देने के लिए भी लोगों से बिना पैसे लिए नहीं रुकते थे। वे महिलाओं से उनके गहने मांग लेते थे जिसकी बाद में नीलामी करते थे। हालांकि टाटा और बजाज घरानों से भी उन्हें आर्थिक मदद मिलती थी लेकिन वह पर्याप्त नहीं होता था। गांधीजी चाहते थे कि आजादी की लड़ाई किसी एक आदमी की नही है इसलिए सभी को सहयोग और कुर्बानी देने के लिए आगे आना चाहिए। उनके सभी आश्रम भी लोगों के दिए सहयोग से ही चलते थे। दक्षिण अफ्रीका से वापस लौटे तो उन्होंने वहाँ उपहार में मिले पैसे आदि

साबरमती आश्रम के लिए जमीन खरीदने में लगा दिए। वे ना सिर्फ आजादी की लड़ाई के लिए पैसों का प्रबंध करते थे, बल्कि बाढ़ और भूकम्प जैसी आपदा के दौरान लोगों को राहत पहुँचाने के लिए भी लोगों से पैसे मांगते थे। इन पैसों का हिसाब-किताब भी ठीक से रखने के लिए गांधी जी अपने सहयोगियों को समय-समय पर सख्त हिदायतें देते रहते थे। कहीं कोई गड़बड़ी होती तो गांधी जी खुद को कोसते और कभी-कभी रो भी पड़ते थे।

आंदोलनों और सत्याग्रहों के साथ आश्रमों के संचालन के लिए भारत में गांधी जी को कई बार पैसों का प्रबंधन करना पड़ा था। दक्षिण अफ्रीका से जब स्वदेश वापस आए तो सबसे पहले उन्होंने तिलक स्वराज फंड जमा करने का अभियान चलाया। यह आजादी के लिए धन संग्रह का सबसे बड़ा अभियान था, जिसे महात्मा गांधी ने बाल गंगाधर तिलक के निधन के एक साल बाद स्वराज्य की लड़ाई के लिए शुरू किया था। तिलक ने ही सबसे पहले कहा था कि स्वराज्य हमारा जन्मसिद्ध अधिकार है। गांधी जी ने 9 महीने में पूरे देश से एक करोड़ रुपये जमा करने की अपील की थी। गांधी जी का कहना था कि जो देश स्वराज के लिए एक करोड़ रुपये जमा नहीं कर सकता, उसे स्वराज मांगने का कोई अधिकार नही है। उस समय तत्कालीन 21 राज्यों से पाँच-पाँच लाख रुपये जमा करने का लक्ष्य दिया गया था। हालांकि छोटे-छोटे राज्यों को छूट भी दी गई थी। पंजाब, बंगाल, महाराष्ट्र जैसे राज्यों को छूट नहीं दी गई थी। अकेले मुंबई ने 37 लाख रुपये जमा कर गांधीजी को सौंपा था। गोरखपुर, बलिया और बनारस आदि इलाकों से 20 लाख रुपये दिए थे। ये पैसे नगदी नहीं मिले थे, महिलाओं ने जेवर और बर्तन के रूप में दिए थे। उस दौर में देश में बहुत गरीबी थी। लोगों के तन पर कपड़े नहीं होते थे। उनके पास कोई जमा-पूंजी नहीं होती थी। फिर भी देश के गरीब लोगों ने ही गांधी जी के एक करोड़ रुपये जमा करने का लक्ष्य पूरा किया था। इसके बाद उन्होंने हरिजन कोष के लिए धन इकट्ठा किया और आपदा के समय में भी गांधी जी चुपचाप नहीं बैठते। केरल की बाढ़ में, बिहार में भूकंप के दौरान भी वे लोगों को राहत पहुँचाने के लिए धन संग्रह करते थे। गौरीगंज में गांधी का आना और उनको सौ रुपये की थैली सौंपना अमेठी के लिए आज भी प्रेरणादायक स्मृति है।

महात्मा गांधी ने स्वदेश लौटने के बाद बाल गंगाधर तिलक की याद में तिलक स्वराज फंड की स्थापना की थी। उन्होंने इसके लिए देश भर से एक करोड़ रुपये जमा करने का लक्ष्य रखा था, जिसमें वे बखूबी कामयाब हो गए थे लेकिन लक्ष्य पूरा होते ही असहयोग आंदोलन शुरू हो गया और इस दौरान ही चौरी चौरा कांड हो जाने की वजह से गांधी जी ने यह आंदोलन वापस ले लिया। फिर जमा हुए एक करोड़ रुपये से कुछ विद्यालय खुले लेकिन ज्यादातर पैसे का उपयोग कांग्रेस के प्रचार में हुआ। गांधीजी की अपील का असर बहुत होता था और यह असर कभी-कभी उम्मीद से भी कई गुना ज्यादा होता था। तिलक फंड के बाद महात्मा गांधी ने केरल में आई बाढ़ पीड़ितों की

राहत के लिए धन संग्रह किया। इस अभियान में एक लड़की ने घर से चोरी कर तीन पैसे राहत कोष में दान किये। एक और प्रसंग का उल्लेख स्वयं महात्मा गांधी ने किया है कि केरल की बाढ़ के दौरान उनको एक बहन ने चार कंगन और सोने का हार दे दिया। एक अन्य दूसरी बहन ने अपने गले का हार निकाल कर दे दिया। यहाँ तक कि एक बच्चे ने अपना सोने का कड़ा दे दिया। एक और बहन ने अपने पैर की चांदी की पायल दे दी। एक व्यक्ति ने अपनी सोने की अंगूठियां दीं। ये कुछ उदाहरण हैं जो यह दर्शाते हैं कि महात्मा गांधी के कहने पर लोग, खासकर महिलाएं सब कुछ करने के लिए तैयार रहती थीं। अमेठी जनपद का ज़िला मुख्यालय गौरीगंज भी गांधी की अपील पर रुपयों की थैली देने के लिए आगे आया था। इस घटना के कारण गौरीगंज को गांधी जी के इतिहास में जगह मिल गई।

गांधीजी के आगमन के दिन को आज भी गौरीगंज में स्मरण किया जाता है और उनके सपनों को पूरा करने के लिए संकल्प किया जाता है। गांधी जी और उनका स्वागत अभिनंदन करने वाले सेनानियों को याद किया जाता है और उनको श्रद्धांजलि अर्पित की जाती है।

झण्डा सत्याग्रह

लगान बंदी आंदोलन के समाप्त होने के बाद जनपद में राजनीतिक सक्रियता में कमी आने लगी थी। कुछ समय बाद इस तत्कालीन जनपद कांग्रेस कमेटी के सभापति श्री रामयश यादव हुए। उन्होंने बाबा रामलाल के साथ मिलकर स्वतंत्रता आंदोलन में डटे रहने का निश्चय किया। इसी बीच प्रांतीय कांग्रेस सरकार के आदेश से महान क्रांतिकारियों को काले पानी से छोड़ा गया और वे स्वदेश वापस आये।

तत्कालीन जनपद में उनके स्वागत का प्रबंध हुआ था। जिसमें कुछ क्रांतिकारी पधारे, जिनके दर्शन के लिए बहुत लोग आये थे, जिनमें छात्रों की संख्या सबसे अधिक थी। इससे जनपद में काफी राजनीतिक चेतना फैल गयी और क्रांतिकारियों के बलिदानों की चर्चा आरंभ हो गई।

जब कांग्रेस ने विधानसभा के चुनाव में भाग लेने का निश्चय किया तो उम्मीदवारों की छटनी आरंभ हुई। बाबू गनपत सहाय से कांग्रेस के टिकट पर चुनाव लड़ने को कहा गया, किंतु वे सरकार व जमींदारों का प्रभाव अधिक मानते थे और कांग्रेस का कम, इस प्रकार उन्होंने हिन्दू महासभा से चुनाव लड़ने का निश्चय किया और कांग्रेस का टिकट बाबू श्यामसुंदर लाल गुप्त को दे दिया गया। चुनाव काफी संघर्षपूर्ण रहा किंतु विजय कांग्रेस की हुई और बाबू श्यामसुंदर लाल गुप्त एम.एल.ए. हो गये। सारे जिले में प्राइमरी स्कूल के अध्यापकगण कांग्रेस की सदस्यता भर्ती करने में लगे और खादी धारण कर तिरंगे झंडे को लेकर चलने का निश्चय किया। तत्कालीन जनपद सुलतानपुर में स्थानीय

सुंदर लाल पार्क जो उस समय विक्टोरिया मंजिल था उसमें कांग्रेस का झंडा लगा हुआ था और समय-समय पर सभाएँ हुआ करती थीं। सन् 1936 में वह झंडा म्युनिस्पिल बोर्ड के चेयरमैन अम्बे सराय ने उखड़वा दिया था। इस झंडे के उखड़वाने के विराध में 14 मार्च, 1936 से झंडा सत्याग्रह आरंभ हुआ, जिसका नेतृत्व बाबा रामलाल एवं रामबली मिश्र ने किया। झंडा लगाने के कारण बहुत से कार्यकर्ताओं में अमेठी के लोग भी सम्मिलित थे। वे सभी जेल जाते रहे और पुलिस की उपस्थिति में झंडा लगाते और जेल जाते थे। जून माह में पंडित जवाहर लाल नेहरू इस सिलसिले में तत्कालीन जनपद सुलतानपुर पधारे थे और स्थानीय रामलीला मैदान में एक सार्वजनिक सभा को संबोधित करते हुए उन्होंने म्युनिस्पिल बोर्ड के अध्यक्ष की कार्यवाही की निंदा की। बाद में हाईकोर्ट से झंडा लगाने का अधिकार मिल गया था और झंडा लगाया गया। इस पूरे आंदोलन में वर्तमान अमेठी जनपद सम्मिलित रहा।

सविनय अवज्ञा आंदोलन

1926-27 के बीच भारत में साम्प्रदायिक दंगे हुए। कांग्रेस दल में भी अन्तर्दलीय झगड़े थे। गांधीजी भी वस्तुतः मानसिक विषाद से ग्रस्त थे और वह कार्यशील राजनीति से लगभग बाहर ही थे। भारतीय राष्ट्रवादियों के लिए एक शुभ अवसर प्रस्तुत हुआ, जब भारत के वाइसराय लार्ड इर्विन ने नवम्बर 1927 में साइमन आयोग की नियुक्ति की सूचना दी। इस घटना से संबंधित समस्त जानकारी राजनीतिक वातावरण में बिजली की तरह दौड़ गयी, क्योंकि सभी लोग इस आयोग का विरोध करने का उद्यत थे। शिकायतें तथा अपूर्ण आशाएँ जाग उठीं और इन सभी ने एक महान सविनय अवज्ञा आंदोलन का रूप धारण कर लिया। फरवरी में साबरमती में कांग्रेस कमेठी की बैठक हुई और इसने गाँधी और इनके सहकर्मियों को नागरिक अवज्ञा आदोलन शुरू करने के पहले गाँधी पूर्णतः आश्वस्त होना चाहते थे कि इससे प्रत्यक्ष या परोक्षतः किसी भी तरह थोड़ी-सी भी हिंसा नहीं होगी। फिर भी उनकी राय थी कि अगर अहिंसक आंदोलन नहीं शुरू किया गया तो स्वतंत्रता के लिए लोगों की अधीर व्याकुलता के कारण देशभर में हिंसक आंदोलन शुरू हो जायेगा।

2 मार्च, 1930 को वायसराय को लिखे गये अपने पत्र में उन्होंने यह राय जाहिर की थी, हिंसा में विश्वास करने वाले दल ताकतवर हो रहे हैं और उनका असर महसूस होने लगा है। ब्रिटिश सरकार की संगठित हिंसा के साथ ही हिंसा में विश्वास करने वाले दलों की असंगठित हिंसा के विरुद्ध भी मैं अहिंसा की शक्ति को क्रियाशील बनाना चाहता हूँ।

चुपचाप बैठने का मतलब है उपयुक्त दोनों प्रकार की शक्तियों को लगभग ढीला छोड़ देना, तत्कालीन स्थिति के बारे में गाँधीजी का यही मन्तव्य था। अंत में गाँधीजी ने संघर्ष शुरू करने का फैसला किया। उन्होंने घोषणा की कि प्रथम चरण में वे आंदोलन

को अपने तक एवं सावधानी से चुने गये अपने अठहत्तर अनुयाइयों तक ही सीमित रखेंगे और ये लोग 7 अप्रैल को दांडी मार्च में सरकार के नमक कानून का उल्लंघन करेंगे। गाँधीजी और जिन अन्य लोगों ने नमक कानून तोड़ा उन्हें गिरफ्तार किया गया। फिर भी इसके चलते देश में बहुत सारे तत्व सक्रिय हुए और अनधिकृत आंदोलन शुरू हो गया। 9 अप्रैल को गाँधीजी ने आंदोलन के लिए यह कार्यक्रम निश्चित किया–हर गाँव में गैर कानूनी तौर पर नमक बनाया जाए ला लाया जाय, बहनें शराब की दुकानों, अफीम के अड्डों और विदेशी कपड़े की दुकानों पर पिकेटिंग करें। बूढ़े और जवान चर्खा काटतें...विदेशी कपड़े जला दिये जाएं। हिन्दू छुआछूत छोड़ दें। विद्यार्थी सरकारी स्कूल, कॉलेज छोड़ दें और सरकारी नौकर अपनी नौकरियों से इस्तीफा दे दें...तब हम देखेंगे कि पूर्ण स्वराज हमारा दरवाजा खटखटा रहा है।

विदेशी कपड़ों और शराब का बहिष्कार, पिकेटिंग और प्रचार की मदद से सफल रहा। विद्यार्थियों ने काफी तादाद में शिक्षण संस्थाएं छोड़ दीं। पुलिस के प्रतिबन्ध के बावजूद कांग्रेस कमेटियों में सभाएँ कीं और इन गैर कानूनी सभाओं को तोड़ने के लिए सरकार ने गोली और लाठी का सहारा लिया। अप्रैल में कुछ क्रांतिकारियों ने चटगाँव के पुलिस शस्त्रागार को लूट लिया। 1 मई को शोलापुर में जनप्रदर्शनों के सिलसिले में भीड़ और पुलिस के बीच संघर्ष हुए। कई सरकारी मकान और शराब की दुकानें नष्ट कर दी गईं। काफी लोग पुलिस की गोलियों के शिकार हुए। फौजी कानून लागू कर दिया गया और आंदोलन को दबाने के लिए फौज बुलाई गई। जनपद भी इस आंदोलन से अछूता न रह सका। जिससे जिले के लोगों में एक नई चेतना आई और नए लोग कांग्रेस में सम्मिलित होने लगे। स्वामी नारायण देव जी जिला कांग्रेस के अध्यक्ष हुए, जो अमेठी तहसील के भरथीपुर गाँव के निवासी ब्राह्मण थे और अमेठी रियासत में नौकरी करते थे। संन्यासी होकर उन्होंने अपना नाम नारायण देव रख लिया था और निःस्वार्थ भाव से जीवन भर देश सेवा में लगे रहे।

तत्कालीन जनपद सुलतानपुर की कांग्रेस में इन्होंने एक सम्प्रदाय चलाया और सर्वश्री स्वामी लखपत दास व चंद्रबली तिवारी को अपना शिष्य बनाया और अचला व कमंडल पकड़ा दिया जो विचर-विचरकर सुलतानपुर जनपद में अलख जगाते रहे और पद यात्रा करते रहे।

बाबा रामलाल के नेतृत्व में 10 जून, 1930 को सर्वश्री रमाकांत सिंह, रामप्रताप त्रिपाठी, रामयश यादव ने अपार जनसमूह के समक्ष कानून को तोड़ते हुए कडाह में नमक बनाया, जिसकी छोटी-छोटी पूड़ियां भारी मूल्यों पर हाथों हाथ बिक गयी और असंख्य लोग पूड़ियां न पा सके। गाँधीजी के इशारे पर पूरे भारत में यह आंदोलन दिनों दिन जोर पकड़ता जा रहा था। वर्तमान अमेठी जनपद क्षेत्र भी आंदोलन को सफल बनाने के लिए लगातार प्रयास कर रहा था।

जनपद में विदेशी वस्त्रों का बहिष्कार तथा शराब की दुकानों पर पिकेटिंग का कार्य बाबा रामलाल ने अपने हाथों में ले लिया। जिले भर से कार्यकर्ता नगर में सिमट आए, क्योंकि शहर ही इस आंदोलन का मुख्य केंद्र था। सुलतानपुर के आंदोलनकारियों के भोजन के लिए घर-घर हण्डी की व्यवस्था की गई जिसमें लोग चुटकी डालते थे, बाजार से सब्जी व पैसा मिलता रहता था। प्रतिदिन प्रातः काल कांग्रेस कार्यकर्ता पूरे शहर में देशभक्ति के गाने गाते हुए प्रभातफेरी निकाला करते थे और अपने निश्चित स्थानों पर पिकेटिंग के लिए डट जाते थे। जनपद में अगस्त माह में यह आंदोलन अपने शिखर पर पहुँच गया। जिसका नेतृत्व बाबा रामलाल ने किया और मुख्य रूप से बासी निवासी ठाकुर रामनारायन सिंह, बाबू संगम लाल, राम हरख सिंह कटावा, अनन्त बहादुर सिंह, भगौती प्रसाद, हसनपुर निवासी चंद्रवली पाठक, उमादत्त सिंह आदि इनके सहयोगी रहे। बाबा रामलाल के नेतृत्व में चल रहे इस आंदोलन में महिलाओं ने भी सराहनीय काम किया, जिसका नेतृत्व श्रीमती हेमराजी देवी ने किया। इसी बीच श्री विद्याधर वाजपेई रेलवे की नौकरी छोड़ कांग्रेस में आये, इनके मार्मिक त्याग-पत्र का मसविदा पं. देवकली दीन जी ने तैयार किया था। श्री वाजपेई के आने से लोगों में नया जोश आया और कार्यकर्ताओं के भोजन आदि के लिए सामग्री भी प्रचुर मात्रा में मिलने लगी। इस आंदोलन के समय में कार्यकर्ताओं को अंग्रेजों के साथ-साथ उनके एजेंट, तालुकेदारों की ताड़ना से भी लड़ना पड़ा था, किंतु यह आंदोलन लगातार आगे बढ़ता रहा और जनपद में इस सविनय अवज्ञा आंदोलन में लगभग 103 लोगों को गिरफ्तार कर उनके खिलाफ मुकदमा चलाया गया, अधिकांश व्यक्तियों को जेल भेजा गया, उन्हें आर्थिक दंड भी दिया गया। आंदोलनकारियों ने सविनय अवज्ञा आंदोलन में सुलतान जनपद का नाम भी जोड़ दिया। अमेठी जिले के कापसी गाँव के शंकर दास को सविनय अवज्ञा आंदोलन में भाग लेने पर 1932 में 6 महीने कैद और 35 रु. जुर्माने की सजा सुनाई गई थी। अमेठी के थोरी की उदय देवी को 6 महीने की सजा सुनाई गई। अमेठी के बजरंग लाल उर्फ चंपतलाल सविनय अवज्ञा आंदोलन में जेल गए। अमेठी के बद्री नारायण उर्फ स्वामीनारायण पहले तो लगान बंदी आंदोलन में जेल गए। इसके बाद 1932 में सविनय अवज्ञा आंदोलन में भी उनको 6 महीने की सजा सुनाई गई। अमेठी के कोहरा गाँव के निवासी राम बहोर को सविनय अवज्ञा आंदोलन में भाग लेने के कारण 6 महीने की कैद और 50 रु. जुर्माने की सजा सुनाई गई। अमेठी के पीपरपुर के केदारनाथ को सविनय अवज्ञा आंदोलन के दौरान 1932 में 25 रु. जुर्माना सहित आंदोलन के दौरान 1931 में 2 महीने की कैद की सजा सुनाई गई। अमेठी पीपरपुर के केदारनाथ को 1932 में कैद और 25 रु. जुर्माने की सजा सुनाई गई। अमेठी के दुर्गापुर के बड़े लाल को सविनय अवज्ञा आंदोलन के दौरान 1931 में 2 महीने की कैद की सजा सुनाई गई। अमेठी के पीपरपुर के कन्हैयालाल को सविनय अवज्ञा आंदोलन के दौरान 1932 में 4 महीने की कैद और 25 रु. जुर्माने की सजा सुनाई गई।

व्यक्तिगत सत्याग्रह

प्रथम महायुद्ध के आधार पर महात्मा गाँधी ने द्वितीय महायुद्ध में निश्चय किया कि बिना स्वतंत्रता और समान अधिकार के युद्ध में अंग्रेज शासको की सहायता नहीं की जायेगी। 'न एक पई न एक भई' के सुप्रसिद्ध नारे के साथ युद्ध प्रयत्न के विरोध में व्यक्तिगत सत्याग्रह का प्रारंभ 1940 ई. में हुआ। व्यक्तिगत सत्याग्रह का प्रचार व्यापक रूप से हुआ और बड़े सज धज-कर आरंभ हुआ। इस सत्याग्रह का नेतृत्व बाबा रामलाल ने जनपद में किया। बाबू श्यामसुंदर लाल गुप्त, बाबू गनपत सहायजी, पं. मथुरा प्रसाद तिवारी, पं. देवकली दीन आदि पहले ही नजरबंद हो चुके थे।

इसके बाद पुलिस ने अपना रवैया बदला। नोटिस मिलने पर सत्याग्रह करने के पूर्व ही सत्याग्रहियों को गिरफ्तार करने लगी, अब सत्याग्रहियों को भी प्रचार न कर पाने की चिंता हुई, नाटकीय ढंग अपनाया जाने लगा। श्री रामेश्वर सिंह ने राम नगर पर सत्याग्रह करने का निश्चय किया और एक बाग में एक दिन पूर्व से ही छिप गये। वक्त पर सत्याग्रह स्थल पर पहुँच सबको चकित कर दिया और अपना भाषण समाप्त करने के बाद अपने को गिरफ्तार कराया। सुलतानपुर जनपद की अमेठी तहसील से 18 व्यक्तियों ने सत्याग्रह किया था। जिनमें रामयश यादव, रामबली सिंह मालापुर, रामफेर सिंह, अब्दुल समी साहब, दुर्गा प्रसाद तिवारी व शिवकुमार पांडे प्रमुख थे। मुसाफिरखाना तहसील से कुल 21 सत्याग्रही ने स्वतंत्रता आंदोलन में भाग लिया था। जिसमें से अकेले अशरफपुर ग्राम के 11 लोगों ने पं. राम जियावन दुबे के नेतृत्व में सत्याग्रह किया था।

जनपद के प्रमुख लोग जिनमें सबसे प्रमुख बाबा रामलाल, पं. रामसुख, देवकली दीन, सुंदरलाल गुप्त, बाबू गनपत सहाय, बृजबिहारी लाल सक्रेटरी आदि नजरबंद कर लिये गये और इनको जेल भेज दिया गया। इस व्यक्तिगत सत्याग्रह में जिला जेल से 22 लोगों को लखनऊ कैम्प जेल भेज दिया गया, जिसमें बाबा रामलाल, स्वर्गीय लाल बिहारी, कृष्णानंद तिवारी आदि दर्जनों साथी थे। उस समय लखनऊ कैम्प का जेल अधीक्षक लेडली था जो शायद ब्राह्मण से ईसाई हुआ था और अंग्रेजों का पक्का हिमायती था। काँटेदार तारों से घिरा टीन के छाजन का जेल में बंद लोगों पर गहरा प्रभाव पड़ता था। लोग गर्मी से तड़प उठते थे, पानी की कमी थी, सत्याग्रहियों को डंडों से पीटा जाता था।

महीनों भर उन्हें गेहूँ और चना उबाल कर दिया जाता था, जिसमें गोबर और मिट्टी मिली होती थी। इस जेल के अनेक सत्याग्रही इतने कमजोर हो गए थे कि चलने-फिरने में भी उन्हें दिक्कत होने लगी। बाद में विजय लक्ष्मी पंडित के बीच-बचाव करने पर कुछ सुधार हुआ और सत्याग्रही जीवित लौट पाये। अंग्रेजी शासकों की निगाह में बाबा रामलाल सदैव खटकते रहे और बाबाजी उसकी परवाह न करके हर मोर्चे पर पहुँच जाते, मदान्ध शासक वर्ग उन्हें तुरन्त गिरफ्तार करके कारागार भेजने में कटिबद्ध रहता था। जेल के बाहर रहने पर बाबाजी कदापि विश्राम नहीं लेते थे और जनता में बराबर घूम-घूम

कर उनके दुःख दूर करने का प्रयास किया करते थे।अमेठी जनपद में भी कई क्रांतिकारी युवक ब्रिटिश सरकार की नीतियों के खिलाफ व्यक्तिगत सत्याग्रह करने पर उतरे और सजा पाई। महात्मा गांधी की अपील पर विनोबा भावे पहले और जवाहरलाल नेहरू दूसरे व्यक्तिगत सत्याग्रही बने। इन दोनों के बाद देश भर में हजारों लोग व्यक्तिगत सत्याग्रह में शामिल हुए। अमेठी जनपद में जो इस सत्याग्रह में शामिल हुए उनका उल्लेख यहाँ किया जा रहा है।

अमेठी जनपद के मुसाफिरखाना तहसील के उमादत्त सिंह 1936 में कांग्रेस में आए। व्यक्तिगत सत्याग्रह के दौरान 1941 में उनको 9 महीने कठोर कारावास की सजा मिली। साथ ही 200 रु. का जुर्माना और जुर्माना नहीं देने पर 3 माह अतिरिक्त कारावास की भी सजा भुगतनी पड़ी।

अमेठी जनपद के बद्रीनाथ को भी व्यक्तिगत सत्याग्रह करने के लिए 1941 में 50 जुर्माना सहित तीन महीने कठोर कैद की सजा भोगनी पड़ी। अमेठी जनपद के ही रुद्र पाल सिंह व्यक्तिगत सत्याग्रह के दौरान 1940 में 1 साल की कैद और एक 100 रु. जुर्माना भुगतने को विवश हुए। जगदीशपुर अमेठी के सुखदेव को व्यक्तिगत सत्याग्रह के दौरान सन् 1940 में 9 माह की सजा मिली।

स्वामी अभयानंद उर्फ देवकली पांडे को व्यक्तिगत सत्याग्रह के दौरान 1941 में 9 महीने की सख्त कैद और 400 रु. का जुर्माना और जुर्माना नहीं देने पर 3 माह की सजा दी गई, हालांकि वे समय से पहले ही छोड़ दिए गए। स्वामी निर्भयानंद को व्यक्तिगत सत्याग्रह के दौरान सन् 1948 में 1 साल की कड़ी कैद की सजा सुनाई गई। स्वामी निर्भयानंद महिला थीं लेकिन वे पुरुषों जैसे कपड़े पहन कर सार्वजनिक क्षेत्र में काम करती रही थीं। लखपति श्री स्वामी लखपत दास उर्फ स्वामी प्रगानंद को भी व्यक्तिगत सत्याग्रह करने के लिए 1940 में 1 साल की कैद और एक सौ रुपये जुर्माने की सजा सुनाई गई। वे पूरी सजा काटकर गाजीपुर जेल से छूटे।

श्री दत्त तिवारी संपन्न परिवार के थे पर साधारण शिक्षा पाई थी। उनको व्यक्तिगत सत्याग्रह के दौरान 1941 में 9 महीने की कैद और 25 रु. जुर्माने की सजा मिली। उदय भान सिंह 5 अप्रैल सन् 1941 को व्यक्तिगत सत्याग्रह तिरहुत बाजार में करने के कारण पुलिस द्वारा गिरफ्तार कर सुलतानपुर जेल भेज दिए गए। 18 अप्रैल, 1941 को उनको 9 महीने की कठोर कैद और 200 रु. जुर्माने की सजा दी गई।

अमेठी के ही गिरवर सिंह 1936 में कांग्रेस में आए और सन् 1941 में व्यक्तिगत सत्याग्रह में भाग लेने के कारण उनको 9 महीने की कठोर कैद और 500 रु. जुर्माना की सजा सुनाई गई और वे पूरी सजा काटकर छूटे। वंश गोपाल दुबे ग्राम पिपरी तहसील मुसाफिरखाना के निवासी थे। सन् 1941 में दो बार थोरी और अधनपुर गाँव में व्यक्तिगत सत्याग्रह करने के कारण गिरफ्तार हुए लेकिन फिर छोड़ दिए गए। मेघ मऊ मुसाफिरखाना के रामदास मौर्य 4 अप्रैल, 1941 में व्यक्तिगत सत्याग्रह में भाग

लेने के कारण गिरफ्तार हुए और 8 अप्रैल, 1941 को उनको 9 महीने की कठोर कैद की सजा सुनाई गई। साथ ही 200 रुपये जुर्माने की सजा सुनाई गई। राम शब्द सिंह ने भी 1941 में व्यक्तिगत सत्याग्रह करने के लिए 7 महीने तक जेल की सजा भुगती। संत बक्स सिंह मुसाफिरखाना तहसील के हलियापुर गाँव के निवासी थे। उनको 1941 में व्यक्तिगत सत्याग्रह करने के फलस्वरूप 16 अप्रैल, 1941 को 9 महीने की कठोर कैद और 500 रु. के जुर्माने की सजा सुनाई गई और जुर्माना नहीं अदा करने पर 3 महीने अतिरिक्त कैद की सजा भुगतनी पड़ी। मुसाफिरखाना के अन खरी गाँव के राजा राम को व्यक्तिगत सत्याग्रह करने पर 9 महीने की सजा सुनाई गई लेकिन एक महीना बाद ही छूट गए। पालिया मुसाफिरखाना के निवासी शिवनाथ यादव को व्यक्तिगत सत्याग्रह करने के कारण 1941 में 9 महीने की कैद और 400 रुपये जुर्माने की सजा सुनाई गई। संतन राम मौर्य ग्राम बेसारा मुसाफिरखाना के निवासी थे। व्यक्तिगत सत्याग्रह के दौरान 3 अप्रैल 1941 को 9 महीने कैद और 200 रु. जुर्माने की सजा दी गई। जुर्माना कुर्की द्वारा 29 अगस्त में जेल से मुक्त हुए। दादरा के सीताशरण को भी व्यक्तिगत सत्याग्रह के दौरान 1941 में 6 महीने की कैद की सजा सुनाई गई।

आजाद हिन्द फौज में अमेठी का योगदान

आजाद हिन्द फौज की शौर्य गाथाएं अकल्पनीय कहानी सी हैं। अमेठी जनपद में आज़ाद हिन्द फौज के लिए संघर्ष करने वालों की एक लंबी सूची है। अमेठी जनपद पहले चूँकि सुलतानपुर और रायबरेली का भाग था, इसलिए इन आंदोलनों में क्षेत्रवासियों की सहभागिता को भौगोलिक क्षेत्र से अलग करना कठिन है। आजाद हिन्द फौज का विचार सर्वप्रथम मोहन सिंह के मन में मलाया में आया। वे ब्रिटेन की भारतीय सेना के अफसर थे। द्वितीय विश्वयुद्ध में जब ब्रिटिश सेना पीछे हट रही थी, तो मोहन सिंह जापानियों के साथ हो गये। जापानी भारतीयों में ब्रिटिश विरोधी भावनाएं भड़काते रहे। जापानियों ने भारतीय युद्ध-बन्दियों को मोहन सिंह के सुपुर्द कर दिया और वे उन लोगों को संगठित कर आजाद हिन्द फौज का संगठन करने लगे। सिंगापुर का जापानियों के हाथ में आना इस दृष्टि से बहुत महत्वपूर्ण था, क्योंकि इससे 45,000 भारतीय युद्ध बन्दी मोहन सिंह के प्रभाव क्षेत्र में आ गये। सन् 1942 ई. के अंत तक 40,000 लोग आजाद हिन्द फौज में शामिल होने के इच्छुक हो चुके थे। गाँधी जी के भारत छोड़ो आन्दोलन से आजाद हिन्द फौज को भी एक नई ताकत मिली। मलाया में ब्रिटिश विरोधी प्रदर्शन किये गये।

आजाद हिन्द फौज के गठन में सुभाषचंद्र बोस के व्यक्तित्व का महान योगदान था, क्योंकि सुभाषचंद्र बोस के नेतृत्व ने ही आजाद हिन्द फौज को शक्ति प्रदान की। सुभाष चंद्र बोस द्वारा संगठित आजाद हिन्द फौज में अमेठी जनपद के लोगों ने बढ़-चढ़कर हिस्सा लिया। जनपद के अनेक व्यक्तियों ने सुभाष चंद्र बोस की प्रेरणा से आजाद हिन्द फौज में शामिल होकर अनेक यातनाएं सहीं।

जनपद के राम बहादुर सिंह देश सेवा का प्रण करके 22 वर्ष की उम्र में राजपूत रेजिमेंट में भर्ती हुए, परन्तु सेना में व्याप्त अंग्रेजियत से खिन्न और नेता जी से प्रभावित होकर आजाद हिन्द फौज में शामिल हो गए जहाँ से विशेष युद्ध के लिए इन्हें हांगकांग भेजा गया। वहाँ कुछ दिनों तक अंग्रेजों के विरुद्ध सक्रिय विद्रोह के बाद में सन् 1941 में गिरफ्तार कर लिये गये और लगभग वर्षों तक कैद रहे। वे सन् 1945 ई. में कैद से फरार होकर जापान पहुँचे और स्वतन्त्रता आन्दोलन में संलग्न हो गये। जनपद के अली हुसैन 28 नवम्बर, 1940 ई. में फौज में भर्ती हुए। दो साल के बाद सन् 1942 ई. में अली हसन को सिंगापुर सवार के रूप में भेजा गया, जहाँ वे वफादार हुए।

सन् 1942 ई. को अली हुसैन को जापानी सेना द्वारा गिरफ्तार कर लिया गया। यह वह समय था जब बर्मा और सिंगापुर में रासबिहारी बोस द्वारा आजाद हिन्द सेना का गठन किया जा रहा था। जिसकी सूचना अली हुसैन को भी हुई। वे भी आजाद हिन्द फौज में सम्मिलित हो लिये। उन्हें आजाद हिन्द फौज के सेनानायक सुभाषचंद्र बोस के बॉडीगार्ड बटालियन में शामिल किया गया। उन्होंने स्पेशल ट्रेनिंग इन्स्टीट्यूट से प्रशिक्षण भी पूरा किया। अंग्रेजों के विरुद्ध लड़ी जा रही जंग के दौरान वे आजाद हिन्द फौज की रंगून के ताम्बों मोर्चे पर तैनात थे। जहाँ दुश्मनों की फौज से जमकर उनकी टक्कर हुई। इसी दौरान अली हुसैन के बायें पैर की जांघ पर गोली लगी। उन्हें आई.एन.ए. के हॉस्पिटल में दाखिल किया गया। उनका पैर भी काट दिया गया, जिससे शरीर में जहर न फैले। इलाज के दौरान उन्हें अन्य सिपाहियों के साथ अंग्रेजी पुलिस ने गिरफ्तार कर लिया।

जिले के अजमत उल्ला 1 नवम्बर सन् 1939 ई. को सेना में भर्ती हो गये और रावलपिण्डी में तैनात किये गये। सन् 1941 ई. में बी.सी.जी.एच. अस्पताल के साथ मद्रास होते हुए सिंगापुर भेज दिये गये। यही समय था जब अजमत के जीवन में एक नया मोड़ आया। 15 फरवरी सन् 1942 ई. को उन्होंने किले के मैदान में इण्डियन इण्डिपेन्डेन्स लीग के अध्यक्ष रासबिहारी बोस का भाषण सुना और प्रभावित होकर आजाद हिन्द फौज में भर्ती हो गये। उनकी पहली तैनाती थर्ड कैवलरी विद्याधरी कैम्प हॉस्पिटल में हुई। इसके बाद अजमत उल्ला आजाद हिन्द फौज के सिपाही के रूप में आजाद ब्रिगेड की नम्बर 3 गोरिल्ला रेजीमेंट में तैनात किये गये। आने वाले समय तक समुद्री यात्रा और जमीनी सफर करने के बाद अजमत उल्ला रंगून पहुँचे। वे पिंगलाडीन नामक स्थान पर अपनी फौज के साथ ठहरे। जहाँ आजाद हिन्द फौज के सेनानायक सुभाषचंद्र बोस के नेतृत्व में आजाद ब्रिगेड के लोगों ने भारत के अंतिम बादशाह बहादुर शाह जफर की कब्र पर अपनी श्रद्धांजलि अर्पित की, जिसमें वे भी सम्मिलित थे। इसके बाद आजाद हिन्द सेना के सिपाही भारतीय सीमा में प्रवेश लिए चल पड़े, परन्तु उन्हें सफलता नहीं मिल सकी। वे कई दिनों तक कई अन्य सैनिकों के साथ जंगलों में घास खाकर निर्वाह करते रहे। बहुत दिनों तक वे वार जंगलों में भटकते रहे। आजाद ब्रिगेड के अन्य जाँबाज सिपाहियों के साथ अजमत उल्ला भी अंग्रेजों के गिरफ्त में आ गये। फिर वहाँ से 15 अगस्त, 1945 को उनको जिगर गच्छा कैम्प ले जाया गया। लगभग 6 महीनों तक अजमत उल्ला को विभिन्न जेलों में स्थानान्तरित किया जाता रहा। इन्हें तरह-तरह की यातनाएं दी जाती रहीं। 14 फरवरी, 1946 ई. को लम्बी यातनायें देने के बाद उन्हें सेना से निकाल दिया गया और साथ ही 15 फरवरी, 1942 ई. से 16 अगस्त, 1945 ई. तक का वेतन एवं भत्ता भी ब्रिटिश सरकार ने जब्त कर लिया। मोहम्मद इशहाक नेताजी का भाषण सुनकर आजाद हिन्द फौज में भर्ती हुए और फील्ड प्रोपेगण्डा यूनिट में काम करते रहे। सन् 1945 तक फील्ड पर रहे। इसके बाद नेताजी की आज्ञानुसार हथियार डाल दिये और गिरफ्तार हुए। 1 मार्च, 1946 ई. को वे कलकत्ता लाये गये।

जनपद के ही राम निहोर फौज में भर्ती हुए और लखनऊ में प्रशिक्षण के उपरान्त मेरठ नर्सिंग सिपाही बनाकर भेजे गये। 1941 ई. में वे सिंगापुर भेज दिये गये। नेताजी के भाषण से प्रेरणा प्राप्त कर आजाद हिन्द फौज में आये तथा सिंगापुर में 3 नम्बर बैस हॉस्पिटल में तैनात किये गये। सन् 1945 ई. में वे अंग्रेजों द्वारा गिरफ्तार कर जिगरगच्छा कैंप और वहाँ से मुल्तान लाये गए। 22 मार्च, 1946 ई. को फौज से निकाल दिये गये। राम बहोर तिवारी 9 जनवरी, 1941 को आई.ए.एम.सी., आई.जी.एच. में भर्ती हुए और फौज के साथ सिंगापुर भेज दिए गए। 15 फरवरी, 1942 ई. को जापानी सेना द्वारा वे वहाँ बन्दी बना लिये गये और जब आजाद हिन्द फौज का निर्माण हुआ तो उसमें भर्ती हुए। 25 मई, 1945 को अंग्रेजी शासन ने उन्हें बंदी बना लिया तथा 27 मई, 1945 को वे भारत लाये गए और 26 फरवरी, 1946 को सेना से निकाल दिए गए। उन्हें जेल में अनेक यातनाएं भी दी गयीं।

जिले के जगन्नाथ यादव ने भी जिले की ओर से स्वतन्त्रता संग्राम में आजाद हिन्द फौज का प्रतिनिधित्व किया था। वे 31 जुलाई, 1939 ई. को कलकत्ता में फौज में भर्ती हुए और द्वितीय विश्व युद्ध के दौरान सिंगापुर भेजे गये। वे सेना से विद्रोह कर 15 फरवरी, 1942 ई. को सिंगनल यूनिट सुभाष ब्रिगेड आजाद हिन्द फौज में भर्ती हुए। इसी दौरान उन्हें रंगून में अंग्रेजी फौज द्वारा गिरफ्तार किया गया। वहाँ से वे जिगरगच्छा कैम्प जेल और वहाँ से फिरोजपुर लाये गये। उन्हें अनेक यातनायें भी दी गयीं। सन् 1946 ई. को वे फौज से निकाल दिये गये। यहीं के महेन्द्र पाल सिंह जो अपनी ससुराल में रहते थे। रायबरेली के प्रसिद्ध स्वतन्त्रता सेनानी राना बेनी माधो सिंह इनके पूर्वज थे। फ़ौज में भर्ती होकर सिंगापुर गये। वहाँ अंग्रेजी सेना में विद्रोह कर आजाद हिन्द फौज में भर्ती हो गये और लेफ़्टिनेंट के पद पर रहे और वहाँ सेन्ट्रल सप्लाई सिंगापुर ऑफीसर इन्चार्ज रहे। इसके बाद वे गुरिल्ला रेजीमेन्ट मलाया में भी रहे। नवम्बर 1945 ई. में वे अंग्रेजों द्वारा गिरफ्तार कर भारत लाये गये और 14 अप्रैल, 1946 ई. को वहाँ से डिस्चार्ज कर दिये गये।

जनपद के गयाबक्श सिंह 1939 ई. में घर छोड़कर फौज में गए और 1017 रेजीमेन्ट फतेहगढ़ में सिपाही हुए। फरवरी 1941 ई. में सिंगापुर भेजे गये, फिर वहाँ से हांगकांग ले जाए गए। युद्ध के दौरान जापानियों ने उन्हें कैद कर लिया। 14 महीने बाद नेता जी के आह्वान पर सूबेदार मेजर नैन सिंह के साथ आजाद हिन्द फौज में शामिल हो गये। सन् 1945 ई. में अंग्रेजों ने उन्हें पुनः गिरफ्तार कर लिया। 24 दिन की जेल यात्रा के बाद मद्रास लाए गये, जहाँ जनता के द्वारा उनका भव्य स्वागत हुआ। उन्हें जिगर गच्छा कैम्प जेल में रखा गया और फिर फतेहगढ़ लाकर उन्हें सेना से निकाल दिया गया। यहीं के जालपा प्रसाद उपाध्याय ने 4 सितम्बर, 1940 ई. को आई.ए.एम.सी. में भर्ती हुए तथा कुछ महीने बाद मलाया भेजे गये। 17 अगस्त, 1941 ई. से 14 फरवरी, 1942 ई. तक

मलाया में रहे। सिंगापुर में नेता जी का भाषण सुनकर आजाद हिन्द फौज में भर्ती हुए। इसमें इनकी नियुक्ति आई.जी.एच. गुरिल्ला रेजीमेन्ट में हुई, और देश की स्वाधीनता के लिए लड़ते रहे। सन् 1945 ई. में गिरफ्तार होकर वे भारत लाये गये जहां 1946 ई. में उन्हें सेना से निकाल दिया गया। 103 जिले के अशरफ खाँ 1942 ई. में आजाद हिन्द फौज मे भर्ती होकर बर्मा फ्रन्ट पर रहे। 1945 ई. में वे अंग्रेजों के हाथ पकड़े गये और जिगर गच्छा कैम्प लाये गये। 10 मार्च, 1946 ई. को उन्हें सेना से निकाल दिया गया।

राम प्रसाद सिंह 25 मई, 1939 ई. को फौज में भर्ती होकर 1940 ई. में हांगकांग भेज दिये गये। वहाँ वे फरवरी 1942 ई. में नेता जी की प्रेरणा से आजाद हिन्द फौज में भर्ती हो गये। 1945 ई. में वे हांगकांग में ही अंग्रेजों द्वारा पकड़ लिए गये और मद्रास लाये गये और जिगरगच्छा कैम्प जेल में रखे गये। तत्पश्चात फतेहगढ़ लाकर उन्हे सेना से निकाल दिया गया। यहीं के रामचंद्र सिंह ने आजाद हिन्द फौज के सैनिक के रूप में बर्मा तथा मलाया में रहे। वहाँ उन्हें गिरफ्तार कर अंग्रेजों द्वारा अनेक यातानाएँ दी गईं। सन् 1946 ई. में उन्हें फौज से निकाल दिया गया। सत्य नारायण पाण्डेय सिंगापुर में प्राइवेट नौकरी करते थे। रेडियो तथा समाचार-पत्रों के माध्यम से नेता जी का भाषण सुनने व पढ़ने का अवसर मिला। उससे प्रभावित होकर उन्होंने 1944 ई. में सिंगापूर स्थित आजाद हिन्द फौज के दफ्तर में जाकर इंडियन इंडिपेंडेंस लीग का सदस्य बन गए और स्वयंसेवक बन गए। 1945 ई. में जब जापान ने आत्मसमर्पण कर दिया और अंग्रेज आये तो उन्हें नौकरी से निकाल दिया गया।

रामदत्त सिंह 1940 ई. में फौज में भर्ती हुए और 1941 में मलाया भेज दिये गये। 15 फरवरी, 1942 ई. को जापान सरकार द्वारा उन्हें कैद कर लिया गया। फिर उन्हें बैंकॉक भेज दिया गया। सन् 1943 ई. में वही नेताजी का भाषण सुनकर आजाद हिन्द फौज में भर्ती हुए और 5वीं गुरिल्ला रेजीमेण्ट के सेकन्ड बटालियन में उनकी नियुक्ति हुई, जिसके कम्पनी कमाण्डर बनिता सिंह गढ़वाली थे। इन्होंने पोपा के मोर्चे पर जमकर संघर्ष किया। जापान के आत्मसमर्पण के बाद वे कर्नल सहगल के साथ अंग्रेजों की हिरासत में आये। उन्हें मंगोए सेन्ट्रल जेल में रखा गया, जहाँ उन्हें अनेक यातनायें दी गयीं। तदुपरान्त जहाज से वे चटगाँव लाये गये। उन्हें जिगरगच्छा कैम्प जेल में भी रखा गया। ग्रेरिमार्क देकर लखनऊ लाये गये। 1946 ई. में उन्हें फौज से निकाल दिया गया। 'जनपद के राम अजोर सिंह 1933 ई. में फौज में भर्ती हुए। सन् 1939 ई. में उन्हें हांगकांग भेजा गया, हांगकांग में ही सन् 1943 ई. को आजाद हिन्द फौज में भर्ती हुए और भारत को स्वतन्त्र कराने के लिए युद्ध करते रहे। उन्हें हांगकांग में 1945 ई. में गिरफ्तार कर लिया गया और मद्रास की जेल में लाकर बन्द किया गया जो एक जंगल में बनायी गयी थी। मद्रास में जिगरगच्छा कैम्प जेल में इन्हें रखा गया तथा यातनाएं दी गईं। 22 मार्च, 1946 ई. को उन्हें फौज से निकाल दिया गया।

जिले के गजराज सिंह थाईलैंड में आजाद हिन्द फौज में भर्ती हुए। इन्हें सिंगापुर मिलिट्री में नियुक्त किया गया। 1944 में इन्हें अंग्रेजों ने पकड़ लिया और भारत लाये और कुछ दिन यातना देने के बाद सेना से निकाल दिया गया। जिले के पारसनाथ 7 जुलाई को फौज में भर्ती हुए। उन्हें फरवरी 1942 में सिंगापुर भेजा गया, सिंगापुर में 15 फरवरी, 1942 को आजाद हिन्द फौज में भर्ती हुए। पहले वे 7वीं बटालियन नेहरू ब्रिगेड में और फिर बाद में 9 नंबर बटालियन में रहे। 1944 में एरावती नदी के किनारे अंग्रेजों ने उन्हें गिरफ्तार कर लिया। उन्हें 3 महीने जिगरगच्छा कैंप जेल में रखा गया, तत्पश्चात मुल्तान जेल लाये गए। 1946 में उन्हें अपनी कंपनी में लाकर डिस्चार्ज कर दिया गया।

तत्कालीन जनपद सुलतानपुर जिले के अन्य कई स्वतंत्रता सेनानियों ने आजाद हिन्द फौज में भाग लेकर देश को स्वतंत्र करने में योगदान दिया। प्रस्तुत विवरण से यह स्पष्ट है कि देश के स्वतन्त्रता संग्राम की लड़ाई में सुभाषचंद्र बोस के नेतृत्व में संगठित आजाद हिन्द फौज के सिपाहियों में अमेठी जनपद का महत्वपूर्ण योगदान रहा है। जिसमें इस जनपद के अनेक लोगों ने आजाद हिन्द फौज में शामिल होकर अंग्रेजी शासन के विरुद्ध युद्ध किया और अनेक यातनायें सहीं। जनपद के अनेक लोग तो ऐसे भी होंगे जिन्होंने फौज में शामिल होकर युद्ध किया और वीरगति को प्राप्त हो गये। परन्तु उनके बारे में न कोई जानता होगा और न ही कोई जानकारी होगी। जिले के लोगों ने आजाद हिन्द फौज में शामिल होकर थाईलैण्ड, सिंगापुर, मलाया, बैंकॉक, रंगून, बर्मा तथा फ्रांस आदि स्थानों पर अंग्रेजी सेना से कड़ी टक्कर ली। इस प्रकार जनपद के लोगों की आज़ाद हिंद फ़ौज में सक्रिय भूमिका रही।

स्वतंत्रता संग्राम सेनानियों का विवरण

स्वतंत्रता संग्राम में अमेठी के अनेक सपूतों ने भाग लिया, उपलब्ध जानकारी का विवरण हम यहां दे रहें हैं।

श्री गिरिराज सिंह पुत्र श्री चंद्रपाल सिंह, ग्राम नेबुआ हरखपुर, पोस्ट-गौरीगंज, जनपद अमेठी के निवासी थे। इन्होंने अपने ननिहाल में जन्म लिया और स्कूल तक की शिक्षा ग्रहण की थी। व्यक्तिगत सत्याग्रह आंदोलन के दौरान सन् 1941 में नौ महीने की कैद तथा 100 रु. जुर्माने की सजा पाई थी। भारत छोड़ो आंदोलन के दौरान सन् 1942 में दो महीने नजरबंद रहे। गांधीजी को गौरीगंज स्टेशन पर इन्हीं के नेतृत्व में उतारा गया था और थैली भेंट की गई थी। आज़ादी के बाद राजनीतिक रूप से सक्रिय रहे, सांसद भी बने। आज़ादी में उनके योगदान पर हम विस्तार से लिखना चाहते थे, लेकिन उनके परिवार ने बताया कि उनके पास कोई इस प्रकार की जानकारी नहीं है। मुझे उनका अनेकों बार स्नेह मिला है। एक बार वे अपने गौरीगंज आवास के बाहर खड़े थे, संभवतः किसी वाहन का इंतज़ार कर रहे थे। उन्हें सरकारी अस्पताल के पोलियो ड्रॉप कार्यक्रम में अतिथि के रूप में सम्मिलित होना था। मैं साइकिल पर जा रहा था, मैंने उन्हें देखा और प्रणाम किया। उन्होंने मुझसे पूछा कि किस ओर जा रहे हो? फिर अपनी बात बताई। वे मेरे साथ साइकिल पर आगे हैंडल पर बैठ कर चल दिए, उनकी यह सहजता मेरी स्मृतियों में आज भी जिंदा है।

श्री गुरुदीन पांडेय श्री रघुवर पांडेय का जन्म 1894 में ग्राम पूरे रघुवर पांडेय, मौजा बहोरवा में हुआ था। इन्होंने सन् 1930 में कांग्रेस के आंदोलनों में भाग लेने के लिए सदस्यता ग्रहण की थी। व्यक्तिगत सत्याग्रह आंदोलन के दौरान सन् 1941 में चार महीने कारावास की सजा पाई थी। भारत छोड़ो आंदोलन के दौरान 26 जनवरी, 1944 को इंडिया गेट दिल्ली पर तिरंगा फहराने के आरोप में दो वर्ष की कठोर कारावास सजा हुई थी।

श्री जगन्नाथ सिंह पुत्र श्री शिवपाल सिंह, ग्राम जगदीशपुर थाना गौरीगंज के निवासी थे। इन्हें सविनय अवज्ञा आंदोलन में भाग लेने हेतु सन् 1932 में छह महीने

की कैद और 50 रु. जुर्माना की सजा हुई थी किंतु जुर्माना न देने के कारण छह सप्ताह अतिरिक्त कैद की सजा पाई थी। गुरु प्रसाद सिंह जी की पुस्तक में वर्णित है कि वे असमय स्वर्गवासी हो गए, सुलतानपुर जिला जेल से कैंप जेल लखनऊ और फिर वहाँ से लखीमपुर जिला जेल भेजे गए थे। लखीमपुर जेल में इनका रिकॉर्ड फट गया था, जिसके कारण इनको पेंशन नहीं मिली और इनकी विधवा पत्नी ने बहुत दयनीय स्थिति में अपने दिन काटे। यह प्रसंग मैंने इसलिए साझा किया क्योंकि ऐसे अनेक स्वाधीनता संग्राम सेनानी होंगे, जिनके रिकॉर्ड आज भी उपलब्ध नहीं हैं।

श्री जदुनाथ पुत्र श्री पदारथ, गौरीगंज, जिला अमेठी के निवासी थे। व्यक्तिगत सत्याग्रह आंदोलन में भाग लेने के कारण सन् 1941 में नौ महीने की कैद और 500 रु. जुर्माने की सजा पाई थी, किंतु वह छह माह बाद छूट गए थे।

श्री दुक्खी पुत्र श्री गोकुल बारी, ग्राम–अत्ता नगर, थाना गौरीगंज, जनपद अमेठी के निवासी थे। उन्हें सविनय अवज्ञा आंदोलन में भाग लेने के कारण सन् 1932 में छह महीने की कैद और 25 रु. जुर्माने की सजा हुई थी। जेल में रहने के बीच में जमींदारों ने उनकी जमीन व घर छीन लिया था। जेल से निकलने के बाद वे रायबरेली में जाकर बस गए थे।

श्री देवकली दीन शर्मा पुत्र श्री राजाराम शर्मा का जन्म मार्च 1896 में ग्राम-रौज़ा, थाना गौरीगंज, जनपद अमेठी में हुआ था। सन् 1921 में वे कांग्रेस में सम्मिलित हुए और लगातार विभिन्न आंदोलनों में अपनी सहभागिता करते रहे। दिनांक 1 मई सन् 1941 को आजादी की लड़ाई में सक्रिय भाग लेने के लिए नजरबंद किए गए। भारत छोड़ो आन्दोलन के आरंभ में ही 9 अगस्त, 1942 को पकड़े गए और 12 मार्च, 1944 को नजरबंदी से मुक्त हुए। एक देश की आजादी के बाद वे सन् 1948 में जिला प्रशासन सुलतानपुर के अध्यक्ष चुने गए और उसके बाद जीवनभर अध्यक्ष रहे। अमेठी संसदीय क्षेत्र से पहली बार सांसद चुने जाने वाले श्री विद्याधर वाजपेयी को राजनीति में लाने वाले देवकली दीन शर्मा ही कहे जाते हैं। इनकी सादा जीवन, पठन-पाठन व देश-प्रेम के कार्यों में रुचि थी। वह आर्य समाज व सर्वोदय के कार्यों को भी भली-भाँति देखते थे। सहकारिता में रुचि होने के कारण, वो जिला सहकारी बैंक के बहुत दिनों तक संचालक भी रहे। प्राकृतिक चिकित्सा व योग की शिक्षा जेल में भी अन्य कैदियों को देते रहते थे और स्वयं को परिहास में जगतगुरु भी कहते थे।

श्री धर्मराज पुत्र श्री दातादीन, ग्राम पटखौली के निवासी थे। उन्हें व्यक्तिगत सत्याग्रह आंदोलन के कारण सन् 1941 में छह महीने की कैद और 50 रु. का जुर्माना हुआ।

श्री बलदेव प्रसाद शास्त्री पुत्र श्री कलपनाथ तिवारी का जन्म सन् 1890 में ग्राम कौहार, शाहगढ़ थाना गौरीगंज, जनपद अमेठी में हुआ था। व्यक्तिगत सत्याग्रह आंदोलन में भाग लेते हुए सन् 1941 में नौ महीने की कैद और 300 रु. जुर्माने की सजा पाई थी,

छह महीने बाद छूट गए थे। दोबारा सन् 1942 में भी तीन महीने नजरबंद रहे। आजादी के बाद पंचायत मंत्री हो गए थे और एक सक्रिय जीवन जिया।

श्री विश्वनाथ मित्र पुत्र श्री बांके बिहारी, ग्राम-पूरब गाँव, थाना गौरीगंज के निवासी थे। युद्ध विरोधी भाषण देने के कारण सन् 1940 में एक वर्ष की कड़ी कैद तथा 100 रु. जुर्माने की सजा पाई थी।

श्री भगवान पुत्र श्री बली, ग्राम–रोहँसी, थाना गौरीगंज, जनपद अमेठी के निवासी थे। इन्हें सविनय अवज्ञा आंदोलन के दौरान भाग लेने के कारण सन् 1932 में चार वर्ष की कैद तथा 25 रु. जुर्माने की सजा हुई थी।

श्री भीखाराम अग्रवाल पुत्र श्री जानकी दास, ग्राम माधोपुर, थाना गौरीगंज के निवासी थे। व्यक्तिगत सत्याग्रह आंदोलन में सहभागिता करने के कारण दिनांक 31 मार्च, 1941 को गिरफ्तार कर लिया गया, उन्हें 9 महीने की कैद तथा 1000 रुपये जुर्माने की सजा हुई थी। गांधी जी को गौरीगंज स्टेशन पर थैली भेंट करते समय क्रांतिकारियों के ख़ज़ांची यही थे।

श्री माता प्रसाद पुत्र श्री रामानंद, मुसाफिर खाना के निवासी थे, उनका जन्म प्रतापगढ़ के कुंडा गाँव में हुआ था। आप कुंडा में आकर भी चरखा चलाते व चलवाते थे। व्यक्तिगत सत्याग्रह आंदोलन में भाग लेने के कारण सन् 1941 में नौ महीने की कैद की सजा पाई थी। सन् 1942 में भारत छोड़ो आंदोलन में भाग लेने के कारण छह महीने कैद की सजा पाई थी।

श्री रामनाथ सिंह पुत्र श्री इन्द्रपाल सिंह, ग्राम- रोहँसी, थाना-गौरीगंज के निवासी थे। सविनय अवज्ञा आन्दोलन में भाग लेने के कारण सन् 1932 में छह महीने की कैद तथा 25 रु. जुर्माने की सजा हुई, किंतु जुर्माना न देने के कारण छह सप्ताह अतिरिक्त सजा काटनी पड़ी। सन् 1942 के भारत छोड़ो आंदोलन में नजरबंद रहे और जेल से छूटने के बाद लाहौर में जाकर जीवनयापन के लिए नौकरी कर ली। देश के विभाजन के बाद वापिस आये, किंतु आँखों की रौशनी जाती रही।

श्री रामबहादुर सिंह पुत्र श्री जगन्नाथ सिंह का जन्म सन् 1918 में ग्राम-कीटियावा, शाहगढ़, जनपद अमेठी में हुआ था। भारत छोड़ो आंदोलन के दौरान सन् 1942 में छह महीने की कैद की सजा पाई थी। 26 जनवरी, 1944 को इंडिया गेट, दिल्ली पर आकर झंडा फहराने के कारण कारावास की सजा हुई थी।

श्री श्रीपाल सिंह पुत्र श्री प्रागसिंह, अत्ता नगर थाना गौरीगंज के निवासी थे। सविनय अवज्ञा आंदोलन में भाग लेने के कारण सन् 1932 में छह महीने की कैद तथा 50 रु. जुर्माने की सजा हुई।

श्री सालिक राम मिश्र पुत्र श्री जानकी राम मिश्र ग्राम–सेठा, गौरीगंज, जनपद अमेठी के निवासी थे। सविनय अवज्ञा आंदोलन में भाग लेने के कारण इन्हें सन् 1932

में दो बार छह-छह महीने की कड़ी कैद की सजा हुई थी। उन्हें सन् 1933 में भी छह महीने जेल की एक कड़ी सजा हुई थी।

श्री सूर्यपाल सिंह पुत्र श्री प्राग सिंह, अत्ता नगर, गौरीगंज के निवासी थे। सन् 1930 में स्वामी नारायण देव की प्रेरणा से राजनीति में आए और देशभक्ति के कार्यों में लग गए। सन् 1932 में सविनय अवज्ञा आंदोलन के दौरान विदेशी वस्त्रों को दुकानों से हटाने के कारण छह महीने की कैद तथा 25 रु. की जुर्माने की सजा हुई थी।

श्री सीताराम गुप्त पुत्र श्री महावीर गुप्त, माता श्रीमती भगवान देई, ग्राम व पोस्ट गौरीगंज, जनपद अमेठी के निवासी थे। इन्होंने केवल कक्षा दो तक पढ़ाई की थी, सन् 1937 में गौरीगंज में एक सभा हुई इसमें इन्होंने देश में हो रहे आंदोलनों के बारे में कांग्रेस नेताओं के भाषण को सुना अप्रभावित हो गए। सन् 1939 में पंडित जवाहर लाल नेहरू को सुनने का अवसर प्राप्त हुआ, उसके बाद वह आंदोलनों में भाग लेने के लिए सक्रिय हो गए। व्यक्तिगत सत्याग्रह आंदोलन के भाग लेने के कारण सन् 1941 के 4 अप्रैल को इन्हें गिरफ्तार कर लिया गया और 16 अप्रैल, 1941 को नौ महीने जेल व 100 रु. जुर्माने की सजा हुई। जिला जेल सुलतानपुर से बस्ती जेल में भेज दिया गया। वहाँ से 12 दिसंबर, 1941 को छूट गए, लेकिन तब तक घर नीलाम हो चुका था। वह लाहौर भाग गए और वहाँ पर नौकरी करने लगे। देश के विभाजन के समय वह वापिस आये। अंत समय तक देश व समाज की सेवा करते रहे।

श्री हरि नारायण सिंह पुत्र श्री जसकरन सिंह, ग्राम-किटियावा, थाना गौरीगंज के निवासी थे। सन् 1933 मैं मिडिल क्लास की परीक्षा में फेल हो गए और तभी से कांग्रेस के कार्यों में रुचि उत्पन्न हो गई। व्यक्तिगत सत्याग्रह आंदोलन के दौरान 16 अप्रैल, 1941 में नौ महीने की कैद तथा 100 रु. जुर्माना हुआ, वे 9 सितंबर, 1941 को छूट गए। भारत छोड़ो आंदोलन के दौरान सन् 1942 में दो महीने नजरबंद की सजा पाई।

श्री उदित नारायण सिंह पुत्र श्री जयश्री सिंह का जन्म सन् 1892 में हुआ था, वे ग्राम भादर, जनपद अमेठी के रहने वाले थे। ये लगान बंदी आंदोलन के समय प्रभावित होकर कांग्रेस आंदोलनों में सक्रिय हुए और सविनय अवज्ञा आंदोलन में भाग लेने के कारण 1932 में छह महीने की कैद तथा 50 रु. जुर्माने की सजा हुई। इसी बीच उनके भाई श्री शिव नायक सिंह को अध्यापक की नौकरी से हटा दिया गया और जेल में इनसे माफी मांगने के लिए कहा गया। शर्त यह थी कि यदि यह माफी मांग लेंगे तो भाई को नौकरी वापस मिल जाएगी, किंतु उन्होंने माफी मांगने से इनकार कर दिया। गुरु प्रसाद सिंह जी ने पुस्तक में लिखा है कि ठाकुरों का गाँव होने के कारण बड़ा विरोध होता रहा, इनका घर व दफ्तर जला दिया गया, इन्हें खूब सताया गया, किंतु अडिग रहे। सन् 1941 के व्यक्तिगत आंदोलन के दौरान फिर छह महीने की कैद तथा 100 रु. जुर्माने की सजा

पाई। कुछ समय के लिए प्रतापगढ़ चले गए और वहाँ भी गिरफ्तार हो गए और सजा हुई। जीवन के अंत समय तक समाज के कमजोर वर्ग के सहयोग हेतु प्रयास करते रहे।

श्री केदार नाथ पुत्र श्री राम पाल ग्राम सोनारी थाना पीपरपुर के निवासी थे। सविनय अवज्ञा आंदोलन के दौरान भाग लेने के कारण सन् 1932 में चार महीने की कैद तथा 25 रु. जुर्माने की सजा पाई थी।

श्री चंद्रवली सिंह पुत्र श्री शुभकरण सिंह का जन्म सन् 1892 ग्राम एवं पोस्ट त्रिसुंडी, अमेठी में हुआ था। बाबू सुंदर लाल गुप्त की प्रेरणा से कांग्रेस आंदोलनों में सम्मिलित हुए। व्यक्तिगत सत्याग्रह आंदोलन में भाग लेने के कारण सन् 1941 में चार महीने की कैद और 200 रु. जुर्माने की सजा पाई। भारत छोड़ो आंदोलन के दौरान सन् 1942 में एक वर्ष कैद की सजा हुई। यह बहुत ही निर्भीक व साहसी कार्यकर्ता थे, अत्याचार व अनाचार के सदा विरोधी रहे।

श्री जोखू पुत्र श्री बिन्द्रा मुराई, ग्राम-त्रिशुंडी, अमेठी के निवासी थे। व्यक्तिगत सत्याग्रह आंदोलन में भाग लेने के कारण सन् 1942 में नौ महीने कैद तथा 20 रु. जुर्माने की सजा हुई थी, किंतु छह महीने बाद छोड़ दिए गए।

श्री जोधन पुत्र श्री बशीर, ग्राम दौलतपुर, थाना-पीपरपुर के निवासी थे। असहयोग आंदोलन में भाग लेने के कारण सन् 1921 में 100-100 रुपये की दो जमानतें तथा एक वर्ष के लिए 200 का निजी मुचलका मांगा गया।

श्री प्रसाद पुत्र श्रीबासु, ग्राम- पीपरपुर के निवासी थे। असहयोग आंदोलन के दौरान सन् 1921 में 50-50 की दो जमानतें तथा एक वर्ष के लिए 1000 का निजी मुचलका मांगा गया।

श्री बड़े लाल पुत्र श्री राम पदारथ पांडे, ग्राम–दुर्गापुर, अमेठी के निवासी थे। सविनय अवज्ञा आंदोलन में भाग लेने के कारण सन् 1931 में दो महीने की सजा पाई थी।

श्री बैजनाथ यादव पुत्र श्री सरजू प्रसाद यादव का जन्म 12 अगस्त, 1916 ग्राम गुरुदत्त गढ़, थाना पीपरपुर में हुआ था। उनके पिता एक साधारण गरीब किसान थे। इन्होंने सन् 1940 में कांग्रेस आंदोलनों में भाग लेना आरंभ किया और व्यक्तिगत सत्याग्रह आंदोलन में भाग लेते हुए 21 मार्च, 1941 को टीकरमाफी में सत्याग्रह करने पर नौ महीने की कैद तथा 50 रु. जुर्माने की सजा पाई थी। जिला जेल सुलतानपुर से कैंप लखनऊ भेजे गए, वहाँ पर उबला हुआ चना व गेहूँ खाने को दिया जाता था। वे जेल में बीमार हो गए, किंतु पूरी सजा काटकर ही छूटे थे।

श्री भगवान दास पुत्र श्री देवी दीन दास, ग्राम रायपुर, थाना-पीपरपुर के निवासी थे और असहयोग आंदोलन में भाग लेने के कारण सन् 1921 में एक वर्ष की कैद तथा 50 रु. का जुर्माना हुआ, जुर्माना न देने के कारण छह मास की कैद हुई।

श्री मोहम्मद नबी पुत्र श्री अब्दुल रशीद, रामपुर थाना पीपरपुर के निवासी थे। असहयोग आंदोलन में भाग लेने के कारण सन् 1921 में एक वर्ष की कैद तथा 50 रु. जुर्माना हुआ और जुर्माना न अदा कर पाने के कारण छह महीने की अतिरिक्त सजा हुई।

श्री उमादत्त सिंह पुत्र श्री स्वयंवर सिंह, का जन्म 19 जून, 1918 में अमेठी के बरसंडा गाँव में हुआ था। उन्होंने एक बड़े किसान परिवार में जन्म लिया था, बचपन में ही उनके माता-पिता स्वर्गवासी हो गए थे। हलियापुर में इनके फूफा के घर में, उन्हीं के द्वारा पालन-पोषण हुआ था। उन्होंने साधारण शिक्षा पाई थी और बरसंडा में विवाह होने पर वहीं बस गए। व्यक्तिगत सत्याग्रह आंदोलन के दौरान 1941 में 9 माह कठोर कारावास व 200 रु. जुर्माना की सजा हुई और जुर्माना न देने पर तीन मास अतिरिक्त कैद की सजा पाई थी। भारत छोड़ो आंदोलन के दौरान 17 अक्तूबर, 1942 को नजरबंद होकर जिला जेल सुलतानपुर व नैनी सेंट्रल जेल में रहे और 7 अप्रैल, 1943 को मुक्त हो गए।

श्री गंगादीन पुत्र श्री कुञ्ज बिहारी, ग्राम डामाडीह, जगदीशपुर के निवासी थे। सविनय अवज्ञा आंदोलन के दौरान सन् 1932 में छह माह कैद तथा 25 रु. जुर्माना और जुर्माना न देने पर छह सप्ताह कैद की सजा पाई।

श्री नन्दकुमार का जन्म 1895 में दुलारपुर गोंडा में हुआ, उनका निवास स्थान ग्राम मीरापुर निसूरा जगदीशपुर में था। उनके पिता का नाम रामस्वरूप रामसुमेर था। सन् 1914 में मिडिल स्कूल पास करने के बाद महाराजगंज जिला रायबरेली में अध्यापक हुए। 1916 में नॉर्मल पास किये। 16 फरवरी, 1921 को असहयोग आंदोलन में रुचि होने के कारण बर्खास्त हो गये। भारत छोड़ो आंदोलन के दौरान सन् 1943 में एक वर्ष की कैद तथा 500 रु. जुर्माना हुआ।

श्री प्रयाग प्रसाद दुबे पुत्र श्री अयोध्या प्रसाद दुबे, माता श्रीमती रुकमणि देवी, ग्राम पूरेभवानीदीन तिवारी पालपुर, पोस्ट जगदीशपुर के निवासी थे। वह सनातन धर्म कॉलेज कानपुर में बीए के छात्र रहे। सन् 1930 में छात्रावास भवन पर तिरंगा फहराने के कारण उन्हें पढ़ाई छोड़नी पड़ी थी। वाराणसी व रायबरेली जिलों में राष्ट्रीय आंदोलन के प्रचार-प्रसार में लगे रहे। सविनय अवज्ञा आंदोलन के दौरान 6 मार्च, 1932 को कड़ी कैद और 100 रु. का जुर्माना हुआ। उन्हें 100 रु. का जुर्माना ना भरने के कारण डेढ़ माह की अतिरिक्त कारावास सजा काटनी पड़ी। युद्ध विरोधी कार्यों के कारण सन् 1940 में एक वर्ष की कैद और 200 रु. जुर्माना हुआ। जुर्माना न देने के कारण तीन मास की कड़ी कैद की सजा और हो गयी।

भारत छोड़ो आंदोलन के दौरान 15 अगस्त, 1942 को नजरबंद हुए। वे जिला जेल सुलतानपुर से 12 नवंबर, 1942 को नैनी सेंट्रल जेल भेजे गए और वहाँ से फरवरी 1944 को मुक्त हुए। आजादी के बाद इंटर कॉलेज मुसाफिरखाना में प्राध्यापक पद से सेवानिवृत्त हुए। 30 जून, 1959 को अवकाशप्राप्त किया।

श्री फेकरु खान पुत्र श्री आमिर खान, ग्राम एवं थाना बाजार शुक्ल के निवासी थे। असहयोग आंदोलन के दौरान सन् 1921 में 200-200 की दो जमानतें तथा एक वर्ष के लिए 200 का निजी मुचलका मांगा गया था।

श्री बदल पुत्र श्री राम अधीर, ग्राम एवं थाना बाजार शुक्ल के निवासी थे। असहयोग आंदोलन के दौरान सन् 1921 में 200 का निजी मुचलका या एक वर्ष कैद की सजा पाई थी।

श्री बद्री दत्त शुक्ल पुत्र श्री आनंद, जन्म 1897, ग्राम महोना के निवासी थे। सन् 1920 में कांग्रेस के आंदोलनों में सम्मिलित होने के लिए सविनय अवज्ञा आंदोलन के दौरान सन् 1931 में छह माह कैद तथा 50 रु. जुर्माना की सजा पाई। व्यक्तिगत सत्याग्रह आंदोलन के दौरान सन् 1941 में 50 रु. जुर्माने सहित तीन माह कैद की सजा पाई। आजादी के बाद पंचायत मंत्री के पद पर नियुक्त हुए।

श्री भरोसे पुत्र श्री छेदीलाल, ग्राम एवं थाना बाजार शुक्ल के निवासी थे। असहयोग आंदोलन के दौरान सन् 1921 में 200 रु. का निजी मुचलका या एक वर्ष की कैद की सजा पाई।

श्री मंगल पुत्र श्री महावीर, ग्राम–महोना के निवासी थे। सविनय अवज्ञा आंदोलन के दौरान सन् 1932 में 6 मार्च को कैद की सजा पाई थी।

श्री राजकिशोर पुत्र श्री दौलत, ग्राम-मंगरौली, थाना-बाजार शुक्ल के निवासी थे। असहयोग आंदोलन के दौरान सन् 1921 में एक वर्ष के लिए 200-200 रु. की दो जमानतें तथा 200 रु. का निजी मुचलका मांगा गया।

श्री रामअवतार पुत्र श्री शीतल का जन्म सन् 1905 में हुआ था, वे ग्राम एवं पोस्ट-महोना के निवासी थे। सविनय अवज्ञा आंदोलन के दौरान सन् 1932 में छह माह की कैद की सजा पाई थी।

श्री रुद्रपाल मिश्र पुत्र श्री राम अचल का जन्म 26 जनवरी, 1902 को हुआ था, वे ग्राम- बरसंडा, पोस्ट -जगदीशपुर के निवासी थे। व्यक्तिगत सत्याग्रह आंदोलन के दौरान सन् 1940 में एक वर्ष कैद तथा 100 रु. जुर्माना की सजा पाए थे। सन् 1942 के भारत छोड़ो आंदोलन के दौरान दो महीने नजरबंद रहे। आजादी के बाद प्रांतीय रक्षा दल के ऑर्गेनाइजर रहे श्री संत बख्श सिंह पुत्र श्रीराम धर, ग्राम एवं थाना बाजार शुक्ल के निवासी थे। हाँ असहयोग आंदोलन में भाग लेने के कारण सन् 1921 में एक वर्ष के लिए 100-100 रुपये की दो जमानतें तथा 200 रु. का निजी मुचलका देने की सजा हुई।

श्री सुखदेव पुत्र श्री लाल बहादुर, ग्राम-दीना का पुरवा, थाना-जगदीशपुर के निवासी थे। व्यक्तिगत सत्याग्रह आंदोलन के दौरान सन् 1940 में 9 मार्च को कड़ी कैद की सजा पाई थी।

श्री सुन्दर लाल पुत्र श्री भगवान, बाजार शुक्ल के निवासी थे। सविनय अवज्ञा आंदोलन के दौरान सन् 1932 में छह मास की कड़ी कैद की सजा पाई। इन्होंने सत्याग्रहियों के स्वागत और उनके भोजन आदि में अपना सब कुछ लगा दिया था। बाद में दोनों आँखों की ज्योति जाती रही, राज्य की पेंशन पाते थे।

श्री सेवा लाल ग्राम एवं पोस्ट बाजार शुक्लपुर निवासी थे। सविनय अवज्ञा आंदोलन के दौरान सन् 1932 में ढाई वर्ष कैद की सजा पाई।

श्री स्वामी अभयानंद पुत्र श्रीराम नारायण का जन्म सन् 1890 में हुआ था, वे ग्राम खालिस बाहरपुर के निवासी थे। व्यक्तिगत सत्याग्रह आंदोलन के दौरान सन् 1941 में नौ महीने की कड़ी कैद तथा 400 रु. जुर्माना न देने पर तीन माह कैद की अतिरिक्त सजा पाई, पर समय से पहले छोड़ दिए गए। स्वामी निर्भयानंद का जन्म सन् 1890 में हुआ था, वे खालिस बाहरपुर की निवासी थी। व्यक्तिगत सत्याग्रह आंदोलन के दौरान सन् 1941 में एक वर्ष कड़ी कैद की सजा पाई। कुछ दिन बाद छोड़ दिया गया था। वे एक महिला थी किंतु पुरुषोचित वस्त्र पहन कर सार्वजनिक क्षेत्र में काम करती थीं।

श्री राम बहोर तिवारी पुत्र श्रीराम मुदित तिवारी का जन्म 17 अप्रैल, 1921 को हुआ था, वे देवकली पोस्ट–सत्थिन के निवासी थे। उन्हें शिक्षा बहन के यहाँ लखनऊ में मिली, हाईस्कूल पास करके 9 जनवरी, 1941 को आई.ए.एस.सी.आई., जी.एच. में भर्ती हुए और अपनी फौज के साथ सिंगापुर भेज दिए गए। 15 फरवरी, 1942 को जापान सरकार के बंदी हुए और जब आजाद हिंद फौज बनी तो उसमें भर्ती हुए। 25 मई, 1945 को अंग्रेज़ों द्वारा बंदी होकर भारत लाए गए। 20 फरवरी, 1946 को फौज से डिस्चार्ज किए गए।

श्री अल्लाह बख्श खान पुत्र श्री अमीर खान, ग्राम व पोस्ट सत्थिन के निवासी थे, इन्होंने स्वाधीनता संग्राम में भाग लिया।

श्री जमील अहमद खाँ पुत्र श्री अज़ीज़ अहमद, ग्राम देवकली पोस्ट- सत्थिन के निवासी थे, इन्होंने स्वाधीनता संग्राम में भाग लिया।

श्री वजीफ़न विधवा नूर मोहम्मद, ग्राम-बरबंद गढ़, पोस्ट सेन्डरवा के निवासी थे।

श्री आबिद खाँ पुत्र वाजिद खाँ, ग्राम-बदलगढ़ पोस्ट किशनी के निवासी थे।

श्री माताप्रसाद पुत्र संतु, ग्राम-गुडियन का पुरवा, पोस्ट-सेंदुरवा के निवासी थे।

श्री छोट्टन पुत्र श्री बुनियाद हुसैन ग्राम एवं पोस्ट-सत्थिन के निवासी थे।

श्री लखपतिसिंह पुत्र श्री संकटा सिंह जन्म 1900 में हुआ था, वे ग्राम-दखिनवारा, पोस्ट-जगेसरगंज के निवासी थे। उनका जन्म गरीब किसान परिवार में हुआ था, उन्होंने साधारण हिंदी पढ़ने-लिखने की शिक्षा पायी थी। स्वामी नारायण देव की प्रेरणा से सन्

कांग्रेस में आए जो उनके धर्मगुरु भी थे और उन्हें संन्यासी भी बनाया। वे आजीवन ब्रह्मचारी रहे। सविनय अवज्ञा आंदोलन के दौरान सन् 1932 में छह माह की कैद तथा 25 रु. जुर्माना न देने पर छह सप्ताह कैद की सजा पाई। पुनः इसी आंदोलन के दौरान सन् 1933 में पाँच महीने की कैद तथा 50 रु. जुर्माने की सजा पाई। व्यक्तिगत सत्याग्रह आंदोलन के दौरान सन् 1940 में एक वर्ष कैद तथा 100 रु. जुर्माने की सजा पाई और पूरी सजा काटकर वे गाजीपुर जेल से रिहा हुए। भारत छोड़ो आंदोलन के दौरान 15 अगस्त सन् 1942 को वह पकड़े गए। 12 नवंबर, 1942 तक जिला कारावास सुलतानपुर और फिर नैनी सेंट्रल जेल में नजरबंद रहे। 20 नवंबर, 1947 को मुक्त हुए। 15 अगस्त, 1972 को लाल किला में प्रधानमंत्री ने उन्हें ताम्रपत्र देकर सम्मानित किया था।

श्री शंकरदास पुत्र स्वर्गीय श्री महादेव, ग्राम कपासी, पोस्ट राजामऊ थाना जगदीशपुर जनपद अमेठी। शंकरदास स्वतंत्रता संग्राम के दौरान बस यार पर भाग ले रहे थे वह सविनय अवज्ञा आंदोलन में भाग लेते हुए सन् 1932 में छह माह का कारावास तथा 35 रु. जुर्माना की सजा हुई, किंतु जुर्माना न देने के कारण उन्हें छह सप्ताह की अतिरिक्त सजा हुई।

श्री श्याम बहादुर पुत्र स्वर्गीय श्री भगवान दास का जन्म 1910 में ग्राम हर्दों, पोस्ट जायज थाना गौरीगंज, जनपद अमेठी में हुआ था। सन् 1937 में वह कांग्रेस में सम्मिलित हुए। इनके पिता सन् 1932 में इस देश में चल रहे लगान बंदी आंदोलन में जेल गए थे। भारत छोड़ो आंदोलन के दौरान सन् 1942 में छह माह की कड़ी कारावास की सजा पाई। इनको जेल से निकलने के बाद स्वास्थ्य खराब हो गया और टीबी हो गई। इनके पुत्र रामबहादुर को भी टीवी हो गई और वे स्वर्ग सिधार गए।

श्री दत्त तिवारी पुत्र सीना क्षेत्र तिवारी का जन्म सन् 1872 में ग्राम बहादुरपुर पोस्ट जगेशरगंज में हुआ। सम्पन्न परिवार के थे, इन्होंने साधारण शिक्षा प्राप्त की थी। सन् 1937 में कांग्रेस में सम्मिलित हुए और व्यक्तिगत सत्याग्रह आंदोलन के दौरान सन् 1941 में ये गिरफ्तार हो गए। नौ मास की कैद और 25 रु. जुर्माने की सजा पाई। यह भारत छोड़ो आंदोलन के समय में सन् 1942 में 15 माह सरकार द्वारा नजरबंद भी किए गए थे।

श्री सुखदेव पुत्र श्री गणेश का जन्म 1892 में ग्राम बरौलिया पोस्ट मवई थाना गौरीगंज, जनपद अमेठी में हुआ था। सबने अवज्ञा आंदोलन में भाग लेते हुए इस अवसर पर दांडी मार्च से प्रभावित होकर कांग्रेस में सम्मिलित हो गए। उन्होंने स्कूली शिक्षा गठन नहीं की थी किंतु पंडिताई कर्मकांड का ज्ञान प्राप्त किया था। मोटूराम सन् 1932 के आरंभ में इनके गाँव में लगान बंदी आंदोलन के संबंध में सभा का आयोजन किया और इस सभा का सभापतित्व करने के कारण पकड़े गए। दिनांक 19 जनवरी, 1932 को छह

माह की कैद तथा 50 रु. जुर्माने की सजा हुई। इन्होंने अपनी सजा कैंप जेल लखनऊ तथा जिला जेल रायबरेली में सजा काटकर 30 जुलाई, 1932 को रिहा हुए। भारत छोड़ो आंदोलन के समय मुंबई स्टेशन पर पकड़े गए, किंतु बाद में छोड़ दिए गए।

श्री परमसुख मिश्र पुत्र श्री सूरजपाल मिश्रा ग्राम पूरे सदर मिश्र अहद, पोस्ट जगेसरगंज ने इस संग्राम आंदोलन में बढ़-चढ़कर भाग लिया, इनका नाम स्वतंत्रता संग्राम सेनानियों की सूची में दर्ज है।

श्री मथुरा सिंह पुत्र श्री सूरजपाल सिंह ग्राम भीखीपुर पोस्ट मवई ने स्वतंत्रता संग्राम की गतिविधियों में बढ़-चढ़कर भाग लिया और उनका नाम स्वतन्त्रता संग्राम सेनानियों की सूची में दर्ज है।

श्री महेन्द्रपालसिंह पुत्र श्री जगत पाल सिंह का जन्म 12 जनवरी, 1915 में ग्राम व पोस्ट मुंबई में हुआ था। वह अपनी इंटरमीडिएट परीक्षा को पास करने के बाद स्वतन्त्रता संग्राम के कार्यों में जुट गए। प्रसिद्ध स्वतंत्रता संग्राम सेनानी राजा बेनी माधव सिंह इनके पूर्वज थे। वह फौज में भर्ती होकर सिंगापुर भेजे गए, वहाँ पर आजाद हिंद फौज में लेफ्टिनेंट के पद पर रहे और वहाँ सेंट्रल सप्लाई सिंगापुर के ऑफिसर इंचार्ज भी रहे। गोरिल्ला रेजिमेंट मलाया में भी अपनी सेवाएं प्रदान कीं। वे नवंबर 1947 में भारत लाए गए और 14 अप्रैल, 1946 को फौज से डिस्चार्ज कर दिए गए।

श्री उदयभान सिंह पुत्र श्री लक्ष्मण सिंह का जन्म 20 मार्च सन् 1918 में ग्राम व पोस्ट मेहमूद जनपद अमेठी में हुआ था। वह अगने माता-पिता की पहली संतान थे, उनके माता-पिता एक जमींदार थे। सन् 1925 में इनकी शिक्षा आरंभ हुई, सन् 1934 में बरसा फिर खाना मिल स्कूल से इन्होंने मिडिल क्लास पास की थी। पंडित जवाहरलाल के भाषणों पर मुग्ध होकर इन्होंने कांग्रेस की सदस्यता ग्रहण की थी। भोगीराम 5 अप्रैल सन् 1941 को व्यक्तिगत सत्याग्रह तिरहुत बाजार में करने के कारण पुलिस द्वारा गिरफ्तार कर लिये गए और जिला कारावास सुलतानपुर भेज दिए गए थे। 18 अप्रैल, 1941 को मजिस्ट्रेट द्वारा इन्हें नौ माह का कठोर कारावास व 200 रु. का जुर्माना लगाया गया। सन् 1942 के भारत छोड़ो आंदोलन में नजरबंदी का वारंट जारी होते ही एक वर्ष तक फरार रहकर सुलतानपुर से बनारस तक गुप्त रूप से स्वतंत्रता संग्राम का कार्य करते रहे। 46 में मंडल कांग्रेस कमेटी हलियापुर के निरीक्षक हुए। सन् 1949 में पंचायत मंत्री के पद पर नियुक्त हुए और बखूबी अपना दायित्व निभाया। राष्ट्रसेवा में अभिरुचि बचपन काल से ही जागृत होने के कारण अधिक शिक्षा ग्रहण नहीं कर पाए थे। लंबे समय तक स्वतंत्रता संग्राम के कार्यों में सक्रिय रहने के कारण स्वास्थ्य पर भी विपरीत असर पड़ा था। वह सामाजिक जागरूकता और अंधविश्वासों के उन्मूलन के लिए भी अपने क्षेत्र में सक्रिय रहे।

श्री गणेश प्रसाद गुप्ता पुत्र श्री मुनेश्वर गुप्ता का जन्म अमेठी जिला में मुसाफिरखाना तहसील के मेघमऊ गाँव में सन् 1924 में हुआ था। सन् 1939 तक उन्होंने शिक्षा ग्रहण की और उन्हें आर्थिक कठिनाइयों और पारिवारिक परिस्थितियों के कारण पढ़ाई छोड़नी पड़ी थी। कांग्रेस की सभाओं में जाकर उन्हें भाषण सुनने का शौक लग गया था और वे कांग्रेस के चार आने के सदस्य भी बन गए थे। 5 अप्रैल सन् 1941 को हलियापुर में व्यक्तिगत सत्याग्रह किया और फिर 7 अप्रैल को जिला कारागार सुलतानपुर में उन्हें भेज दिया गया। 18 अप्रैल, 1941 को धारा 38(5)डी.आइ.आर.पी. के अंतर्गत नौ माह की कठोर सजा तथा 5 रु. जुर्माने का अर्थदंड हुआ। सन् 1942 के आंदोलन में वह भूमिगत होकर काम करते रहे और लगातार अपनी रचनात्मक भूमिका अदा की।

श्री गिरवर सिंह का जन्म 15 अगस्त, 1904 को एक संभ्रांत क्षत्रिय परिवार में हुआ था। वह ग्राम व पोस्ट डीह तहसील मुसाफिर खाना के निवासी थे। इनके पिता श्री उजागर सिंह अच्छे किसान थे, उन्होंने सन् 1912 से लेकर 1917 तक प्रारंभिक शिक्षा ग्रहण की थी। संयोग से इनका संपर्क महाराज सर्वेश सिंह से हो गया था, जो कि उच्च कोटि के विद्वान थे। वे आज़ादी की लड़ाई के प्रबल समर्थक थे। सन् 1920 से 1926 तक स्वामी सर्वेश जी के संपर्क में रहकर उन्हें उच्च शिक्षा मिली तथा स्वतंत्रता संग्राम में भाग लेने की प्रेरणा भी मिली। सन् 1936 में कांग्रेस के सदस्य बनकर वह राजनीति में आए और सन् 1941 के व्यक्तिगत सत्याग्रह आंदोलन में भाग लेने के कारण नौ माह का कठोर कारावास तथा 500 रु. जुर्माने की सजा हुई। दिनांक 26 जनवरी सन् 1944 को दिल्ली में आंदोलन करते हुए पकड़े गए और उन्हें एक साल कठोर परिश्रम का दंड मिला, जिसे उन्हें फिरोजपुर पंजाब की जेल में काटना पड़ा।

श्री वंश गोपाल दुबे का जन्म दिनांक 13 फरवरी, 1913 को ग्राम व पोस्ट पिपरी तहसील मुसाफिरखाना में हुआ था। इनके पिता श्री रामचरित दुबे और माता श्रीमती पार्वती देवी धार्मिक व सात्विक विचारों को मानने वाले लोग थे। इनकी शिक्षा मिडिल क्लास तक ही हो सकी थी। वे सर्वप्रथम 1938 में कांग्रेसी सदस्य बने थे। सन् 1941 में दो बार थौरी तथा अढ़नपुर गाँवों में व्यक्तिगत सत्याग्रह करने के कारण गिरफ्तार हुए। सन् 1942 के जन आंदोलन मैं दिनांक 16 अगस्त, 1942 को गिरफ्तार हुए और 15 अक्तूबर, 1942 तक हवालात में रहे। 16 अक्तूबर, 1942 को 6 महीने की कठोर सजा मिली। जिसे पूरा करने के बाद वे 5 अप्रैल, 1943 को जिला कारागार सुलतानपुर से रिहा हुए। दुबेजी स्पष्टवादी थे, वे कहीं पर भी अत्याचार और अनाचार को देखकर उग्र हो जाया करते थे। जेल में रहते हुए भी यदि उन्हें कहीं थोड़ी सी भी कमी दिखाई देती थी, तो वे उसका प्रतिवाद करते थे। अपने साथियों के सहयोग के लिए वे सदा तत्पर रहते थे।

श्री राम सुमिरन का जन्म सन् 1915 में ग्राम एवं पोस्ट पिपरी में हुआ था। उनके पिता का नाम श्री शोभनाथ था। वे भारत छोड़ो आंदोलन के दौरान स्वाधीनता संग्राम में भाग लेते हुए गिरफ्तार हो गए और उन्हें सन् 1942 में छह माह की सजा हुई।

श्री रामदास मौर्य पुत्र श्री भागीरथी का जन्म 30 अप्रैल, 1912 को ग्राम व पोस्ट मेघमऊ तहसील मुसाफिरखाना में हुआ था। बचपन में ही इनके माता-पिता का देहांत हो गया था। आर्थिक स्थिति खराब होने के कारण वे शिक्षा ग्रहण नहीं कर सके, खेती कार्य ही करते रहे। 24 वर्ष की आयु में कांग्रेस की सभाओं में सम्मिलित होने के कारण देश के प्रति अनुराग जागृत हुआ। 4 अप्रैल, 1941 को व्यक्तिगत सत्याग्रह में भाग लेने के कारण गिरफ्तार हुए और 8 अप्रैल, 1941 को धारा 38 (4) डी.आइ.आर. के अंतर्गत नौ माह का कठोर कारावास तथा 200 रु. का जुर्माना हुआ।

श्री रामबदल तिवारी पुत्र श्री भवानी प्रसाद तिवारी निवासी ग्राम व पोस्ट पिपरी जनपद अमेठी के रहने वाले थे। स्वाधीनता संग्राम के दौरान उन्होंने भारत छोड़ो आंदोलन में भाग लिया था। इन्हें 6 अक्तूबर, 1942 को छह माह की कारावास की सजा हुई थी।

श्री रामशब्द सिंह का जन्म 3 फरवरी, 1912 को मुसाफिर, खाना तहसील के डेहरियावां गाँव में हुआ था। इनके पिता श्रीबाबूसिंह सेना के अवकाश प्राप्त हवलदार थे और सरकार से पेंशन भी पाते थे। सन् 1927 में उन्होंने उर्दू विषय से मिडिल पास की। आर्थिक स्थिति अच्छी न होने के कारण नौकरी करने के लिए विवश हो गए, किंतु ब्रिटिश फौज की नौकरी को अस्वीकार कर दिया। उन्होंने कराची में जाकर व्यक्तिगत नौकरी कर ली, किंतु सन् 1930 में घर वापस लौट आए। समाज में व्याप्त अंधविश्वास को देखकर विचलित हो उठे, इसी बीच सत्यार्थ प्रकाश को देखने का और अध्ययन करने का उन्हें अवसर मिला। इस अध्ययन की प्रेरणा से वे आर्य समाज के समर्थक बन गए और बाद में उनका झुकाव कांग्रेस की ओर हो गया, वे सन् 1930 में कांग्रेस के सदस्य बने।

सन् 1937 के असेंबली चुनाव में स्वर्गीय बाबू सुंदर लाल गुप्त जो कांग्रेस टिकट से खड़े थे उन्हें जिताने के लिए उन्होंने पूरा सहयोग दिया। सन् 1941 के व्यक्तिगत सत्याग्रह आंदोलन में 7 महीने तब जेल में भी रहे। सन् 1942 के आंदोलन में वे भूमिगत हो गए जिसके कारण उन्हें अनेक कष्ट सहने पड़े। आजादी के बाद सन् 1949 में पंचायती राज़ मंत्री के पद पर उनकी नियुक्ति हुई। बाद में वे राजनीति से दूर हो गए और धर्म प्रचार व मानव सेवा के कार्यों में लीन रहे।

श्री संत बख्श सिंह का जन्म 1921 में मुसाफिरखाना तहसील के हलियापुर ग्राम में हुआ था। इनके पिता रामरतन सिंह साधारण किसान थे। आर्थिक स्थिति अच्छी न होने के कारण अधिक पढ़-लिख न सके। साधारण शिक्षा प्राप्त कर पिता के साथ किसानी कार्यों में लग गए। सन् 1937 में असेंबली के चुनाव हुए, उसमें वह कांग्रेसी उम्मीदवार बाबूलाल सुंदर गुप्त के चुनाव प्रचार-प्रसार में जुट गए। इस कार्य में उनका मन लग

गया और वे कांग्रेस के सदस्य बन गए। सन् 1941 मैं व्यक्तिगत सत्याग्रह करने के परिणामस्वरूप 16 अप्रैल, 1941 को नौ महीने का कठोर कारावास और 500 रु. की सजा हुई। उन्हें कैंप जेल की कठोर सजा के उपरान्त जिला जेल लखनऊ भेजा गया। वे लगभग 11 महीने की कठोर कारावास की सजा भुगतने के बाद 22 फरवरी सन् 1942 को रिहा हुए। सन् 1942 में फिर फरार हो गए और काफी दिनों बाद घर वापिस आये। उन्होंने अपना जीवन बहुत सादगी के साथ व्यतीत किया, इसीलिए उनके साथी उन्हें गाँधी भी कहते थे।

श्री समरजीत सिंह पुत्र श्री अमर नारायण सिंह ग्राम मेघमऊ जनपद अमेठी के रहने वाले थे। आजादी की लड़ाई में उन्होंने व्यक्तिगत सत्याग्रह आंदोलन में भाग लिया। आंदोलन में भाग लेने के कारण उन्हें सन् 1941 में नौ महीने की कैद तथा 200 रु. जुर्माने का अर्थदंड दिया गया।

श्री अशरफ खाँ के पिता का नाम श्री मुनीर खान था, वे ग्राम एवं पोस्ट पिपरी के रहने वाले थे। वे पढ़-लिख नहीं सकते थे। 15 अप्रैल, 1941 को फौज में भारती हुए और 17 अगस्त, 1941 को मलाया भेज दिए गए। सन् 1942 में आजाद हिंद फौज में भर्ती होकर बर्मा फ्रंट पर रहे। सन् 1945 में उन्हें अंग्रेजों ने पकड़ लिया और जिगर गच्चा कैम्प में ले गए। उन्हें वापस लखनऊ लाया गया और 10 मार्च, 1946 को डिस्चार्ज कर दिया गया।

श्री जालपा प्रसाद उपाध्याय पुत्र श्री रामाधार उपाध्याय का जन्म सितंबर 1921 में हुआ था, ये ग्राम व पोस्ट मेघमऊ के निवासी थे। घर की आर्थिक स्थिति अच्छी नहीं थी, मात्र 18 वर्ष की आयु में 4 सितंबर, 1940 को आई ए एम सी में भर्ती हुए और कुछ महीने बाद मलाया भेज दिया गया। 17 अगस्त, 1941 से 14 फरवरी, 1942 तक मलाया में ही रहे, उसके बाद सिंगापुर में नेता जी का भाषण सुन आजाद हिंद फौज में भर्ती हो गए। आजाद हिंद फौज में इनकी पोस्टिंग आईजीएच गोरिल्ला रेजिमेंट में हुई। उसके बाद यह लगातार नेता जी के नेतृत्व में देश की आजादी हेतु संघर्ष करते रहे। सन् 1945 में गिरफ्तार होकर हिंदुस्तान लाए गए और सन् 1946 में डिस्चार्ज होकर अपने घर आए।

श्री रामप्रताप सिंह पुत्र श्री नरपत सिंह ग्राम व पोस्ट जरई कला, मुसाफिरखाना के निवासी थे। 25 मई, 1929 को फौज में भर्ती हुए और सन् 1940 में हांगकांग भेज दिए गए। वहाँ पर फरवरी 1942 में वे आजाद हिंद फौज में भर्ती हो गए। सन् 1945 में हांगकांग में ही अंग्रेजों द्वारा वे पकड़ लिए गए और मद्रास लाये गए। कुछ दिनों बाद वे जिगर गछा कैम्प में रखे गए। उसके बाद उन्हें फतेहगढ़ डिपो में लाकर फौज से डिस्चार्ज कर दिया गया।

श्री सत्यनारायण पांडेय पुत्र श्री रतिपाल पांडेय ग्राम व पोस्ट मेघमऊ के निवासी थे, इनका जन्म 28 मार्च, 1915 को हुआ था। घर में आर्थिक तंगी के चलते स्कूली शिक्षा

ग्रहण नहीं कर पाए थे, इनके चाचा श्री सूरजपाल पांडेय ने इनको हिंदी का साधारण ज्ञान घर पर ही दिया। आर्थिक तंगी के चलते 27 जुलाई, 1933 को घर छोड़कर सिंगापुर चले गए और वहाँ पर एक निजी नौकरी करने लगे। 1 अक्तूबर, 1939 को बोटेनिकल गार्डन सिंगापुर में वॉचमैन का काम मिल गया। वहाँ पर उन्हें रेडियो व समाचार-पत्रों से नेताजी सुभाष चंद्र बोस के भाषण सुनने व पढ़ने का अवसर मिला, जिससे उनमें देशभक्ति का भाव जागृत हो उठा। सन् 1944 में सिंगापुर स्थित आजाद हिंद फौज के दफ्तर जाकर इंडिपेंडेंस लीग का सदस्य और उनके स्वयंसेवक बन गए। उनको अपनी आमदनी से खर्च के बाद जो भी बचता था वह आज़ादी के लिए दान कर दिया करते थे। उन्होंने $101 अपनी ओर से फंड में जमा भी कराए। सन् 1945 में जब जापान ने हथियार डाल दिया और अंग्रेज पुनः आए तो नौकरी से निकाल दिया, इसके बाद वह वापस अपने घर आ गए।

श्री उदय देवी पुत्री श्री सूरज बली सिंह ग्राम कोछिल, पोस्ट थौरी की निवासी थीं। उन्होंने स्वतंत्रता संग्राम आंदोलन में बढ़-चढ़कर भाग लिया और सविनय अवज्ञा आंदोलन में भाग लेने के लिए उन्हें सन् 1933 में 6 माह की सजा दी गई थीं।

श्री छेदी प्रसाद पुत्र श्रीराम उदित शुक्ल ग्राम भीखीपुर पोस्ट पिंडारा के निवासी थे। इन्हें व्यक्तिगत सत्याग्रह आंदोलन में सहभागी होने के कारण सन् 1941 मैं 3 मास कड़ी कैद की सजा दी गई थी।

श्री झूरी सिंह पुत्र श्री अधीर सिंह ग्राम बहुती मुसाफिरखाना के निवासी थे। स्वतन्त्रता संग्राम के समय असहयोग आंदोलन ने भाग लेने पर सन् 1921 में 100 रु. जुर्माना तथा एक महीना कड़ी कैद की सजा दी गई थी।

श्री दिलावर खान पुत्र श्री गुर्जर खान ग्राम मनौली, मुसाफिरखाना के निवासी थे। उन्होंने स्वाधीनता संग्राम के समय असहयोग आंदोलन में भाग लिया। उन्हें सन् 1921 में एक वर्ष की कड़ी कैद और 100 रु. जुर्माने की सजा दी गई।

श्री बजरंगलाल पुत्र श्री सूर्य प्यार का जन्म सन् 1905 में ग्राम कोछित व पोस्ट थौरी, साधारण कायस्थ परिवार में हुआ था। सन् 1930 में वे कांग्रेस के सदस्य बने और बाबू सुन्दरलाल को अपना गुरु बनाया। स्वतन्त्रता संग्राम व विभिन्न आंदोलनों में लगातार सक्रिय रहे और सन् 1932, 1933, 1941 और 1942 में जेल गए। इस संबंध में उन्हें एक वर्ष नौ महीने की कैद और कुल मिलाकर 500 रु. का अर्थदंड हुआ था। वे आजीवन अविवाहित रहे, बाद में उन्हें अधरंग हो गया था और वे शारीरिक रूप से असमर्थ हो गए थे। घर में कोई देखभाल करने वाला नहीं था, ऐसी स्थिति में वे जिला कांग्रेस कमेटी में ही रहा करते थे।

श्री बद्री प्रसाद पुत्र श्री चंद्र सिंह ग्राम दादरा के निवासी थे, वह एक अच्छे जमींदार थे। वे स्वतंत्रता संग्राम सेनानी बाबू गनपत सहाय की प्रेरणा से कांग्रेस में आए थे। वे हिंदी

तथा संस्कृत के विद्वान थे। उन्होंने व्यक्तिगत सत्याग्रह आंदोलन के दौरान सन् 1941 में नौ महीने कैद तथा 100 रु. जुर्माना की सजा पाई थी, किंतु वे जल्द रिहा हो गए थे। भारत छोड़ो आंदोलन के दौरान उन्होंने सन् 1942 में एक वर्ष की सजा भी काटी थी।

श्री राजा राम पुत्र श्री शिवराज ग्राम अनखरी, पोस्ट गौरा कटारी, मुसाफिरखाना के निवासी थे। वे व्यक्तिगत सत्याग्रह आंदोलन के दौरान पकड़े गए और उन्हें नौ महीने कैद की सजा हुई। वे एक महीने बाद छूट गए थे।

श्री रामपाल सिंह पुत्र श्री इन्द्रपाल सिंह ग्राम मुन्नोर, मुसाफिरखाना के निवासी थे। वे एक अच्छे जमींदार परिवार से आते थे। वह पढ़े-लिखे तो अधिक नहीं थे, किंतु जिज्ञासु थे। उन्हें किसी प्रकार का व्यसन नहीं था। अखबार पढ़ते-पढ़ते उन्हें राष्ट्र के प्रति प्रेम जागृत हो गया और वे स्वतंत्रता संग्राम में कूद पड़े। उन्हें भारत छोड़ो आंदोलन में भाग लेते समय गिरफ़्तार कर लिया गया। उन्हें सन् 1942 में एक वर्ष कैद और 50 रु. जुर्माने की सजा सुनाई गई थी।

श्री रामबहादुर सिंह पुत्र श्री बादल सिंह ग्राम व पोस्ट पिंडारा, मुसाफिरखाना के निवासी थे। उन्होंने भारत छोड़ो आंदोलन में भाग लिया, जिसके कारण इन्हें सन् 1942 में छह महीने कैद की सजा सुनाई गई थी।

श्री रामबक्स सिंह पुत्र श्री ओंकार सिंह का जन्म सन् 1890 में ग्राम व पोस्ट थौरी में हुआ था। इनके पिता एक छोटे जमींदार थे। वे मिडिल क्लास तक शिक्षा ग्रहण करके एक स्कूल में अध्यापक हो गए थे। सन् 1920 में कांग्रेस में सम्मिलित हो गए और अध्यापक पद से त्यागपत्र दे दिया था। घर के अकेले ही थे और जीवनभर देश की सेवा करते रहे। भारत छोड़ो आंदोलन में 9 अगस्त, 1942 से लेकर 30 सितंबर, 1942 तक नजरबंद रहे।

श्री शिवनाथ यादव पुत्र श्री नकछेद ग्राम पलिया चंदापुर, मुसाफिरखाना के निवासी थे। इनका जन्म एक निर्धन किसान के घर में हुआ था और ये पढ़लिख नहीं पाए थे। सन् 1937 में कांग्रेस के सदस्य बने और स्वतन्त्रता संग्राम के सहभागी बने। उन्होंने व्यक्तिगत सत्याग्रह आंदोलन के दौरान सन् 1941 में नौ महीने कैद और 400 रु. जुर्माने की सजा पाई थी।

श्री सतन राम मौर्य पुत्र श्री गंगा का जन्म 6 अगस्त, 1922 ग्राम बेसारा पश्चिम, पोस्ट मुसाफिरखाना में हुआ था। इनका जन्म साधारण गरीब किसान के घर में हुआ था, उन्होंने चार तक पिंडारा प्राइमरी पाठशाला से शिक्षा ग्रहण की थी। सन् 1937 में 15 वर्ष की आयु में कांग्रेस के सदस्य बने, उस समय जिम्मेदार ने इनका सारा खेत ले लिया और जानवरों को भी बंद कर दिया था। इनमें माँ नौकरी करने लगी थी स्वयं भी हलवाही अर्थात खेतों में बैल जोतने का कार्य करने लगे थे। इन्हीं परिस्थितियों में भी

राष्ट्र भावना में कहीं कमी नहीं हुई, उन्होंने व्यक्तिगत सत्याग्रह आंदोलन के दौरान 3 अप्रैल, 1941 को नौ महीने की कैद तथा 200 रु. जुर्माने की सजा पाई थी। पैसा न होने के कारण जुर्माना सम्पत्ति को कुर्की करके वसूला गया था। दिनांक 29 अगस्त, 1941 में वे जेल से रिहा हुए। वे पुनः फिर आंदोलनों में सक्रिय हो गए और भारत छोड़ो आंदोलन के दौरान 9 अगस्त, 1943 को पूना सत्याग्रह में सम्मिलित होने के कारण कई बार पकड़े गए और छोड़े गए। हर बार वे पूरी सजा काटकर ही मुक्त हुए।

श्री हनुमत तिवारी पुत्र श्रीराम नारायण तिवारी राजन 1 जनवरी, 1913 ग्राम दादरा में हुआ था। वह एक शिक्षित व्यक्ति थे, उन्होंने सन् 1930 में कांग्रेस की सदस्यता ग्रहण की और स्वतन्त्रता संग्राम के आंदोलनों में सहभागी बन गए। प्रथम बार वे सन् 1932 में पकड़े गए, किंतु छोड़ दिए गए थे। उन्होंने आंदोलनों में भाग लेना जारी रखा, जिसके कारण वह भारत छोड़ो आंदोलन में भाग लेने के कारण सन् 1942 में गिरफ्तार हो गए, उन्हें एक वर्ष कैद और 50 रु. जुर्माने की सजा हुई।

श्री अज़मत उल्लाह पुत्र श्री सुकुर उल्लाह खाँ का जन्म दिनांक 19 अगस्त, 1913 को ग्राम व पोस्ट रसूलाबाद, मुसाफिरखाना में हुआ था। इनके पिता फौज में नायब सूबेदार थे। इन्होंने अपनी प्राथमिक शिक्षा गाँव के स्कूल से शहर की उसके बाद की शिक्षा मधुसूदन विद्यालय में प्राप्त की। 1 नवंबर सन् 1939 को गुरुजी होने के कारण फौज में भर्ती हो गए और उनकी नियुक्ति रावलपिंडी में हुई। सन् 1941 में बीसीजीएच अस्पताल के साथ मद्रारा होते हुए सिंगापुर भेज दिए गए। इसके उपरान्त फिर तेरा आईजीएच में बदल दिए गए। 15 फरवरी, 1942 को किले गए मैदान में रासबिहारी बोस का भाषण सुनकर आजाद हिंद फौज में भर्ती हो गए। पहले थर्ड कैपिलरी विद्याधारी कैम्प हॉस्पिटल में रहे, उसके बाद तीन नंबर गोरिल्ला रेजिमेंट आजाद ब्रिगेट गें तैनात हुए और काफी समय तक समुद्री तथा भूमि की यात्रा के बाद रंगून के निकट पिंगला डॉ. में अपनी फौज के साथ ठहरे। यहाँ पर इसी प्रकार के तमाम ब्रिगेड ये लोग एकत्रित थे। वहाँ पर बहादुरशाह जफर की कब्र पर नेता जी ने सबके साथ सलामी दी और सब ब्रिगेड एक हर करो फ्रंट लाइन पर लग गए। घुसने में असफल होकर फौज के साथ वापस लौटे। उन्होंने बताया था ही खाने में घास और पत्तियाँ मिलती थीं। बहुत दिनों तक भटकने के बाद अंग्रेजों ने उन्हें पकड़कर कैद कर लिया और हवाई जहाज से चटगाँव लाए गए। वहाँ से जिगर गुच्छा कैंप में 15 अगस्त, 1945 को स्थानांतरित किया गया। इसी क्रम में 16 अगस्त, 1945 से 14 फरवरी, 1946 तक विभिन्न जेलों में रखा। उसके बाद अंत में 14 फरवरी, 1946 को फौज से डिस्चार्ज कर दिया गया, लेकिन इसके साथ ही 15 फरवरी, 1942 से 16 फरवरी, 1945 तक का सारा वेतन और भत्ता जब्त कर लिया गया।

श्रीमती गंगादेवी पत्नी श्री बुद्धराम ग्राम लोक राय का पुरवा, पोस्ट मुसाफिरखाना

की निवासी थी। इनके पति श्री बुद्ध राम पुत्र श्रीतिलक आजाद हिंद फौज में नर्सिंग सिपाही थे। 23 अप्रैल, 1945 को अंग्रेजों द्वारा कैद करके भारत लाए गए थे।

श्री बृजमोहन सिंह पुत्र श्री जगदत्त सिंह का जन्म 8 अगस्त सन् 1908 को ग्राम व पोस्ट गाजनपुर दुवरिया में हुआ था। उन्होंने कक्षा पाँच तक की शिक्षा पाई थी, उसके बाद वे 18 वर्ष की आयु में फौज में भर्ती हो गए थे। सन् 1942 में आजाद हिंद फौज में भर्ती हुए। सन् 1945 में अंग्रेजों द्वारा पकड़कर उन्हें भारत लाया गया और सन् 1946 में फ़ौज से डिस्चार्ज हो गए।

श्रीमती लक्ष्मीना पत्नी श्री राम बली ग्राम व पोस्ट मुसाफिरखाना की निवासी थी। इनके पति भूतपूर्व आजाद हिंद फौज के सैनिक थे।

श्री शिवदत्त सिंह पुत्र श्री भुल्लू सिंह का जन्म सन् 1910 में हुआ। वे ग्राम नवादा के निवासी थे। सन् 1942 में आजाद हिंद फौज में भर्ती हुए और 1945 में कैद कर लिए गए थे। उन्हें सन् 1946 में भारत लाकर फौज से डिस्चार्ज कर दिया गया था।

श्री मोहम्मद यार खान पुत्र श्री अली रजा खान ग्राम पलिया पोस्ट मुसाफिरखाना के निवासी थे। यह भी भूतपूर्व आजाद हिंद फौज के सैनिक थे।

श्री संगठा सिंह पुत्र श्री महादेव सिंह ग्राम नेवादा के निवासी थे, इनका जन्म एक साधारण परिवार में हुआ था। ये 25 जनवरी, 1931 को फौज में भर्ती हुए। उसके उपरांत सन् 1942 में फरवरी के महीने में आजाद हिंद फौज में भर्ती हो गए। हांगकांग में रिइनफोर्समेंट यूनिट में कार्यरत रहे, सन् उन्नीस सौ 43 पर वहीं पर इनकी सगे भाई श्री लल्लू सिंह, आजाद हिंद फौज के सिपाही थे वे शहीद हो गए थे। 1945 में अंग्रेजों द्व ारा इन्हें भी गिरफ्तार कर लिया गया और मद्रास होकर जिगर गच्छा कैंप में लाया गया। दिनांक 16 मार्च सन् 1946 को उन्हें फतेहगढ़ से डिस्चार्ज कर दिया गया।

श्री हबीब खान पुत्र श्री अहमद खान ग्राम व पोस्ट नारा अढनपुर के निवासी थे। अभी भूतपूर्व आजाद हिंद फौज के सिपाही थे।

श्री सीता सरन पुत्र श्री सुखनंदन ग्राम व पोस्ट दादरा के निवासी थे। इन्होंने व्यक्तिगत सत्याग्रह आंदोलन में भाग लेते हुए सन् 1941 में 6 महीने की कैद की सजा पाई थी। 46 में ये फौज से डिस्चार्ज हो गए।

श्री राम मनोहर सिंह पुत्र श्री राज़ बख्श सिंह ग्राम भैदपुर, पोस्ट गाजनपुर दुआरिया के निवासी थे। ये आजाद हिंद फौज में अपनी सेवाएं दे चुके थे और आजाद हिंद फौज के भूतपूर्व सैनिक थे।

श्री बद्री नारायण पुत्र श्री महावीर ग्राम भरथीपुर, थाना रायपुर अमेठी के निवासी थे। इनका जन्म एक साधारण परिवार में हुआ था और अधिक शिक्षा ग्रहण नहीं कर पाए थे। अमेठी रियासत में नौकरी करते थे। सन् 1930 में कांग्रेस की सदस्यता ग्रहण की और आज़ादी के अनेक आंदोलनों में सक्रिय सहभागिता करने लगे। सन् 1931 में

लगान बंदी आंदोलन में भाग लेने के कारण उन्हें छह माह कठोर कारावास की सजा हुई। सन् 1932 में सविनय अवज्ञा आंदोलन में भाग लेने के लिए फिर छह मास कठोर कारावास का दंड मिला। देश आंदोलनों में भाग लेने के लिए कांग्रेस से जुड़े और उन्होंने संन्यासी वेश धारण कर लिया, साथ ही अपना नाम स्वामी नारायण देव रख लिया। उनके आचरण व उनकी वेशभूषा के कारण उनके अनेक राजनीतिक शिष्य भी बनने लगे, उनके प्रभाव से चंद्रावली तिवारी, स्वामी लखपतदास उर्फ़ प्रागानंद आदि संन्यासी रूप धारण कर देश सेवा में लग गए थे। उन्होंने जीवनभर बड़े परिश्रम से देश की सेवा की और पूरे जिले में सक्रिय रहे।

श्री बैजनाथ सिंह पुत्र श्री जगत पाल सिंह ग्राम कोरारी, तहसील अमेठी के निवासी थे। आपके पिता जमींदार थे और घर पर ही हिंदी, उर्दू और अंग्रेजी का ज्ञान प्राप्त किया था। बचपन से ही राष्ट्रभक्ति के कार्यों में मन लगता था। उन्होंने जेल यात्रा के बाद हाई स्कूल, इंटर और विशारद की परीक्षाएं पास की थीं। सन् 1939 में थाना बल्दीराय में बगावत नाम की नज्म पढ़ने के कारण छह महीने की सजा पाई थी। दिनांक 1 अप्रैल, 1941 को व्यक्तिगत सत्याग्रह आंदोलन में भाग लेने के कारण नौ महीने की कैद और 400 रु. जुर्माने की सजा पाई थी, जिसके विरुद्ध उन्होंने अपील की और छूट गए थे। सन् 1942 में आंदोलन में भाग लेने के कारण छह माह की कड़ी कैद की सजा हुई थी।

श्री रामदुलारे द्विवेदी पुत्र श्रीरामशरण द्विवेदी का जन्म सन् 1910 में ग्राम खेरौना पोस्ट कमेटी में हुआ था। प्रारंभिक शिक्षा गाँव में प्राप्त की और फिर अमेठी से मिडिल पास कर लाहौर चले गए। उन्होंने लाहौर से हाई स्कूल तक की शिक्षा प्राप्त की। वे देश की आज़ादी के आंदोलनों में सक्रिय हो गए और उन्होंने व्यक्तिगत सत्याग्रह का आंदोलन में भाग लिया जिसके कारण उन्हें सन् 1941 में नौ महीने की कैद साथ ही 50 रु. जुर्माने की सजा हुई। इसके बाद भारत छोड़ो आंदोलन में भाग लेने के कारण सन् 1942 में छह महीने की कैद तथा छह महीने नजरबंद रहे।

श्री राम सुचित पुत्र श्री राम दयाल का जन्म सन् 1900 में हुआ था, वे रणवीर नगर, पोस्ट अमेठी के निवासी थे। सन् 1935 में वे प्रतापगढ़ से रणवीर नगर आए और यहीं पर कांग्रेस के आंदोलनों में सक्रिय हो गए। व्यक्तिगत सत्याग्रह आंदोलन में भाग लेने के कारण उन्हें सन् 1941 में नौ महीने की कैद तथा 200 रु. जुर्माने की सजा हुई थी, वे 15 फरवरी, 1942 को जेल से रिहा हुए थे।

श्री राम लाल पुत्र श्री राम प्रसाद का जन्म सन् 1915 में हुआ था, वे जंगल राम नगर, पोस्ट अमेठी के निवासी थे। उन्होंने कक्षा चार तक की शिक्षा ग्रहण की थी, उन्होंने अमेठी रियासत से कुछ भूमि पट्टे पर लेकर सन् 1935 में जंगल रामनगर में बस गए थे। सन् 1940 में व्यक्तिगत सत्याग्रह आंदोलन के दौरान उन्हें नौ महीने की कैद तथा 100 रु. का जुर्माना हुआ था।

श्री राम बहोर पुत्र श्री शिवनंदन अहीर ग्राम कोहरा थाना रायपुर अमेठी के निवासी थे। उन्हें सन् 1932 में सविनय अवज्ञा आन्दोलन में भाग लेने के कारण छह माह की कैद और 50 रु. जुर्माने की सजा हुई थी।

श्री रामेश्वर सिंह पुत्र श्री विजय बहादुर सिंह ग्राम रामदैपूर तहसील अमेठी के निवासी थे। इनका जन्म एक संपन्न व बड़े किसान परिवार में हुआ था। इन्होंने गाँव से साधारण शिक्षा ग्रहण की थी। इनके बड़े भाई श्रीवेंकटेश्वर सिंह भी इनके साथ कांग्रेस आंदोलनों में सम्मिलित हुए। इन्होंने व्यक्तिगत सत्याग्रह आंदोलन में नाटकीय ढंग से रामनगर में सत्याग्रह किया। पुलिस इनकी तलाश में पहले से ही थी, इसीलिए वे छिपकर आये थे। पुलिस ने इन्हें गिरफ्तार कर लिया और सन् 1941 में नौ महीने की कैद तथा 50 रु. जुर्माने की सजा हुई। सन् 1942 में इनका साथ क्रांतिकारियों से हो गया और बबुरीटोला गोलीकांड में भी रहे और जेल भी गए। इनके भाई वेंकटेश्वर सिंह फरार रहे और बड़े-बड़े शहरों में क्रांति का बिगुल बजाते रहे, उनका फरारी का नाम डॉक्टर था।

श्री शिवराम अग्निहोत्री पुत्र श्री दाताराम ग्राम जद्दूपुर थाना रायपुर के निवासी थे। उन्होंने असहयोग आंदोलन में भाग लेने के कारण सन् 1921 में छह महीने की कड़ी कैद की सजा पाई थी। बाहर आने के बाद वह पुनः फिर आंदोलन में जुट गए और सन् 1922 में दोबारा उन्हें एक वर्ष की कैद की सजा सुनाई गई।

श्री बद्री पाल मिश्र पुत्र श्री वासुदेव मिश्र ग्राम जंगल टिहरी, पोस्ट अमेठी के निवासी थे। उन्होंने सन् 1923 में हिंदी-उर्दू मिडिल क्लास पास की थी, संस्कृत व अंग्रेजी वे घर पर ही सीखे थे। स्वामी नारायण देव के संपर्क में आने के बाद आज़ादी के आंदोलनों में सम्मिलित हुए। दिनाँक 8 अगस्त, 1942 को आंदोलन में भाग लेने के कारण गिरफ्तार हो गए और सात माह की सजा काटने के बाद मुक्त हुए। सन् 1949 में वे पंचायतमंत्री बने।

श्री मोहम्मद इशहाक पुत्र श्री याद अली, मोहल्ला गंगा गंज, घोसीटोला पोस्ट अमेठी के निवासी थे। इनके पिता रंगून में नौकरी करते थे, जिसके कारण वे 8 साल की आयु में वहाँ चले गए और कक्षा आठ तक रंगून में ही पढ़े। इसी काल में जापानियों ने बर्मा पर विजय प्राप्त कर ली थी। नेता जी का भाषण सुन कर आजाद हिंद फौज में भर्ती हुए और फील्ड प्रोपोगंडा यूनिट में काम करने लगे। सन् 1945 तक फील्ड पर रहे उसके बाद नेता जी के आदेशानुसार हथियार डाल दिये और गिरफ्तार हो गए। सन् 1946 की 1 मार्च को कलकत्ता लाए गए और फिर वहाँ से उन्हें अपने घर भेज दिया गया। 11 मार्च, 1947 को पुलिस में भर्ती हुए और अपनी सेवाएँ अंत तक देते रहे।

श्री केदारनाथ पुत्र श्रीराम पाल ग्राम सोनारी थाना पीपरपुर के निवासी थे। इन्हें सभी को अवज्ञा आंदोलन में भाग लेने के कारण सन् 1932 में 25 रु. जुर्माना तथा चार महीने की कड़ी कैद की सजा हुई थी।

श्री चंद्रवली सिंह पुत्र श्री शुभकरण सिंह का जन्म 1892 में हुआ था, वह ग्राम व पोस्ट त्रिशुंडी, अमेठी के निवासी थे। बाबू सुंदर लाल गुप्ता की प्रेरणा से कांग्रेस के आंदोलनों में भाग लेने लग गए और व्यक्तिगत सत्याग्रह आंदोलन में भाग लेने के कारण सन् 1941 में चार माह की कैद तथा 200 रु. जुर्माने की सजा हुई। इसी प्रकार भारत छोड़ो आंदोलन के दौरान सन् 1942 में एक वर्ष की कैद की सजा हुई, वह बहुत निर्भीक आंदोलनकारी थे।

श्री जोखू पुत्र श्री बिन्दा मुराई, ग्राम त्रिसुंडी, अमेठी के निवासी थे। उन्होंने व्यक्तिगत सत्याग्रह आंदोलन के दौरान सक्रिय भूमिका निभाई, जिसके कारण इन्हें सन् 1941 में नौ महीने की कैद और 20 रु. की सजा हुई। इन्हें छह माह की कैद के बाद छोड़ दिया गया।

श्री जोधन पुत्र श्री बशीर, ग्राम दौलतपुर, थाना पीपरपुर के निवासी थे। असहयोग आंदोलन के दौरान इन्होंने सन् 1921 में 100-100 रुपये की दो जमानतें तथा एक वर्ष के लिए 200 रु. का निजी मुचलका मांगा गया था।

श्री प्रसाद पुत्र श्री वासु ग्राम पीपरपुर के निवासी थे। इन्होंने असहयोग आंदोलन में बढ़-चढ़कर भाग लिया, जिसके कारण सन् 1921 में 50-50 रु. की दो जमानत तथा एक वर्ष के लिए 1000 रु. निजी मुचलका मांगा गया।

श्री बड़े लाल पुत्र श्रीराम पदार्थ पांडेय ग्राम दुर्गापुर, अमेठी के निवासी थे। इन्होंने सविनय अवज्ञा आंदोलन के दौरान सक्रिय भाग लिया, जिसके कारण इन्हें सन् 1931 में दो महीने की कैद की सजा हुई।

श्री भगवानदास पुत्र श्री देवीदीन दास, ग्राम रायपुर, थाना पीपरपुर के निवासी थे। इन्हें असहयोग आंदोलन में भाग लेने के कारण सन् 1921 में एक वर्ष की कैद तथा 50 रु. का जुर्माना हुआ। जुर्माना न अदा कर पाने के कारण इन्हें छह महीने की अतिरिक्त सजा काटनी पड़ी।

श्री मोहम्मद नबी पुत्र श्री अब्दुल हमीद, ग्राम रामपुर, थाना पीपरपुर के निवासी थे। इन्हें असहयोग आंदोलन में भाग लेने के कारण सन् 1921 में एक वर्ष की कैद तथा 50 रु. का जुर्माना हुआ। जुर्माना ना भर पाने के कारण छह महीने की अतिरिक्त कैद काटनी पड़ी।

श्री विश्वनाथ पुत्र श्री शिव बालक का जन्म सन् 1883 में ग्राम त्रिशुंडी, थाना पीपरपुर में हुआ था। सन् 1933 में वे कांग्रेस के आंदोलनों में भाग लेने लगे। वे प्रतापगढ़ और कलकत्ता मैं मिठाई की दुकान पर काम करते थे। वहीं पर उनकी राजनीति में रुचि उत्पन्न हुई। उन्होंने भारत छोड़ो आंदोलन के दौरान सन् 1942 में एक वर्ष की कैद तथा 100 रु. जुर्माने की सजा पाई थी।

श्री शिवपाल पुत्र श्री शीतल ग्राम भीरा, थाना पीपरपुर के निवासी थे। असहयोग आंदोलन में भाग लेने के कारण सन् 1921 में एक वर्ष के लिए 50-50 रु. की दो जमानतें देनी पड़ी थीं, साथ ही 100 रु. का निजी मुचलका भरने की भी सजा पाई थी।

श्री शीतलादीन पुत्र श्री रामचरण दुबे, ग्राम नेवढ़िया, पोस्ट भादर थाना पीपरपुर के निवासी थे। ये फरवरी, 1942 से लेकर मई, 1945 तक आजाद हिंद फौज में रहे। इन्होंने मई, 1945 से दिसंबर 1945 तक ब्रिटिश सरकार की जेलों में रहकर यातनाएं सहीं। इन्हें सन् 1946 में नौकरी से डिस्चार्ज कर दिया गया।

श्री कन्हैयालाल पुत्र श्री चंद्रिका पाल ग्राम भीमी थाना पीपरपुर के निवासी थे। इन्होंने असहयोग आंदोलन में भाग लेने के कारण साल 1921 में चार महीने की कैद तथा 25 रु. जुर्माने की सजा पाई थी। इसी प्रकार सविनय अवज्ञा आन्दोलन में भाग लेने के कारण सन् 1932 में पुनः चार माह की कैद तथा 25 रु. जुर्माने की सजा हुई थी, किंतु जुर्माना न देने के कारण एक महीने की अतिरिक्त कैद काटनी पड़ी थी।

श्री नागेश्वर पुत्र श्री शिव अहीर, ग्राम भीमी, थाना पीपरपुर के निवासी थे। असहयोग आंदोलन में भाग लेने के कारण इनसे साल 1921 में 100-100 रुपये की दो जमानतें तथा एक वर्ष के लिए 200 रु. निजी मुचलका मांगा गया था। उन्होंने एक वर्ष की सजा भी पायी थी।

श्री राम नरेश पुत्र श्री हौसला प्रसाद ग्राम सरूवावाँ, अमेठी के निवासी थे। इन्होंने व्यक्तिगत सत्याग्रह आंदोलन में भाग लेने के कारण सन् 1941 में छह महीने की कैद और 25 रु. जुर्माने की सजा पाई थी।

श्री इंद्रदत्त पुत्र श्री ब्रह्मदत्त का जन्म सन् 1891 ग्राम पूरे निधाल, डाकखाना गोरियाबाद, थाना गौरीगंज, जनपद -अमेठी में हुआ था। सन् 1930 में कांग्रेस आंदोलनों में आये थे। उन्होंने सविनय अवज्ञा आंदोलन में भाग लेने के कारण सन् 1932 में छह महीने की कैद और 50 रु. जुर्माने की सजा पाई। व्यक्तिगत सत्याग्रह आंदोलन के दौरान 1941 में चार महीने की कैद और 50 रु. जुर्माने की सजा हुई। भारत छोड़ो आंदोलन के दौरान सन् 1942 में पकड़े गए तथा जेल में ही इनकी मृत्यु हो गई।

श्री कंधई पुत्र श्री गंगाराम पासी ग्राम दूसरा मऊ थाना गौरीगंज के निवासी थे। सविनय अवज्ञा आंदोलन के दौरान गिरफ़्तार कर लिए गए थे। सन् 1933 में छह महीने की कैद और 50 रु. जुर्माने की सजा हुई। जुर्माना न दे पाने के कारण छह महीने की अतिरिक्त सजा भुगतनी पड़ी।

श्री कालिका प्रसाद मिश्रा पुत्र श्री गजाधर मिश्रा, ग्राम-कसारा जनपद-अमेठी, का जन्म सन् 1910 में हुआ था। आप की स्कूली पढ़ाई नहीं हुई थी, लेकिन आपने हिंदी और गुजराती पढ़ना-लिखना सीख लिया था। घर में आर्थिक कारणों से लगभग 17 वर्ष की आयु में कमाने के लिए मुंबई चले गए थे। वहाँ पर कांग्रेस आंदोलनों में भाग लेने

लग गए और सविनय अवज्ञा आंदोलन में भाग लेने के कारण 25 अक्तूबर, 1932 को ऑर्डिनेंस एक्ट के तहत एक वर्ष की कैद तथा धारा 123 एक चार सन् 1902 के अंतर्गत एक सप्ताह की कड़ी कैद तथा 200 रु. जुर्माना हुआ।

श्री रामनाथ सिंह श्री इन्द्रपाल सिंह ग्राम-रोंहसी, थाना-गौरीगंज, जनपद-अमेठी के निवासी थे। सविनय अवज्ञा आन्दोलन में भाग लेने के कारण सन् 1932 में छह महीने की कैद तथा 25 रु. जुर्माने की सजा पाई थी। सन् 1942 में भारत छोड़ो आंदोलन के दौरान नजरबंद रहे। जेल से छूटने पर लाहौर जाकर नौकरी की और विभाजन के बाद वापस आये।

श्री शिव हर्ष सिंह पुत्र श्री माता पलट, ग्राम-रणवीर नगर, डाकखाना अमेठी, जनपद अमेठी के निवासी थे। इनका जन्म 7 सितंबर, 1919 को हुआ था, इन्होंने मिडिल तक की शिक्षा प्राप्त की थी। व्यक्तिगत सत्याग्रह आंदोलन में भाग लेने के कारण सन् 1941 में नौ महीने की कैद व 200 रु. जुर्माना हुआ।

श्री राजाराम मौर्य पुत्र श्री द्वारिका, ग्राम-कोंहरा मोहम्मदपुर, जनपद-अमेठी के निवासी थे। सविनय अवज्ञा आन्दोलन में भाग लेने के कारण इन्हें सन् 1932 में जेल की सजा हुई थी।

श्री पारस नाथ उत्तर श्री राम सुख मित्र ग्राम रामनाथपुर, पोस्ट-बेनीपुर, जनपद-अमेठी के निवासी थे। वे 7 जुलाई, 1941 को सेना में भर्ती हुए थे। फरवरी सन् 1942 में वह सिंगापुर गए और 15 फरवरी, 1942 को आजाद हिंद फौज में भर्ती हो गए। सन् 1944 में एरावती नदी के किनारे पकड़े गए। जिगर घर गच्छा कैम्प में तीन माह रहे, फिर उन्हें सन् 1946 में छोड़ दिया गया।

श्री राजाराम पुत्र श्री दाता दीन, ग्राम -रामदेपुर, पोस्ट-रायपुर, जनपद-अमेठी के निवासी थे। वे सेना में भर्ती हुए और सिंगापुर भेज दिए गए। वहाँ आज़ाद हिंद फ़ौज में भर्ती हो गए थे। उन्हें भारत वापिस लाकर छोड़ दिया गया था।

श्री नागेश्वर–आत्मज श्री शिव अहीर। ग्राम भीमी, थाना पीपरपुर, जाती मुचलका माँगा गया। एक वर्ष की सजा पायी।

श्री विन्देश्वरी प्रसाद–आत्मज श्री सोनई राम। बन्दोइया, थाना अमेठी। जन्म 1920 में। गाँव में प्रारंभिक शिक्षा और शहर में नवीं तक शिक्षा मिली। बर्मा चले गये और वहाँ से त्रिपुरी कांग्रेस में आये और सन् 1939 से जिले में काम करने लगे। व्यक्तिगत सत्याग्रह आंदोलन में भाग लेने के कारण 9 मास कड़ी कैद तथा 50 रुपये जुर्माने या जुर्माना ना देने पर अतिरिक्त दो मास कड़ी कैद की सजा पायी। सन् 1942 में भारत छोड़ो आंदोलन के सिलसिले में जौनपुर में काम किया और दो मास नजरबंद रहे।

श्री रामनरेश–आत्मज श्री हौसिला प्रसाद। ग्राम सरवाँवा, अमेठी। व्यक्तिगत सत्यागह आंदोलन के दौरान सन् 1941 में 6 मास कैद और 25 रुपये जुर्मने की सजा पायी।

श्री रामेश्वर प्रसाद यादव–आत्मज श्री महराज दीन। निवास स्थान पिडोरिया, थाना अमेठी, जन्म 17 जून, 1918 को भेटुआ ग्राम के पूरे बाबा जी में हुआ।

इनके पिता सम्पन्न यादव थे और गुजरात प्रांत के बड़ौदा शहर में अपना सूत में कपड़ा रंगने का कारखाना चलाते थे। वहीं इनकी प्रारम्भिक शिक्षा हुई। 14 वर्ष की अवस्था में भाई के साथ रंगून गये और पाँचवीं कक्षा में हिन्दी, अंग्रेजी व गुजराती पढ़ने के लिए भर्ती हुए और कक्षा 8 पास किया। अखबार पढ़ने लगे, बलिदान नाम की पुस्तक पढ़ने से देश का विचार जागा। कांग्रेस के नेताओं व क्रांतिकारियों की गतिविधि की जानकारी अखबारों से प्राप्त करते रहे, आर्य समाज व कांग्रेस की सभाओं में जाते थे। विद्यार्थी जीवन से ही खादी पहनने लगे। सन् 1935 में रंगून से अमेठी वापस आ पिडोरिया में पिता द्वारा खरीदी भूमि पर आ बसे और सन् 1940 मे मधुसूदन विद्यालय से हाईस्कूल परीक्षा पास की और कांग्रेस में सक्रिय हो गये। सन् 1941 में व्यक्तिगत सत्याग्रह में भाग लेने के कारण 9 मास कैद व 50 रुपये जर्माने की सजा पायी। सन् 1943 में मकान की तलाशी हुई और सरकार विरोधी कागजात निकलने पर साढ़े चार मास कैद में रहे।

श्री वीरेन्द्र प्रताप उर्फ प्रताप नारायण दुबे–आत्मज श्री संतराम दुबे, ग्राम दुबेपुर मजरे वीर रामपुर, पो. शाहगढ़, जिला अमेठी। धर्मनिष्ठ माता अभयराजी ने क्वार मास कृष्ण पक्ष द्वादशी को 1973 विक्रमी तदूनुसार सन् 1916 में जन्म दिया। पिता कलकत्ता के पास श्री रामपुर के कपड़ा मिल में कोषाध्यक्ष थे, वहीं महेश ने हाईस्कूल में शिक्षा पाई। सहपाठी मिहिर कुमार मित्र की प्रेरणा से राजनीति में आये। हाईस्कूल करने के बाद घर आये। कुछ समय बाद सन् 1940 में हापुड़ जिला मेरइ में औषधालय चलाने लगे। सन् 1942 में 21 अगस्त को हापुड़ में आंदोलन चलाने के कारण कैद हुये और 11-11-42 को तीन मास की सजा पाई। 10 फरवरी, 1943 को जेल से मुक्त होकर घर आये। एक वर्ष बाद गणेशगंज लखनऊ के वार्ड कांग्रेस कमेटी में कार्यालय मंत्री के पद पर कार्यरत हुए। सन् 1949 में पंचायत मंत्री हुए और विभिन्न पदों पर काम करते चले आ रहे हैं। सविनय अवज्ञा आंदोलन के दौरान सन् 1933 में 6 मास कैद तथा 50 रुपये जुर्माना या जुर्माना न देने पर 6 सप्ताह अतिरिक्त कैद की सजा पायी।

श्री गंगाराम, आत्मज श्री सूरजबली। जोरावरपुर डाक जामो, अमेठी। सविनय अवज्ञा आंदोलन के दौरान सन् 1932 में 1 वर्ष और 50 रुपये जुर्माने की सजा पायी।

श्री गुरु प्रसाद सिंह–आत्मज श्री सीताराम सिंह जन्म 4 दिसम्बर, सन् 1920 ई. दतनपुर रिछौरा, डाक. कटारी, अमेठी। सुलतानपुर राजकीय हाई स्कूल के छात्र थे, उसी अवस्था में कांग्रेस में सन् 1940 में सम्मिलित हुए। भारत छोड़ो आंदोलन के सिलसिले में 15 अगस्त, 1942 को पकड़े गये और जिला जेल सुलतानपुर में 12.11.1942 तथा 12.11.1942 से 30.11.1943 तक सेंट्रल जेल नैनी में नजरबंद रहे।

श्री चंद्रपाल तिवारी–आत्मज श्री जोखू राम तिवारी। जन्म कुवार मास सन् 1915। अंगरावां, डाक. जामो, अमेठी, गरीब किसान परिवार में जन्म पाया। 14 मास की अवस्था में माता का देहांत हुआ था। बाबा श्री सालिक राम द्वारा पालन-पोषण हुआ। सन् 1933 में कक्षा 4 पास किया, आगे पढ़ न सके। कानपुर में महाजन के यहाँ नौकरी करते हुए कांग्रेस मे रुचि हुई। 30 अगस्त, 1940 को जत्था नायक की हैसियत से कांग्रेस सेवा दल की ट्रेनिंग देते हुये कानपुर में पकड़े गये और 6 मास का कठोर कारावास तथा 25 रुपये जुर्माना की सजा पायी। पूरी सजा काट कर जिला जेल गाजीपुर से छूटे। भारत छोड़ो आंदोलन के दौरान 15 अगस्त, 1942 को पकड़े गये और 12.11.42 तक जिला जेल सुलतानपुर तथा उसके बाद नैनी सेंट्रल जेल में कुल मिलाकर 15 मास नजरबंद रहे। 10.11.43 को नैनी जेल से छूटे थे।

श्री जगन्नाथ–आत्मज श्री हर प्रसाद भूज। ग्राम गौरी, डाक. गौरा कटारी, सुलतानपुर। सविनय अवज्ञा आंदोलन के दौरान सन् 1932 1 वर्ष कैद तथा 50 रुपये जुर्माने की सजा पायी। साक्षर मात्र थे। उत्साही और कट्टर देश-भक्त थे। उनकी विधवा श्रीमती रम राजा को भारत सरकार तथा राज्य सरकार दोनों की पेंशन मिलती थी।

श्री जियावन–आत्मज श्री बरसावन। ग्राम कपासी, डाक. राजा मऊ, अमेठी।

सविनय अवज्ञा आंदोलन के दौरान सन् 1932 में 6 मास कैद तथा 25 रुपये जुर्माने की सजा पायी। हरिजन थे, स्वर्गवासी हैं, विधवा श्रीमती सुखराजी को भारत सरकार की पेंशन मंजूर हुई थी, किंतु पेंशन पाने के पूर्व स्वर्गवासी हो गईं।

श्री दुर्गागीन कलवार–आत्मज श्री बदल। ग्राम दूरामऊ, थाना गौरीगंज, अमेठी। सविनय अवज्ञा आंदोलन के दौरान सन् 1922 में 6 मास कैद तथा 50 रुपये जुर्माने की सजा पायी।

श्री परसादी–आत्मज श्री हनुमान। जन्म सन् 1905 में (मुरौली) देवसीपुर, डाक. गोरियाबाद। सविनय अवज्ञा आंदोलन के दौरान 1940 में 6 माह कैद तथा 50 रुपये जुर्माने की सजा पायी।

श्री बन्धन–आत्मज श्री भगवान दीन। भीखीपुर, डाक. मवइ, अमेठी। राष्ट्रीय आंदोलन के दौरान सन् 1940 में 6 मास तथा 25 रुपये जर्माने की सजा पायी।

श्री भगवान दास–आत्मज श्री बेचइ उर्फ भिखई। हरदों, डाक. जायस, अमेठी। सविनय अवज्ञा आंदोलन के दौरान 1932 में 6 मास कैद तथा 50 रुपये जुर्माने की सजा पायी। इनकी खेती बेदखल कर दी गई थी।

श्री भगवान बक्स सिंह–आत्मज श्री वूज पाल सिंह। जन्म सन् 1916 में डाक सिधियावां। सन् 1930 में जब कक्षा 6 में पढ़ रहे थे, रायबरेली जिले के श्री सीतला सहाय की प्रेरणा से कांग्रेस में आये। सविनय अवज्ञा आंदोलन के दौरान 1932 में 16

जनवरी को 1 साल कैद तथा 50 रुपये जुर्माने की सजा पायी। 5 दिसम्बर, 1932 को बरेली जेल से छूटे। सन् 1934 में फरार होकर कलकत्ता चले गये और प्रेस में नौकरी तथा कांग्रेस का काम करते रहे। आजादी के बाद गाँव लौटे।

श्री भगवान दीन–आत्मज श्री रामदीन। ग्राम भवन शाहपुर, थाना जगदीशपुर, अमेठी। सविनय अवज्ञा आंदोलन के दौरान 1932 में 6 मास कैद तथा 25 रुपये जुर्माने की सजा पायी।

श्री मथुरा प्रसाद तिवारी–आत्मज श्री राम सुख तिवारी। जन्म सन् 1900 में। डाक. गौरी कटारी, थाना जगदीशपुर सुलतान। साधारण शिक्षा प्राप्त कर सके। सन् 1930 में श्री शीतला सहाय की प्रेरणा से कांग्रेस में आये, सविनय अवज्ञा आंदोलन के दौरान 1932 में नन्द महर में धारा 144 तोड़कर 2 वर्ष कैद तथा 200 रुपये जुर्माने की सजा पायी। सारी खेती छूट गई। देहाती भाषा में ओजस्वी भाषा तथा राष्ट्रीय गाने गाते हुए सभाएँ करते रहे, इन्हीं कारणों से सन् 1939 में 1 वर्ष कैद तथा 200 रुपये जुर्माने की सजा पायी। भारत छोड़ो आंदोलन के दौरान 6 अगस्त, 1942 को नजरबंद हुए थे और 12.11.42 तक जिला जेल सुलतानपुर और उसके बाद नैनी सेंट्रल जेल में कुल मिलाकर 18 मास नजरबंद रहे। आजादी के बाद जमींदार ने खेती वापस की थी।

श्री महार–आत्मज श्री अधीन। जन्म सन् 1872 में शाहपुर, डाक. बलभद्रपुर, सविनय अवज्ञा आंदोलन के दौरान 1932 में 6 माह कैद तथा 50 रुपये जुर्माने की सजा पायी थी। स्वर्गवासी हैं।

श्री माता बदल–आत्मज श्री शिवनाथ। ग्राम बाजगढ़ी, थाना गौरीगंज, सविनय अवज्ञा आंदोलन के दौरान 1932 में 6 माह कैद तथा 50 रुपये जुर्माने की सजा पायी थी।

श्री रमजान अली–आत्मज श्री गुलाब। नाऊपुर, डाक. जामो, थाना जगदीशपुर, युद्ध विरोधी प्रचार करने के कारण सन् 1940 में 1 वर्ष की कड़ी कैद तथा 50 रुपये जुर्माने की सजा पायी। भारत छोड़ो आंदोलन के दौरान सन् 1942 में 6 मास कड़ी कैद की सजा पायी थी।

श्री राजदीन–आत्मज श्री औतार। ग्राम व डाक. गोरियाबाद, थाना जगदीशपुर, सविनय अवज्ञा आंदोलन के दौरान 1932 में 6 मास कैद तथा 50 रुपये जुर्माने की सजा पायी और जुर्माना न देने पर 6 सप्ताह अतिरिक्त कैद।

श्री राम चंद्र उर्फ राम चरन–आत्मज श्री शीतल कोरी। जन्म सन् 1900 में। ग्राम व डाक. गोरियाबाद, थाना जगदीशपुर, सविनय अवज्ञा आंदोलन के दौरान 1932 में 6 मास कैद तथा 50 रुपये जुर्माना, जुर्माना ना देने पर 6 सप्ताह कैद की सजा पायी थी।

श्री राम लखन गुप्त–आत्मज श्री रघुनन्दन गुप्त। जन्म 1900 में। ग्राम एवं डाक. कटारी। सूचना उपलब्ध नहीं है।

श्री शंकरदास–आत्मज श्री महादेव। ग्राम कपासी, डाक. राजा मऊ, थाना जगदीशपुर, सविनय अवज्ञा आंदोलन के दौरान 1932 में 6 मास कैद तथा 35 रुपये जुर्माना या जुर्माना न देने पर 6 सप्ताह की अतिरिक्त कैद की सजा पायी

श्री श्याम बहादुर–आत्मज श्री भगवान दास। जन्म सन् 1910 में। हरदों डाक. जायस, थाना गौरीगंज, सन् 1937 में कांग्रेस में आये थे। मिडिल पास थे, इनके पिता सन् 1932 लगानबंदी आंदोलन में जेल गये थे। भारत छोड़ो आंदोलन के दौरान सन् 1942 में 6 मास कड़ी सजा पायी। जेल से निकलने पर टी.बी. हो गई।

श्री दत्त तिवारी–आत्मज श्री नकछेद तिवारी। जन्म सन् 1872 बहादुरपुर, डाक. जगेसरगंज, सम्पन्न परिवार के थे। साधारण शिक्षा पायी थी। सन् 1937 में कांग्रेस में आये। व्यक्तिगत सत्याग्राह आंदोलन के दौरान सन् 1941 में 9 मास कैद और 25 रुपये जुर्माने की सजा पाई थी। भारत छोड़ो आंदोलन के दौरान सन् 1942 में 15 मास नजरबंद रहे।

श्री सुखदेव–आत्मज श्री गनेश। जन्म सन् 1892 में गाम बरौलिया, डाक. मोवई, थाना गौरीगंज, सविनय अवज्ञा आंदोलन के अवसर पर डांडी मार्च से प्रभावित होकर कांग्रेस में आये। स्कूल में शिक्षा नहीं पायी थी, किंतु पंडिताव पढ़ा था। सन् 1932 के आरंभ में इन्हीं के गाँव में लगान बंदी आंदोलन के संबंध में सभा का सभापतित्व करने के कारण पकड़े गये और 19.1.32 को 6 मास कैद तथा 50 रुपये जुर्माने की सजा पायी थी। कैम्प जेल लखनऊ और जिला जेल रायबरेली में सजा काटकर 30.07.32 को छूटे। भारत छोड़ो आंदोलन के दौरान बम्बई स्टेशन पर रुका पकड़े गये थे, किंतु छोड़ दिये गये।

श्री जगन्नाथ यादव–आत्मज श्री मतन राम यादव ग्राम पूरे राजा मजरे गौरा, डाक. गौरी कटारी, साधारण लिखने-पढ़ने की शिक्षा पायी। गरीब किसान के घर जन्म लिये। आर्थिक कठिनाई के कारण कलकत्ता चले गये थे। कोई काम न मिलने पर 31.7.39 को फौज में भर्ती हो गये और सिंगापुर भेजे गये। 15 फरवरी, 1942 को सिगनल यूनिट सुभाष ब्रिगेड आजाद हिन्द फौज मे भर्ती हुये। रंगून में अंग्रेजी फौज द्वारा गिरफ्तार किये गये। जिगर गच्छा कैम्प जेल और वहाँ से फीरोजपुर लाये गये और सन् 1946 में फौज से डिस्चार्ज कर दिये गये थे।

श्री परम सुख मिश्र–आत्मज श्री सूरज पाल मिश्र। ग्राम पूरे मिश्रन अहद, डाक. जगेसरगंज, अमेठी

श्री बनवारी सिंह–आत्मज श्री हरचरन सिंह। ग्राम अचलपुर, डाक. पर्वतपुर।

श्री मथुरा सिंह–आत्मज श्री सूरज पाल सिंह। ग्राम भीखीपुर, डाक. मवई।

श्री राम बहादुर सिंह–आत्मज श्री जगत पाल सिंह। जन्म 12 जनवरी, 1915 में ग्राम व डाक. मवई, इंटरमीडिएट की परीक्षा पास की, ग्राम सिद्धौर डाक. शंकरपुर जिला

रायबरेली के निवासी थे। प्रसिद्ध स्वतंत्रता सेनानी राना बनी माधो सिंह इनके पूर्वज थे। फौज में भर्ती होकर सिंगापुर भेजे गये, वहां आजाद हिन्द फौज में लेफ्टीनेंट के पद पर रहे और वहाँ सेंट्रल सप्लाई सिंगापुर के आफीसर इंचार्ज रहे। गुरिल्ला रेजीमेंट मलाया में भी रहे थे। नवम्बर 1945 में भारत लाए गए और 14.4.1946 को फौज से डिस्चार्ज किये गये थे।

श्री रामस्वरूप मिश्र सुपुत्र–श्री काशी प्रसाद, आरंभ से ही कांग्रेस के सक्रिय कार्यकर्ता रहे। लगान बंदी आंदोलन के संगठनकर्ता के तौर पर सन् 1932-33 में दो बार 6-6 मास की कैद की सजा पाई। भारत छोड़ो आंदोलन के दौरान आरंभ में ही पकड़े गए और 14 महीने तक नजरबंद रखे गए।

श्री रामदत्त वैद्य भास्कर सुपुत्र–श्री कोयली प्रसाद मौर्य, सविनय अवज्ञा आंदोलन के दौरान 1930-32 में क्रमशः 6 तथा 7 महीने की कैद, 1942 में 7 महीने की कैद।

श्री कैलाश बक्श सिंह सुपुत्र–श्री जगन्नाथ बक्श सिंह व्यक्तिगत सत्याग्रह आंदोलन के दौरान सन् 1941 में एक वर्ष की कैद और 50/- रुपये जुर्माना।

श्री जानकी देवी व्यक्तिगत सत्याग्रह आंदोलन के दौरान 1940-41 में एक वर्ष कैद और 50/- रुपये जुर्माना।

श्री महादेव मौर्य सविनय अवज्ञा आंदोलन के दौरान 6 महीने की कैद।

श्री राधा प्रसाद शुक्ल (सिंहपुर) सविनय अवज्ञा आंदोलन के दौरान 6 महीने की कैद तथा व्यक्तिगत सत्याग्रह आंदोलन में सन् 1941 में एक वर्ष कैद एवं 50/-रुपये जुर्माना।

श्री छेदीलाल (सिंहपुर) सन् 1940 में 6 महीने की कैद।

श्री रामानंद मौर्य राष्ट्रीय आंदोलन में भाग लेने के कारण एक वर्ष कैद की सजा।

श्री रामप्यारे शुक्ल लगान बंदी तथा सविनय अवज्ञा आंदोलन में सन् 1930-32 में 10 महीने 5 दिन की जेल।

श्री राम भरोसे सन् 1930 से 1942 तक सभी आंदोलन में भाग लिया और जेल गए।

श्री राजधर प्रसाद गंगाधर सविनय अवज्ञा आंदोलन में 6 महीने एवं व्यक्तिगत सत्याग्रह में सन् 1940 में एक वर्ष कैद।

श्री रामहेत शुक्ल लगानबंदी आंदोलन में 6 महीने और 1940 के सत्याग्रह में एक वर्ष कड़ी कैद।

श्री गुरुदयाल सुपुत्र–श्री भोले, सविनय अवज्ञा आंदोलन के दौरान 1931-32 में 6 महीने कैद की सजा तथा व्यक्तिगत सत्याग्रह आंदोलन में एक वर्ष कैद।

श्री छत्रपाल सिंह, सुपुत्र–श्री शिवराज सिंह, सविनय अवज्ञा आंदोलन में 1930-32 में भाग लिया और 6 महीने की सजा।

श्री रामचंद्र तिवारी इनके विषय में सूचना प्राप्त नहीं है।

श्री गुरु प्रसाद तिवारी, गौड़ा इनके विषय में सूचना प्राप्त नहीं है।

श्री जगन्नाथ मौर्य–इनके विषय में सूचना प्राप्त नहीं है।

श्री गनेश प्रसाद बनभरियां–इनके विषय में सूचना प्राप्त नहीं है।

श्री गया प्रसाद शुक्ल (बब्बन) इनके विषय में सूचना प्राप्त नहीं है।

श्री राजाफतेपुर, ब्लाक-सिंहपुर, अमेठी–इनके विषय में सूचना प्राप्त नहीं है।

श्री छेदीलाल मौर्य मत्तेपुर, ब्लॉक–सिंहपुर, अमेठी–इनके विषय में सूचना प्राप्त नहीं है।

श्री रामचंद्र तिवारी पुरे खनई, करनगाँव ब्लॉक–सिंहपुर, अमेठी–इनके विषय में सूचना प्राप्त नहीं है।

श्री जगन्नाथ मौर्य, फूला, ब्लॉक–सिंहपुर, अमेठी–इनके विषय में सूचना प्राप्त नहीं है।

श्री गजाधर सिंह, फुरसतगंज, ब्लॉक–बहादुरपुर, अमेठी–इनके विषय में सूचना प्राप्त नहीं है।

श्री जगेशर गिरी तरौना, फुरसतगंज, ब्लॉक–बहादुरपुर, अमेठी–इनके विषय में सूचना प्राप्त नहीं है।

श्री शमशेर खाँ, पूरे धना, पांडेय ब्लॉक–बहादुरपुर, अमेठी–इनके विषय में सूचना प्राप्त नहीं है।

श्री जोरावन तिवारी, सराय महेशा, ब्लाक–बहादुरपुर, अमेठी–इनके विषय में सूचना प्राप्त नहीं है।

श्री त्रिभुवन दत्त ओझा, पूरेबाबू, अरियांवां, ब्लाक–तिलोई, अमेठी–इनके विषय में सूचना प्राप्त नहीं है।

श्री संतबख्स सिंह पुत्र श्री दृग पाल सिंह, बाबू साहब, कसारा कोट अमेठी। स्वतंत्रता संग्राम में पंडित रामलाल के नेतृत्व में चल रहे अवध किसान आंदोलन को अमेठी तहसील में सहयोग व मजबूती प्रदान कर रहे थे, तहसीलदार व कोतवाल बार-बार चेतावनी देते थे कि आप किसान आंदोलन व ब्रिटिश हुकूमत की खिलाफत छोड़ दो नहीं तो जेल में डाल दिया जाएगा। फिर अचानक 9 फरवरी, 1942 को घर पर भारी संख्या में सिपाहियों के साथ पहुँच कर कोतवाल अमेठी ने गिरफ्तार कर लिया। आरोप लगाया आप मिश्रोली रेलवे स्टेशन का टेलीफोन तार काट कर ले गए और स्वतंत्रता सेनानियों को ख़बर देकर ट्रेन लूटने को उकसाया है। सबूत में एक टेलीफोन तार से बनी अँगूठी ओवरकोट से बरामदगी में दिखाई गयी थी। लगभग 1 वर्ष 8 माह तक जिला कारागार सुलतानपुर में बंदी रहे। अक्तूबर 1943 में इलाहाबाद उच्च न्यायालय के द्वारा ज़मानत दिए जाने के बाद रिहा किया गया था। इनका विवरण इनके पौत्र श्री राजीव सिंह ने उपलब्ध कराया है। इनकी मृत्यु जल्द हो जाने के कारण इनका नाम सरकारी सूची में दर्ज नहीं हो पाया था।

विशिष्ट व्यक्तित्व

अमेठी जनपद की स्वाधीनता की जंग में हम जिन महान विभूतियों का उल्लेख कर रहे हैं, वे अब हमारे बीच में नहीं हैं। मुझे इनके विषय में जानकारी व संस्मरण शोध प्रबन्ध से प्राप्त हुए हैं। जिनका मैंने संदर्भ ग्रंथ सूची में उल्लेख किया हुआ है। इनको जानना भारत की आज़ादी की लड़ाई को जीना है।

स्वतंत्रता संग्राम सेनानी बाबा रामलाल

अमेठी जनपद में बाबा रामलाल के अनेक प्रसंग। अमेठी के तत्कालीन जनपद सुलतानपुर के स्वतंत्रता संग्राम सेनानियों में बाबा रामलाल का नाम सबसे अग्रणी है। स्वतंत्रता संग्राम के महायज्ञ में बाबा जी के योगदान को भुलाया नहीं जा सकता। अमेठी के बुजुर्ग उनके किस्से आज भी सुनाते हैं। गौरीगंज के बाबू केशव सिंह के बाबा स्वयतंत्रता संग्राम सेनानी थे, उनका कहना है कि बाबा राम लाल का जन्म स्थान भले जिला बनने के कारण अलग हो गया है, लेकिन बाबा रामलाल के उल्लेख के बिना अमेठी जनपद का इतिहास अधूरा है।

किसान आंदोलन के जनक, स्वतंत्रता सेनानी एवं नेहरू जी के निकटतम सहयोगी बाबा रामलाल का जन्म 09 सितम्बर, 1868 ई. को सुलतानपुर के ग्राम पयागीपुर में एक मध्यम किसान परिवार में हुआ। इनके पिता पं. देवी परसन मिश्र सुप्रसिद्ध प्रकाण्ड विद्वान एवं प्रभावशाली व्यक्ति थे। इनके बाबाजी अंग्रेजी सरकार में फौजी की नौकरी करते थे। रौलेट बिल के विरोध तथा उसके परिणामस्वरूप होने वाले जलियाँवाला बाग के हत्याकांड के विरोध में 1 अगस्त सन् 1920 ई. को महात्मा गांधी जी ने अंग्रेज शासकों के खिलाफ असहयोग आंदोलन का बिगुल बजाया, जिसके परिणामस्वरूप असहयोग आंदोलन भारत के कई प्रांतों में फैल गया। असहयोग आंदोलन का भावार्थ स्कूलों, अदालतों, विदेशी कपड़ों का बहिष्कार एवं अंग्रेजी सत्ता के समस्त सहयोग का बहिष्कार करना था। इस आंदोलन में बाबा रामलाल ने भी अपनी अहम भूमिका निभाई और विदेशी वस्त्रों का बहिष्कार किया, जिसके फलस्वरूप 19 फरवरी सन् 1921 ई. में गोरे शासकों ने इन्हें बंदी बनाकर 6 मास के लिए कारागार भेज दिया, परंतु दृढ़ निश्चय वाले बाबा जी ने अपने पथ को नहीं छोड़ा और पुनः असहयोग आंदोलन में हिस्सा लिया। इसी कारण

अंग्रेज शासकों ने सन् 1922 ई. में एक वर्ष की सजा बाबा राम लाल जी को सुनाई, किंतु उन्होंने अपनी जमानत न लेकर जेल जाना पसन्द किया।

सन् 1923 ई. में बाबा रामलाल को कांग्रेस के ध्वज के प्रयोग को रोकने के विरोध में 'झंडा सत्याग्रह' में भाग लेने के कारण अंग्रेज शासकों ने 1 मास की सजा सुनाई।

5 अप्रैल, सन् 1930 ई. को सविनय अवज्ञा आंदोलन के तहत गांधी जी ने दांडी मार्च के दौरान सांकेतिक रूप से नमक कानून को तोड़ा, यहीं से सविनय अवज्ञा आंदोलन की शुरुआत हुई। इसी बीच बाबा रामलाल ने जिला कांग्रेस कमेटी का अध्यक्ष पद सम्भाला। अमेठी राज्य के आर्य समाज के प्रसिद्ध नेता स्वामी नारायण देव की अध्यक्षता में सविनय अवज्ञा आंदोलन के तहत 10 जून, सन् 1930 ई. को सुलतानपुर में बाबा रामलाल के नेतृत्व में नमक कानून तोड़ने की घोषणा कर दी गई। स्थानीय अधिकारी उन्हें गिरफ्तार करने का वारंट निकाल चुके थे। किंतु बाबा जी का अटूट दृढ़ संकल्प था कि मैं नमक कानून तोड़कर ही जेल जाऊँगा। एक बार बाबा जी गोमती नदी के तट पर नमक बनाकर गिरफ्तार हुए। अंग्रेज शासकों ने उन्हें 6 मास की सजा सुनाई। पुनः इसी आंदोलन के तहत बाबा जी को सन् 1932 ई. में 18 मास की कैद तथा 300 रुपये जुर्माने की सजा हुई।

ब्रिटिश हुकूमत के उत्पीड़न से बाबा जी के धैर्य, साहस और राष्ट्रभक्ति में कोई कमी नहीं आई। सन् 1936 ई. में 'विक्टोरिया मंजिल' पर बाबा रामलाल ने तिरंगा झंडा लहराकर जिले में राष्ट्र प्रेम की जीती-जागती मिसाल पेश की, तो देश-प्रेम की लहर सी पैदा कर दी। 30 मई सन् 1936 ई. को 'विक्टोरिया मंजिल' के मैदान में तिरंगा झंडा लगाने के अभियोग में उन्हें 3 मास कैद की सजा सुनाई गई।

प्रथम महायुद्ध के आधार पर महात्मा गांधीजी ने द्वितीय महायुद्ध में निश्चय किया कि बिना स्वतंत्रता और समान अधिकार के युद्ध में अंग्रेज शासकों की सहायता नहीं की जायेगी, ''न एक पाई न एक भाई' के सुप्रसिद्ध नारे के साथ युद्ध प्रयत्न के विरोध में 17 अक्तूबर, 1940 ई. को व्यक्तिगत सत्याग्रह का प्रारंभ किया। बाबा रामलाल को सन् 1940 ई. में युद्ध विरोधी आंदोलन एवं सन् 1941 में व्यक्तिगत सत्याग्रह में भाग लेने के कारण अंग्रेज शासकों ने जेल में डाल दिया।

भारत छोड़ो आंदोलन के आरंभ में 9 अगस्त सन् 1942 को अंग्रेज शासकों ने उन्हें नजरबंद कर दिया। 12 नवम्बर सन् 1942 ई. को अंग्रेजों ने उन्हें सेंट्रल जेल नैनी में भेज दिया। वहाँ पर लालबहादुर शास्त्री और बाबा जी एक कमरे में रहे। 14 जुलाई सन् 1944 ई. को बाबा जी जेल से रिहा किये गये। आजादी की लड़ाई में उनके योगदान का मूल्यांकन होना अभी बाकी है।

राजार्षि रणंजय सिंह

जनपद के स्वतंत्रता संग्राम सेनानियों में राजार्षि रणंजय सिंह का नाम बड़े आदर के साथ लिया जाता है। राजार्षि रणंजय सिंह का जन्म 29 अप्रैल, 1901 ई. को भूपति

भवन में हुआ था। उनके जीवन पर सर्वाधिक प्रभाव उनके अग्रज स्वर्गीय राजकुमार रणवीर सिंह जी का पड़ा था। उनकी शिक्षा-दीक्षा पंडित मोतीलाल नेहरू एवं महामना मदन मोहन मालवीय जी की सलाह से नियुक्त सुयोग्यतम अध्यापकों द्वारा हुई। राजा रणंजय सिंह देश के उन थोड़े से राजाओं में थे, जो महर्षि दयानंद के भक्त और आर्य समाज के अनुयायी हुए। सन् 1922 ई. से उन्होंने खद्दर पहनना प्रारंभ किया, विदेशी वस्त्रों की होली जलाई और चरखा चलाना आरंभ किया। वे अपने पैसे से लोगों को चरखा खरीद कर देते थे। राजा रणंजय सिंह बड़े प्रभावशाली व्यक्तित्व के रूप में उभर कर राजनीतिक मंच पर आये। इनका काम राष्ट्रीय विचारों वाले नवयुवकों को संगठित करना, क्रांतिकारियों को आर्थिक सहायता देना, उन्हें अपने यहाँ छिपाना तथा उनके लिए हथियारों की व्यवस्था करना मुख्य था। इन्होंने "राष्ट्रीय सेवा संघ" की स्थापना की। इस संघ का मोनोग्राम था कि–"स्वतंत्रता सर्व सुखस्य मुलं"। उस समय में स्वतंत्रता शब्द का उच्चारण करना ही देशद्रोह समझा जाता था। स्थान-स्थान पर सभा का आयोजन करना, जनजागृति करना एवं लोगों को विदेशी सत्ता का विरोधी बनाने का कार्य इस संस्था के माध्यम से होने लगा।

राजा रणंजय सिंह मालवीय जी को अपना राजनीतिक गुरु मानते थे। मालवीय जी ने रणंजय सिंह को निर्देश दिया था कि लोग जेल जाने में रुचि न लें, बल्कि बाहर रहकर अवध के तालुकेदारों को राष्ट्र सेवा करने के लिए संगठित करने का कार्य करें। इन्होंने सहर्ष उनके आदेश का पालन किया। सन् 1926 में 25 वर्ष की आयु में फैजाबाद कमिश्नर संसदीय क्षेत्र में सेंट्रल असेंबली के सदस्य चुने गए। संसद में राजा रणंजय सिंह ने अनेक क्रांतिकारी प्रस्ताव रखे। उन्होंने साइमन कमीशन का विरोध भी किया था। उनकी राजनातिक गतिविधियों पर सरकार की कड़ी नज़र थी। इसी बीच सरकार को बहाना मिल गया, स्टेट पर कुछ बकाया था और इस बहाने को अमेठी राज्य को "कोर्ट ओके वाड्र्स" के अंतर्गत ले लिया गया।

इसके बावजूद रणंजय सिंह ने 'प्रजा हितकारी सभा' का गठन किया और उसके माध्यम से जनता के हृदय में विदेश शासन के प्रति विद्रोह भाव पैदा करते रहे। उनके इन कार्यों से क्षुब्ध होकर राजकोष में जमा उनकी 40000 रुपये की राशि को ब्रिटिश सरकार ने जब्त कर लिया और राज्य की प्रचुर सम्पति को हानि पहुँचाई।

भारतीय इतिहास में यही बड़ी राजनीतिक चेतना का काल था। रणंजय सिंह का भी क्रांतिकारियों से सम्वन्ध था। नेपन्द्र नाथ भटाचार्य जी एम.एन. राय के नाम से कुछ दिनों इधर-उधर रहे। अमेठी में भी पर्याप्त समय तक 'बनर्जी बाबु' नाम से रहे। रणंजय सिंह के व्यक्तिगत सचिव वेध गुरुदत भी क्रांतिकारी थे। प्रसिद्ध क्रांतिकारी एवं उपन्यासकार यशपाल जी भी फरार रहकर बहुत दिन तक अमेठी में रहे।

एक बार ऐसी घटना हुई कि वीर क्रांतिकारी एम.एन. राय पहुँचे। सभी लोग भोजन कर रहे थे कि पुलिस आ गई और उनके बारे में पूछा, तो बिना विचलित हुए रणंजय

सिंह ने हथियार जब्त होने का आदेश स्वीकार किया। उन्होंने अंग्रेज कमिश्नर से कहा कि आप मेरे सारे अस्त्र-शस्त्र ले लीजिये, करोड़ों भारतवासी बिना अस्त्र-शस्त्र के रह रहे हैं अतः हम भी वैसे रहेंगे। उनकी इस निर्भीकता से आदेश निरस्त कर दिया गया। बाद में कमिश्नर की तरफ से स्पेशल मजिस्ट्रेट बनाये जाने का प्रस्ताव आया और मालवीय जी के आदेश पर ही उन्होंने पद ग्रहण की स्वीकृति दी, लेकिन साथ में दो शर्तें रहीं कि–"मैं निर्णय हिंदी में लिखूँगा और मेरी स्वतंत्रता में किसी भी प्रकार की बाधा न पहुँचाई जाये।" उस काल में हिंदी के भी क्रांतिकारी थे। एक समारोह में राजा रणंजय सिंह गाँधी टोपी पहने थे। कमिश्नर ने कहा कि आप गाँधी टोपी पहने हैं तो उन्होंने उत्तर दिया कि क्या स्पेशल मजिस्ट्रेट की कोई निर्धारित वेशभूषा है। कालविन तालुकेदार कॉलेज के पुरातन छात्र समारोह में तत्कालीन कलेक्टर श्री कमलाधर दुबे के हाथों से गाँधी टोपी छात्रों को पुरस्कार के रूप में दिलवाई थी। समारोह के समाप्त होने के बाद कलेक्टर ने कहा कि आज तो मैंने यहाँ काम कर दिया लेकिन भविष्य में फिर ऐसा काम न करियेगा, अन्यथा मेरी नौकरी चली जाएगी। उक्त घटनायें इस बात की परिचायक हैं कि राजा रणंजय सिंह क्रांतिकारी विचारों से प्रभावित थे तथा उन्होंने भारत की स्वाधीनता संग्राम में अपना योगदान दिया था।

द्वितीय विश्वयुद्ध के समय सैनिकों की भर्ती का काम जोरों पर था। इन्होंने सैनिक भर्ती का काम बड़ी लगन से किया। कुछ लोगों का विचार था कि यह तो अंग्रेजों के हित का कार्य है, पर देशभक्त रणंजय सिंह का विचार था कि हमारे देशवासियों को यही एक अवसर मिला है, जबकि वे सैनिक शिक्षा प्राप्त कर सकते हैं। जिससे भारत के स्वतंत्र होने पर देश की रक्षा के लिए विदेशों से सेना न बुलानी पड़े। इसलिए सैनिकों की भर्ती का काम निरंतर करते रहे।

राजा रणंजय सिंह ने अपना संपूर्ण जीवन आर्य समाज को समर्पित कर दिया था। काशी पंडित सभा ने रणंजय सिंह जी के सादा जीवन और उच्च विचार से प्रभावित होकर तथा उनकी विभिन्न क्षेत्रों में की गयी सेवाओं के बदले उन्हें 'राजश्री' की उपाधि देकर सम्मानित किया था। स्व. श्रीमती इंदिरा गाँधी ने उन्हें 29 अप्रैल, 1979 को अभिनन्दन ग्रन्थ भेंट किया था। हिंदी साहित्य सम्मलेन ने उन्हें 'साहित्य वाचस्पति' की उपाधि से विभूषित किया था। अमेठी में दिनांक 4 अगस्त, 1988 की अर्धरात्रि में हृदयगति रुक जाने से उनका आकस्मिक निधन हो गया।

स्वतंत्रता संग्राम सेनानी गुरु प्रसाद सिंह

गुरु प्रसाद सिंह ने बताया कि जहाँ तक स्वतंत्रता संग्राम में भाग लेने का प्रश्न है हमारे पूर्वज घना सिंह ने देश के प्रथम स्वतंत्रता संग्राम में भाग लिया और शहीद हुए। श्री घना सिंह जगदीशपुर के मोहम्मद हसन की सेना में कमांडर थे। सन् 1857 में जब देश में अंग्रेजी शासन के विरूद्ध देश में आंदोलन चला तो जनपद में भी अंग्रेज शासन विरोधी

कार्य शुरू कर इसी शृंखला में ब्रिटिश फौज के खिलाफ कादू नाले के युद्ध में बाबू घना सिंह ने मुहम्मद हसन की फौज का नेतृत्व किया और बहादुरी के साथ लड़ते हुए शहीद हो गये। इस घटना के बारे में हमारे पिता जी बताया करते थे। इन सबका हमारे जीवन में बहुत प्रभाव पड़ा।

मैं अपने गाँव से तीन मील पैदल चलकर प्राइमरी स्कूल गौरा में पढ़ने जाता था। मेरे गाँव में कोई स्कूल नहीं था। मेरे पूज्य पिताजी भी इसी स्कूल में पढ़े थे। इसी स्कूल में एक दिन पहुँचने पर पता चला कि लाहौर की सेंट्रल जेल में परम्परा के विरुद्ध कल शाम को परम देशभक्त सरदार भगत सिंह ने गोरी सरकार से लिखकर आग्रह किया था कि मैं बागी हूँ, मुझे गोली से उड़ा दिया जाये, फांसी पर न लटकाया जाये। यह भी बताया गया कि जेल में उनके किसी साथी ने पूछा कि तुम्हारे इस बलिदान का क्या लाभ है तो उन्होंने कहा था कि इस समय जेल के बाहर "इंकलाब जिंदाबाद" के जो गगनभेदी नारे लग रहे हैं। उस समय किसी अखबार में छपा था जो कहीं से मिल गया था। सारे बच्चे स्तब्ध खड़े रहे।

कक्षा चार पास करके मुझको मुसाफिरखाना मिडिल स्कूल से कक्षा सात तक की पढ़ाई चल रही थी। सुलतानपुर आना-जाना लगा रहा। एक दिन शाम को सड़क पर चल रहा था कि एक व्यक्ति ने रोककर बताया कि नगर पालिका के मैदान में कांग्रेस का जो झंडा लगा था उसको पुलिस वालों ने उतार लिया है। इसकी सूचना जिला कांग्रेस कमेटी में दे दो। जिला कांग्रेस कमेटी को जैसे ही सूचना मिली, पुनः झंडा लगाने के लिए तैयारी शुरू हो गई और ये मुनादी हुई कि उसी स्थान पर सुबह झंडा लगाया जायेगा। दूसरे दिन सवेरे नगर पालिका की चाहरदीवारी के पास जनता इकट्ठी होने लगी, पुलिस की गारद भी बंदूक लेकर आ गई, कांग्रेस के लोग भी झंडा लेकर पहुँच गये। एक पुलिस वाले ने कहा जो झंडा लगायेगा उसे गोली से उड़ा दिया जायेगा। एक-एक करके झंडा लगाने के लिए कांग्रेसी बढ़ते रहे गोली तो नहीं चली लेकिन 16 लोगों को गिरफ्तार करके जेल भेज दिया गया। पंडित जवाहरलाल नेहरू को जब इस घटना की सूचना जैसे ही मिली उन्होंने इलाहाबाद हाईकोर्ट में एक याचिका दायर की। जिसका निस्तारण हुआ कि सार्वजनिक स्थान पर कांग्रेस को झंडा लगाने का अधिकार है। गिरफ्तारी गलत हुई है। गिरफ्तार लोगों की रिहाई हुई और झंडा फहराया गया। इसी बीच एक दिन पता चला कि पं. जवाहरलाल नेहरू जी झंडा सत्याग्रह की सफलता पर विजय दिवस मनाने आ रहे हैं, उसी मीटिंग में नेहरू जी के दर्शन हुए। मेरा प्रवेश सुलतानपुर में गवर्नमेंट हाईस्कूल में हुआ। बाबू सुंदरलाल गुप्त एम.एल.ए. बन चुके थे, कभी-कभी उनके दर्शन होने लगे। अण्डमान जेल से छूटकर पं. परमानंद जी सुलतानपुर आये। स्थानीय नगर पालिका मैदान में उनका स्वागत हुआ। इस अवसर पर उनके दर्शन और उनके संस्मरण सुनने का सौभाग्य मिला। बाबू सुंदरलाल जी के कहने पर मैं जामों मंडल कांग्रेस कमेटी का महामंत्री चुना गया।

सन् 1942 में भारत छोड़ो आंदोलन के दौरान हम लोगों को 15 अगस्त, 1942 को गिरफ्तार कर लिया गया। मेरे साथियों में स्वामी लखपत दास, चंद्रपाल तिवारी, राम लखन गुप्ता भी गिरफ्तार हो चुके थे। जिले के सभी नजरबंदियों को सम्भवतः 15 अगस्त, 1942 को 'बी' क्लास की सुविधा मिल चुकी थी और सर्वश्री गनपत सहाय, पं. देवकली दीन शर्मा, रामसुख मिश्रा, कुंवर कृष्ण वर्मा, शीतला प्रसाद सिंह और बाबू कन्हैया लाल को 'ए' क्लास में रखा गया था। सम्भवतः 11 नवम्बर, 1942 को जिला जेल सुलतानपुर से सभी नजरबंदियों को नैनी सेंट्रल जेल ले जाने की तैयारी होने लगी और हम लोगों को बसों में बैठाकर सुलतानपुर रेलवे स्टेशन पर पहुँचाया गया। गाड़ी आने में देर थी, धीरे-धीरे नारों की गूँज से जनता आती गई। राष्ट्रीय गाने गाये जाने लगे। इस अवसर पर श्री सूबेदार सिंह जी "बम का धड़ाका" नामक गीत और उसके गाते समय का पोज मुझे अब भी उद्वेलित कर देता है। श्री सूबेदार सिंह पहले के बिहार के निवासी थे और पीरो सरैया ग्राम में बस गये थे। शरीर से पुष्ट और बलवान तो थे ही, आत्मा के भी बली थे। वर्षों पूर्व उनका देहांत हो गया। उनके वंशज पीरो सरैया गाँव में अब भी हैं।

स्टेशन पर इलाहाबाद पैसेन्जर आते ही पुलिस ने इंटर क्लास की एक बोगी खाली कराई जिसमें सेनानियों को बिठाया जाने लगा। पुलिस काफी संख्या में अंदर घुस गई और सीटों पर बैठ गई। दरवाजे पर एक लाइन इंस्पेक्टर जो अंग्रेज था, खड़ा था। श्री चंद्रबली पाठक ने उस इंस्पेक्टर को हाथ से पकड़ कर झटका दिया और प्लेटफार्म पर उतर कर पहुँच गये। अब हल्ला मच गया, भगदड़ हुई, डी.सी.,एस.पी. सब पहुँच गये। पूछताछ शुरू हुई, पाठक जी ने अंग्रेज डी.सी. से कहा कि इस बोगी में बैठने का स्थान खाली नहीं है, तुम्हारे पुलिस वाले पहले से बैठ गये हैं, हम इस बोगी में नहीं जायेंगे। पुलिस वालों पर डाँट पड़ी तो सब खड़े हो गये। एक बोगी और लगी तब सबको जगह मिली और गाड़ी इलाहाबाद पहुँची। सब नैनी की विशाल जेल में दाखिल हुये। इस जेल का अधीक्षक एक अंग्रेज था, जिसको गार्डनर कहते थे और उप अधीक्षक भी एक अंग्रेज था, जिसको पीयर्स कहते थे। नैनी जेल पहुँचने पर इस बात की तीव्र अभिलाषा हुई कि अपने प्रांत व देश के उच्च नेताओं टंडन जी, शास्त्री जी, कमलापति त्रिपाठी, आर.एस. पंडित, काटजू जी, पं. विजय लक्ष्मी आदि के दर्शन किए जाए और उस अवसर की खोज में हम लोग रहने लगे, किंतु इसी बीच जेल अधिकारियों से कुछ कटुता हो गई जिससे कुछ दिनों के लिए हमारी अभिलाषाएँ जहाँ की तहाँ दबी रह गईं।

मैं सन् 1942 में पहली बार जेल गया था। जेल जीवन का कोई अनुभव न था, जो कपड़े शरीर पर थे वे ही साथ थे। जेल में कुछ लोगों को छोड़कर अधिकांश लोगों की यही दशा थी। नवम्बर बीत गया, सर्दी बढ़ रही थी, नैनी जेल में कपड़े नहीं मिले, पता चला कि सब खत्म हो चुके हैं, जब आवेंगे तो मिलेंगे। पाँच नं. सर्किल में बहराइच, बस्ती, गोरखपुर व फतेहपुर आदि जिले के लोग पहले ही पहुँच गये थे, किंतु हमारा जिला इससे भिन्न था। हम लोगों ने एक सप्ताह के अंदर मांग पूरी करने की मांग की और मांग पूरी

होने पर एक सप्ताह बाद लड़ाई की सूचना अधिकारियों को दे दी। सप्ताहांत में कोई सूचना न मिलने पर लड़ाई का बिगुल बजाया गया। नेता टाइप के लोग तो पहले ही अपनी कोठरियों में घुस गये, किंतु बहादुर सेनानी डट गये। कादीपुर तहसील के श्री राज बहादुर सिंह जो शहीद हो चुके हैं, इस लड़ाई में हमारे कंधे से कंधा मिलाकर साथ थे। सारी जेल बंद हो जाने के बाद जेल अधीक्षक अपनी-अपनी फोर्स के साथ, जो लाठियों से लैस थी, आया और लाठी चार्ज करा दिया। सबको उठा-उठाकर बैरकों में फेंका गया। इस अवसर पर श्री पलटू यादव को, जो रानीगंज बाजार के पास दक्खिनगाँव के निवासी थे, बहुत अधिक चोट आई, जिससे उनके एक आँख की ज्योति जाती रही। दूसरे दिन जेल में हलचल मच गई। श्रद्धेय टंडन जी की खबर मेरे पास आ गई, लड़ाई में हम सब सुलतानपुर के साथ हैं, आज गोली चलेगी। वातावरण में गरमाहट से सब कुछ भूल गया। हमारी चोटें कुछ मालूम ही नहीं हो रही थीं। हर बैरक में चोरी-छिपे पर्चियाँ आ रही थीं कि इतने में अधीक्षक जेल अपने साथियों सहित आकर तमाम कपड़े बैरक में डाल गया और माफी मांगने लगा। बाबू गनपत सहाय आदि ने मध्यस्थता करके सुलह कराई। वातावरण में नमी आई और उसी के फलस्वरूप हम लोगों को भी अपने महान नेताओं से मिलने एवं उनको अपने बीच गोष्ठी, कवि गोष्ठी और अन्य अवसरों पर बुलाने की सुविधा प्राप्त हुई। जेल अधिकारियों से सुलह तो करा दी गई, किंतु बाद में उसने हम 12 व्यक्तियों के खिलाफ जेल में दफा 52 का मुकदमा चला दिया था, जिसके संबंध में श्रद्धेय टंडन जी के बैरक में जाने का अवसर मिला।

टंडन जी ने कन्हैया लाल मिश्रा व श्री शिव चरन दास को मुकदमे में वकील कर दिया था। हमारे वकील हर पेशी पर जेल के फाटक पर आते, अखबार व पत्रिका लाते, कुछ फल भी लाते। हम लोग उस दिन फाटक पर जाते, बाहर का दृश्य देखते, कुछ बाहर की खबर लाते, कुछ अंदर की खबर देते। जेल व वार्डरों के बयान होते। कुछ दिन के बाद इस नाटक का भी अंत हुआ और तीन साथियों सर्वश्री राज बहादुर सिंह, राम जियावन दुबे और नाजिम अली को दो-दो महीने की सजा मिली। हालाँकि इस कांड से नाजिम साहब बिल्कुल अलग थे।

इस काम में बस्ती के पं. सीताराम शुक्ल जी बहुत उत्साह देते रहे और गाने-बजाने का प्रबंध करते रहे। सौभाग्य की बात यह थी कि हमारे पड़ोस ही में मौलाना अहमद हुसैन मदनी साहब आ गये। बड़ा ऊँचा व्यक्तित्व था, रोज हम लोगों को चाय पिलाते, इत्र लगाते, इलायची बांटते और हाल-चाल पूछते। एक बार हमारी बैठक में एक डिबेट चला। विषय था अंग्रेजों को भारत क्यों छोड़ना चाहिए? जेल में उस समय जितने गणमान्य नेता थे। उनमें से कई लोगों के भाषण हुए, किसी का एक दिन, किसी का दो दिन, किसी का तीन दिन, किंतु मौलाना मदनी साहब का भाषण एक सप्ताह तक बराबर लगभग दो घंटे प्रतिदिन के हिसाब से चलता रहा और जहाँ तक मुझे याद है, किसी दिन उन्होंने अपना भाषण दोहराया नहीं था।

नैनी जेल में मुझे पढ़ने, पढ़ाने और अध्ययन करने की विशेष सुविधा मिली। पं. सरयू प्रसाद मिश्र जी देवरिया जिले से आये थे। संस्कृत व हिन्दी आदि के एम.ए. और एल.एल.बी भी थे। उन्होंने मुझे अंग्रेजी पढ़ाई थी, जिससे आगे उच्च शिक्षा प्राप्त करने में मुझे बड़ी सुविधा हुई थी। दुख की बात है कि आज वह हमारे बीच नहीं हैं, किंतु उनकी दिव्य मूर्ति, उच्च व्यक्तित्व, मृदुल स्वभाव और विद्वता हमें सदैव उनकी याद दिलाती रहेगी।

जेल से छूटने के बाद राष्ट्रपिता महात्मा गांधी जी का दर्शन रेल रोककर अपने जिले में किया गया। मैं जिले में भूमिधारी आंदोलन का जिला संयोजक था, कानपुर में प्रदेशीय सम्मेलन था। जिसमें जिला संयोजकों को भी मंच पर बैठाया गया। पं. जवाहर लाल नेहरू प्रधानमंत्री जी प्यारे और मेरे बगल में आकर बैठ गये, अब मंच पर बैठे नेतागण मुझे हटाकर स्वयं उनके बगल आने की चेष्टा करने लगे तो नेहरू जी को बुरा लगा और उन्होंने उसे बहुत डांटा।

महिलाओं द्वारा रोक-टोक नहीं होती थी, क्योंकि किसी में यह साहस ही नहीं होता था। सबको यह मालूम था कि रोकने से कोई मानने वाला नहीं है, जो इस कार्यक्षेत्र में उतर आया है उसे रोक पाना असम्भव है, फलतः इसका कोई प्रयास ही नहीं करता था, बल्कि लोग उत्साहवर्धन ही करते थे।

गोपनीयता तो सर्वोपरि थी और जब गोपनीयता भंग हुई तब अवश्य धोखा हुआ और हम तकलीफ में फंसे। उधर अंग्रेजों के मुखबिर चौकीदार बराबर हमारी गतिविधियों पर नजर रखते थे, फिर भी उनसे आँखें बचाकर काम किया जाता था। कुछ खास स्वार्थी तत्वों को छोड़कर सामान्य जनता की भागीदारी या सहयोग स्पष्ट था। यद्यपि लोग डरते थे कि हमारी शिकायत हो जायेगी, फिर भी वे पूरी मनोभावना से स्वराज के पक्ष में थे। आर्थिक आदि साधन हम सामान्य कार्यकर्ताओं के ऊपर की बात थी।

स्वतंत्रता संग्राम सेनानी श्री राजाराम शुक्ला

स्वतंत्रता संग्राम सेनानी श्री राजाराम शुक्ला ग्राम राज्दैपुर पोस्ट व तहसील अमेठी के निवासी थे। श्री शुक्ला जी का जन्म गाँव राज्दैपुर में हुआ। इनके पिता का नाम श्री दाता दीन शुक्ला था। अपने चार भाइयों में श्री शुक्ला तीसरे नंबर पर थे। प्रारंभिक पढ़ाई गाँव में ही हुई, उसके बाद आर्थिक स्थिति ठीक न होने तथा नजदीक विद्यालय न होने के कारण आगे पढाई न कर सके।

बक़ौल राजाराम शुक्ला, घर पर बेकार बैठे रहने के बाद द्वितीय विश्व युद्ध के दौरान जब ब्रिटिश फौज में भारतीयों की भर्ती शुरू हुई तो हम भी फौज में शामिल हो गए। अंग्रेजों की फौज सिंगापुर तक पहुँच गयी थी, तभी जापानियों ने पूरी फौज कैद कर ली। लड़ाई जारी थी और मैं जापानियों की कैद में था। इसी बीच जापान में कप्तान

मोहन सिंह ने जापानियों से मिलकर आजाद हिन्द फौज खड़ी करने की पेशकश की। हिन्दुस्तानी फौज तथा अन्य भारतीय मूल के लोग जापानियों के साथ मिलकर अंग्रेजों से मोर्चा लेंगे। इस प्रकार आजाद हिन्द फौज की संरचना हुई। देश निकाला की सजा भुगत रहे श्री रास बिहारी बोस भी वहीं जापान में थे। उनका भी समझौते में बड़ा योगदान रहा। कप्तान मोहन सिंह जो आजाद हिन्द फौज के जनरल थे, उन्होंने जापानियों के सामने प्रस्ताव रखा कि जब हम लोग भारत में पहुँच जाएँ तब फौज का निर्देशन आजाद हिन्द फौज के हाथ में होगा। जापानियों ने इसे कूटनीतिक चाल समझ कर मोहन सिंह को कैद कर लिया, जबकि मंशा यह थी–भारत में खून-खराबा न करके आजाद हिन्द वाले भारतवासियों को अपनी तरफ मिला लेंगे और भारत वर्ष में ही एक बड़ी ताकत अंग्रेजों के खिलाफ आवाज बुलंद करेगी, अंग्रेजों को भगाने पर शासन जापानियों के नहीं, बल्कि भारतवासियों के साथ होगा। मसविदा फ़ेल होने पर आजाद हिन्द फौज टूटने के कगार पर आ गयी, क्योंकि हिन्दुस्तानी सिपाही जापानियों की कमांड में भारत पर हमला नहीं करना चाहते थे। उसी समय नेताजी सुभाष चंद्र ने जर्मनी से पनडुबी में बैठकर जापान में पर्दापण किया। हिन्दुस्तानियों के लिए पहले के कांग्रेस अध्यक्ष सुभाष चंद्र बोस एक जाने-माने गरम दल के नेता थे। अतः सभी ने उन्हें आजाद हिन्द फौज का सुप्रीम कमांडर स्वीकार कर लिया। लड़ाई उन दिनों काफी जोर पर थी। नेताजी ने बहुत तेज़ी से आजाद हिन्द फौज के जवानों को ट्रेनिंग देकर पुनर्गठित किया।

हमको आजाद हिन्द फौज की दूसरी बटालियन में ज़िम्मेदारी दी गयी, जिसके ब्रिगेडियर प्रेम सहगल साहब थे। हम लोग इम्फाल (मणिपुर) में अंग्रेजों के खिलाफ युद्ध में थे। अहिरावती गंगा पर आजाद हिन्द फौज का कब्ज़ा था। उस समय हमारा नारा था–'मर जाना ठीक है, कैद होना नहीं'। हम आजाद हिन्द फौज के साथ हांगकांग, बर्मा गए। हम लोगों की एक बटालियन, जिसको पहली बटालियन कहते थे, के कमांडर पठान अंग्रेजों के साथ हो लिए। पठान के इस धोखे से हम लोगों को बहुत निराशा हुई लेकिन हिम्मत नहीं हारे।

सन् 1944 में हम अंग्रेजों द्वारा गिरफ्तार कर लिए गए और बर्मा सेंट्रल जेल भेज दिए गए। एक़ महीने कारावास में रखने के बाद हम लोगों को छोड़ दिया गया।

अंग्रेजों की फौज में हमारे साथ गाँव एवं आसपास के कई व्यक्ति थे, परन्तु उनमें से पारसनाथ, गयादीन हमारे साथ आजाद हिन्द फौज में गए। इस बीच हमारे घर वालों ने हमें मृत समझा क्योंकि चार-पाँच सालों तक हमारी कोई खबर घर वालों को न थी। जब हम घर पहुँचे तो घर वाले बहुत खुश हुए। घर पर हमने वैद्य का कार्य शुरू किया। लोगों को मेरी दवाओं से आराम मिलता था।

परिवार के बारे में पूछने पर बताया कि–मैंने विवाह नहीं किया। वर्तमान में मेरे भाइयों के बच्चे मेरी सेवा करते हैं। मुझे प्रदेश एवं केंद्र सरकार से पेंशन मिलती है जो मेरे अपने खर्च के लिए बहुत है।

देश की वर्तमान व्यवस्था के बारे में पूछने पर श्री शुक्ला ने कहा कि–देश की वर्तमान दशा पर टिप्पणी करने का कोई अर्थ नहीं है, क्योंकि इस विषय पर बहुत टिप्पणी हो चुकी है, उसका कोई प्रभाव नहीं। जो सोचकर आज़ादी की लड़ाई लड़ी गयी थी, व्यवस्था उसके ठीक विपरीत है। अमीर-गरीब के बीच खाई बढ़ती जा रही है। नेता, अधिकारी अपने को मालदार बना रहे हैं, जनता के कथित सेवक जनता के शोषक का नग्न रूप धारण किये हैं। इनको न कोई डर है और न कोई शर्म।

उस समय का वातावरण ही ऐसा था कि कोई भी नौजवान स्वतंत्रता आन्दोलन में भाग लेने के लिए आसानी से मन बना सकता था। सर्वप्रथम मैंने गांधी आश्रम के माध्यम से राष्ट्र सेवा का कार्य आरंभ किया, किंतु व्यक्तिगत सत्याग्रह के दौरान राष्ट्रीय आन्दोलन में खुलकर सामने आया। संगठन के प्रयास गाँव-गाँव में चरखे के प्रचार के माध्यम से जनजागृति पैदा करना, सभाओं के माध्यम से लोगों को अंग्रेज़ विरोधी भावनाओं से भरना, तिरंगे को लेकर चलना आदि प्रमुख था।

महिलाओं की भागीदारी जरूर थी। वे कम से कम इस नेक काम में बाधक नहीं बनती थीं। अपवाद तो हर जगह होता है। इक्की-दुक्की महिलाएं बाधक बनती थीं। लेकिन उसको नगण्य ही माना जायेगा। आर्थिक साधन जन सहयोग पर आधारित था। हम लोग अपने खर्च अपने घर से लेते ही लेते थे। हम लोगों को तरह-तरह के शारीरिक दंड तो मिलते ही थे। जेल की हवा भी खानी पड़ती थी। हमारे मन में गाँधी एवं सुभाष दोनों के लिए सम्मान था। स्वतंत्रता प्राप्ति की सम्भावना ही नहीं इसके लिए हम सुनिश्चित थे।

स्वतंत्रता संग्राम सेनानी श्री शिव हरख सिंह

श्री शिव हरख सिंह जी ग्राम रणवीर नगर, ब्लॉक व तहसील अमेठी के निवासी थे। श्री शिव हरख सिंह का जन्म सितम्बर 1918 में हुआ। उनके पिता श्री माता पलट सिंह प्रतापगढ़ के साधारण किसान थे, लेकिन वे बाद में रणवीर नगर में आकर बस गए। श्री शिव हरख सिंह अपने चार भाइयों एवं 2 बहनों में सबसे बड़े थे।

श्री सिंह ने बताया कि–जूनियर हाई स्कूल एवं मिडिल की पढ़ाई पूरी करने के बाद मैं अपने घर (रणवीर नगर) पर रहा, लेकिन उस समय का माहौल ऐसा था जिससे हर नौजवान अन्दर-अन्दर इससे प्रभावित होता रहता था। यह अलग बात है कि तत्कालीन प्रशासन का इतना भय व्याप्त था कि चाहते हुए भी हर व्यक्ति उस ज्वाला में कूदने की हिम्मत नहीं जुटा पाता था। मैं इस परिस्थिति में अपने को रोक न सका और आज ईश्वर का आभारी हूँ कि जो ऐसे अवसर पर मुझे नौजवान बनाया और ऐसे नेक कार्य में भागीदारी का अवसर दिया। इस दौरान 1940 में मैं श्री बालक राम द्विवेदी के संपर्क में आया। जिन्होंने मुझे अमेठी में 1 माह का प्रशिक्षण दिया। सन् 1941 में मैंने व्यक्तिगत सत्याग्रह में भाग लिया। फलस्वरूप गिरफ्तार कर लिया गया। पहले सुलतानपुर जेल भेजा फिर

वहाँ से लखनऊ कैंप जेल स्थानान्तरित कर दिया गया। वहाँ से लखनऊ जिला जेल भेजा गया। इस प्रकार कुल 11 महीने इन जेलों में रहा।

संगठनात्मक प्रयासों में स्थानीय लोगों को अवश्य प्रेरित करता था। तरह-तरह से समझाता था। अंग्रेजी शासन से भारत माता को मुक्त करना अपना नैतिक दायित्व है, स्वतंत्रता प्राप्ति के बाद की काल्पनिक स्थिति सामने रखता था। लोग प्रभावित होते हैं।

सामान्य जनता के सहयोग को अवश्य उजागर किया जाना चाहिए। अंग्रेजों के पिट्ठुओं को छोड़कर आम नागरिक का हृदय से सहयोग करता था, जैसे पुलिस आदि के आने की सूचना देना, अपने घरों में छिपाना, खिलाना-पिलाना यहाँ तक कि ज़रूरत होने पर आर्थिक सहायता करना। यद्यपि यह सब गोपनीय तरीके से करना। अधिक पसंद करते थे नहीं तो प्रशासन उनके पीछे पड़ जाता।

महिलाओं की भागीदारी की जहाँ तक बात है, मेरी पूज्यनीय माता जी तो एक उदाहरण हैं। हमारे घर पर क्रांतिकारियों का जमावाड़ा होता था जो आधी रात या उसके बाद शुरू होता था, लेकिन माता जी द्वारा उनके आवभगत में कोई कोर-कसर नहीं होती थी।

आर्थिक साधन स्वयं जुटाया जाता था, बहुत आवश्यकता भी नहीं पड़ती थी। ज़रूरत के अनुसार व्यवस्था कर ली जाती थी, हम सामान्य लोगों को ऐसी खास जरूरत नहीं होती थी। संगठन स्तर पर बड़े सेठ-महाजन गोपनीय तौर पर आर्थिक मदद कर देते थे। सक्रिय गतिविधि गांधीवादी थी। उनके निर्देश पर व्यक्तिगत सत्याग्रह में भाग लिया। सन् 1941 में गिरफ्तार कर लखनऊ जेल भेज दिया गया। वहाँ पर हम और हमारे साथियों को गेहूँ चक्की में पीसने के लिए दिया जाता था। दो व्यक्तियों के लिए दिए जाने वाले अनाज की मात्रा बहुत ज्यादा थी, इसका हम लोगों ने जमकर विरोध किया। फलस्वरूप विजय लक्ष्मी पंडित और सुचेता कृपलानी की मध्यस्थता में विरोधियों एवं जेल प्रशासन में समझौता हुआ। अब अनाज की वही मात्रा चार व्यक्तियों के लिए निर्धारित की गयी।

स्वतंत्रता प्राप्ति की उम्मीद नहीं, बल्कि वह दिन दिखाई पड़ने लगा था कि स्वतंत्रता अब मिलकर रहेगी। भले ही यह एक युद्ध ही रहा हो, किंतु हम लोग यह मान बैठे थे कि अब हम शीघ्र ही भारत माता को अंग्रेजों के चंगुल से छुड़ाने में सफल हो जायेंगे।

गाँधी और सुभाष के बारे में मैं बहुत नहीं कह सकता, किंतु इतना अवश्य जानता हूँ। मैं प्रारंभ में गांधीवादी, किंतु बाद में क्रांतिकारियों के संपर्क में आ गया। राय अम्बिका सिंह जो कि क्रान्तिकारी थे और उन्हें मुंबई में गिरफ्तार कर जौनपुर जेल लाया गया, उनको छुड़ाने के लिए हम लोगों ने बक्सा थाना (जौनपुर) को लूटा, ताकि हथियारों को एकत्र किया जा सके। लेकिन उनको छुड़ाने की योजना सफल नहीं हो सकी। वर्तमान समय की व्यवस्था पर क्या बात करूँ। समय का फेर है, जीवन मूल्य बदल चुका है। लोगों की नैतिकता बदल चुकी है।

शहीद सैनिकों का विवरण

फूल टूटी जवन बस वतन के बरे

देश पर अपने प्राण न्योछावर करने वाले शहीदों के भावों को व्यक्त करती जुमई खाँ आजाद की यह कविता, जनपद के शहीदों को समर्पित है। अवधी के प्रख्यात कवि जुमई खाँ आजाद मूल रूप से तो बगल के जनपद प्रतापगढ़ के रहने वाले थे, लेकिन उनका गौरीगंज से अटूट नाता था। उन्होंने गौरीगंज में जमीन खरीदी, यहाँ बेटी का विवाह किया। उनको स्मरण करते हुए, उनकी 'भारत वंदना' कविता के अंश से वीर सैनिकों को श्रद्धांजलि अर्पित है।

फूल टूटी जवन बस वतन के बरे,
शीश चरनन माँ मइया झुकावत रहब।
जब लगी काम हमरे एसस पूत कै,
तोहरी बेदी पै सर बस झुकावत रहब।।

जेकरी गोदी माँ लोटे बेकइयां चले,
ओकरी माटी का माथे लगावत चलब।
जेकर कन कन पियारा अहैं प्रान से,
खून ओकरे बरे हम बहावत चलब।।

हम न रहबै एकर न कौनौ फिकिर,
मुल अमर जोति जग माँ जलावत चलब।
यहि वतन के बरे शीश जब जब चढ़ी,
मातरम गीत हम दोहरावत चलब।।

गांधी लोहिया तिलक गोखले कै चमन,
ऐसे उजरइ न पाई रखावत चलब।
फूल टूटी जवन बस वतन के बरे,
शीश चरनन माँ मइया झुकावत रहब।।

अपनै खुनवा से सिंचबै सुबह-शाम हम,
जवनी बगिया माँ देवतन कै अब वास बा।
जउने हरिअर रहैं फूल के सब कली,
आज सब के बरे काम ई खास बा।।

हम न हिन्दू अही न मुसलमा अही,
जाति मनई के आटै पहरुआ अही।
देश सेवा अहै एक बाटै टहल,
अपनी माई के हमहूँ दुलरुआ अही।।

अपनी सरहद पै हरदम रखब चौकसी,
देबे जिनगी भै पहरा चमन के बरे।
एक फेरी चहै सामने काल आवै चहै,
पैर पीछे न धरबै वतन के बरे।।

खून बाकी रही जब तलक देह मां,
हम लड़ाई लड़ब यहि वतन के बरे।
जानी खातिर भगत सिंह फांसी चढ़े.
सिर पै बांधे पगड़िया कफन के बरे।

प्रान हमहूँ निछावर करइ जब चलब,
केहू रोवइ न पाई हंसावत रहब।
फूल टूटी जवन बस वतन के बरे,
शीश चरनन माँ मइया झुकावत रहब।।

शहीद माता फेर सिंह राजपूत रेजीमेंट में नायक के पद पर भर्ती हुए थे और उनका नंबर 2944 8646 था। इनके पिता का नाम स्वर्गीय जगदीश सिंह और माता का नाम स्वर्गीय श्रीमती प्रभु देवी था। एक जुलाई 1938 में जन्मे माताफेर सिंह 23 अगस्त, 1956 में सेना के राजपूत रेजीमेंट में भर्ती हुए थे। 1965 में हुए भारत-पाक युद्ध के दौरान 16

सितंबर, 1968 में शहीद हो गए। भारत-पाक युद्ध में जम्मू-कश्मीर में पाकिस्तान द्वारा की गई बमबारी में शहीद हुए। बमबारी में इनका शरीर इतना क्षत-विक्षत हो गया था कि उनका पार्थिव शरीर उनकी जन्मभूमि पर नहीं आ सका। केवल उनकी वर्दी और नेम प्लेट ही आईं। माता सिंह अपने पीछे अपनी पत्नी राजेश्वरी देवी, पुत्री शांति देवी और पुत्र अजय सिंह को छोड़ गए थे। शहीद के घर का पता ग्राम पुरे रामा चौहान पुन्नू पुर, तहसील अमेठी, थाना संग्रामपुर, जिला अमेठी है।

शहीद गुलाम रसूल खान भारत-पाक युद्ध में 9 दिसंबर, 1971 में जम्मू-कश्मीर में शहीद हो गए थे। उनके पिता का नाम स्वर्गीय नूर मोहम्मद और माँ का नाम बेगम रहीमा था। अमेठी में 24 मई, 1943 में जन्मे गुलाम रसूल खान 24 मई, 1963 में सेना के राजपूत रेजीमेंट में सिपाही के पद पर भर्ती हुए थे। उनका नंबर 2955959 था। गुलाम रसूल खान शहीद होने के बाद पत्नी असगरी बेगम सहित तीन बेटे पूर्व सैनिक इब्बार अहमद, पूर्व सैनिक इंतजार अहमद और पूर्व सैनिक मोहम्मद बाकर खान और बेटी आशिमा बानो को छोड़ गए थे। शहीद गुलाम रसूल खान का मौजूदा पता ग्राम पुरे बनाई हरकरन पुर पो जायस, तहसील गौरीगंज, थाना जामो, जिला अमेठी उत्तर प्रदेश है।

शहीद राजीव कुमार शुक्ला भारतीय सेना में ब्रिगेड ऑफ डिपार्टमेंट में नायक के पद पर थे। सेना में 22 फरवरी, 2001 में नायक के पद पर भर्ती हुए थे और 12 दिसंबर 2001 में जम्मू-कश्मीर में ऑपरेशन रक्षक के दौरान पाकिस्तानी आतंकवादी द्वारा किए गए हमले में शहीद हुए। शहीद राजीव कुमार शुक्ला का जन्म 30 जून, 1972 में हुआ था। उनके पिता का नाम प्रभाकर शुक्ला और माता का नाम विनीता शुक्ला था। शहीद शुक्ला ऑपरेशन रक्षक के दौरान शहीद हुए और अपने पीछे पत्नी शैली शुक्ला सहित दो बेटे प्रतीक शुक्ला और प्रसन्न शुक्ला को छोड़ गए। शहीद शुक्ला के तीन भाई शिवकुमार, बृजेश कुमार और दिनेश कुमार हैं जो खेती करते हैं। उनकी एक बहन अरुणा थी जिनका निधन हो गया है। उनके परिवार के लोग ग्राम मीरगंज, तहसील अमेठी थाना पीपरपुर और जिला अमेठी उत्तर प्रदेश में रहते हैं।

शहीद मोहम्मद हनीफ भारतीय सेना के राजपूत रेजीमेंट में सिपाही के पद पर भर्ती हुए थे। वे भारत-पाक युद्ध के दौरान 1971 में शहीद हुए थे। उनका नंबर 2957 713 था। शहीद होने के बाद वे पत्नी शकीला को छोड़ गए थे। उनका परिवार ग्राम बहादुर का पुरवा, पोस्ट जगदीशपुर, तहसील मुसाफिरखाना, थाना जगदीशपुर, जिला अमेठी में रहता है।

शहीद राकेश कुमार सिंह जम्मू कश्मीर में सैन्य ड्यूटी के दौरान 4 अप्रैल, 2001 में नेशनल हाईवे एन एच 1 उरून कुरा में ऑपरेशन रक्षक के दौरान सड़क दुर्घटना में शहीद हो गए थे। वे पिता रामदेव सिंह और माता कमला देवी के घर 15 अप्रैल, 1970

में जन्मे और 16 अप्रैल, 1989 में सेना के तोपखाना रेजीमेंट में भर्ती हुए। उनका नंबर 15113432 पी था।

शहीद राकेश कुमार सिंह अपने पीछे पत्नी शिव कुमारी सिंह, बेटे अखिलेश प्रताप सिंह और पुत्री सोनम सिंह को छोड़ गए। उनका पता ग्राम अचलपुर, पो अचलपुर, तहसील गौरीगंज जिला अमेठी, उत्तर प्रदेश है।

शहीद राम निहोर यादव 39 गोरखा रेजीमेंट में राइफलमैन थे और उनका नंबर 52 477 471 था। वे 22 जून, 1999 में करगिल ऑपरेशन विजय में जम्मू-कश्मीर के कारगिल में पाकिस्तानी घुसपैठियों के बम हमले में शहीद हो गए थे। शहीद राम निहोर यादव के पिता का नाम राम अधर यादव और माता का नाम मूर्ति देवी था। वे 1995 में सेना के 39 गोरखा रेजीमेंट में भर्ती हुए थे। राम निहोर यादव शहीद होने के बाद पत्नी शिव कुमारी सिंह सहित अपने बेटे और पूर्व सैनिक राम सेवक यादव, पूर्व सैनिक राम अचल यादव और कृषक रामसूरत यादव और बहन राम कुमारी को छोड़ गए थे। शहीद राम निहोर यादव के आश्रितों का मौजूदा पता ग्राम सोनारी, पो सोनारी, तहसील अमेठी, थाना मीरपुर जिला अमेठी है।

शहीद रंजीत सिंह अमेठी जनपद के थे। उनके पिता का नाम ब्रज मोहन सिंह था। वे इक्कीस साल की उम्र में भारतीय सेना के राजपूत रेजीमेंट में सिपाही के पद पर भर्ती हुए थे। वे भारत-पाक-चीन युद्ध के दौरान 21 अक्तूबर, 1962 को शहीद हो गए थे। शहीद होने के बाद पत्नी अनारकली को छोड़ गए। शहीद रंजीत सिंह के घर का पता ग्राम भादो चापू, पो पर्वतपुर, तहसील गौरीगंज, जिला अमेठी है।

शहीद भारत सिंह भारतीय सेना के राजपूत रेजीमेंट में सिपाही के पद पर थे। उनका नंबर 2946929 था। वे 1962 में भारत-चीन युद्ध के दौरान शहीद हो गए थे। वे अपने पीछे पत्नी जसवंत कौर को छोड़ गए थे। उनके परिवार के लोग ग्राम दुबरिया, तहसील मुसाफिरखाना, जिला अमेठी में रहते हैं।

शहीद शेर बहादुर सिंह भारतीय सेना के राजपूत रेजीमेंट में सिपाही थे। उनका नंबर 2948523 था। वे 1962 में भारत-चीन युद्ध में शहीद हो गए थे। वह अपने पीछे पत्नी धनु देवी को छोड़ गए थे। उनका परिवार ग्राम रणवीर नगर, पोस्ट रामनगर, तहसील अमेठी, जिला अमेठी में रहता है।

शहीद वीरेंद्र सिंह 7 जनवरी, 1999 में भारतीय सेना के तोपखाना रेजिमेंट में सिपाही के पद पर भर्ती हुए थे। उनका नंबर 151 378 66 था। वे 7 अक्तूबर, 2000 में ऑपरेशन विजय में जम्मू-कश्मीर में शहीद हो गए थे। वे अविवाहित थे।

शहीद वीरेंद्र सिंह का जन्म 11 सितंबर, 1978 में हुआ था। उनके पिता का नाम रविकिरण सिंह था और माता का नाम राम लली था। शहीद वीरेंद्र सिंह का परिवार ग्राम दादरी, तहसील मुसाफिरखाना, जिला अमेठी में है।

शहीद महेंद्र कुमार पांडेय भारतीय सेना के तोपखाना रेजिमेंट में गनर के पद पर 22 जून, 1996 में भर्ती हुए थे। उनका नंबर 15228890 था। वे ऑपरेशन रक्षक ऑपरेशन पराक्रम के दौरान जम्मू-कश्मीर के कुपवाड़ा में एक आतंकवादी विस्फोट में 26 अप्रैल, 2003 में शहीद हुए थे। वे अपने पीछे पत्नी सुधा पांडे को छोड़ गए थे। उनका जन्म 25 सितंबर, 1976 में हुआ था। उनके पिता का नाम राजपति पांडे था। आज उनका परिवार ग्राम पांडेपुर नगर, पोस्ट बरोसा, तहसील कादीपुर, जिला अमेठी में रहता है।

शहीद उत्तम सिंह भारतीय सेना में माउर रेजिमेंट में नायक के पद पर 29 अप्रैल, 2005 में भर्ती हुए थे। इनका नंबर 4579063 था। वे ऑपरेशन रक्षक के दौरान 18 अप्रैल, 2020 में जम्मू-कश्मीर में शहीद हो गए थे। वे फील्ड एरिया पेट्रोलिंग के दौरान एक पहाड़ी से नीचे गिर गए थे। उनके पिता का नाम दान बहादुर सिंह था जबकि माता का नाम साबरमती सिंह था। उनका जन्म 20 जून, 1985 में हुआ था। शहीद होने के बाद वे अपने पीछे पत्नी रागिनी सिंह सहित दो पुत्र निर्माण सिंह और पार्थ सिंह को छोड़ गए थे। आज उनका परिवार ग्राम दादरा मऊ, तहसील मुसाफिरखाना, जिला अमेठी में रहता है।

शहीद ए. पी. सिंह ई. एम. ई. रेजिमेंट में हवलदार के पद पर तैनात थे। उनका नंबर 1450 3206 था। वे 1989 में ऑपरेशन पवन के दौरान शहीद हो गए थे। वे अपने पीछे पत्नी कमला देवी को छोड़ गए थे। उनका परिवार ग्राम शादीपुर, तहसील मुसाफिरखाना जिला अमेठी में रहता है।

शहीद यादव राजकुमार भारतीय सेना के एबी आटी रेजिमेंट में लांस नायक के पद पर तैनात थे। उनका नंबर 1577 4280 था। वे 29 सितंबर, 2000 में सेना में भर्ती हुए थे। अमेठी के शहीद यादव राजकुमार का जन्म 5 सितंबर, 1980 में हुआ था। उनके पिता का नाम दूधनाथ और माता का नाम सोनपति था। वे 29 अगस्त, 2007 में जम्मू-कश्मीर में ड्यूटी के दौरान सड़क दुर्घटना में शहीद हो गए थे। शहीद होने के बाद वे अपने पीछे पत्नी सुनीता देवी सहित 2 पुत्र सत्यम यादव और पीयूष यादव को छोड़ गए थे। उनका परिवार ग्राम मवई, तहसील गौरीगंज, जिला अमेठी में रहता है।

शहीद जगन्नाथ प्रसाद भारतीय सेना के ई. एम. ई. रेजीमेंट में हवलदार के पद पर तैनात थे। उनका नंबर 7030 220 था। वे 1962 में भारत-चीन युद्ध के दौरान शहीद हो गए थे। शहीद होने के दौरान पत्नी राजरानी देवी को छोड़ गए थे। उनका परिवार ग्राम कोइलार, तहसील मुसाफिरखाना, जिला अमेठी में रहता है।

सूबेदार सीताराम पांडेय ब्रिटिश सैन्य पाठ्यक्रम का हिस्सा थे

अमेठी जनपद के तिलोई क्षेत्र के गाँव पांडेय का पुरवा के निवासी बंगाल आर्मी की पैदल सेना में सन् 1812 में भर्ती हुए थे और 1860 में एक सिपाही से सूबेदार बनकर रिटायर हुए। किस्सागोई उनके स्वभाव में थी। वे पेंशन लेने जाते समय अक्सर अपने अधिकारियों को क़िस्से सुनाया करते थे। अधिकारियों ने उनको अपनी बातों को लिखने के लिए प्रेरित किया। उन्होंने अपने जीवन के अनुभवों को अपनी मातृभाषा अवधी में लिखा। बाद में यह पुस्तक सैन्य अधिकारियों को इतना प्रभावित कर गई कि सन् 1910 में लेफ्टिनेंट कर्नल फिलट ने अंग्रेज़ी सेना में भर्ती होने वाले अभ्यर्थियों के लिए अनिवार्य कर दिया। यह पुस्तक सैन्य बुलेटिन में श्रृंखलाबद्ध प्रकाशित भी हुई। इस पुस्तक को सबके सामने लाने वाले देश के वरिष्ठ पत्रकार मधुकर उपाध्याय के इस पुस्तक के लिए किए गए प्रयास की भी एक गाथा है। पहले मधुकर जी ने ब्रिटेन से अंग्रेज़ी संस्करण प्राप्त किया, फिर पुस्तक को मूल रूप में लाने के लिए अवधी में अनुवाद किया और प्रकाशित किया। उसके बाद पुस्तक ख़ड़ी बोली हिंदी में भी प्रकाशित हुई, उनका यह प्रयास भी उल्लेखनीय है।

अनेक वर्ष पूर्व मैंने जब यह किताब 'क़िस्सा पांडे सीताराम सूबेदार' पढ़ी थी तो यह पुस्तक अपने आप में सैनिकों के इतिहास में अलग तरह की पुस्तक है। यह पुस्तक केवल एक सैनिक की आत्मकथा नहीं है, बल्कि एक सैनिक द्वारा लोकभाषा में रचा गया वह जीवंत साहित्य है जिसे पढ़कर लोग नौकरी पाते थे। यह अवधी भाषा की ताक़त भी है कि उसने अंग्रेज़ी सैनिक शासन को प्रभावित किया और उन्होंने ब्रिटिश सैनिक प्रशिक्षण पाठ्यक्रम में पुस्तक को अपना हिस्सा बना लिया। हिंदी भाषा में भी इस प्रकार की आत्मकथा नहीं है, इस पुस्तक को लिखे जाने का कालखंड भी महत्वपूर्ण है।

किस्सा पांडे सीताराम सूबेदार (1797-1880) कम्पनी और फिर अंग्रेज सेना के एक सिपाही की आत्मकथा है जो सूबेदार बनकर पेंशन याफ्ता हुए। सीताराम अवध के थे और उन्होंने अपनी आत्मकथा अवधी में वर्ष 1860-1861 में लिखी। इसका कालांतर

में जेम्स नोर्गत ने अंग्रेज़ी में अनुवाद किया। यह पुस्तक अत्यंत महत्वपूर्ण है-अंग्रेजों के शासनकाल में ब्रिटिश सेना की नौकरी के इच्छुक लोगों के लिए यह अनिवार्य था कि वे यह पुस्तक पढ़कर परीक्षा पास करें। सन् 1915 में सर गिरिजाशंकर वाजपेयी ने अपने सिविल सेवा के इन्टरव्यू में यह कहा था कि सीताराम पांडेय ने यह किताब उनके दादा को दी थी और उन्होंने यह किताब पढ़ी है। पर उसके बाद यह पाण्डुलिपि गायब हो गयी और मधुकर जी काफी यत्न कर के भी उसे ढूँढ़ नहीं पाये। तब उन्होंने इस पुस्तक को अवधी मे पुनः रचने का कार्य किया। मेरे जैसे अवधी से कट गए व्यक्ति को अपनी जड़ों से जोड़ने में इस पुस्तक की बड़ी भूमिका है। मधुकर उपाध्याय का कहना है कि सूबेदार सीताराम पांडेय की कहानी मेरे लिए एक सपने की तरह थी, जिसे लेकर मैं कई साल जिया। किस्सा पांडे मुझे यह भी अहसास कराती है कि सोच-समझ या उत्कृष्टता पढ़े-लिखे बुद्धिजीवियों की बपौती नहीं है। मेरे गाँव के छोटे किसान अवधबिहारी तिवारी जब यह कहते हैं 'भइया खेत-जमीन के लग्गे खड़ा होए पर जमीन खुदै फ़सल क हाल कहथ'; तब मुझे सीताराम पांडे जैसे चरित्र की याद हो आती है। इस किताब में इसी तरह के विचार हैं जो सीतारामजी ने बिना लाग-लपेट के लिखे हैं। किस्सा पांडे का किस्सा शुरू होता है गाँव से पांडे के पैदल आगरा जा कर सिपाही के रूप में भर्ती होने से। रस्ते में ठगी प्रथा से रूबरू होने का चित्रण भी है। पुस्तक में सीताराम पांडे की सात बड़ी लड़ाइयां और छः बार गम्भीर घायल होना भी है। ग़दर में उनके अपने बेटे के बाग़ी के रूप में पकड़े जाने और उसको गोली मरने के लिए पांडेजी को ही आदेशित होने का प्रसंग भी है। ग़दर क्यों हुआ– इस पर पांडेजी के विचार भी हैं। मैं पुस्तक के छोटे-छोटे अंश आपके समक्ष रखता हूँ।

ठगी का प्रसंगः रात मा जब हमरे सब रुकेन तौ हमैं इहै सोचि-सोचि कै बहुत देर तक नींद नहीं आई कि ई सब ठग हैं! हम जागै कै पूरी कोसिस किहेन लेकिन थोड़ी देर बाद सोइ गयन! कुछै देर बीता कि हमार आंख मुर्गा के बांग अस आवाज से खुलि गय! हम उठि के बैठ गयन तो देखेन कि मजदूरन मा से एक-दुइ मनई हमरे लोगन के लगे हैं जे सोवत रहे! हम बहुत जोर से चिल्लायन और हमरे मामा तुरंतै तलवार लइ कै उनकी ओर लपके! ई सब पलक झपकत भय लेकिन तब तक ठग देवनारायन के भाई कै रेसम कै रस्सी से गटई घोंटि चुका रहे और तिलकधारी का बेहोश कई दिहे रहे! मामा **तिलकधारी के उपर खडे** ठग का काट डारिन और तिलकधारी कै जान बचि गय! यतनी देर मा ठग हमरे मामा कै सोना वाली जंजीर चोराइ लिहिन जेकर दाम अढाई सौ रुपया रहा और तिलकधारी कै तमंचा लै उड़े! वहि समय पहरा देय कै जिम्मेदारी तिलकधारी कै रही लेकिन वै सोइ गय रहे!

बेटे को गोली मारने का प्रसंग—एक दिन लखनऊ के लगे एक घरे मा कयू जने पकरि लिहा गए! वै सब सिपाही रहे! ओन्हें पकरि कै, बान्हि कै हमरे रेजीमंट कै कमांडर के आगे पेस किहा गय और अगले रोज सबेरे आडर भय कि सबका गोली मारि दिही जाय! वहि समय फैरिंग पारटी हमरे जिम्मे रही! हम सिपहियन से ओनके नावं और रेजीमंट पूछेन! पाँच-छह जने के बाद एक सिपाही वहि रेजीमंट कै नांव लिहिस जेहमा हमार बेटवा रहा! हम ओसे पुछेन कि का ऊ लैट कंपनी कै अनंती राम का जानत है औ उ कहिस कि ई वही कै नांव है! अनंती राम बहुत जने कै नांव होत है यहि मारे हम पहिले ज्यादा ध्यान नहिं दिहेन! दुसरे, हम पहिलेन मानि चुका रहेन कि हमार बेटउवा सिंध मा बुखार से मरि गय एहसे बात हमें नहीं खटकी लेकिन जब ऊ कहिस कि ओकर गाँव तिलोई है तौ हमार करेजा हक्क से होइ गय! का ऊ हमरै बेटवा रहा? यहि मा कौनौ सक नही रहि गय जब ऊ हमार नांव लइकै कहिस कि वै हमरे बाबू आंय! फिर ऊ हमसे माफी मांगत हमरे गोडे पै गिरि परा! ऊ अपने रेजीमंट के बाकी सिपहियन के साथे गदर मा चला गय रहा और लखनऊ आइ गय रहा! एक दायं जौन होय क रहा, होइ गय; ओकरे बद ऊ का करत? अगर ऊ भगहूँ चाहत तौ कहाँ जात? ओन्हें सब का संझा कै चार बजे गोली मारि जाय का रही औ अपने बेटवा का गोली मारै का काम हमहीं का करे का रहा! ई है किस्मत? (खैर, पांडेजी को गोली नहीं मारनी पड़ी। औरों की लाशें जंगल में फेंक दी गईं, पर वे अपने लड़के का दाह-संस्कार कर पाये। वे अपने लड़के से नाराज जरूर थे पर यह भी था कि बाग़ी होने पर भी उसे बेटा मान रहे थे।)

ग़दर के कारण पर विचार—गदर कै आग मुसलमान लगाइन और हिंदू भेडी यस ओनके पीछे-पीछे नदी मा चला गए! बगावत कै असल कारन ई रहा कि सिपहिन का ताकत कै नसा होइ गय रहा और अफसरन के लगे ओन्हें रोकै कै ताकत नहीं रही! एसे सिपाही ई समझि लिहिन कि सरकार ओनसे डेरात है जबकि सरकार ओनपै भरोसा करत रही, यहि मारे कुछ नही कहत रही! लेकिन केहु के बेटवा बागी होइ जाय तौ ओहका घरे से नहीं निकारि दीन जात! हमैं लागत है कि यहि गदर के लिए बागी बेटवा का जौन सजा मिली है ओकर असर बहुत दिन तक रही।

भ्रष्टाचार पर विचार—बरतानी अफसर ई सुनिकै बहुत गुस्सा होइ जात हैं कि केहू घूस दिहिस है! ओसे पूछा जात है ऊ घूस काहे दिहिस! ओका सायद नहीं पता होत कि ऊ मनई इहै सोचि कै घूस देत है कि घूस कै कुछ पैसा साहब के लगे जात है! यही मारे ऊ साहब से कुछ कहत नही काहे कि चपरासी से लइकै किलरक तक सब ओसे इहै कहत हैं कि पइसा सहबौ क गय है! हम यस कौनो दफ़्तर के बारे मा नहीं सुनेन जहाँ किलरक ई न कहत होंय कि साहब घूस लेत हैं! वै चाहत हैं कि घूसखोरी चला

करै काहे कि ओनकै तौ जिन्नगी यही से चलत है! हमरे गाँव कै पटवारी एक रोज हमसे कहिस कि हमरै गलती रही होई जौन हम्मैं तरक्की नहीं मिली या यतनी देर से मिली!

वइसे बिलैती और हिंदुस्तानी सिपहियन मा ई खुब चलत है और घूस के मामला मा ओनमा कौनो फरक नहीं है! हम जानित है कि साहब लोग घूस नहीं लेत लेकिन हमसे ज्यादा पढ़ा-लिखा कयू मनई दावा से कहत हैं कि साहब लोग घूस लेत हैं! जब वै खुदै इहै काम करत हैं तौ और काव कहि हैं?

इस प्रकार सूबेदार सीताराम पाण्डेय की आत्मकथा गुलामी के इतिहास के परिपेक्ष्य की दृष्टि से तो महत्वपूर्ण दस्तावेज है ही, इसके साथ ही साहित्यिक दृष्टि से भी महत्वपूर्ण कृति है। यह लगभग 200 वर्ष पूर्व अवधी में लिखी गई एक सैनिक की आत्मकथा है।

ऐतिहासिक स्थल

स्वतन्त्रता संग्राम 1857 भाले सुल्तान शहीद स्मारक

अट्ठारह सौ सत्तावन में, चमका जिनका भाला।
उन्हीं शहीदों की यश गाथा, गाता कादू नाला।।

उपरोक्त पंक्तियाँ कादू नाला युद्ध के स्मारक स्थल पर अंकित हैं। सन् 1858 के 7, 8 और 9 मार्च को कादूनाला वन क्षेत्र में युद्ध लड़ा गया था। यह क्षेत्र लखनऊ-सुलतानपुर नेशनल हाइवे, तहसील-मुसाफिरखाना पर स्थित है। यहाँ अंग्रेजों और स्थानीय भाले सुल्तान क्षत्रियों के बीच में बड़ा भयंकर युद्ध हुआ था और लगभग 600 देशभक्त क्रांतिकारियों ने अपने प्राणों की आहुति दी थी। यह अमेठी जनपद में स्थित स्वतन्त्रता संग्राम को स्मरण कराती हुई वीरभूमि है। इस क्षेत्र में इस 1857 की क्रांति को लेकर अनेक किस्से व्याप्त हैं। पहले यह क्षेत्र घना जंगल था, लगभग 20 वर्ष पहले के श्री अवधेश कुमार सिंह (राजकुमार सिंह) की अगुवाई में सामूहिक प्रयास द्वारा यहाँ पर 22 अप्रैल, 2001 को स्मारक स्थापित किया गया। श्री रवीन्द्र प्रताप सिंह, हलियापुर, जरई खुर्द के श्री बलिकरन सिंह, श्री ओंकार सिंह विभाकर, पूर्व सांसद श्री राजकरण सिंह, श्री चन्द्रभान सिंह व देवी प्रसाद सिंह आदि का विशेष योगदान रहा। यहाँ पर आज भी घना जंगल है, अब यह भूमि सरकारी वन विभाग की है। आज भी इस क्षेत्र के बलिदानी वंशज प्रत्येक वर्ष 9 मार्च को अपने पूर्वजों की स्मृति में पूजा व हवन आदि का आयोजन करते हैं। श्री हनुवंत सिंह बताते हैं कि इस अवसर पर बलिदानियों के वंशजों द्वारा शौर्य गाथाओं की चर्चा भी होती है, साथ ही नारा के श्री शिव दयाल सिंह, सबलशाह के श्री संत शरण सिंह, दुआरिया के श्री विजय कुमार सिंह आदि कुछ प्रमुख नाम हैं जो अपनी सक्रिय भूमिका निभाते हैं। कहते हैं कि पाँच मार्च 1858 से कादू नाले के आर-पार शुरू हुए संघर्ष में वीरों का लहू बहता रहा और भाले सुल्तानियों के घरों से देश पर मर मिटने वाले मस्तानों का जाना लगा रहा। यह तथ्य भी उल्लेखनीय है कि वहाँ पर भाले सुल्तानी क्रांतिवीरों के साथ अन्य सभी जातियों ने भी हिस्सा लिया। सैकड़ों की संख्या

में भाले सुल्तानी वीर हाथ में साधारण हथियार लिए गए, यह जानते हुए कि तोप के गोलों के आगे लड़ना कठिन है। शुरुआत में ब्रिटिश टुकड़ी को मुट्ठीभर सैनिकों के सामने पीछे हट जाना पड़ा था। अगले दिन किसी की अंग्रेजों के प्रति वफ़ादारी के चलते बाज़ी पलट गई, अंग्रेजी सेना ने पीछे से बड़ा हमला कर दिया और अंग्रेज़ी सेना जीत गई। स्वाधीनता के बाद 15 अगस्त को भी यहाँ पर प्रत्येक वर्ष कार्यक्रम आयोजित होता है और क्षेत्र के अनेक माननीय लोग यहाँ सम्मिलित होते हैं। स्थानिय लोग बात और भी बताते हैं कि प्रसिद्ध संत देवरहा बाबा भी इन जंगलों में अनेक वर्ष रहे थे। जिसका प्रमाण वे इस प्रकार देते हैं कि इलाहाबाद कुंभ के मेले में देवरहा बाबा से इन्होंने मुलाकात की थी और उन्होंने इस पूरे क्षेत्र की जानकारी देकर, सबको अचंभित कर दिया था। इस शौर्य और तप की पुण्य भूमि को नमन है।

शहीद कूप : 7, 8 और 9 मार्च, 1858 को कादूनाला, अमेठी में अंग्रेजों से युद्ध करते हुए 600 भालेसुलतानियों ने अपनी शहादत दी थी। वीर योद्धाओं के कटे सिर को इसी कूप में डाल दिया था।

रामनगर मैदान

1857 की क्रांति में अमेठी के राजा लाल माधव सिंह की भूमिका महत्वपूर्ण रही है। राजा लाल माधव सिंह प्रारंभिक दौर में क्रांतिकारियों के साथ थे, उन्होंने अपनी सेना को चांदा और कादूनाला के क्रांतिकारियों की सहायता के लिए भेज दिया था। अंग्रेजों ने

यह सूचना पाकर 8 नवंबर, 1858 को अंग्रेजी दस्ते को अमेठी की ओर भेज दिया कि राजा कम सेना के साथ है। ब्रिटिश मेजर ने राजा को सूचना दी कि वह शिविर में नहीं आया और आत्मसमर्पण नहीं किया तो अंग्रेजी दस्ता उन पर हमला कर देगा। जब राजा लाल माधव सिंह ने यह भांप लिया कि वह अंग्रेजी सेना से मुकाबला नहीं कर सकते तो उन्होंने अपनी शेष फौज और तोपों को राणा बेनी माधव सिंह सिंह के यहाँ भेज दिया। 10 नवंबर, 1858 तक राजा विद्रोहियों के साथ थे, किंतु बाद में उनका किला ब्रिटिश सेना द्वारा घेरकर जीत लिया गया। इन परिस्थितियों के संबंध में विलियम हॉवर्ड रसेल ने उल्लेख किया है कि जो कि अंग्रेजी प्रशिक्षक रूप से भारत आया था उसने अपनी डायरी में उद्धृत किया है कि 9 नवंबर सन् 1858 को जिस समय ब्रिटिश सेना राणा बेनी माधव सिंह से लड़ने के लिए रायबरेली जा रही थी, रास्ते में विश्वस्त सूचना प्राप्त हुई

कि अमेठी के राजा लाल माधो सिंह ने अपनी सेना राणा बेनी माधोसिंह की सहायता के लिए भेज दी है और किला खाली है। राजा अकेला है, इसलिए अंग्रेजों ने अपनी सेनाएं अमेठी की ओर मोड़ दी थीं।

वहाँ पर संघर्ष हुआ और परिस्थितियां राजा लाल माधव सिंह के अनुकूल नहीं थीं। 10 नवंबर, 1858 का वर्णन करते हुए रसेल ने लिखा है कि राजा माधोसिंह 10 बजे मेजर बैरो और कर्नल स्टर्लिंग से मिलने छावनी में आये। मेजर बैरो तंबू में गया, जहाँ राजा बैठे हुए थे। वहाँ पर राजा ने जूता नहीं उतारा हुआ था। राजा माधव सिंह का मेजर बैरो के सामने जूता न उतारना बड़ी गंभीरता से लिया गया। उस समय अंग्रेजों ने यह परंपरा चलाई थी कि भारतीय जूता उतारकर ही उनसे मिलने आए, अन्यथा इसे हुकूमत का अपमान समझा जाता था। इस पूरे घटनाक्रम से यह निष्कर्ष निकलता है कि 10 नवंबर, 1858 तक लाल माधव सिंह ने क्रांतिकारियों का समर्थन किया, किंतु उसके बाद उन्होंने अंग्रेजों के साथ समझौता कर लिया। राम नगर का वह जंगल और पुराना महल आजादी की लड़ाई के साक्षी हैं। वह जंगल, अब जंगल नहीं है और राम नगर का महल भी नए स्वरूप में है। पुराना भवन इस नए भवन के अंदर है।

फुरसतगंज स्मारक

अमेठी जनपद में किसान आंदोलन का एक प्रमुख घटना स्थल फुरसतगंज है। यहाँ पर मुंशीगंज गोलीकांड के एक दिन पहले गोली चली थी और छह लोगों की मृत्यु हो गई थी, जिसका विवरण पीछे लेख में है। यह स्थल अमेठी-रायबरेली मार्ग पर स्थित है। यहाँ स्मारक सड़क किनारे बने हुए सरकारी स्कूल के अंदर विद्यमान है। इस स्मारक पर अंकित शहीद होने वाले किसानों के नाम भी लगभग मिट चुके हैं। साथ ही स्मारक इस घटना की व्याख्या भी नहीं करता कि यह यहाँ पर क्यों बना हुआ है? इसका स्वरूप स्वतंत्रता संग्राम सेनानियों के ब्लॉक मुख्यालय में बनाए हुए स्मारकों की ही तरह है, जबकि यह एक महत्वपूर्ण घटनास्थल है। जनपद के ब्लॉक मुख्यालयों पर बने हुए इसी प्रकार के अन्य स्मारक केवल सेनानियों की स्मृति में बने हुए स्मारक हैं। इसलिए यह स्मारक कादू नाला की भाँति भव्य बनना चाहिए। इसका चित्र, चित्रावली में दिया गया है।

भादर नही, बहादर है भूमि

अमेठी क़स्बे से पूर्व दिशा में दुर्गापुर रोड पर 16 किलोमीटर चलने पर घोरहा (भादर) नाम का गाँव स्थित है, यहाँ से प्रथम विश्व युद्ध (1914-1919) में सैंतीस रणबांकुरों ने

अपने अदम्य साहस से इतिहास के पन्नों में, स्वर्णाक्षरों में दर्ज़ होकर हमें गौरवान्वित होने का अवसर दिया है! इनमें तीन योद्धा वीरगति को प्राप्त होकर, अपनी जन्मभूमि को नाज़ करने का अवसर दिया।

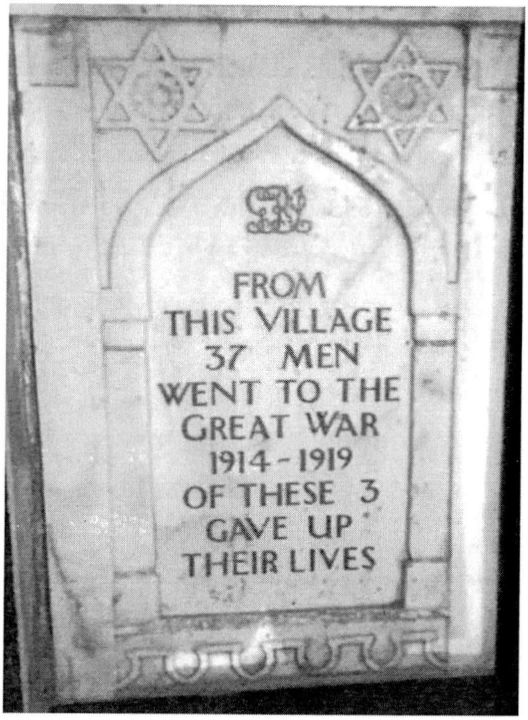

इसी परंपरा को क़ायम रखते हुए, इन योद्धाओं की अगली पीढ़ी ने द्वितीय विश्वयुद्ध (1939-1945) में 23 जवानों ने अपनी जवानी कुर्बान की, जिनमें तीन योद्धाओं ने वीरगति को प्राप्त होते हुए, माटी के फ़र्ज़ को निभाया। इन सेनानियों के सहोदरों ने हमारे प्रिय भारत देश के स्वतंत्रता संग्राम में भी अपनी महती भूमिका निभाई है, ब्लॉक मुख्यालय भादर का शिलालेख, हमारे अपने पूर्वजों के अदम्य साहस और त्याग की अमिट गाथा सदियों कहेगा!

स्थानीय निवासी श्री प्रेम कुमार उपाध्याय(बबलू) बताते हैं कि अमेठी स्थित विकास खंड भादर में एक ग्रामीण मिनी स्टेडियम है। इस छोटे से ग्रामीण स्टेडियम ने ब्रिटिशकाल से लेकर अब तक असंख्य सैनिक इस देश को दिए हैं। प्रत्येक वर्ष सैंकड़ों बच्चे इस छोटे से स्टेडियम में तैयारी करके देश की रक्षा के लिए इसी जगह सेना कैंप में सम्मिलित होते हैं। इस स्थान का नाम भादर भी इसीलिए पड़ा है कि अंग्रेज इन सैनिकों को बहादर उच्चारित करते थे, बाद में बिगड़ कर भादर हो गया। प्रथम और द्वितीय विश्व युद्ध में भी यहाँ के सैनिकों ने भाग लिया था, उनके स्मारक में नाम दर्ज हैं। पहले यह स्मारक खंडहर थे, इस स्मारक का जीर्णोद्धार, श्री इन्द्र बहादुर सिंह, वर्तमान ग्राम प्रधान-घोरहा के सौजन्य से हुआ है। अब यह अपने भव्य रूप में इतिहास की कहानी कह रहे हैं।

इस बहादर वीरभूमि को नमन।

रामलीला मैदान, जगदीशपुर

यह सर्वविदित है कि देश में अनेक क्रांतिकारियों की सभाएं रामलीला मैदान में होती रही हैं, चाहे वह दिल्ली स्थित रामलीला मैदान हो अथवा अन्य कस्बों के रामलीला मैदान। जैसे दिल्ली स्थित रामलीला मैदान में पंडित जवाहरलाल नेहरू, सरदार पटेल जैसे महापुरुषों की सभाएं हुई हैं उसी प्रकार अमेठी जनपद के जगदीशपुर रामलीला मैदान में भी पंडित नेहरू और महात्मा गाँधी का आगमन हुआ था। वहाँ पर क्षेत्र में हो रहे आंदोलनों में भाग ले रहे स्थानीय लोगों को संबोधित किया था।

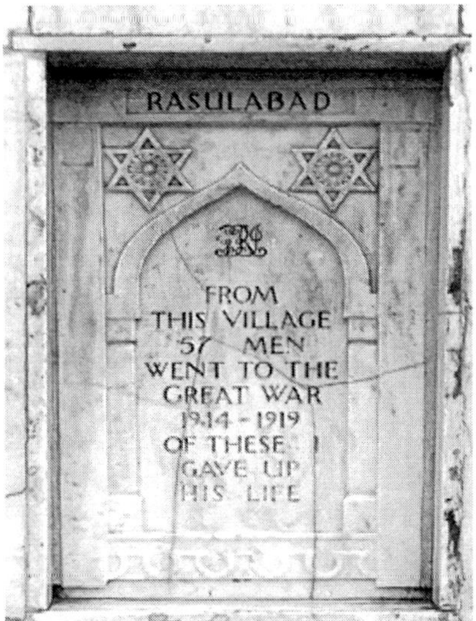

विश्वयुद्ध के शहीदों का स्मारक, मुसाफिरखाना

मुसाफिरखाना तहसील के रसूलाबाग ग्राम में विश्वयुद्ध 1914-1919 के शहीदों का स्मारक बना हुआ है। इसमें ब्रिटिश सेना में अपनी

सेवाएं देने वाले 57 शहीदों का उल्लेख है। यह स्मारक अमेठी जनपद की वीरगाथा की कहानी कह रहा है। स्थानीय पत्रकार श्री चिंतामणी मिश्रा बताते हैं कि यह स्मारक बहुत पुराना है, राजीव गाँधी अमेठी के सांसद हुए तो इसका जीर्णोद्धार कराया गया।

क्रान्ति आवाहन स्थल, कोहरा

आजादी के बाद अनेक ऐसे स्थल हैं, जिनका प्रकाश में आना बाकी है। ऐसा ही एक अमेठी जनपद में गुमनाम स्थल है चतुर्भुज धाम, कोहरा। 1857 की क्रांति में भाग लेने के लिए तालुकेदार श्री भूप सिंह का आर. मुखर्जी की पुस्तक 'रिवोल्ट इन अवध' में उल्लेख है कि इनके पास 40 की संख्या में लड़ने वाले लोग थे और उन्होंने राजा लाल माधो सिंह का साथ दिया था। इस स्थल की जानकारी हमें श्री भूप सिंह के वंशज श्री संजय सिंह ने दी है, उनके अनुसार इस टीले पर स्थित चतुर्भुज मंदिर पर सभी एकत्रित हुए थे। सभी लोग एक साथ शपथ लेकर, लड़ाई में राजा लाल माधो सिंह का साथ देने गए थे।

उपसंहार

यह वर्ष स्वाधीनता संग्राम का अमृत वर्ष है। स्वाधीनता संग्राम के सामूहिक स्मरण और उत्सव का वर्ष है। स्वाधीनता संग्राम में केवल बड़े नेताओं की ही सहभागिता नहीं थी, बल्कि अनेक अनाम लोग सहभागी थे, जिन्होंने नेताओं को बल दिया और उनके नेतृत्व में विभिन्न आंदोलनों को संचालित किया। यह वर्ष ऐसे नायकों को सामूहिक रूप से श्रद्धांजलि देने का वर्ष है। हम स्वाधीनता सेनानियों के कृतज्ञ हैं कि उनके कारण हमें आजादी मिली और आजादी मिलने की वजह से अब तक हम राष्ट्र की उपलब्धियों को हासिल कर सके। आज एक आत्मनिर्भर भारत पूरे विश्व में अपनी विशिष्ट पहचान रखता है।

आजादी के 75 वें साल पर अमेठी जनपद के स्वाधीनता संग्राम की भूली-बिसरी दास्तानों के साथ जिले के राजनीतिक, सांस्कृतिक, सामाजिक और आर्थिक गतिविधियों के इतिहास को समेटती हुई एक पुस्तक का आना बहुत महत्वपूर्ण है। इस पुस्तक में जिले के नवाब और ब्रिटिशकाल के प्रशासन के इतिहास के साथ खासतौर से स्वाधीनता संग्राम पर व्यापक ध्यान दिया गया है। जनपद के उन बहादुर नागरिकों की त्याग-तपस्या और कुर्बानियों के दुर्लभ किस्सों को शामिल किया गया है जो आजादी के गुमनाम शहीदों और सेनानियों की सूची में शामिल हो गए थे।

अमेठी में आजादी के लिए किए गए संघर्षों का उल्लेख, तत्कालीन परिस्थितियों के विश्लेषण के साथ हिंसा से अहिंसा की ओर बढ़ते अहिंसक जन आंदोलनों का पूरा लेखा-जोखा पहली बार समग्रता से प्रस्तुत करने का प्रयास किया गया है। इस पुस्तक के जरिए अमेठी जनपद में स्वाधीनता संग्राम के स्थानीय बहादुर नायकों के जीवन और उनके योगदान के ज्यादातर किस्से केवल लोगों की ज़ुबान तक सीमित हो गए थे। इस पुस्तक के जरिए उनका यथासम्भव दस्तावेजीकरण किया जा सका है। उन शहीदों की दास्तानों को शामिल किया गया, जिन्होंने आज़ाद भारत में देश की रक्षा के लिए प्राण न्योछावर किए।

आजादी की लड़ाई के बड़े और राष्ट्रीय नेताओं के योगदान की कहानियां हमेशा दुहराई जाती रही हैं। उन पर काफी किताबें छप चुकी हैं। उन पर शोध होते रहे हैं लेकिन

आजादी की लड़ाई के स्थानीय दीवानों की अनेक कहानियां हैं, जो गुम होती जा रही थीं। जिन्होंने 1857 के विद्रोह में अपनी जिंदगी झोंकी और देश के लिए खुद को कुर्बान कर दिया। इसके बाद गांधी जी के नेतृत्व में चले विभिन्न अहिंसक आंदोलनों का सूत्रपात हुआ। इन सब आंदोलनों में स्थानीय नेताओं ने बढ़-चढ़ कर हिस्सा लिया। गांधी जी के असहयोग आंदोलन, खिलाफत आंदोलन, सविनय अवज्ञा आंदोलन, व्यक्तिगत सत्याग्रह और भारत छोड़ो आंदोलन सभी में अमेठी जनपद के लोगों ने खुद को देश की आजादी के लिए अर्पित कर दिया। अमेठी के बहुत से लोग नेता जी की आजाद हिंद फौज में भी शामिल हुए। पुस्तक में न सिर्फ आजादी की लड़ाई के दिनों के नायकों की दास्तानें शामिल हैं, बल्कि आजादी के बाद भारत-चीन और भारत-पाक युद्धों के साथ कारगिल में शहीद हुए नायकों की भी स्मृतियों को ताजा करने की कोशिश की गई है। किताब लेखन के दौरान बहुत सी ऐसी सामग्री मिली, जिनके बारे में बहुत से लोग अनजान हैं। जैसा कि अंग्रेज सरकार यहाँ के युवकों को बहादुर व अनुशासित मानती थी, उदाहरण के तौर पर गौरीगंज के निवासी श्री दलजीत सिंह के बाबा श्री शिवनायक सिंह के अंग्रेजी सेना से रिटायर होने पर उनके 'डिस्चार्ज सर्टिफिकेट' पर उत्कृष्ट आचरण का उल्लेख देखने को मिलता है। विद्यार्थियों और शोध के इच्छुक लोगों के लिए यह पुस्तक बहुत उपयोगी साबित होगी। अगर नई पीढ़ी स्वाधीनता संग्राम के इतिहास से अनजान रहेगी तो भविष्य में आजादी को बचाए रखने का संघर्ष नहीं कर पाएगी। आजादी के अमृत महोत्सव पर आने वाली इस पुस्तक में अमेठी में स्वाधीनता आंदोलन की गतिविधियों का विस्तार से उल्लेख हुआ है। अमेठी के किसान आंदोलनों को भी पूरे विस्तार से दर्ज किया गया है।

पुस्तक के माध्यम से जायस क़स्बे का पौराणिक महत्व रेखाँकित हुआ है, यहाँ गुरु गोरखनाथ का भव्य मंदिर बनना चाहिए, साथ ही नानकमता स्थल पर गुरुद्वारा, जैन मंदिर का भव्य स्वरूप और मलिक मोहम्मद जायसी के जन्म स्थान को उनकी वैश्विक ख्याति के अनुसार विकसित करना चाहिए। इस प्रकार अमेठी जनपद का जायस क़स्बा बड़े पर्यटन के केंद्र में विकसित हो सकता है।

पुस्तक में जल मार्गों पर होने वाली गतिविधियों के साथ गांधी जी का अमेठी में आना, अमेठी के भारतवंशी गिरमिटिया का गयाना में राष्ट्रपति बनना आदि पर भी विस्तार से लिखा गया है। पुस्तक की प्रामाणिकता को बनाए रखने के लिए पत्र और चित्रों सहित अनेक दस्तावेजों को भी संकलित किया गया है। अपनी माटी के वीर सपूतों को यह पुस्तक कलम से श्रद्धांजलि है।

चित्रावली

प्रचार सामग्री-पर्चा

पूरे क्षेत्र में जगह-जगह पर स्वतंत्रता संग्राम सेनानी जनसभाएं करते थे। एक बार में ही कई पर्चे छपवा लिया करते थे। उसमें वह दिनांक, स्थान और भाषण देने वाले का नाम रिक्त रखते थे। जहाँ की जनसभा होनी होती थी वहाँ का विवरण लिखकर वह बांट दिया करते थे। यह चित्र इसी प्रकार के एक पर्चे का है। इसमें कविता की चार पंक्तियाँ भी लिखी हैं—

दिल तड़पता है,
कि स्वराज का पैगाम मिले।
कल मिले, आज मिले,
सुबह मिले, शाम मिले।।

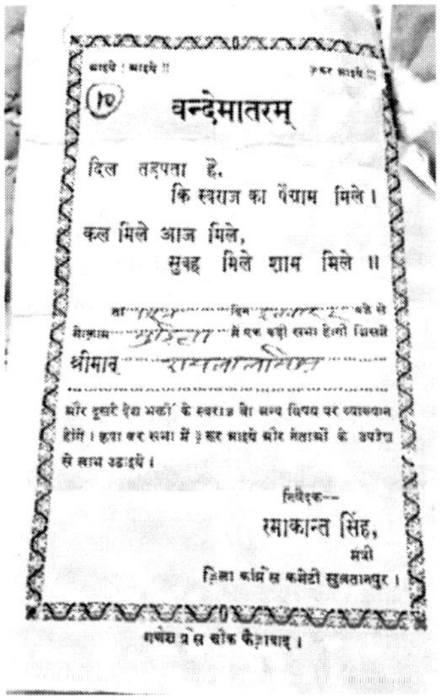
वन्देमातरम्

दिल तड़पता है,
कि स्वराज का पैगाम मिले।
कल मिले आज मिले,
सुबह मिले शाम मिले ॥

निवेदक—
रमाकान्त सिंह,
मंत्री
ज़िला कांग्रेस कमेटी सुलतानपुर।

माफ़ीनामा

स्वतंत्रता संग्राम के अनेक आंदोलनों में क्रांतिकारियों को पुलिस भी पकड़ लिया करती थी। ऐसे में अनेक क्रांतिकारी जेल चले जाया करते थे, लेकिन कुछ ऐसे भी थे जो अपनी गलती को मानकर पुलिस को आइंदा किसी आंदोलन में भाग ना लेने का आश्वासन दे देते थे। इस प्रकार वह छूट जाया करते थे और वह फिर दोबारा आंदोलन में भाग लिया करते थे। निम्न चित्र ऐसे ही एक माफीनामे का है।

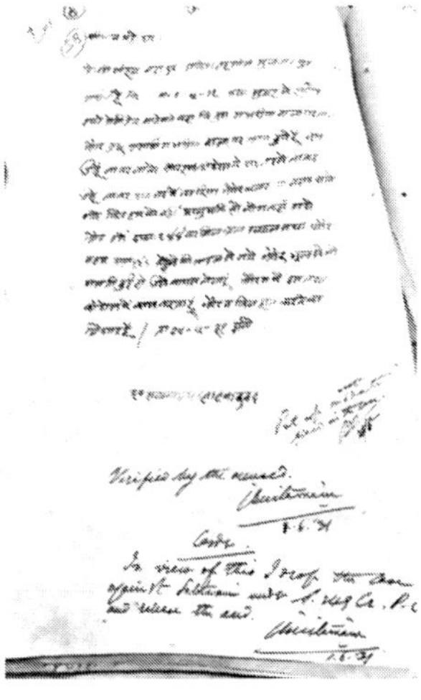

श्रीमान महोदय।

डिप्टी साहिब बहादुर हाकिम, तहसील सुलतानपुर। प्रार्थना है कि ताव 1-5-1931 वक्त सुबह के, हमको हमारे प्रेसिडेंट साहेब ने कहा कि तुम गभड़ियां नाला पर जाना और कुछ असामी गभड़ियां नाला पर आए हुए हैं। तुम उन्हें जाकर लाओ और हम कांग्रेस के दफ़्तर से जाकर उन्हें लाकर दफ्तर में कर दिया और हम बाज़ार की तरफ़ चले गए। हमको नहीं मालूम कि वो लोग कहाँ गए और हमें दफा 144 का बिलकुल ख्याल ना था और ना हम दफा 144 तोड़ने की गरज से गए। भूल से जो गलती हुई उसको वापस लेता हूँ और ना मैं इस वक्त कांग्रेस में काम करता हूँ और ना फ़िलहाल करने का विचार है। तारीख 25-5-31

ह. सत्यनारायन लाल ब.खुद

गुरु प्रसाद सिंह स्वतंत्रता संग्राम सेनानी द्वार

स्व० बाबू गिरिराज सिंह स्वतंत्रता संग्राम सेनानी द्वार

वीरांगना रानी अवन्तीबाई लोधी द्वार
विधानसभा जगदीशपुर में आपका हार्दिक स्वागत है।

स्व० बाबूलाल यादव द्वार
में आपका हार्दिक स्वागत है।

प्रताप नरायण स्वतन्त्रता संग्राम सैनानी द्वार

श्री जगन्नाथ यादव (ग्राम-गौरा) स्वतंत्रता संग्राम सेनानी द्वार

सम्राट महाराणा प्रताप द्वार
विधानसभा जगदीशपुर मे आपका हार्दिक स्वागत है।

शहीद भाले सुल्तान स्मारक द्वार
स्व. बृज मोहन सिंह स्वतंत्रता संग्राम सेनानी

स्वामी विवेकानन्द स्मृति द्वार
विधान सभा जगदीशपुर में आपका हार्दिक स्वागत है।

भादर स्थित विश्वयुद्ध सैनिकों का स्मारक।

जायस स्थित मलिक मोहम्मद जायसी के जन्मस्थान पर स्मारक।

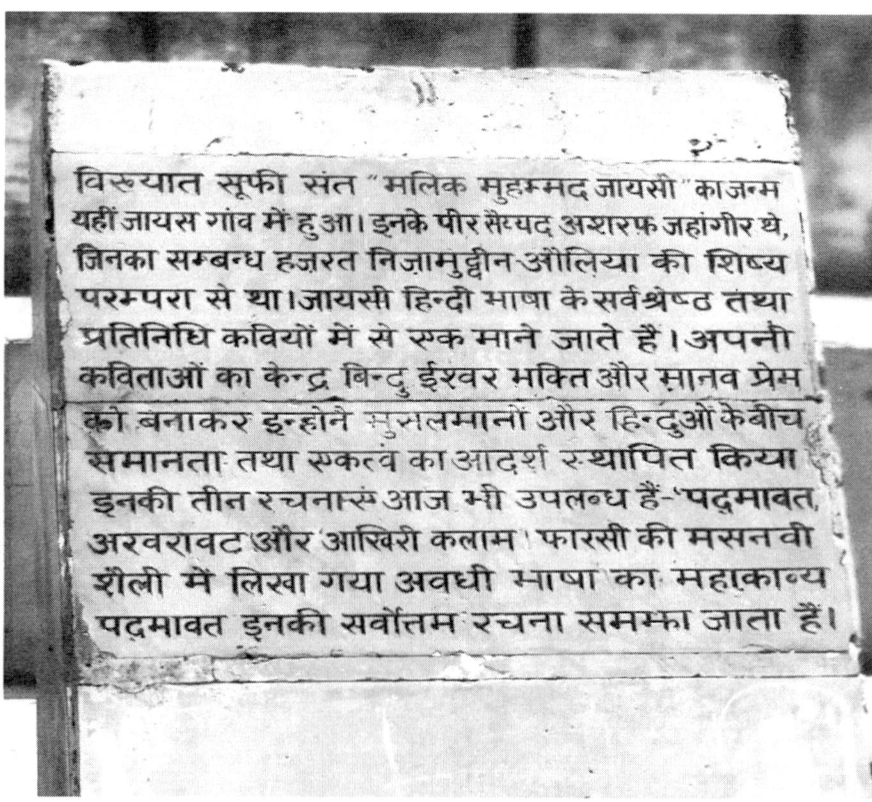

जायस स्थित जायसी का घर।

शहीद स्मारक।

रायबरेली
राजा जितेन्द्र सिंह, चन्दापुर
द्वारा प्रदत्त
नेताजी श्री सुभाष चन्द्र बोस
की

शहीद स्मारक स्थल
नगर पालिका परिषद-गौरीगंज

तिलोई स्वतंत्रता संग्राम
सेनानी स्मारक।

किसान आंदोलन में फुरसतगंज गोली कांड स्थल।

तिलोई स्वतंत्रता संग्राम सेनानी स्मारक।

नसीराबाद स्वतंत्रता संग्राम सेनानी स्मारक।

मुसाफिरखाना स्थित
स्वतंत्रता सेनानी स्मारक।

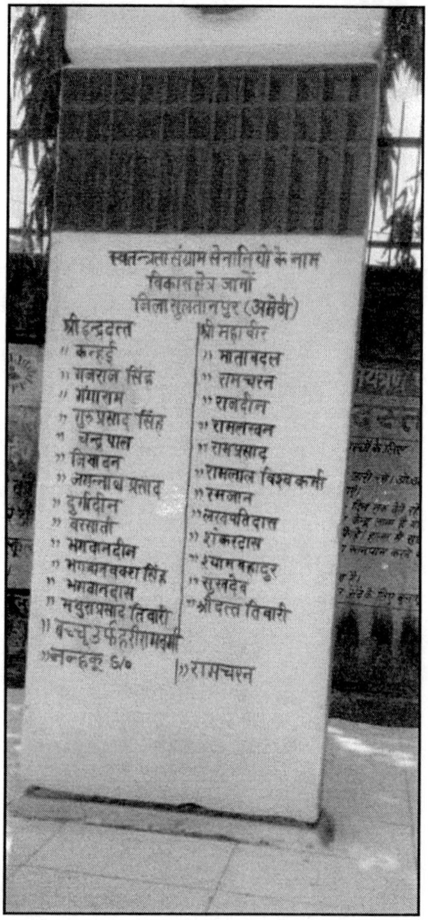

जामों स्थित स्वतंत्रता सेनानी स्मारक।

विकास छेत्र अमेठी स्थित स्वतंत्रता सेनानियों का स्मारक।

भादर स्थित स्वतंत्रता सेनानियों का स्मारक।

गौरीगंज स्थित स्वतंत्रता सेनानियों का स्मारक।

स्वतंत्रता संग्राम सेनानी
स्व. राय बहादुर सिंह स्मारक।

स्वतंत्रता संग्राम सेनानी
स्व. वीरेन्द्र प्रताप स्मारक।

कालिकन भवानी का मंदिर द्वार।

टीकर माफ़ी आश्रम का चित्र।

पाटेश्वरी मंदिर।

रामनगर स्थित मलिक मोहम्मद जायसी की मज़ार।

संदर्भ ग्रंथ

गज़ेटियर – सुलतानपुर
गज़ेटियर – रायबरेली
जनपद सुलतानपुर के स्वतंत्रता संग्राम का इतिहास – गुरु प्रसाद सिंह
रिवोल्ट इन अवध – आर. मुखर्जी
सुलतानपुर इतिहास की झलक – राजेश्वर सिंह
रायबरेली किसान आंदोलन की यज्ञभूमि – श्रीराम सिंह
गढ़ अमेठी का इतिहास – डॉ. राधे श्याम तिवारी
भूला जनपद : बिसरा इतिहास – मदन मोहन मिश्र
अमेठी समाचार – सम्पादक : जगदीश पीयूष
अमेठी समाचार – जायसी महोत्सव स्मारिका
भारत में जल परिवहन – अरविन्द कुमार सिंह
तिलोई के कवि – सूर्य मणि ओझा
1857 की अनकही हैरतअंगेज़ दास्तानें – शम्सुल इस्लाम
1857 के दहकते अंगारे – सरनाम सिंह सूर्यवंशी
दैनिक जागरण
अमर उजाला
शोध प्रबंध :
भारतीय स्वतंत्रता आंदोलन में जनता सुलतानपुर की भूमिका – संतोष कुमार सिंह
भारतीय स्वतंत्रता संग्राम में जनपद सुलतानपुर का योगदान – नीतू पांडेय
ब्लॉग : मानसिक हलचल – ज्ञानदत्त पांडेय
विकिपीडिया – भरत जगदेव
वेबसाइट : अमेठी.यू. पी. एन आइ सी. इन
फ्रीडम स्ट्रगल इन यू. पी., सूचना विभाग, उ.प्र.